Hasso G. Stachow

Tragödie an der Newa

Hasso G. Stachow

Tragödie an der Newa

Der Kampf um Leningrad
1941–1944

Ein Augenzeugenbericht

Mit 85 Abbildungen, Karten
und Dokumenten

Herbig

Besuchen Sie uns im Internet unter
http://www.herbig-verlag.de

Die Originalausgabe erschien 1997 unter dem Titel
Fiasko an der Newa. Die Belagerung von Leningrad 1941–1944.

4. Auflage 2003 – Sonderproduktion

© 2001 by F. A. Herbig Verlagsbuchhandlung
GmbH, München
Alle Rechte vorbehalten
Schutzumschlag: Wolfgang Heinzel
Umschlagbild: C. Weber
Herstellung und Satz: VerlagsService Dr. Helmut Neuberger
& Karl Schaumann GmbH, Heimstetten
Gesetzt aus der 11,2/13,5 Punkt Minion
in QuarkXPress auf Macintosh
Druck und Binden: GGP Media, Pößneck
Printed in Germany
ISBN 3-7766-2045-5

Inhalt

Zu diesem Buch 7

1. Kapitel
Kreuzfahrt – eine Reise in die Erinnerung 19

2. Kapitel
Was wußten wir wirklich von der Sowjetunion? 35

3. Kapitel
Doch über die Kälte fiel kein einziges Wort 59

4. Kapitel
Der Bandenkrieg der Partisanen und das Kriegsrecht 81

5. Kapitel
Die Schere zwischen Gehorsam und Gewissen 102

6. Kapitel
Der blutige Bahndamm von Pogostje, ein Wiedersehen 123

7. Kapitel
Am Wolchow: Triumph und Elend um die Erika-Schneise 145

8. Kapitel
Rätselhaft: Die Knochenmühle Kirischi-Brückenkopf 164

9. Kapitel
Wie schwer ist ein MG 42, wie schwer ein Karabiner 98 k? 181

10. Kapitel
Der Stoß auf Mga und der Riegel von Sinjawino 206

11. Kapitel
Achtstunden-Tag für Grenadiere, bombenfrei am Wochenende? 226

12. Kapitel
Was Kameradschaft für den Einzelnen bedeutete 244

13. Kapitel
Kampf um Höhe 50,1 – dann dramatischer Rückzug 262

14. Kapitel
Der Wolchow-Marsch, die Ratten und der Rucksack 281

Dokumente

Bezeichnungen und Abkürzungen 291
Quellen 293
Literatur (Auswahl) 299
Dokumente 307
Personenregister 330
Ortsregister 334
Bildnachweis 336

Zu diesem Buch

Im Frühherbst des Jahres 1941 wurde die Stadt Sankt Petersburg, die damals Leningrad hieß, von deutschen Truppen eingeschlossen. Nur eine schmale, unsichere Verbindung zum sowjetischen Gebiet blieb offen. Sie reichte nicht aus, um die Bevölkerung rasch zu evakuieren oder auf Dauer zu versorgen. Auch konnten auf diesem Weg nicht gleichzeitig Soldaten, Nachschub für die Rote Armee, Rohstoffe für die bedeutende Rüstungsindustrie und daraus produzierte Waffen, Panzer und Munition befördert werden. Da Russen und Deutsche unbeirrt ihre militärischen Ziele verfolgten, sah sich die Bevölkerung der Riesenstadt plötzlich von allen Seiten verlassen. So kam es zur Katastrophe. Die Einschnürung dauerte fast neunhundert Tage. Sie forderte unter den drei Millionen Bewohnern schreckliche Opfer. Ihre Zahl liegt zwischen einer halben und einer Million. Die meisten starben an Hunger.

Hitler, blind vor Hochmut, unterschätzte im Rausch der Eroberung die Kräfte, die er entfesselt hatte. So verpaßte er den einzigen Moment, in dem es möglich gewesen wäre, ins Innere der gewaltigen Stadt vorzudringen. Er sah sich bereits als Sieger. In Wirklichkeit aber begannen die sowjetischen und deutschen Soldaten zu diesem Zeitpunkt überhaupt erst zu ahnen, welche verbissenen Kämpfe und mörderischen Strapazen sie noch erwarten sollten.

Stets haben die Berichte über die Blockade, wie die Katastrophe von Leningrad in Rußland genannt wird, die Menschen so sehr berührt, daß sie darüber vergaßen, was die Rote Armee unternahm, um den Würgegriff der Belagerer zu lösen, und was die deutsche Wehrmacht tat, um die Belagerten zu überwältigen. Tatsächlich finden sich für die grausige Exotik des Ringens in Wald und Sumpf, in überschwemmten oder im Schnee erstickten Landschaften bei unvorstellbaren Wetterverhältnissen historische Parallelen kaum. Hunderttausende von Männern verloren dabei Leben oder Gesundheit. Allein auf sowjetischer Seite sind fast eine Million Soldaten in der Dauerschlacht um Leningrad umgekommen.

Was sich in jener Zeit ereignete, sollte wahrlich genügen, der Nachwelt den Atem stocken zu lassen; keine Erfindung reicht an die Dramatik der Ereignisse heran. Dennoch wurde der Gegensatz zwischen dem, was geschah, und dem, was seither darüber verbreitet wurde, mit jedem Jahr verblüffender.

Für jene, die eine pauschale Verdammung ganzer Völker, Rassen und Gruppen einerseits gern als ›typisch faschistisch‹ anprangern, galt es andererseits als ausgemacht, ›die Deutschen‹ hätten Leningrad allein deshalb angegriffen und eingeschlossen, um die Stadt, nach dem Willen Hitlers, dem Erdboden gleichzumachen und die Bevölkerung auszutilgen. Schon darüber nachzudenken, ob nicht eher ganz selbstverständliche, nüchterne logistische Überlegungen für die Besetzung von Stadt und Hafen sprechen konnten, war tabu und paßte nicht zu den Zerknirschungsritualen.

Wer wagte zu untersuchen, ob die Angreifer nicht vielleicht doch die Frage bewegte, wie man den unschuldigen Bürgern den Exodus ermöglichen oder die Hungerblockade ersparen konnte, mochte diese auch jahrhundertealtem Kriegsbrauch und Kriegsrecht entsprechen? Wer prüfte, ob nicht die von Hitler erträumte Zerstörung eines riesigen Häusermeeres schon deshalb als schnöde Prahlerei gewertet werden mußte, weil tatsächlich weder Granaten und Bomben noch Geschütze und Flugzeuge dafür ausreichten, ja, weil Waffen und Gerät in Kämpfen gegen einen entschlossenen Gegner viel dringender gebraucht wurden?

Und wer untersuchte denn, ob nicht Stalin über Absichten und Pläne Hitlers und der deutschen Generalstäbler im Hinblick auf Leningrad im Bilde war und sich darauf hätte einstellen können? Lag es nicht auf der Hand, daß die Rüstungsindustrie, die Lagerkapazität, der Hafen, die Werften, die Einrichtungen der Baltischen Rotbannerflotte, die Eisenbahnanlagen und -verbindungen, die Kasernen und Verwaltungsgebäude die Riesenstadt zwischen Finnbusen und Ladogasee zwangsläufig zu einem Brennpunkt des Kriegsgeschehens machen würden? Durfte man da nicht fragen, ob entsprechend dieser strategischen Bedeutung überhaupt ausreichend Vorsorge zur Rettung von Müttern, Kindern, Alten, Gebrechlichen getroffen worden war?

Gewiß wurden ab 29. Juli 1941 schon 636 000 Menschen evakuiert. Dann, zwischen Januar und Oktober 1942 weitere 961 000. Doch es heißt, um rechtzeitig noch mehr Menschen aus der Stadt zu schicken, habe die Zeit nicht ausgereicht. Ist das jemals geprüft worden? 1945 haben Millionen Deutsche binnen weniger Stunden Heimat, Haus und Habe aufgeben müssen, haben sich unter schlimmsten Umständen auf den Weg nach Westen gemacht und zumeist ihr Leben gerettet. Die Weltöffentlichkeit fand das damals nur selbstverständlich.

Die deutschen Flüchtlinge haben sich durchgewunden, trotz der beginnenden Auflösung der Ordnung, trotz der Unterbindung rechtzeitigen Aufbruchs durch Parteifunktionäre, trotz Straßensperren, Tieffliegern, fanatischer Durchhalteparolen, Panik, Willkür und Korruption. Liegt nicht die Vermutung nahe, auch beim Elend der Menschen im bedrohten, zur Sprengung vorbereiteten Leningrad könnten Machtwahn, Skrupellosigkeit und schlichte Unfähigkeit der Verantwortlichen die Katastrophe schrecklich gesteigert, ja, sie überhaupt erst hervorgerufen haben? Derartige Fragen, die allein Kenntnis der menschlichen Natur und keine Ideologie voraussetzen, sind in unserem Land durch Bekenntnisgeschrei übertönt worden.

Erst heute sind Fotos aus sowjetischen Archiven zu sehen, die uns die Produktion von Feingebäck und Pralinen in Leningrader Konditoreifabriken für die Parteizentrale im Smolny zeigen, datiert vom Dezember 1941 – als täglich schon Hunderte in der Stadt an Hunger starben. Zuckerbrot für die roten Herren also, Peitsche und Tod für das Volk, das am 21. August aufgerufen worden war, »strengste Revolutionsdisziplin« zu halten. Wer mag da an das Überleben von Frauen und Kindern, an Ernährung und Evakuierung gedacht haben? Auch am 9. September war davon nicht die Rede, als Marschall Klementij J. Woroschilow im Auftrag Stalins befahl, »das rote Leningrad« müsse sich »bis zum letzten verteidigen und bis zum Schluß seine Kriegsindustrie in Gang halten«. Aber darüber, was denn mit den Bewohnern hätte geschehen sollen, wenn die zur Sprengung vorbereitete Stadt tatsächlich beim Eindringen der Deutschen in Schutt und Asche gesunken wäre, fiel kein Wort. Rangierten hier nicht ideologische und kriegswirtschaftliche Maximen vor denen der Humanität?

Natürlich kann es nicht um die zynische Frage gehen, ob die Russen die ›tüchtigeren‹ Flüchtlinge waren oder vier Jahre später die Deutschen. Welchen Vorwurf wollte man den Leningradern auch machen? Daß manche als gläubige Kommunisten, andere als russische Patrioten nicht aus ihrer Stadt fortgehen wollten, weil sie meinten, sich für die Verteidigung ihrer Heimat einsetzen zu müssen? Alexander Werth, gebürtiger Russe, britischer Korrespondent in Moskau für Zeitungen und Rundfunk, schreibt:

»Schon während des Krieges war klargeworden, daß es irgendwo schwerwiegende Fehlkalkulationen gegeben hatte«. Die tragische Situation sei durch eine ganze Reihe nicht zufälliger Fehler entstanden. Der Führung habe es an Weitsicht gefehlt, sie habe nicht daran gedacht, Vorräte anzulegen.

Übrig bleibt von dem ganzen Wust von Fragen, Behauptungen, heuchlerischen Verurteilungen und Haßgesängen letztlich nur eines: Stalin hat dadurch, daß er Leningrad gegen die deutsche 18. Armee behauptete und damit einen Teil der Leningrader dem Verderben auslieferte, deutsche Truppenverbände gebunden, hat durch das heroische Beispiel der Stadt Widerstandswillen und Kampfmoral der Rotarmisten gestärkt und wahrscheinlich sogar Moskau gerettet. So ist es heute in St. Petersburg zu hören. Welche Rolle Hitler bei diesen schicksalhaften Ereignissen und beim wundersamen Überleben der Stadt gespielt hat, sei hier mal außer acht gelassen.

Sicher ist: dem kalten Automatismus des militärischen Apparates der Belagerer entsprach die Unerbittlichkeit des roten Parteiapparates im Innern der Stadt. Wem es allein um effektvolle Schwarzweißdarstellungen der Zeitgeschichte geht, der kommt natürlich bei solchen Facetten nicht auf seine Kosten. Aber kann eine sachliche Betrachtung solcher Vorgänge Tragik und Tapferkeit der Leningrader bagatellisieren, Hitlers Rassenkrieg verharmlosen, Stalins Terror beschönigen?

Mit jedem Jahr wurde im Namen des Zeitgeistes weiter beiseitegeschoben, was Augenzeugen hätten erklären können. Geblieben sind Legenden, Entstellungen, Meinungsmüll. Inzwischen werden nun die Fragen neuer Generationen laut, die sich mit modischer Geschichtsvergessenheit, eifernder Einseitigkeit und törichten Pauschalurteilen nicht zufriedengeben.

Haben denn deutsche Soldaten, fragen sie verwirrt, wirklich dem Leiden der unglücklichen Leningrader hämisch zusehen und ihren Untergang seelenruhig abwarten können? Haben denn die Russen sich nicht ihrer Haut gewehrt? Waren sie unfähig, eine der bedeutendsten Städte ihres Vaterlandes zu schützen? So bringen die Zwangsvorstellungen gewisser Vergangenheitsbewältiger von der ›verbrecherischen‹ deutschen Väter- und Großvätergeneration es fertig, mit verdrehten Tatsachen die Kriegsopfer beider Seiten dem Verdacht miserablen Verhaltens auszusetzen. Obendrein lassen sie jene These von den ›dumpfen und willenlosen bolschewistischen Massen‹ fortwirken, die damals in Großdeutschland zu den gehässigen Stereotypen der Kriegspropaganda gehörte. Das mag als Beispiel genügen.

Wie in Wirklichkeit die deutschen Soldaten ihrer Rolle als Belagerer nicht eine einzige Minute froh geworden sind, wie sie in verzweifeltem Ringen um Leningrad verblutet sind, ist deshalb heute gründlich nachzutragen, ohne Opfermut und Leidensfähigkeit der Russen zu schmälern. In Wirklichkeit sind sowohl Deutsche als auch Sowjetrussen Werkzeuge und Opfer von Hitler und Stalin gewesen, denen die Geschichte in die Hände spielte – mögen die Motive, aus denen die Völker gutgläubig und hingabewillig aufeinander eingeschlagen haben, damals auch noch so einleuchtend gewesen sein. Weder Rufmord an Generationen noch ihre Heroisierung führen daran vorbei. Das ist heute wörtlich auch in St. Petersburg zu hören.

Auch auf die abgegriffene Formel vom heimtückischen deutschen Überfall auf das Sowjetreich am 22. Juni 1941 können wir nun verzichten, da liebgewonnene Schuldneurosen der Ernüchterung weichen. Spätestens seit Öffnung der Moskauer Archive wissen wir, daß es beide Seiten waren, die den Angriff gegeneinander vorbereiteten. Und am 8. Mai 1991 überraschte uns die *Prawda* mit der Offenbarung: »Infolge Überschätzung eigener Möglichkeiten und Unterschätzung des Gegners schuf man vor dem Krieg unrealistische Pläne offensiven Charakters. In ihrem Sinn begann man die Gruppierung der sowjetischen Streitkräfte an der Westgrenze zu formieren. Aber der Gegner kam uns zuvor.« Werden dabei auch die – schon Jahre zuvor rigoros durchgesetzten – Kapazitätssteigerungen der sowjetischen Rüstungsindustrie übersehen, so klingt das doch ehrlicher als Ilja Ehrenburg, der am 8. Februar 1942 schluchzte: »Stalin dachte nicht daran, die Länder anderer Völker anzugreifen ... Wir erzogen menschliche Wesen, aber die Deutschen bauten Panzer!«

Auf die Frage »Wer hat angefangen?« lassen sich geschichtliche Prozesse ernsthaft nicht reduzieren. Konflikte haben ihre Vorgeschichte, sie entstehen nicht aus heiterem Himmel. Das heißt nicht, Haß und niedrige Instinkte zu verharmlosen. Und es erklärt kein Verbrechen, wann, wo und von wem auch immer. Aber es ist nun wirklich müßig, um Stalins Worte vom möglichen Angriffskrieg gegen Deutschland und vom Ende der sowjetischen Friedenspolitik vom Mai 1941 vor seinen Kriegsschuloffizieren zu streiten. Stalin wörtlich: »Der Krieg wird auf dem Territorium des Gegners geführt werden!« Freilich rechnete Stalin frühestens mit Beginn der

Feindseligkeiten Ende 1941, und insofern war der sogenannte ›heimtückische Überfall‹ gewiß eine fürchterliche Überraschung. Warum Stalin aber alle Warnungen vor Hitlers Aggression, an denen es nachweislich nicht fehlte, in den Wind schlug – ich habe eine überzeugende Lösung dieses Rätsels nicht finden können.

Wir wissen, daß in Podolsk, nahe Moskau, sowjetische und erbeutete deutsche Originaldokumente aus der Zeit der Kriegsvorbereitungen beider Seiten archiviert sind. Sie wären geeignet, Licht in das Halbdunkel zu bringen, welches das Geschehen vor Ausbruch der eigentlichen Kampfhandlungen 1941 bis heute umgibt. Vor allem russische Historiker versuchen beharrlich, Zugang zu diesen Papieren zu erwirken. Bisher sind sie erfolglos geblieben, obwohl erwiesen ist, daß weder ideologischer noch volkspädagogischer Übereifer sie antreibt, sondern allein wissenschaftlicher Forscherdrang.

Wir wissen auch, daß viele Generäle der Roten Armee, die an der sowjetischen Westfront mit ihren Verbänden vom deutschen Angriff überrascht wurden, gar keine oder nur unzulängliche Geländekarten vom russischen Grenzgebiet und den russischen Westprovinzen zur Verfügung hatten – und so bei ihren Abwehroperationen gegen die Deutschen erheblich eingeschränkt waren, daß aber, als die Deutschen die Grenze überschritten, allenthalben in sowjetischen Stäben Stapel von Karten der deutschen Ostgebiete, ja, von Zentraleuropa in Flammen aufgingen oder daß auf Grenzbahnhöfen solche Karten waggonweise in die Hände deutscher Vorhuten fielen.

Warten wir mal ab, wann ein paar Chefdenker unserer Spaßgesellschaft uns solche Tatsachen zu Beweisen für neurussisches Demokratieverständnis und stalinsche Friedfertigkeit umbiegen.

Hitler war ebensowenig ein ›Väterchen‹, wie Stalin eines war. Sein Wahn, Leningrad als ›Wiege des Bolschewismus‹ mit den Bewohnern auszulöschen, paßt zu seinen Machtansprüchen. Hatte er nicht schon 1925 in *Mein Kampf* erklärt, er wolle »den ewigen Germanenzug nach dem Süden und Westen Europas stoppen und den Blick nach dem Land im Osten weisen«? Heute müssen wir uns sagen lassen, das sei ›den Deutschen‹ aus der Seele gesprochen gewesen; als ob sie nicht bei der Verelendung des Volkes seit dem ersten Weltkrieg mit seinen von Rachsucht entstellten ›Friedensverträgen‹ ganz andere Sorgen als ›Germanenzüge‹ gehabt hätten. Und wir lesen, Offiziere und Soldaten der Belagerungsarmee vor Leningrad seien sehr wohl im Bilde gewesen über das Ausmaß der Not in der Stadt und über die Absicht, sie völlig zu zerstören; das Kriegstagebuch der Heeresgruppe Nord belege dies. Geistert da nicht wieder dieser flotte Vorwurf kollektiver Schuld, hinter der sich die wahren Verantwortlichen so fein verstecken können?

In Wirklichkeit hatten Soldaten und Truppenoffiziere kaum die Muße, sich darüber Gedanken zu machen. Sie vermuteten, es sei, sobald die Gefahr tödlicher Sprengungen behoben sei, vorgesehen, die Stadt zu besetzen, zu verwalten und auszubeuten, wie zuvor schon mit anderen Städten geschehen. Pläne dafür waren in höheren Stäben schon bis ins Detail ausgearbeitet. Sie finden sich stapelweise unter archivierten Dokumenten. Sogar der Entwurf des Ausweises, den die Leningrader nach der Besetzung hätten bei sich tragen sollen, ist in den überlieferten Unterlagen der 18. Armee zu sehen. Und das Kriegstagebuch? Es wurde im Stab der Heeresgruppe Nord geführt, die rund 500 000 Mann umfaßte, und unterlag der strikten Geheimhaltung. Allenfalls werden ein paar hundert Männer, vermutlich durch Gefangenen- und Agentenaussagen, vom entsetzlichen Todeskampf der Leningrader gewußt haben. Der einzelne Soldat kann ja das ganze Ausmaß des Geschehens ohnehin kaum abschätzen.

Zu Beginn der sowjetischen Wolchow-Offensive im Frühjahr 1942, dem ersten massiven Versuch der Roten Armee, die Abschnürung Leningrads aufzureißen, hieß es zwar bei den deutschen Stäben, in Leningrad herrsche Hungersnot. Deshalb stünden die Angreifer unter Zeitdruck, und es sei mit rücksichtslosem Einsatz von Menschenleben zu rechnen. Aber welcher Landser hat sich schon ausmalen können, in den Straßen der Stadt fielen die Bürger tatsächlich sterbend um?

Der Dichter Daniil Granin, damals als 22jähriger in einem Leningrader Freiwilligen-Bataillon, später Panzeroffizier vor Königsberg, berichtet von einem gefangenen Deutschen, der durch die Straßen der Stadt zur Vernehmung geführt worden sei. Der habe immer wieder gestammelt: »Es ist nicht wahr, was ich hier sehe. Ich träume nur ...« Es gibt ja auch kein Zeugnis dafür, daß jene Rotarmisten, die Königsberg belagert, zerstört und ›befreit‹ hatten, sich zu Mitgefühl und Hilfe für die armseligen, überlebenden 25 Prozent Königsberger bereitfanden. Und war es in Graudenz, Schneidemühl, Breslau und Berlin anders? Verehrungswürdige Ausnahmen wie Lew Kopelew büßten dafür, daß sie für Menschlichkeit eintraten, im sowjetischen Straflager. Wem nutzt es heute eigentlich, wenn wir eine allgemein verbreitete Unzulänglichkeit der menschlichen Natur, nämlich den

Mangel an Vorstellungsvermögen, an Phantasie, allein einigen Generationen unseres Volkes anlasten?

Hitler hatte sich gehütet, den Rußlandkrieg öffentlich als Versklavungs- und Ausrottungsfeldzug zu deklarieren. Die tödlichen Konsequenzen seiner Rassenideologie durften vor aller Welt nicht erörtert werden. Durchgesickerte Informationen wurden als Hetze geahndet und sogar im Ausland als unglaubhaft abgetan. Heute sind natürlich alle, wenn nicht klüger geworden, dann doch kleinlauter, nachdem auch das Ausmaß stalinscher Mordorgien durch russische Archive bestätigt, nicht mehr hinter vorgehaltener Hand diskutiert und – man denke! – sogar mit denen Hitlers verglichen wird. Was natürlich die Bilanzen der deutschen Besatzungsherrschaft in der Sowjetunion um keinen Deut erträglicher macht.

Wie verhielten sich die höheren Militärs, als sie von Plänen des Führerhauptquartiers erfuhren, Ausbruchsversuche der Leningrader Bevölkerung mit Waffengewalt zu unterbinden? Mag bei manchen die Neigung überwogen haben, solche Vorhaben erst einmal engstirnig als technisch-logistisches Problem zu beurteilen und nicht als Frage von Moral und Ehre – sie waren irritiert. So hatten sie den Krieg nicht gelernt. Sie wußten zwar, wie man widersinnige Befehle lautlos unterläuft, und Hitler hatte gehöhnt, konservative Offiziere des Heeres wollten aus dem Soldatenberuf »einen Pastorenstand« machen. Aber Zivilisten kamen in ihrer Gedankenwelt selten vor. Sie galten allenfalls als Störfaktor bei Kampfhandlungen, als Arbeitskräfte oder Geiseln, als Objekte, die man benutzte. Deshalb dachten die Generäle erst einmal an ihre Soldaten. Sie machten sich Sorgen um ihre Belastbarkeit, falls ihnen Gewalt gegen Unbewaffnete zugemutet werde, rechneten mit Skrupeln und lähmenden Gewissenskonflikten und sahen eine nachhaltige Gefährdung von Disziplin und Kampfmoral voraus. Manche befürchteten sogar, Anstand und Haltung könnten auf Dauer zum Teufel gehen.

Die Leningrader befanden sich in einer tödlichen Zwickmühle. Joachim Hoffmann weist in seinem Buch *Stalins Vernichtungskrieg 1941–1945* auf einen Befehl Stalins vom 21. 9. 1941 hin, der bis hinunter zu den roten Regimentern bekanntgemacht wurde. Anlaß waren vage Meldungen Schukows, Schdanows u. a., deutsche Truppen begännen Frauen, Kinder und Alte nach Leningrad hineinzuschicken, die darum bäten, die Kämpfe zu beenden und die Stadt zu übergeben. Stalin antwortete, gegen diese Bittsteller sei das Feuer zu eröffnen, sie seien gefährlicher als die Faschisten.

»Keine Gnade den deutschen Halsabschneidern und ihren Abgesandten, wer sie auch sein mögen!«

Heute werden wir von Historikern, die ihren persönlichen Haß gegen ›Nazi‹-Väter ausleben, mit der Pauschalformel belehrt, die Wehrmacht habe gemordet. Damit sind fast zwanzig Millionen Deutsche zu Schwerverbrechern gestempelt. Setzen wir diesem Meisterstück an Differenzierung ein Bild entgegen, das Jacob Burckhardt über die Beschäftigung mit der Geschichte entworfen hat. Es gehe ihm, sagte er, um den Menschen, »wie er ist und war und sein wird« – also mit allen seinen Unzulänglichkeiten. Niedertracht und Mordlust sind nun einmal menschliche Fehlentwicklungen, nicht aber nationale. Mit einem Bodensatz an Kriminalität muß jedes Volk leben. Kriminelle finden sich in jeder Schicht, jeder Menschenmenge, ja, auch in jeder Armee, wo auch immer. Wer wollte da ernsthaft behaupten, in der Wehrmacht habe es diesen Bodensatz nicht gegeben?

Es heißt, »unzählige deutsche Soldaten« hätten in der Sowjetunion »gehorsam und kritiklos an legalisierten Verbrechen teilgenommen, das sei keine so neue wissenschaftliche Erkenntnis«. Nun, wieviele sind denn ›unzählige‹? Nach dem Maßstab zu fragen, der da angelegt wird, bedeutet ganz gewiß nicht, beschämende Fakten zu leugnen oder Mordorgien zu verklären. Aber gäbe ein Vergleich mit den Verbrechen der Roten Armee nicht doch ein präziseres, ehrlicheres Bild von dem Vernichtungskrieg, der zwischen den Kriegsparteien tobte und den nachweislich beide Seiten gnadenlos betrieben? Bisher hat noch jeder Krieg Brutalität freigesetzt. Bisher hat sich noch immer Brutalität an Brutalität entzündet. Und wie oft haben Fanatisierung und Indoktrination dabei eine verhängnisvolle Rolle gespielt. Militärische Disziplin unterdrückt charakterliche und moralische Schwächen, sie beseitigt sie nicht. So bleibt Gesindel auch in Uniform Gesindel. Sadismus sitzt im Kopf, nicht im Kostüm. Disziplin kann übermenschliche Leistungen erzwingen. Sie ermöglicht aber auch, wenn sie mißbraucht oder in böser Absicht gelockert wird, unmenschlichen Terror. Beispiele dafür finden sich auch nach 1945 immer wieder aufs Neue.

Gewiß liegt die Frage nahe, warum diejenigen, die von verbrecherischen Vorhaben wußten, sich nicht von vornherein und mit allen Mitteln zur Wehr gesetzt haben, und natürlich werden sie gemessen an den hehren Maximen, denen sich das Offizierskorps einst stolz unterworfen hatte. Doch mutet ein solcher Vorwurf von Zeitgenossen, die Charakterfehler mit dem Schlagwort ›Wertewandel‹ entschuldigen und Selbstverständlichkeiten mit ›Sekundärtugenden‹ gleichsetzen, nicht schlichtweg lächerlich an? Was mit denen geschah, die sich zur Wehr zu setzen versuchten und wußten, daß sie damit alle Brücken hinter sich abbrachen, darüber läßt sich im Hof des Bendlerblocks in Berlin, wo Stauffenberg und seine Freunde erschossen wurden, oder beim Anblick der Fleischerhaken im Zuchthaus Plötzensee, an denen Soldaten elend sterben mußten, lange nachdenken.

Ich gehörte zu den Soldaten der Heeresgruppe Nord. Ich war damals kaum neunzehn Jahre alt und ein Schräubchen im militärischen Apparat. Von der Not der Leningrader hatte ich noch nichts gehört. Ich ahnte auch nicht, wie gering meine Aussichten waren zu überleben und daß ich ohne Schaden nicht davonkommen würde. Über diese Zeit kann ich weder Scham empfinden, noch kann ich besonders stolz darauf sein. Von je hundert Jungen meines Rekrutenjahrgangs sind fünfunddreißig gefallen, viele blieben versehrt, keiner überlebte ohne tiefe Spuren in seinem Wesen.

Warum nun heute dieser Blick zurück, da doch viele darauf brennen, unsere Geschichte am Schalter in Brüssel abzugeben, uns heuchlerisch von unserer Vergangenheit zu entsorgen und der Mühe gewissenhaften Nachdenkens, Wertens, Selbsterkennens zu entheben?

Die Erklärung ist ganz einfach: Das Gedächtnis der Völker läßt sich nicht auslöschen. Wer die Welt kennt, kann davon erzählen. Auch sind Vorurteile überall gängige Ware. Sie entstellen das Bild, das sich Deutsche und Russen voneinander machen. Bittere Erinnerungen und erstarrte Klischees des Kalten Krieges sind offensichtlich noch längst nicht überwunden. Aber weil uns weder Schuldzuweisungen noch Trost weiterhelfen, ist erst einmal Klarheit nötig.

Nur der Wissende ist nicht zu täuschen, er kann frei urteilen und handeln. Daraus gewinnt dieser Bericht seine besondere Aktualität. Er rückt einen schmalen Ausschnitt aus einer Phase der Zeitgeschichte ins Licht, die kein Russe vergessen kann, und die viele Deutsche vergessen glauben. Nicht um Deutungen raffinierter Züge auf dem Schachbrett der Strategen geht es dabei, nicht um die Darstellung erhebender Großtaten und Gefühle. Mich bewegt die Frage, was denn diese Berge von Operationsplänen, Protokollen, Statistiken, diese Lage-, Erfolgs- und Verlustmeldungen, diese Analysen, Anklagen, Rechtfertigungen, aus denen wir heute Geschehnisse, Geschichte abzulesen versuchen, in der tristen, täglichen Wirklichkeit für so viele Menschen in jenen schicksalhaften Jahren bedeutet haben. Und wie es kommt, daß diese Geschichte auch heute noch so stark in das Denken, Fühlen, Handeln der Völker hineinwirkt.

Leningrad, nunmehr wieder St. Petersburg, bietet sich dafür an, weil es, wie der Philosoph Erwin Chargaff schreibt, neben Verdun, Stalingrad, Auschwitz, Dresden und Hiroshima zu den epochalen Begriffen unseres Jahrhunderts gehört. Aber auch, weil es uns vor Augen führt, was man damals unter einem Nebenkriegsschauplatz verstand. So jedenfalls wollte es Hitler.

Dieser Bericht entstand aus Gesprächen mit Überlebenden, aus Antworten auf Fragen junger Leute, aus überlieferten Dokumenten, Chroniken, Tagebüchern und nicht zuletzt aus eigener Erfahrung. Vielleicht kann er dazu beitragen, daß Deutsche und Russen einander weniger verzerrt sehen, daß wir endlich anfangen, nicht mehr nach dem zu suchen, was uns trennt, sondern wieder entdecken, was uns verbindet.

Im März 2001   *Hasso G. Stachow*

1. Kapitel
Kreuzfahrt – eine Reise in die Erinnerung

Sommer 1929. Ich stehe am Strand. Wasser umspielt meine Zehen, das ist die Ostsee. Jede winzige Welle macht einen anderen Saum. Glitzernde Blasen werden vor- und zurückgeworfen, dazwischen ein paar Krümelchen Kohle. Die Brandung ist sanft, sie schwemmt Schaumflocken vor sich her, der Sand weiß und glatt. Ich ziehe den Geruch aus Salz, Tang und Fisch, aus Tauwerk, Teer und Sonnenöl tief in die Nase.

Du bist ein pommerscher Knabe, sagt Großvater. Du stammst aus Stettin. Der Strand, auf dem du stehst, ist die pommersche Küste. Da drüben, hinter der Linie, an der sich Himmel und Wasser berühren, liegt die Insel Bornholm. Die gehört den Dänen, sagt Großvater. Dänisch waren wir Pommern auch schon. Dahinter ist die schwedische Küste. Schwedisch waren wir auch schon. Hinter uns, weit hinter den Dünen, liegt die Mark Brandenburg. Brandenburgisch waren wir auch schon. Und hier rechts rüber, da liegt Polen. Polnisch waren wir auch lange. Du bist ein Preuße, in den Preußen steckt von all diesen Völkern etwas, sagt Großvater. Sogar von den Franzosen. Die waren ja auch schon da. Und von den Russen. Die haben hier stolz ihre Säbel in der Sonne blitzen lassen.

Ich bin ganz sicher, eines Tages werde ich über das Mare Balticum fahren, wie meine Ostsee auf Großvaters Landkarte benannt ist. Dann werde ich wissen, wie es ringsum aussieht.

Jahrzehnte später ist es endlich soweit. Ich bin an Bord der *Europa*, und meine Kabine ist vom Feinsten. Das Schiff ist weiß wie ein Schwan und beweglich wie ein Delphin. Es wirkt kräftig, geräumig, zuverlässig. Und es ist schnell: Einundzwanzig Knoten, fast vierzig Stundenkilometer. Ganz beachtlich für ein Luxushotel von zweihundert Metern Länge. Alles ist handlich, zweckmäßig, elegant. Nichts für Leute, die an der Umwelt leiden wollen.

Bremerhaven, Columbus-Kaje. Leicht wie eine Daune löst sich das Schiff vom Land. Die Bugsier-Schlepper, denen ich in den Schornstein gucke, kommen mir wie Ameisen vor, winzig und kräftig zugleich. Ich atme tief durch. Was werde ich alles sehen: Kopenhagen, Rostock, Bornholm, Gdingen, Danzig, Zoppot, Helsinki, Stockholm, Visby.

Und, na ja, Leningrad natürlich, wie das damals hieß, auf unseren erbeuteten Militärkarten, die wir kopiert hatten, um uns im weiten sowjetischen Reich nicht zu verlaufen. Aber auf den schwarzgelben Schildern an der Rollbahn konnte ich dann immer wieder lesen: Petersburg. Ich will die Stadt hier weiter Leningrad nennen, weil sie so genannt wurde, als ich ihr begegnete. Und weil sie sich unter dem Namen des roten Revolutionärs in mein Gedächtnis eingebrannt hat.

Die Wolkenbäusche am Horizont, die Kräne, die Masten im Abendlicht – ich sehe sie nicht. Ich bin aufgeregt, aber ich weiß, das ist kein Reisefieber. Ich stehe da wie der Knabe im Sand. Aber es ist nicht Neugier allein, die mir die Brust so eng macht. Sei ehrlich, sage ich zu mir, diese ganze Fahrt machst du doch nur, um die Affäre abzuschließen. Jetzt endlich hältst du dich für gelassen genug, die Begegnung zu ertragen. Einmal hat der Weg zu dieser Stadt fast dein Ende bedeutet. Aber nun wirst du sie erleben, die Schöpfung Peters des Großen, die du als ›Wiege des Bolschewismus‹ nur von ihrer fernen Schattenlinie her kanntest. Deren Paläste, Kathedralen, Schlote und Werftkräne du gemustert hast mit zusammengekniffenen Augen unterm Stahlhelmrand, durch Schleier von Rauch und hochgeschleuderter Erde hindurch. Diese ganze Reise ist doch nichts weiter als die Vorbereitung. Du willst dich allmählich an den Augenblick gewöhnen, da du der Erinnerung nicht mehr ausweichen kannst.

Nun bin ich schon zweieinhalb Tage unterwegs. Woran liegt es, daß mir Warnemünde und Rostock und Bad Doberan so bedrückend vertraut vorkommen? Ist es das Karge, das Sparsame, das ich aus meiner Kinderzeit in Stettin kenne? Ist es dieser letzte Rest altertümlicher Seebadatmosphäre, der mich an die Strandpensionen in Heringsdorf, Bansin, Misdroy und Ahlbeck erinnert? Sind es die Buchen, die Kiefern, die Linden, der Sauerampfer, die Moddergründe mit den Pfützen im Schlick? Sind es die Backsteine, graugelb, braun, schwarzrot verwittert? Das Dünengras, das sich im Wind schmiegt wie die weißblonden Strähnen der Mädchen? Sind es diese Gehwege aus den kleinen grauen Granitwürfeln und das Holperpflaster, schmutzigblau, fleischfarben, rotbraun, wie aus Kommißbroten zusammengesetzt?

Am nächsten Morgen: Wind Nordwest Drei, wechselnd bewölkt, 18,5 Grad plus. An Land auf Bornholm. Im Buchengrün weiße Rundkirchen.

1. Kreuzfahrt – eine Reise in die Erinnerung

Dicke Mauern mit Nestwärme, Geborgenheit im Herrn. So kannst du leicht Christ sein. Vorteile rauhen Klimas und bedrängter Verhältnisse: Du bleibst bescheiden, lebst bescheiden, baust bescheiden. Die Natur bestimmt. Der Mensch bildet sich gar nicht erst ein, sie besiegen zu können.

Abends Gespräche vor Kristall, Silber, Leinen, bei Entenrahmsuppe, gekochtem norwegischem Fjordlachs und frischen Blaubeeren mit flüssiger Sahne. »Meine Mutter wollte und wollte mit uns nicht auf die *Gustloff*, es gibt wohl doch so etwas wie Vorahnung«. – »Wir waren auf der *Tanga*, alter Fünftausend-Tonner. Vor Stettin Ruderschaden. Die Stadt war schon eingeschlossen. Bei zwanzig Grad minus waren wir in Danzig abgefahren. Als wir mit Notruder in Warnemünde einliefen, taute es.« – »Vorahnungen? Na. Meine Schwester und ihre drei Kinder sind mit der *Gustloff* untergegangen. Mehr als fünftausend Tote.« – »Und meine Mutter hat jeden Mist eingepackt, als es hieß: ›Ab nach Westen‹. Ja, in Zoppot, wo Tausende von Verwundeten über die lange Seebrücke verladen wurden.« – »Hocheleganates Seebad damals.« – »Ja, einst im Mai.« – »Also: Den Schlüssel zum Safe, zu Geld, Schmuck und Wertsachen, den konnte sie einfach nicht finden.« – »Freud? Der war doch Jude und zählte damals nicht. 's gab ja deshalb in dieser Zeit überhaupt keine Fehlleistungen, ha ha.« – »Man müßte wirklich mal erzählen, was die Leute damals an Krempel mitgenommen und an Wertvollem dagelassen haben, in dieser Panik. Na, unser polnisches Dienstmädchen hat sich hoffentlich gründlich bedient.« – »Königsberg?« sagt er zu mir. »Weiß ich doch, klar, liegt doch in Schlesien oder so! Von wegen Vaterland – ich kann ihnen sagen! Keinen blassen Schimmer!« – »Mein Bruder war vier damals. Stand bis zum Kinn im Schnee. Ein Bauer hat ihn dann getragen.« – »Als es taute, sind die Trecks auf dem Haff einfach verschwunden. Das Eis brach nicht; es bog sich einfach durch, und langsam entschwanden Mensch und Tier.«

Wind Südwest Sieben. Grobe See, 15,6 Grad. Du hast nach Hela hinübergegrüßt, zu der blutgetränkten Landzunge, die dunkelgrau mit dem Himmel verschmolz. Dann die Westerplatte, der Ort, an dem die Tragödie begann. Hier eröffnete am 1. September 1939 um vier Uhr fünfundvierzig die alte *Schleswig-Holstein* mit ihren 28-cm-Geschützen das Feuer und läutete auf ihre Weise den Krieg ein und millionenfachen Tod.

Warum hast du nicht den Ausflug zur Marienburg mitgemacht? Wäre ganz passend gewesen: Deutscher Ritterorden. Erlösungsphantasien. Sogenannte hohe Ideale. Kalter Fanatismus. Mord an Ungläubigen im Namen des Herrn. Zugleich die materiellen Interessen, die unverhüllten

Diesseitsansprüche. Andererseits Abscheu vor den Pruzzen, die ungeniert zu plündern wagen. Streit mit dem polnischen Landadel, Streit mit den Städten, Überheblichkeit gegen Land und Leute. Die Ritter hochfahrend, mit erstarrten Riten, Mystizismus und Kasinoabenden. Schließlich Untergang bei Tannenberg, weil sie nichts begriffen hatten. Fallen dir da nicht Parallelen ein?

Danzig. Die Langgasse, das Goldene Tor, der Lange Markt. Hanse-Bürgertum, satt, breitspurig. Sie waren tüchtig. Aber sie wußten, daß letztlich der liebe Gott bestimmt, ob die Speicher gefüllt sind. Also haben sie ihm ein feines Haus hingestellt: die Marienkirche. Der Christus, gotisch-asketisch, zehn Meter hoch am Kreuz. Sieht das nun alles ›deutsch‹ aus? Oder ›polnisch‹? Kann man das überhaupt fragen, da doch Polen und Deutsche so unlöslich ineinander verklammert sind? Hat nicht noch 1940 angesichts der Besatzungswillkür ein deutscher Generalstäbler erschüttert seinem Tagebuch Gedanken über die Verwandtschaft zwischen diesen beiden Völkern anvertraut? Hast du die Gesichter gesehen? Haben die Kinder anders ausgesehen als in Mecklenburg, in Holstein, in Friesland? Waren das andere Alte als bei uns? Wo ist denn da die Grenze zwischen slawischen Unter- und germanischen Übermenschen, Herr Himmler?

Oliva. Orgelkonzert in der Kathedrale. Fresken in Schwarz und Gold. Die Orgel mit zigtausend Pfeifen. Um die Jahrhundertwende kam dann ein Glockenspiel hinzu, von der Firma Göbel, wie man lesen kann. Und Engel, die richtig Trompete blasen. Technischer Kitsch in Gottes Namen. Anstatt die Klänge in großmächtigem Ton gen Himmel orgeln zu lassen, wird gepingelt, geklingelt, getutet. Kirchenbesuch mit Entertainment, zur Kaffeefahrt verhunzt. Da hilft auch das ›Ave Maria‹ nicht. Massige Körper zwängen sich in die Betbank. Unter Betonfrisuren quillt die Träne. Das Make-up zerfließt. Kurzfingrige Hände, schwer vom Schmuck, tauchen in Luxustaschen. Alles kramt, nestelt, raschelt. Große Scheine fallen in den Klingelbeutel, der hier durch einen Korb ersetzt ist – im Dienst des Tourismus. Opfer? Demut vor Gott? Um Himmelswillen, laßt doch den Polen, denen es dreckig geht, wenigstens ihren heißen Glauben, verletzt nicht ihren Stolz, weil ihr nicht wißt, was das ist. Vor dem Tempel dann die polnischen Schacherer mit ihren Plastiktüten voller Bernsteinketten, -armbändern, -broschen. Die Erde hat mich wieder.

Jetzt sind es noch sechshundert Seemeilen bis zur Stadt des großen Peter. Eine Kleinigkeit heutzutage. Aber damals ... Da, weit hinten, liegt Pil-

1. Kreuzfahrt – eine Reise in die Erinnerung

lau. Und da, querab, zerrte damals die *Steuben* an der Ankertonne. Bald darauf ging sie mit 2000 Flüchtlingen, 2500 Verwundeten und 450 Mann Besatzung vor Stolpmünde in die Tiefe. 3608 Menschen ex.

An den Täfelungen, Spiegeln, Messingbeschlägen des Atlantik- und Mittelmeerfahrers hing noch immer der Duft ferner Welten. Kaum hatten sie mich unter Deck abgeladen, bin ich mit weichen Knien auf den Spiegel mit den Seitengriffen zugetorkelt und dann vor dem unendlich fremden Gesicht zurückgeprallt, das mir da plötzlich entgegenstarrte. Und ich hatte immer noch dasselbe rotfleckige, schwarzgeränderte, verlauste Hemd am Leib – mit dem kleinen Einschußloch auf der Brust und dem zerfetzten im Rücken. Aber ich war voller Hoffnung: Die *Steuben* war unterwegs nach Westen, nach Swinemünde zum Lazarettzug. Ihre Stunde hatte noch nicht geschlagen.

Jetzt müssen wir auf der Höhe von Memel sein. Die sowjetischen Panzer waren schon auf dem Weg zur Küste; würden wir mit unserem Munitionszug durch sein, bevor sie auf dem Bahndamm standen? Aber ich rollte, frierend auf Stapeln von Granaten, unbehelligt Libau und dem Kurlandkessel entgegen. Ich sehe Großvaters Schreibtisch vor mir, den doppelköpfigen Zarenadler und den Säbel des russischen Offiziers, der sich vor Libau mit seinem Häuflein ergab. Der Alte wird ihn feierlich wie Wilhelm Zwo entgegengenommen haben, mit gesträubtem Knebelbart. Das war im Weltkrieg Eins. Vielleicht war es der Sohn dieses Zarenoffiziers, der im Weltkrieg Zwei als Sowjetleutnant seine Maschinenpistole vor Libau so virtuos gegen mich handhabte? Auge um Auge, Zahn um Zahn.

Sind wir schon vor Riga? Der Oktober 1944 fällt mir ein. Am Bahnhof ein paar Leute vom Bataillon. Schulterklopfen. »Mann, daß es dich noch gibt ... « Doch Fröhlichkeit kommt nicht auf. Die neueste Lage? – »Keine Ahnung. Mit der Parade durchs Brandenburger Tor wird's wohl nichts dieses Jahr.« Bitteres Gelächter. »Und wo liegt unser Verein?« Schulterzucken. »Nur Ruhe. Zum Endsieg kommen wir immer noch rechtzeitig!« Keiner lacht mehr. Beim Bataillon alle, die ich zu treffen hoffe, verwundet, vermißt, gefallen. Und ich, das Milchgesicht, einer von den ›Alten‹.

11 Uhr 30. Jetzt sind wir auf der Höhe der Insel Dagö. Schon an Ösel vorbei, wo mein Englischlehrer als Leutnant gefallen ist, 1944. Und der poetische Leutnant Walter Flex, 1917, dessen Lied wir am Lagerfeuer gesungen haben: *Wildgänse rauschen durch die Nacht ...* Und da, hinterm Horizont, ist mein Freund Jochen mit seinem Stuka abgeschossen worden, voll rein in die Flakstellung.

16 Grad Celsius. Langsame Fahrt. Wolkenhaufen in Grau und Weiß am samtblauen Himmel. Im Westen ein Regenbogen. Darunter winzig ein Frachter, tintenblaue Silhouette. Das Meer bleigrau mit Schaumkronen. Das Kielwasser – ich höre meinen Englischlehrer: »The wake, the hhh ... wake!« – eine endlose Schleppe aus weißlichblasigen Streifen. Dort, wo Flecken von Sonnenlicht über das Wasser ziehen, schimmert es silbrig im zinngrauen Wogenfeld. Hinter dem Heck mächtige Möwen, lautlos. Die Shuffleboarder lärmen und schwatzen. An den Tischtennisplatten helle und heisere Dispute, einschläferndes Geklapper.

16 Uhr. Steuerbord querab der Leuchtturm von Reval, heute als Tallinn auf Land- und Seekarten. Auf einmal fällt mir Männiku ein, Truppenübungsplatz, Barackenlager im Süden der Stadt. Wir waren aus der Front herausgezogen zur Auffrischung, eingeteilt als Lehrbataillon. Übung mit scharfer Munition, Angriff auf ein Grabensystem. Plötzlich liegen wir im Feuer der eigenen überschweren Granatwerfer, Kaliber 12 Zentimeter. Mir stockt der Atem. Ich haste auf den höchsten Geländepunkt, um Funkverbindung zu bekommen. Der Pulvergeruch sticht in die Nase. Ich höre mich ins Mikrophon schreien: »Feuer einstellen! Feuer liegt zu kurz, zu kuurz! Seid ihr denn wahnsinnig?« Ich starre auf Helme und Rücken der Soldaten, die sich in den Boden krallen. Rundum haushohe Vorhänge von Staub und Erde. Gesichter, Hände, Stoff, Helme, Waffen, Lederzeug, alles ist in Sekundenschnelle mit grauen Schichten, mit Krumen, mit Erdbrocken zugedeckt. Dann die Katastrophe vor meinen Augen: Volltreffer in die vorderste Gruppe. Der Tote liegt auf dem Gesicht. Im Rücken faustgroße Löcher, aus denen es rot sickert. Das rechte Bein unterm Knie wie mit dem Beil abgehackt. Schien- und Wadenbein im blutigen Fleisch. Es war sonnig wie heute, kühl, böiger Wind. Und die Verwundeten schrien und schrien.

Hinter mir eine quirlige Gruppe junger Leute, nicht älter als ich damals. Sie lachen, drehen die Rücken gegen den Wind, mit hochgewehten Haaren, wie Wiedehopfe. Die See nun stahlblau, die Möwen dicht wie eine Wolke, mit kalten, bösen Augen. Wir sind in den Finnischen Meerbusen hineingeglitten, der Schicksalstadt an seinem Ende entgegen. Im Hintergrund scheppern Kaffeetassen. Kuchengabeln picken in Tortenstücke. Ich kann jetzt nichts essen.

Vierundzwanzig Stunden später habe ich alles hinter mir. Gruppenweise waren die Schiffspassagiere, die schon vor Reiseantritt ihre Busausflüge gebucht hatten, von Bord gegangen. Ich sah meinen Paß in der Bauernhand des riesigen Wachtpostens verschwinden, machte einen Schritt – und stand als Tourist auf dem Boden der Stadt, die ich als Eroberer hatte stürmen sollen.

Natürlich kann ich mir einreden, jetzt, da ich mit einem eisbeschlagenen Glas Wodka so lässig in der Schiffsbar lehne wie Humphrey in Ricks Café in Casablanca, es sei der erschütterndste Moment der ganzen Reise gewesen. Aber ich will mir nichts vormachen, es war zunächst mal gar nichts. Die Pier, über der die Schiffswand haushoch aufragte, war schmutzig, der Beton rissig. Windstöße pfiffen mir in den Kragen. Ich war nichts als froh, endlich geschützt im Bus zu sitzen. Schon sagte Fremdenführerin Natalja, dunkeläugig, schmal, kieselhart, pflichteifrig ihre Sprüche auf. Schon waren wir in einer Allee mit ungepflegtem Grün. Zu beiden Seiten flache, lange Gebäude. Kein Mensch in den Straßen. Es war genau so öde wie überall in den Hafengebieten dieser Welt. Die Reisenden schwiegen und wippten wie Marionetten, wenn der Wagen in ein Schlagloch geriet.

Dann plötzlich Busse und Bahnen voller Menschen, Gedränge, Schlangen von Wartenden. Blicke streifen die Touristen neugierig, gleichgültig, müde. Ich sehe prüfend in die Gesichter. Fast 900 Tage haben wir Deutsche die Stadt belagert, denke ich auf einmal betroffen, was müssen das für elende Tage gewesen sein. Alle Bewohner, die nicht einrücken mußten, wurden zum Bau von Abwehrstellungen verpflichtet. Wer von den Alten, die du da auf den Straßen siehst, war damals wohl als ›Blokadnik‹ dabei, notdürftig gekleidet, notdürftig verpflegt, notdürftig untergebracht, bei Wind und Wetter? 700 Kilometer Panzergräben haben sie gebaut, über 30 000 Stellungen in weitem Kreis rund um die Stadt. Und dann hieß es, Leningrad sei abgeschnitten, die Deutschen seien in Mga. Zum ersten Mal taucht der Name des unscheinbaren Knotenpunktes auf, drei Buchstaben, die Russen und Deutsche vom Herbst 1941 bis zum Januar 1944 begleitet haben. Alle, die auf den Bahnsteigen auf ihren Koffern und Bündeln gehockt, alle, die sich vor den Schaltern gedrängt haben, in der Hoffnung, doch noch fliehen zu können, trotteten wieder nach Hause. Dann stiegen brandrote Wolken über den Dächern auf, tauchten die Paläste in blutiges Licht. Bomben hatten die Badajew-Lebensmittelmagazine getroffen. Später erkannten die Menschen, daß dies die Flammensignale für den Beginn der Hungerzeit gewesen waren. In den Trümmern der Magazine, in der Asche haben sie gegraben, um an das Erdreich zu gelangen, in dem der geschmolzene Zucker versickert war. Dann werden die Tage kürzer, schon um 15 Uhr fällt Dunkelheit ein, es beginnt zu frieren. ›Burshujki‹, kleine Eisenöfen, wie sie schon von den verarmten Bourgeois im Hungerwinter 1919 benutzt worden waren, sind nun wieder Kostbarkeiten.

Lufttransporter landen täglich 86 Tonnen Lebensmittel für zwei Millionen Leningrader – eine Menge, wie sie später nicht einmal für die 250 000 Eingeschlossenen der deutschen Stalingradarmee reicht. Jeder Einwohner muß mit 125 Gramm Brot pro Tag auskommen, jeder Arbeiter mit 250 Gramm. Wie war das 1948/49 in Berlin? Täglich 4500, später 10 000 Tonnen trafen über die amerikanische Luftbrücke in Tempelhof ein, für zweieinhalb Millionen Westberliner.

In den Kellern der Eremitage hausen Ende 1941 über 2000 Menschen. Sie backen mit dem Leinöl, das hier einst für die Restaurierung der Kunstwerke eingelagert wurde, die runzeligen Kartoffeln, die sie aus den Schrebergärten am Stadtrand kratzen. Sie entdecken in den Kellern Gefäße mit Leim, aus dem sie eine Art Gelee machen. Wer vor Entkräftung stirbt, bekommt einen Sarg aus dem Holz, das für Transportkisten von Statuen und Bildern bestimmt war.

Alle Radios sind eingezogen worden, ihr Besitz oder gar das Abhören ausländischer Sender steht unter Todesstrafe. Die Nachrichten, die per Drahtfunk oder über öffentliche Lautsprecher kommen, sind spärlich und wenig tröstlich. Wilde Gerüchte kreisen. Wer sich nachts allein nach draußen wagt, muß fürchten, von Banden aus Verzweifelten oder Deserteuren angegriffen zu werden. Immer wieder werden Leute, die vor Lebensmittelläden Schlange stehen, ihrer Marken beraubt. Anderen wird das mit endloser Geduld erkämpfte Brot auf dem Heimweg entrissen. Das Gespenst des Kannibalismus geht um. Kinder, deren Eltern verhungert sind, streunen durch die Straßen und ernähren sich von gefrorenem Abfall. Ein Neunjähriger wird neben seiner toten Mutter gefunden, er schluchzt: »Wie kalt Mama mich macht!«

Es gab soviele Hungertote und soviele, die noch bei der Evakuierung starben, daß ihre Zahl nur ungefähr bestimmt werden kann. Ganze Familien sind still vor sich hin gestorben. Es gab kein Trinkwasser mehr, auch in den Krankenhäusern und Lazaretten nicht. Fiel der Strom aus, dann arbeiteten die Pumpen der Wasserwerke nicht, die ohnehin schon im Punktfeuer der deutschen Fernkampfbatterien lagen. Und wenn es Strom gab, dann brauchte ihn die Industrie, die Tag und Nacht unter Frontbedingungen arbeitete. Es gab keine Transportmittel. Kinderschlitten standen hoch im Kurs. Pferde waren längst geschlachtet. Treibstoff stand nur der

Truppe zu. Wer noch konnte, ging zu Fuß, auch die weitesten Wege. Gewiß gibt es aus Kriegszeiten Parallelen zu solchem Leid, kaum aber zu seiner Dauer.

Nun spiegeln sich die schönsten Fassaden in der blinkenden Newa, aber ich sehe an ihnen vorbei. Ich denke: Wie warst du, das Werkzeug der Vernichtung, doch damals froh, an der Nabelschnur der Befehle zu hängen. Du hast auf diese Stadt gestarrt wie heute, hast gegrübelt: Wahrscheinlich werde ich sie nicht einmal mit den Füßen voran erreichen. Sie werden dir schon vorher die Stiefel ausziehen, und in den Uniformteilen, die nicht zerrissen oder verschmiert sind, wird bald irgendein anderer Junge vom Ersatz herumlaufen. Dich aber werden sie in eine Papiertüte stecken, wie deine stummen Kameraden. Sie werden uns alle nebeneinanderlegen und ein letztes Mal schnurgerade ausrichten und das ganze Elend mit russischer Erde zuschütten. Ein übermüdeter Militärpfarrer wird sich in Routinesprüche retten, weil er weiß, daß die Sterbenden im Hauptverbandplatz ihn viel nötiger haben.

Und jetzt, fünfzig Jahre später, strecke ich mich wohlig und sage mit dieser furchtbaren Selbstsicherheit der Lebenden: Hast du Schwein gehabt, Freundchen. So dankbar kannst du gar nicht sein, wie du sein müßtest. Du durftest weiterleben, du ›Faschistenlehrling.‹ So hat dich der Gefangene im Feldlazarett doch immer genannt, dieser Russe mit den lustigen Augen, der dich gepflegt hat und nicht wollte, daß du stirbst.

Tatsächlich, vor ein paar Stunden erst bin ich ganz gemächlich mit dem Bus nach Puschkin geschaukelt, dem alten Zarskoje Selo, wo der arme und schwache Nikolaus, der nichts begriffen hatte, mit seiner Familie die Zeit verspielte. Vorbei an den Höhen von Pulkowo mit dem berühmten Observatorium darauf. Ende 1941 hatten sie sogar die Kanonen des alten Kreuzers *Aurora*, dieses Oldtimers der roten Revolution, hier postiert, um den Deutschen den Zugang zu der beherrschenden Höhenstellung zu verwehren.

Am Straßenrand, wie achtlos beiseitegestellt, zwei verwitterte russische Feldgeschütze. Erinnerungen an düstere Tage, wie die Bunker dahinter, um die üppig der Kohl steht und die nun Schrebergärtnern als seltsame Lauben dienen. Der Bus rumpelt über den Bahnübergang: Die Strecke von Gatschina herauf, über Alexandrowka. Ich habe die abgegriffene Stellungskarte plötzlich genau vor Augen. Ein paar hundert Meter von hier bist du damals durch den Lehm gekrochen. Konntest den Kopf nicht heben, ohne daß dir die Garben von zwei, drei MG von drüben über den

Helm zirpten. ›Fingerstellung‹ nannte sich das zerhackte Grabensystem, ›Linker Finger‹ zur einen, ›Rechter Finger‹ zur anderen Seite des Bahndammes. Was konntest du laufen, als du aus dieser mörderisch weit vorgeschobenen Stellung herausdurftest. »Durch den Alexanderpark!« war befohlen worden, fünf Meter Abstand von Mann zu Mann, am Gräberfeld vorm Alexanderpalast entlang. Jetzt prangen Tulpenbeete, wo einst Birkenkreuze standen. Die Wege sind sauber gewalzt. Ob überhaupt einer weiß, daß er da über die Gebeine von Hunderten junger Deutscher spaziert?

Ich bin in Gedanken immer noch unterwegs, im Laufschritt durch die angesplitterten Bäume. Die Luft voll Eisen und Blei. Sie zitterte unter den Einschlägen, die uns scheuchten. Die Trommelfelle vibrierten. Der Park verschneit, verschlammt, verwüstet. Wie erleichtert waren wir, die rutschigen Schrägen der Kusminka-Mulde hinter uns zu lassen, die Reihen der erstarrten Freunde und Kameraden, die nun abgerissen und besudelt, verstümmelt und in grotesken Posen am Rand des Trampelpfades lagen. Waren es deutsche Granaten, die uns am Palast der großen Katharina entlangjagten? Natalja, die Dolmetscherin, sagt voller Überzeugung: »Selbstverständlich! Alles faschistisch!« Lassen wir's dabei, Natalja. Etwa zweieinhalb Stunden später rollen wir wieder über den Newskij-Prospekt.

Hatte ich mir nicht vorgegaukelt, die Stadt Peters sei mit jedem Meter Straße, mit jedem Mauerstein ein Mahnmal, ein steingewordenes Dokument? Ist sie unter dem Namen Leningrad nicht das Symbol für Opfermut, Zähigkeit, Unbeugsamkeit geworden? Hat der Kommunismus nicht jede Gelegenheit genutzt, Leistungen und Errungenschaften pathetisch zu demonstrieren? Wieso hier diese falsche Bescheidenheit? Wer der Sache nachgeht, der stößt auf den Namen Stalin und auf einen der zahlreichen Beweise seiner Brutalität.

Wie Chronisten berichten, eröffnen im April 1944, nach dem Rückzug der deutschen Belagerer, die Bewohner der befreiten Stadt im Soljanyj-Park ein Museum mit rund 60 000 Exponaten auf 3000 Quadratmetern Fläche. In ihm werden, von der Hungerration der Bewohner bis zum deutschen Karabiner 98, vom schweren Geschütz der Belagerungsartillerie bis zum Tiger-Panzer, vom Katastrophen-Tagebuch bis zu jenem Blockade-Brot aus Sägemehl, Zellulose und Baumwollkuchen, massenhaft Zeugnisse der Belagerungszeit zusammengetragen. Fünf Jahre später wird das Museum von einem Tag auf den anderen geschlossen, wird der Direktor verhaftet, werden die Exponate vom NKWD weggeschafft. Die Schilder auf dem Newskij-Prospekt, die vor den Stellen warnten, die durch deutsches Artilleriefeuer besonders bedroht waren, werden übermalt. Literatur über die Belagerungszeit, auch ein Film, werden unterdrückt oder durch Zensur entstellt, Statistiken gesperrt. Es wird sogar verboten, Leningrader Zeitungen aus dieser Zeit einzusehen. Der Wiederaufbau der Stadt wird immer wieder von der Moskauer Zentrale verzögert. Die Menschen sagen, die Stadt habe die Deutschen überlebt, ob sie aber den Kreml überlebe, sei ungewiß.

Offiziell fällt über die Blockade-Zeit kein Wort mehr. Es hat sie nicht gegeben, so will es Stalin. Und dann verschwinden nach und nach auf Nimmerwiedersehen Leute, die während des Krieges eine Rolle gespielt haben, Ingenieure, Wissenschaftler, Parteifunktionäre. Es kommen Gerüchte auf, sie seien während der Belagerungszeit Verschwörer gewesen, hätten mit den Deutschen im Bunde gestanden und versucht, Leningrad wieder zur Hauptstadt zu machen, wie einst.

Stalin nutzt die alte Rivalität zwischen Moskau und der Stadt an der Newa zu einer Blutorgie. Und nicht zum ersten Mal. Als 1935 in Leningrad der Parteisekretär Sergej Mironowitsch Kirow von dem jungen Leonid Nikolajew ermordet wird, läßt Stalin durch seinen Beauftragten Schdanow die gesamte Führungsschicht der Stadt, etwa eintausend Menschen, liquidieren und Zehntausende Funktionäre, Parteimitglieder und Komsomolzen in Lager verbannen. Straßen und Plätze, sogar das berühmte Mariinskij-Theater werden nach Kirow umbenannt. Doch schon flüstert man hinter vorgehaltener Hand, Stalin selbst habe den Mord befohlen, Kirow sei ihm zu bedeutend geworden.

Andrej Alexandrowitsch Schdanow aber, ein 49jähriger Ukrainer, der eigentlich Rakowskij heißt, hat nicht nur in Leningrad eine böse Rolle gespielt. Er erwirbt sich schnell einen schrecklichen Ruf als Stalins Todesbote, organisiert für seinen Meister Mordaktionen gegen einzelne unbequeme Parteileute und Massenmorde an allzu selbständigen Parteigruppen, so in Ufa, Kasan und Orenburg. Während der Blockade wird der eitle und ungebildete Parteisekretär als unermüdlich gelobt. Doch heute, da die Petersburger nicht mehr einer allgewaltigen Partei nachplappern müssen, werden seine Grausamkeiten und sein Zynismus nicht mehr verklärt. Und alle wissen, daß er mit Leckereien für sein Wohl sorgen ließ, während in den Straßen die Menschen dem Hungertod entgegentaumelten.

Nach dem Krieg gewinnt er als Verantwortlicher für Kulturpolltik im Politbüro weiter an Einfluß. Er schikaniert die Künstler und Wissenschaftler, die, traumatisiert durch die Leidensjahre, glauben, nun freier schaffen zu können. Schdanow brandmarkt die Lyrikerin Anna Achmatowa als »typische Vertreterin hohler, volksfremder, ideenloser Poesie« und erwirkt ihren Ausschluß aus dem Schriftstellerverband. Er wütet gegen die Literaten Pasternak und Katajew, wütet gegen die Komponisten Prokofjew, Schostakowitsch und Chatschaturjan, gegen den ›Gifthauch‹ ihrer ›bourgeoisen Musik‹.

Anna Achmatowa, deren Mann, der Lyriker Gumiljow, als angeblicher ›monarchistischer Verschwörer‹ 1921 von der Tscheka erschossen wurde, deren Sohn als ›Sohn eines Volksfeindes‹ Jahre hindurch im Straflager litt, die später den Kunsthistoriker Punin heiratete und erfahren mußte, auch er sei Anfang der fünfziger Jahre unter ungeklärten Umständen im Lager verstorben, hatte sich während der Blockade zu den Luftschutzhelfern gemeldet. In einem Gedicht sagt sie: »Ich blieb bei meinem Volk, ich blieb ihm treu / Dort, wo mein Volk im Unglück leiden mußte«. Sie hätte Jahre zuvor nach Paris ins Exil gehen können. Sie blieb.

Schdanows Wüten gegen die Geistesfreiheit scheint nicht ausgereicht zu haben, um sich Stalins Gunst zu erhalten. Er hat wohl doch zuviel zum Ruhme der Stadt Peters des Großen getan. Sie repräsentiert als Rußlands Fenster zum Westen die Kultur, die Stalin tief verhaßt ist. Außerdem sieht nicht nur Schdanow selbst sich als Nachfolger Stalins. Kaum hat sich die Nachricht von seinem Tode Ende August 1948 verbreitet, blühen die Gerüchte: Hat Stalin wieder einen beseitigen lassen, der über die Pläne des Meisters selbstherrlich hinweggegangen ist? Haben vielleicht Berija oder Malenkow, die sich auch gern an der Spitze gesehen hätten, für sein Ende gesorgt? Oder haben die jüdischen Ärzte dies bewirkt, denen Stalin 1953 die ungeklärten Tode führender Kommunisten anlastete? Offiziell heißt es, Schdanow sei an Krebs gestorben.

Mit welcher Andacht habe ich als Knabe zu Andreas Schlüters Skulpturen der *Sterbenden Krieger* im Zeughaus in Berlin aufgeblickt und zu den verwitterten Fahnen der friderizianischen Regimenter. Wie bewegt habe ich auf die Feldgeschütze aus dem Ersten Weltkrieg gestarrt, deren rostige, ausgeschossene Rohre auf Siegergeheiß mit Einschnitten unbrauchbar gemacht worden waren, und die mir damit mehr über den sogenannten Versailler Vertrag verrieten als Wilsons Friedensschalmeien. Warum gibt es heute nichts Vergleichbares, warum gibt es kein gewaltiges Museum des

Großen Vaterländischen Krieges in Sankt Petersburg? Reicht Stalins Schatten noch immer über seinen Tod hinaus?

Ich bin über bröcklige Gehsteige und Schlaglöcher von New Yorker Format gestolpert, habe der Bedrohung nachgespürt, die das Wasser für die Stadt bedeutet, die doch vor allem diesem Element ihren Zauber verdankt. Ich habe die Fassaden, Säulen, Pilaster, Stuckköpfe, Ornamente, Karyatiden bestaunt, die Joseph Brodsky mit soviel Liebe beschreibt. Ich habe über den Schloßplatz gestarrt und das Bild des Blutsonntags von 1905 heraufbeschworen, an dem der unselige Nikolaus II. es ablehnte, die Bitten und Klagen der Armen anzuhören und aus der Stadt flüchtete. Ich habe mir vorgestellt, wie seine Schranzen das Feuer auf die Menge eröffnen ließen und wie das Blut von Hunderten von Toten und Verletzten das Pflaster färbte.

Ich habe prächtige Paläste gesehen. Und Wohnhäuser aus dem vorigen Jahrhundert, von denen der Putz rieselt, mit muffigen, verwahrlosten Hinterhöfen, Durchgängen und Treppenhäusern, durch die der Schimmel kriecht. Schöne Fassaden, hinter deren Fensterhöhlen die Zimmerdecken herunterbrechen und daneben Blöcke mit großen, alten Wohnungen, in denen sich Dutzende von Familien drängen und um Herd und Badewanne streiten.

Die Peter-und-Paul-Festung hat von Peters Denkmal aus, dem *Ehernen Reiter*, ganz harmlos ausgesehen. Dort haben die Dekabristen ihr Ende am Galgen und ihre Verbannungsurteile erwartet, dort waren Dostojewskij und Bakunin eingesperrt, dort hat Peter der Große seinen Sohn Alexej zu Tode foltern lassen. Gute, alte Zeit.

Ich bin an Gräbern und Säulen entlanggewandert, auf denen Namen wie Tschajkowskij, Mussorgskij, Glinka, Rimskij-Korsakow und Turgenjew zu lesen sind. Ich habe das Palais des Fürsten Jussupow gesehen und an das langsame Sterben seines Opfers, des unheimlichen Rasputin, denken müssen. Ich habe lange über die flirrenden Reflexe im Wasser der Newa geblinzelt, habe von einem Dutzend der über 350 Brücken – es sind mehr als in Venedig – ins Stahlblau, Schwarzgrau von Flüßchen und Kanälen geguckt, die sich über 150 Kilometer durch die Stadt winden. Meine Hände sind über steinerne Brüstungen geglitten, die blankgewetzt waren von Millionen Händen, über kunstvoll geschmiedete Ufergeländer, von denen es hier mehr als 60 Kilometer gibt. Doch genug der Zahlen. Mit ihnen läßt sich die Aura dieser Stadt ebensowenig beschreiben wie der Charme einer Frau mit ihren Körpermaßen.

Ich habe die riesigen Windhutzen der *Aurora* bestaunt und das sechste, leichte Backbordgeschütz, dessen Schuß das Signal zum Sturm auf das Winterpalais und damit zur größten ideologischen Erschütterung des Erdballs war. In der Ausstellung unter Deck kein Bild von Trotzkij, kein Wort über ihn. Auch einer der Fanatiker, die Stalin allzu tüchtig waren. Ich habe die Nase in den Wind gehalten, der von Urizk herüberkam, wo am 15. September 1941 arglose Leningrader Arbeiter in diesen rotlackierten Straßenbahnzügen den Vorhuten des Hamburger Infanterieregiments 209 entgegenfuhren. Keiner hatte glauben wollen, die Deutschen seien schon da. Ich habe mir vorgestellt, wie die abgekämpften Landser einen der Fahrer aufforderten, sich zu einer Sonderfahrt bereitzuhalten, weil sie hofften, so am schnellsten ins Stadtzentrum eindringen zu können. Und ihre ungläubigen Gesichter, ale Halt befohlen wurde, weil Hitler plötzlich anderen Sinnes geworden und ihm der Marsch auf Moskau und die Ukraine wichtiger erschienen war.

In der Schiffsbar spielen sie *Sentimental Journey*. Ich sehe verwitterten Nußschalen zu, die im Hafenwasser dümpeln, Lastkähnen, einem bulligen Schlepper. Wie die Fremdenführerin vor Stolz strahlte, als sie ihre Stadt an die Seite von Paris stellte. Ja doch, Larissa, aber der Verwesungsdunst des Sozialismus, der sich so quälend langsam verzieht, ist nicht der Hautgout der Dekadenz. Wie seltsam, daß es ausgerechnet Bolschewisten waren, die all die Jahre hindurch die Werke jener Feudalherren geputzt und gerühmt haben, von denen eure Vorfahren so mies behandelt wurden. Erkläre mir doch diesen Stolz auf Kulturzeugnisse, für die Hunderttausende von Leibeigenen und Sträflingen darbten und verreckten.

Von der Abendsonne vergoldet, liegt jetzt die Silhouette der Inselstadt vor dem Horizont, der sich türkis und rosa verfärbt. Die Passagiere stehen dichtgedrängt an der Reling. Viele nachdenklich unter dem Eindruck der Begegnungen, noch angerührt von der Melancholie, welche die Mienen der Frauen in den Einkaufsschlangen umschattet, von der freudlosen Tapferkeit in den Zügen der jungen Männer, der Härte in den Augen der Alten, die schon alles gesehen haben, von dieser Spur von Verwegenheit in vielen Gesichtern.

Das Schiff löst sich vom Kai. Keiner kann sich losreißen von der Großartigkeit des Bildes. Vergessen der Hauch von Elend und Verfall. Vergessen die zeternde, schrille Frauenstimme, das Lautsprechergeklirr, als die Touristen die Gärten des Katharinenpalastes durchwandern und am Ufer des großen, künstlichen Teiches stehen. Was ist los? Natalja erklärt, da habe die Aufseherin nur die Insassen einiger Ruderkähne zurückbeordert, wegen Überschreitung der Leihzeit. Die Dolmetscherin versteht unser Erschrecken nicht. Aber Natalja, aus so nichtigem Anlaß dieses Gekeife im Park der großen Kaiserin? Natalja hebt verwundert die Augenbrauen. Haben sie nicht alle ganz andere Sorgen in der Fünf-Millionen-Stadt Sankt Petersburg, dieser schönsten in einem der reichsten Staatengebilde dieser Erde, das mit sich selber nicht fertigwerden kann?

Von Möwen eskortiert, schwebt das Schiff an Kronstadt vorbei. Hier also, denke ich beklommen, hier war das, wo 1921 die Matrosen der *Petropawlowsk* und der *Sewastopol* den Aufstand gegen die Vergewaltigung durch die Bolschewiki begannen. Hier hat Sergej Petrischenko mit seinem Provisorischen Revolutionskomitee Versammlungsfreiheit, Redefreiheit, Pressefreiheit verkündet. Und hier haben die roten Truppen des ehemaligen Zarenleutnants Michail Nikolajewitsch Tuchatschewskij übers Eis angegriffen und nach zwei qualvollen Kampftagen 2500 überlebende Kronstädter Matrosen im Namen des Sozialismus erschossen.

Petrischenko konnte nach Finnland entkommen. Doch im Vaterland der Werktätigen ging Rache seltsame Wege und hatte einen langen Atem. 1937 ließ Stalin in einer Serie von Schauprozessen auch den zum Marschall der Sowjetunion aufgestiegenen Tuchatschewskij erschießen. Er war Befehlshaber des Leningrader Militärbezirks gewesen. Vor Gericht hatte er Stalin abgeschworen, hatte ihn als Feind des Volkes und der Roten Armee angeprangert. Er war seinem Führer viel zu intelligent, zu selbständig, zu unruhig gewesen, um als zuverlässig zu gelten. Tuchatschewskijs zwei Brüder und eine seiner Schwestern wurden ebenfalls hingerichtet. Seine Mutter starb im Straflager, seine Frau mußte noch vier Jahre auf den Henker warten. Seine Tochter erhängte sich, zwölf Jahre alt. Erst 1944 war Petrischenko dran: Er mußte von den Finnen ausgeliefert werden. Seine Spuren verlieren sich im Gulag.

Wolkenschleier ziehen über Kronstadt hin. Über schimmernd grauen Fregatten, Schnellbooten, dräuend schwarzen U-Booten, rostbraunen Schlickschuten und Baggern. Hinter dem Waldsaum der Bucht ein Geflecht von Kranarmen. Die Türme der Zitadelle scheinen wie Eimer auf der Reede zu schwimmen. Ein Leuchtfeuer spricht monoton vor sich hin. Wir fahren in die Nacht, nach Westen.

Ich liege in der Koje und lausche dem Atem des Schiffes. Stadt des großen Peter, du Schöne, ich kann meine Gedanken nicht von dir lassen.

Ich konnte es nicht, seit meine Soldatenstiefel auf dem Bahnsteig von Gatschina knirschten und ich das Grollen und Blitzen am Horizont vernahm. Du bist vom Schicksal gezeichnet, anziehend und bedrückend zugleich. Das erste Mal habe ich dich über das Visier meiner Waffe hinweg gesehen. Ich lebte in der Gnade der Ahnungslosigkeit. Nie wieder war ich so sicher, das Richtige zu tun, wie damals. Doch dann hoffte ich nur noch, du ließest mich überleben.

Immer schon hat diese Stadt und das Land, aus dem sie emporblühte, die Phantasie beflügelt. »Man gebe mir nur irgendetwas auf irgendeinem Kontinent, das der Landschaft um St. Petersburg gleicht, und mein Herz schmilzt dahin«, schwärmte Vladimir Nabokov aus der Fremde. Und der Dichter Daniil Alexandrowitsch Granin erklärt seinen Elan als blutjunger Panzerkommandant: »Soldaten brauchen nahe, greifbare Ziele und Aufgaben. Wir Verteidiger hatten unsere Stadt nur wenige Schritte hinter uns, ihre Schlösser, Brücken und Alleen. Die Muster ihrer Eisengitter und darüber das mondlose Strahlen der Weißen Nächte, bei dem Puschkin über seinen Büchern saß, und das er so begeistert beschreibt. Wir hatten die Geschichte unserer Stadt, hatten ihre Tradition, da haben wir durchgehalten gegen die Deutschen.«

2. Kapitel
Was wußten wir wirklich von der Sowjetunion?

Seit 1703 trug die Stadt den Namen St. Petersburg, nach dem Schutzheiligen ihres Gründers, Peter dem Großen. Mit dem Beginn des Ersten Weltkriegs, 1914, nannte man sie Petrograd, um alles Deutsche auszumerzen. Seit dem Tode Lenins, 1924, Leningrad, und nun, seit 1991, heißt sie wieder Sankt Petersburg. Mehr als 150 000 Menschen mußten an Seuchen und Entkräftung sterben, bis die Stadt errichtet war. Ihre grandiosen Bauwerke stehen auf Hunderttausenden von Pfeilern. Allein für das Fundament der riesigen Isaaks-Kathedrale wurde ein Stützwerk von 24 000 Baumstämmen in den Moorboden gerammt. Heute ist die Stadt eines der eindrucksvollsten Baudenkmäler der Welt. Sie leuchtet vor dem Dunkel endloser Wälder und Sümpfe in der Landenge zwischem dem Finnischen Meerbusen und dem Ladogasee, der mit 240 Kilometern Länge und 125 Kilometern Breite auch schon ein Meer ist.

Tausend Jahre vor der Gründung der Stadt ziehen durch diesen schmalen Korridor normannische Händler und Krieger über Ladogasee und Wolga in den Orient, über Wolchow und Dnjepr ins Schwarze Meer und die Ägäis. Über diese Landenge betritt Mitte des 9. Jahrhunderts der Normanne Rjurik, Stammvater der ersten bedeutenden Herrscherdynastie, den Boden des späteren Riesenreiches.

Und im Ort Ladoga, ein Dutzend Kilometer vor der Mündung des Wolchow in den See, treten heute bei Grabungen Reste von Werkstätten, Schmieden und Werften ans Licht, in deren Wänden schadhaft gewordene Schiffsplanken verbaut wurden. Auch finden sich Schiffsnieten, Werkzeuge, arabische Silbermünzen, sogar hölzerne Spielzeugschwerter, denn manche der nordischen Handelskrieger gingen zusammen mit ihren Familien auf die Reise. Hier stiegen die Waräger von den Ostseeschiffen, mit denen sie vom Finnischen Meerbusen über die Newa in den Ladogasee gekommen waren, auf leichte, flache Flußschiffe um und fuhren 200 Kilometer den Wolchow aufwärts zum nächsten Stützpunkt, Nowgorod am Ilmensee. Dort werden heute ebenfalls in Resten von Siedlungen byzantinische Feinwaagen und Spuren von orientalischen Seidenstoffen ausge-

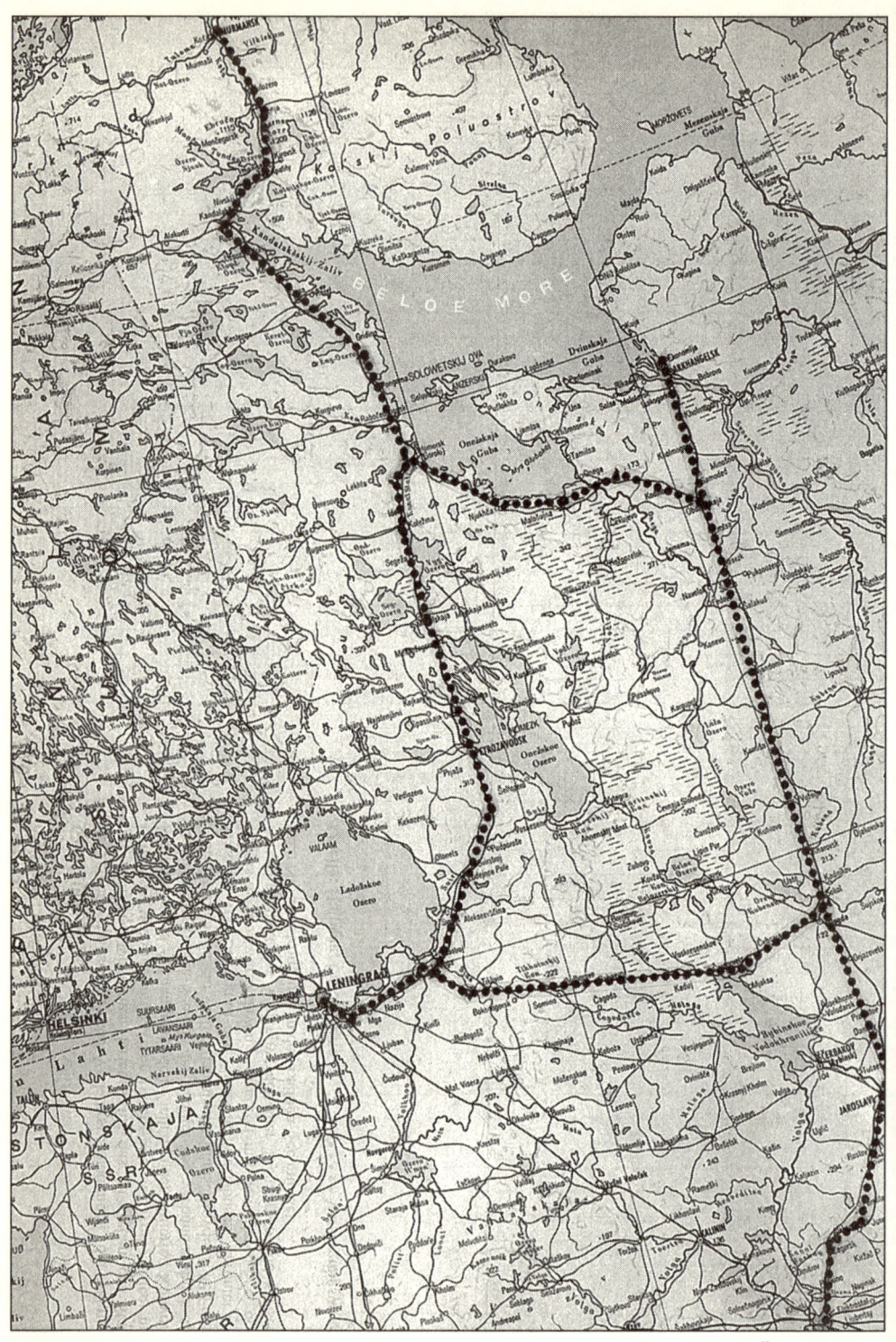

Strategische Verkehrsadern (gepunktete Linien), während des Krieges wichtig für das Überleben der Stadt Leningrad. Ganz oben links Murmansk an der Barents-See, rechts oben Archangelsk am Weißen Meer. (Quelle: Hallwag Europakarte)

Fünf Kilometer vor ihrem Ziel Wolchowstroj hatte die 21. ID ihren verlustreichen Vorstoß abbrechen müssen. Er war Teil des Plans, die 54. sowjetische Armee zwischen »Flaschenhals« und Wolchow einzukesseln. Die Karte zeigt den Rückkampf zwischen 19. und 27.12.1941. (Quelle: C. Freiherr v. Allmayer-Beck, Geschichte der 21. ID)

graben und Notizen, Briefe und Geschäftsverträge auf Birkenrinde. Pleskau, Isborsk, Polozk begannen zu blühen. Die Stadt Sankt Petersburg gab es noch nicht.

Dort aber will sich nun, 1941, Hitler mit den Trümmern der Paläste, Kathedralen und Museen von Rastrelli, Stassow, Montferrand und Klenze und den Hungerleichen der Bewohner ein Denkmal ganz besonderer Art setzen. Er hat tatsächlich im Sinn, die ›Wiege des Bolschewismus‹, wie er sagt, dem Erdboden gleichzumachen. Das klingt damals ebenso irrsinnig wie wahrscheinlich, doch hat die Weltgeschichte auch in diesem Fall eine überraschende Wendung parat.

Ich stieß eines Tages auf einen Zettel, auf dem ich mir die Worte eines Grauhaarigen notiert hatte, dem seine Erfahrungen als Soldat nur noch an dem nachsichtig-ironischen Heben der Augenbrauen anzumerken sind, mit dem er alles Wortgeklingel über friedlichen Fortschritt auf Erden registriert.

Da heißt es: »Ich habe es vor Augen, als wäre es heute. Die Lichtung, eingefaßt von Buschwerk und Bäumen. Vorm Scherenfernrohr die Generäle: Erich Hoepner, Befehlshaber Panzergruppe Vier. Georg-Hans Reinhardt, Einundvierzigstes motorisiertes Armeekorps. Walter Krüger, Führer der Ersten Panzerdivision. Drumherum ein paar Stabsoffiziere. Ich stehe neben den Generälen, um den historischen Augenblick genau mitzukriegen. Es ist Mitte September 1941, und wir befinden uns auf den Duderhofer Höhen, in einem befestigten Gelände, das seit Zarenzeiten Manövergebiet ist. Ringsum dröhnt die Artillerie. Und knapp zwanzig Kilometer vor uns, zum Greifen nah und bei schönstem Wetter: Leningrad. Stadt Peters des Großen, sogenannte Wiege des Bolschewismus. Ziel des dreimonatigen Vormarsches der Heeresgruppe Nord – über 800 Kilometer von Ostpreußen her. Die Infanterie zu Fuß. Soll bloß keiner glauben, der Iwan hätte dabei nur zugeguckt. Auf einmal sagt der Reinhardt, schlanker Gelehrtentyp mit goldgeränderter Brille, zu Hoepner: ›Geben Sie mir die Achte Panzerdivision, und morgen abend melde ich Ihnen die Einnahme der Stadt!‹ Und Hoepner steht da, im Ledermantel, bullig. Die Russen nannten ihn ja ›Bär Goepner‹, seit den Kämpfen um Luga. Er kneift die Lippen zusammen. Dann knurrt er: ›Sie wissen doch, er will es nicht!‹ Mit diesem ›er‹ meint er Hitler. Hitler will es nicht. Ich kann Ihnen sagen: Wie Hoepner das betont – da schwingt einiges mit. Krüger dreht seine Adlernase von einem zum anderen und zieht die Augenbrauen hoch, sichtlich überrascht.«

So etwa hat der ehemalige Kriegsberichter Bert Naegele die historische Szene beschrieben.

Was steckt hinter diesem Wortwechsel? Auf jeden Fall der Wunsch, den Lohn für monatelange blutige Mühen einzustreichen und das ›russische Abenteuer‹ schnell zu beenden, von dem Hoepner immer gehofft hatte, es möge nicht wahr werden. Außerdem Ärger und Zweifel am Sachverstand Hitlers, für dessen angebliche Faszination Hoepner keinen Nerv hat. Hitler hatte plötzlich, entgegen allen emphatisch verkündeten Absichten, befohlen, Leningrad vorerst einzuschließen und in die Ukraine und auf Moskau vorzustoßen.

Es gehört zur Ironie der Geschichte, daß es die Strategie Hitlers war, die der Drei-Millionen-Metropole das Überleben ermöglichte. Nur im Herbst 1941 hätten die Kräfte der Deutschen ausgereicht, die Stadt zu erobern. Der spätere Marschall Georgij K. Schukow, der in jenen Tagen den Oberbefehl über die Leningrader Armeen übernahm, hat zugegeben, jeden Augenblick mit dem Sturm auf die Stadt und dem Einmarsch der Deutschen gerechnet zu haben. Diese Deutschen aber ahnten nicht, daß Hitler wohl nicht zu Unrecht mit dem Schlüsselwort ›Präventivkrieg‹ ihr Gewissen beruhigt, jedoch zu erklären versäumt hatte, daß er dabei ganze Völkerschaften versklaven und ihrer führenden Intelligenz berauben wollte.

Die Deutschen ahnten auch nicht, daß sich die Verteidiger geschworen hatten: »Wenn der Feind in die Stadt eindringt, wird er in ihren Trümmern sterben!« So der Oberbefehlshaber der *Baltischen Rotbannerflotte*, Admiral Wladimir Tribuz, wörtlich. Zerstörungstrupps hatten schon begonnen, die Archive zu verbrennen; versengtes Papier wehte durch die Straßen. Und alle wichtigen Gebäude, alle Fabriken, alle Brücken wurden zur Sprengung vorbereitet. Nicht nur Hitler, auch Stalin beabsichtigte die Zerstörung der Stadt. Leningrad hatte zu diesem Zeitpunkt nicht den Hauch einer Chance. Sein Schicksal schien besiegelt. Doch auf einmal befand Hitler Moskau und die Ukraine bedeutsamer. Leningrad war gerettet.

Nicht gerettet waren seine Bewohner. Und es war kein Trost für sie, daß nun der legendäre Schukow eintraf. Auch das war schon fraglich gewesen. Nachdem Schukows Flugzeug über dem Ladogasee aus tiefhängenden Wolken ins Freie gestoßen war, hatten es zwei Messerschmitt-Jäger ins Visier genommen. Nur knapp hatte Schukow entrinnen können. In den zwanziger Jahren war der nun Fünfundvierzigjährige mit der gedrungenen, athletischen Gestalt, der hohen Stirn und dem kräftigen Kinn bei den

Deutschen als Soldat in die Lehre gegangen. So konnte er sich besonders gut in ihre Denkweise und Absichten einfühlen. Nun trieb er ebenso geschickt wie skrupellos seine Soldaten zu hartnäckigem Widerstand an. Aber Schukow konnte die Leningrader weder vor dem Hunger bewahren, noch vor Kälte, Seuchen, Bombenangriffen und Artilleriefeuer.

Daß es aber auch für die Deutschen ein Drama war, mag sich heute keiner vorstellen. Denn kaum sahen die Schützen den Stadtrand vor sich, da waren sie, nachdem der Vormarsch allein die Kampftruppen der 18. Armee mindestens 60 000 Mann gekostet hatte, schon zu schwach, um noch zu siegen und gerade noch stark genug, sich zu behaupten. Es gibt dazu im Tagebuch der 18. Armee eine Bemerkung des damals sechzigjährigen Oberbefehlshabers, Georg von Küchler: »… betone ich, daß ich den schwer mitgenommenen Divisionen der Armee weitere Verluste, wie sie der Angriff zweifellos zur Folge haben muß, ersparen möchte«. Das war nicht nur der Seufzer eines müden, alten Kriegers: Die Verluste des deutschen Ostheeres stiegen bedrohlich an. Schon Mitte November 1941 wurde von allein 230 000 Gefallenen gesprochen.

Das Jahr 1941 neigt sich dem Ende zu. Leningrad ist eingeschlossen. Ganz abgeschnitten ist es allerdings nicht. Noch ist ein Weg über den Ladogasee frei, der nun zufriert. Aber das Eis ist noch nicht überall stark genug, um die Lastwagen zu tragen, die für Versorgung und Evakuierung notwendig sind. Dutzende brechen ein und versinken spurlos in Sekundenbruchteilen. Im Frühjahr werden dann Flöße für Loks und Waggons vorbereitet. Auch werden Kesselwagen mit Heizöl, zu zwei Dritteln gefüllt, vom freien Ostufer in den See gerollt und schwimmend in Schleppzügen zum unbesetzten Uferstreifen im Westen gezogen. Später werden ein Starkstromkabel vom Großkraftwerk Wolchowstroj und eine Ölpipeline auf dem Seegrund verlegt. Maßnahmen, mit denen die Waffenschmieden in Betrieb gehalten werden, aber die Katastrophe auf Dauer nicht abgewendet werden kann. Schon sind die ersten Hunger- und Kältetoten gemeldet worden.

Tag und Nacht bedrohen die Bomben der Luftwaffe und die Granaten der Belagerungsartillerie das Leben in den eiskalten Wohnungen. Trümmerbalken, Verschalungen und Mobiliar werden verheizt. Aber in den Fabriken entstehen unter albtraumhaften Bedingungen Panzer, Geschütze, Munition. Die Stadt, die einmal zwölf Prozent der gesamten sowjetischen Industrieproduktion hervorbrachte, schafft und repariert einen wesentlichen Teil ihrer Abwehrkraft noch immer selbst. Ein Dutzend Fabriken arbeitet für die Panzerherstellung, dreizehn fertigen Munition. In den Schnapsfabriken werden nun Molotowcocktails produziert. Mehr als 300 Flugzeuge, über 700 Panzer, 480 Spähwagen, 3000 Geschütze und 10 000 Maschinengewehre können an die nahe Front gebracht werden. Allein 1000 Geschütze werden aus Leningrad bis an die bedrohte Front vor Moskau transportiert.

Alle hoffen auf Rettung. Aber jeder weiß, es kann nicht mehr lange dauern, dann ist Leningrad am Ende. Auch die Deutschen meinen das. Aber sie sind sich eines schnellen Sieges nicht mehr so sicher wie im Sommer. Sie haben sich Ende August in den dichten Wäldern um Luga südlich von Leningrad durch sowjetische Riegelstellungen hindurchwühlen müssen, die mit festen Bunkern und Geschützstellungen versehen waren. Ihre Minenfelder und Panzersperren waren bis zu viereinhalb Kilometer tief. 45 000 Leningrader Männer, Frauen, Halbwüchsige haben sie in Tag- und Nachtarbeit gebaut, viele dabei Gesundheit und Leben geopfert, denn Geräte, Versorgung und Unterkünfte konnten nur primitiv sein.

Bei Nebel, strömendem Regen, brütender Hitze gelang es den Deutschen den Riegel bei Luga zu überwinden. Aber ihre Sturmdivisionen erlitten in der ›Grünen Hölle‹, wie die Soldaten sagten, schwere Verluste. Der Kommandeur der SS-Polizeidivision gehörte zu den Gefallenen. Die Pioniere dieses Elite-Verbandes mußten fast 7000 Minen mit 45 000 Kilogramm Sprengstoff aufnehmen oder sprengen. Die 8. Panzerdivision zählte nur noch ein Drittel ihrer früheren Kampfstärke.

Am 11. August 1941 heißt es in einer Meldung der Heeresgruppe Nord an das Oberkommando des Heeres: »Der Koloß Rußland ist von uns unterschätzt«. Und Generaloberst Franz Halder, Generalstabschef des Heeres, notiert: »Wir haben zu Kriegsbeginn mit etwa 200 feindlichen Divisionen gerechnet. Jetzt zählen wir schon 360«. Mitte August greift südlich des Ilmensees plötzlich die 34. Sowjetarmee mit zwölf Divisionen an, in die lange, offene Flanke der 16. Armee hinein, die den südöstlichen Teil der Heeresgruppe bildet. Diese schickt im Eilmarsch zwei Divisionen zu Hilfe. Sie fehlen den Verbänden, die sich nach Leningrad vorkämpfen. Zusammenhänge, wie sie die Situation der Eroberer von nun an mehr und mehr kennzeichnen und einen Mangel an Reserven offenlegen, den die Rote Armee so nicht kennt. Auch die deutsche Luftwaffe beginnt sich zu verzetteln, und die Russen können es sich sogar leisten, mit fünf Fernbombern über Stettin ins Reichsgebiet einzudringen, Bomben auf Berlin zu werfen und ungebrochenen Widerstandsgeist zu demonstrieren.

Aber noch sind die Deutschen am Zuge. Sie stehen am Ufer des Finnischen Meerbusens, der Insel Kotlin mit dem Kriegshafen Kronstadt gegenüber, sie erreichen Mga und sperren so die Kirowbahn nach Osten, sie erobern Schlüsselburg, wo die Newa aus dem Ladogasee abfließt, und besetzen das Ladoga-Ufer bis Lipka. So bleibt den Leningradern nur noch der unsichere Weg über den See. Verzweifelt rennen die Rotarmisten gegen die deutschen Stellungen an, auch bei Peterhof und bei Kolpino im Süden der Stadt. Sie werden abgeschlagen. Sie müssen einsehen, daß sie bei solchen Aktionen verbluten, ohne ihre Lage zu bessern. Es gilt also für sie, weiträumiger zu planen, es gilt, die Umklammerung der Stadt durch einen tiefen Stoß in den Rücken der Belagerer aufzubrechen, ihre Nachschubadern abzuschnüren und sowohl über den Wolchow und seine versumpften Ufer hinweg als auch aus den Torfmooren südlich des Ladogasees heraus die Belagerer selbst einzuschließen. Ein tollkühner Plan. Aber doch realistischer als das Ziel Hitlers, die überdehnten deutschen Fronten bis zur ›A-Linie‹ von Archangelsk am Weißen Meer bis nach Astrachan am Kaspischen Meer vorzuschieben.

Hitler hatte zwar entschieden, Leningrad noch nicht anzugreifen, aber nun sollen deutsche Divisionen über Tichwin nach Nordosten vorstoßen und sich dann am Swir, zwischen Ladoga- und Onegasee mit den Finnen treffen. Auf diese Weise soll Leningrad mit einem riesigen Zangenarm von der letzten Verbindung zur Außenwelt abgeschnitten werden. Die Deutschen sollen auch bis zur Mündung des Wolchow in den Ladogasee vorstoßen und dabei das Kraftwerk von Wolchowstroj, das Leningrad mit Strom versorgt, lahmlegen. Doch drei Faktoren sind bei der Planung unterschätzt worden: Die Kraft des Gegners, das unwegsame Gelände und die Gewalt des Klimas. Der Oberbefehlshaber der Heeresgruppe Nord, Generalfeldmarschall Ritter von Leeb, knirscht Ende 1941: »Hitler führt in Rußland so, als stünde er mit den Russen im Bunde.« Leeb ist es auch, der Anfang 1942 seinen Abschied nimmt: »Ich kann und will die Verantwortung nicht mehr tragen!« Von solchen Einzelheiten hören die Soldaten nichts. Aber sie sammeln nun bittere Erfahrungen mit Verhältnissen, die schon fast ein Jahrhundert zuvor Bismarck beeindruckt hatten. Er bezeichnete diese Verhältnisse als »Waffen«.

Hatte der Generalfeldmarschall von Leeb sich vielleicht an die Beobachtungen des damals 44-jährigen preußischen Gesandten in St. Petersburg erinnert? Hatte es ihn nachdenklich gemacht, daß Bismarck seitdem immer wieder die Freundschaft mit Rußland betont hatte? Wenn Bismarck davon sprach, dann nicht etwa als sentimentaler Slawophiler, sondern weil er, wie er sagte, »in das kalte Auge des Bären gesehen hatte«. Seine Kenntnisse von Land und Leuten aus seiner Petersburger Zeit waren es, die zu seiner scharf umrissenen Überzeugung führten, »selbst im unwahrscheinlichen Fall eines vollständigen Gelingens würden die Deutschen einen Krieg gegen Rußland immer nur vor, niemals aber hinter sich haben.« Deshalb stimme er, Bismarck, einem Präventivkrieg gegen Rußland niemals zu. Und 1890 verdeutlichte er in Friedrichsruh dem Russen Ignatjew Lwow, was ihn seit seinen Petersburger Jahren zu seiner Einstellung gegenüber Rußland bewogen habe. »Wenn jemand denkt«, sagte er, »daß mit Rußland Krieg führen nicht furchtbar ist, so irrt er sich!« Ein Krieg gegen die Russen sei gefährlicher als gegen irgend jemand sonst. »Der Winter und die ungeheuren Räume – das sind furchtbare Waffen, denen man nichts entgegensetzen kann.« Auch könnten die Russen ihre hölzernen Häuser ohne Kosten wiederherstellen. »Und das Allerstärkste und Unbesieglichste ist die Eigenart der Russen, ergeben und immer zufrieden zu sein mit dem, was sie haben und mit der Gegenwart allgemein.« All diese »ungeheuren Waffen« seien vollständiger Schutz gegen jeden Angriffskrieg. So der alte Bismarck wenige Wochen nach seiner Entlassung im Frühjahr 1890.

Nun, vor Leningrad nach kräftezehrendem Vormarsch, lernen die Deutschen wieder den Gleichmut, die Bedürfnislosigkeit, die Zähigkeit der Verteidiger kennen. Sie sind viel aktiver, viel stärker, als die Belagerer erwartet haben. Hatte es nicht riesige Verluste unter den Rotarmisten gegeben und Abertausende von entnervten, verzweifelten Überläufern?

Womit keiner gerechnet hatte: Schon Ende Oktober 1941 schieben die Russen über das Eis der Newa bei Dubrowka einen Brückenkopf in das deutsche Gebiet am Ostufer vor. Seine Front ist vier Kilometer lang. Auf zwanzig bis fünfzig Meter liegen sich die Linien gegenüber. Fast jeden Tag versucht die Brückenkopfbesatzung ihre Stellungen zu erweitern und zu verbessern, oft mit Panzerunterstützung. Die Deutschen, Ostpreußen der 1. Infanteriedivision, kurz: ›1. ID‹, strengen sich an, den Nachschub über den Fluß mit Artillerie zu unterbinden. Sie verschießt an sogenannten normalen Tagen 3500 Granaten aus leichten Feldhaubitzen, Kaliber 10,5 cm, und 600 aus schweren, 15,0 cm. Doch das reicht gegen die Masse an Menschen und Material nicht aus, die von der 8. Sowjetarmee nachgeführt wird, zumal auch die rote Luftwaffe ihre Überlegenheit ausspielt. Jede Nacht bauen die Deutschen ihre Stellungen aus. Sobald der Morgen graut, beginnen die Russen mit Artillerie und Granatwerfern, sie aus ihren Gräben herauszuschießen. Außer ihrem Durchstehvermögen haben die Ostpreußen dem nicht viel entgegenzusetzen. Mehr Munition bekommen sie für ihre Geschütze nicht. Den Brückenkopf einzudrücken, reichen ihre Kräfte nicht aus.

Die Kämpfe um den Brückenkopf sind ein Muster für das, was sich später in großen Dimensionen ereignen wird. Sie spiegeln die Gewichtung von Macht und Ohnmacht. Die Russen nutzen den Vorteil der ›inneren Linie‹. Sie bringen ihr Material auf kürzestem Weg von den Fabriken in die Gräben und an die Geschütze. Sie bringen sogar 52-Tonnen-Panzer nach vorn.

Täglich verbrauchen die Ostpreußen 8000 Handgranaten, so eng sind die Stellungen ineinander verzahnt. Mit der Nüchternheit des Generalstäblers notiert der Ia der Division, der Oberstleutnant Werner Richter, in sechs Wochen 79 Stoßtruppunternehmen der Russen, 60 Angriffe von ein oder zwei Kompanien, 50 Angriffe in Bataillons- bis Divisionsstärke. 17 mal gelingt es ihnen, in die deutschen Stellungen einzubrechen, 17 mal werden sie zurückgeworfen. Als die Russen am Morgen des 1. Dezember zu einem Großangriff antreten und die Deutschen unaufhörlich Sperrfeuer schießen müssen, meldet am Nachmittag eine Abteilung des Artillerieregiments 1 von elf Geschützen fünf ausgeschossen und unbrauchbar. Neun Tage nach Beginn dieser Kämpfe meldet ein Bataillon des Infanterieregiments 1 noch 90 Mann Gefechtsstärke, eines vom IR 22 noch 88 Mann. Noch wenige Monate zuvor galt für Einsatzstärken die Faustregel: 100 Mann pro Kompanie, 400 bis 500 pro Bataillon, 1000 pro Regiment, 10 000 pro Division. Für Verluste galt im Schnitt: Von 100 sind ein Viertel Gefallene, drei Viertel Verwundete. Von den Verwundeten ein Drittel schwere Fälle, knapp die Hälfte leichte.

Sehen so die Zeichen für nachlassende Kraft und Kampfmoral der Roten Armee aus? Die maßgeblichen Herren im Oberkommando der Wehrmacht scheinen die Vorboten kommender Niederlagen nicht zu erkennen. Das Kriegstagebuch des OKW findet zu den Demonstrationen ungebrochenen sowjetischen Verteidigungswillens meist nur Sätze wie: »1. ID wies feindlichen Angriff mit einzelnen Panzern aus Brückenkopf ab.« Oder: »Abwehr mehrerer Feindvorstöße.« Und der Wehrmachtbericht, der In- und Ausland über das Geschehen unterrichten soll, erschöpft sich in Stereotypen wie: »Vor Leningrad brachen Ausbruchsversuche des Feindes im deutschen Abwehrfeuer zusammen.« Zwischen »abgeschossenen Feindpanzern« und »hohen blutigen Verlusten des Gegners« ist dann auf einmal von »starker Artillerievorbereitung durch die Russen« die Rede. Doch blaß und monoton wird verschleiert und heruntergespielt, daß eine der kampfstärksten Divisionen der Deutschen Tag für Tag mehr zerrieben wird. Auch das nur ein blasses Wort für ein wahnwitziges Geschehen, das nichts über Leiden und Tod von Russen und Deutschen aussagt. Die östliche Version der zynischen Formel »Im Westen nichts Neues« hatte viele Varianten.

Wer von den übriggebliebenen Soldaten der 1. ID davon träumt, sich nach Rückkehr aus der Hölle von Dubrowka erholen, pflegen und, einmal nicht in Todesnähe, wenigstens äußerlich mit seinen Schockerlebnissen fertigwerden zu können, wird grausam in die Wirklichkeit zurückgeholt. Die angeschlagenen Einheiten werden in Teilen anderen Divisionen unterstellt und in die Schlacht geworfen, die bald darauf vom Ladogasee bis hinunter zum Ilmensee gegen die angeblich schon geschlagenen Rotarmisten entbrennt. Ein Bataillon wird sich daraus mit einem Offizier, einem Unteroffizier und sechs Mann zurückmelden.

Viele Männer der 1. ID sterben dann Ende April 1942, als sie den Brückenkopf Dubrowka eindrücken. Das Newa-Eis ist bei steigender Temperatur aufgegangen. Jetzt fällt es den Russen schwer, Nachschub über den mehrere hundert Meter breiten Fluß heranzubringen. Sie haben dem wütenden Elan der Ostpreußen nun nicht mehr viel entgegenzusetzen. Nach zwei Stunden stehen die Deutschen am Ufer der Newa. Doch es dauert noch fast zwei Tage, bis am 28. April der Widerstand der letzten Verteidiger erloschen ist. Inzwischen hat sich die Szene um Leningrad derart gewandelt, daß der so blutig und mühevoll errungene Erfolg der Ostpreußen zur Nebensache geworden und keine namentliche Erwähnung mehr wert ist. Und keiner ahnt, daß rund vier Monate später die Rotarmisten wieder auf dem Ostufer der Newa stehen werden.

Aber zurück zum Oktober 1941, als die 11. und 21. ID den Befehl bekommen, sich auf den Stoß zur Mündung des Wolchow in den Ladogasee und zum Kraftwerk von Wolchowstroj vorzubereiten. Was geschieht in diesen Tagen?

Die Leningraderin Elena Skrjabin kritzelt in ihr Tagebuch: »Die Kartoffeln sind zuende. Die letzten Graupen sind gegessen. Die Schlangen vor den Geschäften werden immer länger, sobald nur irgendetwas in den Handel kommt. Die Starken stoßen die Schwachen hinaus. Frauen ist es unmöglich, überhaupt durch die Ladentüren ins Innere zu gelangen. Manchmal muß man schon um vier Uhr früh aufstehen.« In diesen Tagen ist der Schichtmeister W. A. Abakumow in der Leningrader Konditoreifabrik »X« dabei, mit »Wiener Erzeugnissen« die Norm »überzuerfüllen«, und in der 2. Konditoreifabrik werden Rumkugeln hergestellt. Es geht um Lieferungen an die Leningrader Parteizentrale.

In diesen Tagen vermerkt die 16. Armee, ein Absetzen der Russen an der gesamten Armeefront sei durchaus möglich. In diesen Tagen sind die Pioniere der Roten Armee schon seit einem Monat dabei, mit hohem Tempo ein Stellungssystem am Unterlauf des Wolchow auszubauen. Die Deutschen wissen davon nichts. Fachleute haben ihnen später bescheinigt, wohl selten in der Geschichte habe eine Führung wie die der deutschen Wehrmacht so große Pläne für einen Sieg über einen Gegner gehabt, dessen Kampfkraft sie so wenig kannte.

Der Freiherr von Allmayer-Beck, damals Offizier in der 21. ID, ist ein sorgfältiger und kenntnisreicher Chronist. Er berichtet nicht nur über Lücken in der Bewaffnung seiner Division, er weiß auch, daß dem Verband vor Beginn des Angriffs über den Wolchow nach Wolchowstroj 29 Frontoffiziere, 277 Unteroffiziere und 1501 Mannschaften zur vollen Gefechtsstärke fehlen. Noch schlimmer: Es ist überhaupt nicht für Winterbekleidung gesorgt worden. Kopfschützer, Fingerhandschuhe und Strümpfe werden erst zugewiesen, als die Soldaten längst im Gefecht stehen – und erweisen sich dann bei den tiefer und tiefer sinkenden Temperaturen als ungenügend. Auch Winterausstattung für Fahrzeuge ist nicht parat. Es gibt weder Frostschutzmittel noch Schneeketten, weder Heizungen noch Kühlerschutzhauben.

Natürlich fällt dann der Schnee in großen Flocken, als die Soldaten in Sommeruniformen ihre Ausgangsstellungen am Wolchow beziehen. Einzige Vorbereitung auf den Winterkrieg: weißgekalkte Stahlhelme. Bei zehn Grad minus warten die Männer auf das Angriffssignal, während die Motoren der Sturmboote zu vereisen beginnen.

Unter solchen Voraussetzungen also tritt eine Elitedivision zu einem Unternehmen gegen einen zähen Gegner in schwierigem Gelände und bei einer Wetterlage an, die auch gut ausgestatteten Truppen das Letzte abverlangen. Ein schreckliches Abenteuer beginnt. Die Russen hatten den Angriffstermin gekannt und zur Verblüffung der Deutschen ihre Kräfte am jenseitigen Wolchowufer verstärkt. Später wundert sich in solchen Lagen oder bei Ablösungen niemand mehr, wenn sie aus russischen Lautsprechern mit Divisionsnummern und sogar den Namen ihrer Offiziere begrüßt werden. Noch heute rätseln Veteranen, wieso die Russen über die Kampflinien hinweg deutsche Soldaten aufrufen konnten, die sich zu Saunabesuchen hinter den deutschen Stellungen bereithielten.

Überlebende deutscher Lauschtrupps, die den Fernsprechverkehr beider Seiten mithören konnten, wissen allerdings haarsträubende Geschichten über mangelnde Sprechdisziplin deutscher Befehlsstellen und über die Sorglosigkeit zu erzählen, mit der Termine, Gefechtsstärken, Waffenausstattungen und Ergebnisse der Feindaufklärung über den Draht liefen.

Ganz gleich, wo nun die undichte Stelle im Nachrichtensystem gewesen sein mochte, beim Angriff der 21. ID kann das Überraschungsmoment keine Rolle mehr spielen. Es ist reiner Zufall, daß die Russen zu dieser Zeit und an dieser Stelle noch keine stärkeren Kräfte zur Abwehr bereitstellen können. Dennoch müssen sich die Angreifer gegen unerwartet starken Widerstand entfalten. Und erst als der Oberleutnant Pauls mit einigen Männern in das befestigte Schloß Grusino einbricht und sich den Weg zur russischen Feuerleitstelle im Dach erkämpft, bricht der erste Abwehrriegel zusammen. Die Erfolge der ersten beiden Kampftage muß die Division mit Tod und Verwundung von 18 Offizieren und 671 Unteroffizieren und Mannschaften bezahlen.

Was die Soldaten nicht wissen: Seitdem bei einer ›Teestunde‹ im Führerhauptquartier das Unternehmen beschlossen worden war, gibt es Unstimmigkeiten zwischen hohen und höchsten Stäben. Die Befehle sind zwar eindeutig, aber widersprüchlich. So wird bei der 21. ID gerätselt: Ist der Vorstoß zur Wolchowmündung über Wolchowstroj vorrangig, ist es die Flankendeckung der gleichzeitig nach Tichwin vorstoßenden Kräfte, soll der Gegner, der zwischen den so entstehenden Zangenarmen eingeklemmt wird, eingeschlossen werden, sollen wir gar hinter den Divisionen, die sich nach Tichwin vorwühlen, quer nach Osten marschieren, um dort die andere Flanke zu decken? Es lief letztlich auf das hinaus, was in der Folgezeit noch so viele Katastrophen herbeiführen sollte: Hitlers sprunghafte Vorstellungen, seine Selbstherrlichkeit, seine Menschenverachtung, seine Illusionen von schnellen, genialen Siegen, die für ihn schon mit einer Handbewegung über die Landkarte vollzogen waren. Wer aber weiß davon im Brückenkopf Grusino, wer will überhaupt davon wissen, wenn ihm ganz andere Sorgen auf den Nägeln brennen?

Es gibt nur eine einzige Nachschubstraße zu den Regimentern der 21er.

Sie ist bald verstopft und so zerfahren, daß sie zur Ausbesserung immer wieder gesperrt werden muß. Jedes Pfund Mehl, jede Kiste Munition, jeder Kanister Kraftstoff muß, sobald der Nachschub endlich aus der Heimat am Ende der Rollbahn in Tschudowo eingetroffen ist, zunächst mit der Bahn, dann mit Lastwagen, dann auf Fähren wolchowaufwärts und schließlich auf Panjewagen umgeladen und weitertransportiert werden. So fließt der Nachschub stockend. Die Fähren haben Motorpannen, unpassierbar gewordene Straßenabschnitte müssen mit Trägerkolonnen überwunden werden. Inzwischen nimmt der Widerstand der Rotarmisten zu, neue, winterfest ausgerüstete Verbände treten auf. Die Verbindungen zur Nachbardivision jenseits des Wolchow, der 11. ID, die sich am linken Ufer vorkämpft, spielen sich nur langsam ein. Dazu herrscht strenge Kälte. Die wenigen festen Gebäude in den Dörfern sind Ziele der russischen Artillerie, damit sie als Unterkünfte den Deutschen nicht mehr nutzen können. Die Soldaten müssen die Nächte bei minus 20 Grad im Freien verbringen. Und der Gegner wird immer stärker. Zum zweiten Mal hat er die Eroberung des Ortes Ptschewa vereitelt. Es gibt immer mehr Fälle von Erfrierungen. Die Russen aber lauern in Pelzen, wattierten Jacken und Filzstiefeln in den Verteidigungsstellungen.

Die Männer der 21. ID führen ihre Angriffe mit Elan weiter. Doch wieder sind 15 Offiziere und 447 Unteroffiziere und Mannschaften durch Tod, Verwundung oder Erfrierung ausgefallen. Bataillone werden aufgelöst, mit ihren Resten andere aufgefüllt. Quasi mit zusammengebissenen Zähnen erzählt der Chronist vom »eher zwiespältigen Eindruck« des Unternehmens: »Die Höhe der Verluste, aber auch die Erschöpfung der Truppe, die Tag und Nacht in Schnee und eisiger Kälte vor dem Feind gestanden hatte, verhinderten ... die operative Ausnutzung eines taktischen Erfolges, nämlich die sofortige Verfolgung des Gegners.« Das bedeutet, die Deutschen konnten ihre Gegner zwar zurückdrängen, zum Hinterherjagen hatten sie keine Kraft mehr.

Nach kurzem Halt geht es weiter nach Norden. In ständigem Wechsel von Waldkämpfen, Nachtgefechten, Eroberung von Ortschaften mit Straßenkämpfen und Abwehr von Gegenangriffen. Mal weit auseinandergezogen, mal eingeigelt. Geschütze und Fahrzeuge rutschen von den eisigen, ausgefahrenen Wegen, es gibt Verluste durch Minen. Immer wieder werden Munition und Verpflegung knapp, bei den Lkw-Kolonnen sind jeweils sechs von zehn Fahrzeugen ausgefallen. Die Pferde sind so erschöpft, daß sie nicht einmal mehr leere Fahrzeuge ziehen können.

2. Was wußten wir wirklich von der Sowjetunion? 49

Endlich haben die Angriffsspitzen den Ortsrand von Wolchowstroj vor Augen. 100 Kilometer hat die Division kämpfend zurückgelegt. 100 blutige und eisige Kilometer weit haben die pflichttreuen Männer die Konsequenzen der leichtfertigen Teestundenbeschlüsse im Führerhauptquartier tragen müssen. Nun kommt die letzte und bittere Enttäuschung: Für die restlichen 5000 Meter ins Ziel des Vormarsches, die Eroberung von Wolchowstroj, reichen die Kräfte nicht mehr aus. Doch ganz ohne Triumph soll das schreckliche Abenteuer nicht enden. Im Schutz von Infanteriestoßtrupps überwinden Pioniere unbemerkt die sowjetischen Linien. Zehn Kilometer im Hinterland sprengen sie die Gleise der Murmansk-Bahn, die Schlagader des Nachschubs für die Rotarmisten um Leningrad. Freilich nur ein symbolischer Akt, aber er erregt die Aufmerksamkeit der Welt.

Die Männer der 21. ID sind apathisch vor Erschöpfung, die Kompanien zusammengeschmolzen und mit ein paar Genesenen aufgefüllt, Waffen und Fahrzeuge schadhaft, die Rohre der Artillerie ausgeschossen. Die Temperatur sinkt bis auf minus 40 Grad. Es ist Mitte Dezember. Noch immer hat es keiner der Veranlasser, die weit hinten warm und sicher sitzen, vermocht, die 21. ID mit Winterkleidung zu versorgen. Da schickt die Division ihren gesamten Gepäcktroß in die Heimat, nach Elbing, um die Wintersachen abzuholen, die von der Bevölkerung für die frosterstarrten Soldaten gespendet wurden. Sie reichen zwar an die Ausrüstung der ›slawischen Untermenschen‹ nicht heran, können aber helfen. Nach drei Wochen und einer Fahrstrecke von insgesamt rund 2300 Kilometern ist die gesamte Kolonne wieder zurück. Gewiß eine gute Leistung, aber alles andere als ein Zeichen für die ungebrochene Angriffskraft der Deutschen.

Die Russen haben schon Wochen zuvor Soldaten von Regimentern, die um Leningrad zerschlagen worden sind, und Arbeiter aus stillgelegten Fabriken im Lufttransport und über das Eis des Ladogasees gegen die 11. und 21. ID herangeführt. Jetzt, nachdem die Deutschen ihr Abenteuer von Tichwin erfolglos mit einem verlustreichen Rückzug in Eis und Schnee beenden müssen, kann Armeegeneral Merezkow freigewordene Kräfte zum Wolchow verschieben, um den Deutschen vor Wolchowstroj den Rest zu geben. Schon taucht die 191. Schützendivision in der Flanke der 21er auf. Da kommt der Befehl zum Rückzug, keine Minute zu früh.

Die Division soll sich in vier Sprüngen, die das Kennwort ›Eisbahn I‹ bis ›Eisbahn IV‹ tragen, absetzen. War schon der Vorstoß über den Wolchow und bis Wolchowstroj hinauf eine militärische Leistung, so ist es dieser

Rückkampf nicht minder. Rückzug ist ein zu mildes Wort für das Geschehen. Der Gegner tut ja alles, um daraus den Deutschen ein Fiasko zu bereiten. Die deutschen Batterien verschießen überzählige Munition, und unter ständiger Flankenbedrohung, zusammengehalten durch Kameradschaft und Disziplin, weichen die Soldaten der 21. ID zurück.

Die Russen versuchen Teile der Division vor einer Wolchowbrücke abzuschneiden. Sie werden abgewiesen. Im Feuer der Verfolger und bei schneidender Kälte gehen die letzten Gruppen über das Eis des Flusses auf das Westufer. Um den Ort Kirischi bleibt ein Brückenkopf erhalten, der später furchtbare Berühmtheit erlangen wird. Kein schweres Gerät, kein Geschütz bleibt dem Gegner überlassen. Nicht ein einziges Dorf wird in Brand gesteckt. Die letzten Häuser sollten zerstört werden, um den nachdrängenden Rotarmisten jegliche Unterkunft zu nehmen. Doch als die Division den Befehl dazu bekommt, gibt sie ihn nicht an die Nachhuten weiter. Das Abenteuer Wolchowstroj ist beendet. Das Abenteuer Tichwin aber ist zum Signal für die Wende geworden, die der Kampf um Leningrad nunmehr nehmen wird.

Wir erinnern uns: Tichwin sollte die erste Station sein auf dem Weg zum Swir, diesem Fluß, der den Onega- mit dem Ladogasee verbindet. Dort stehen die finnischen Truppen. Wenn die Deutschen sich am Swir mit ihnen treffen, dann ist die große Falle zugeschnappt, dann ist Leningrad vollends abgeschnitten, dann ist auch die Eisstraße über den Ladogasee nutzlos. Darüber waren sich die Herren bei Hitlers Teestunde schnell einig gewesen. Nicht so über die eigenen und die sowjetischen Kräfte, über Nachschubwege und Zeitpunkt. Ritter von Leeb hätte es vorgezogen, zunächst einmal die Ostseite des etwa 15 Kilometer breiten Keils, den die Deutschen zum Ufer des Ladogasees hochgeschoben haben, auszuweiten. Dieser schmale Keil wird später unter dem Namen ›Flaschenhals‹ die Rolle eines ständigen Krisenherdes spielen. Doch der Stoß auf Tichwin ist beschlossene Sache, die Deutschen treten an.

Es ist kaum zu glauben, daß die deutschen Tichwin-Angreifer nur über Karten im Maßstab 1 : 300 000 verfügen. Wenn 1 Zentimeter Karte 3 Kilometer Gelände darstellt, wie wollen sich die Führer da orientieren? Der einzige feste Weg nach Tichwin führt durch meist ungangbare Sümpfe.

Die westfälische 126. ID, die bei Kusino über den 250 Meter breiten Wolchow geht, bekommt beim Anmarsch einen Vorgeschmack auf Kommendes. Die Transporter mit den vorbereiteten Brückenteilen bleiben auf

Straßen und Brücken hängen, die durch Tauwetter, Regen, und Schnee rutschig und grundlos geworden sind. Als die Brücke schließlich errichtet ist und freigegeben wird, beschädigen die Bomben der Schlachtflugzeuge mit dem roten Stern sie derart, daß sie wieder gesperrt werden muß. Und als der Verkehr endlich fließt, erweisen sich die Wege auf der Ostseite als tückisch vermint. Jetzt stellt sich auch heraus, daß dort das Gelände versumpft ist und nicht einmal von Panzern durchquert werden kann. Die Stettiner 12. Panzerdivision, der die 21. ID den Übergang über die Oskuja freigekämpft hat, ist zwar motorisiert, kommt aber nur im Fußgängertempo voran – fünf Kilometer in der Stunde.

Eine Kampfgruppe der märkischen 8. PzD schafft es auch nicht schneller. Sie kann nur auf einem einzigen, eingleisigen Bahndamm vorstoßen. Bleibt ein Fahrzeug liegen, muß es von der Dammkrone gekippt werden. Bald rutschen Hunderte von der Böschung, viele verschwinden spurlos im Sumpf. Im Tagebuch der Division ist vermerkt, beim Versuch, einen Sprengtrichter mitten auf einem Knüppelweg zu umgehen, seien sieben Panzer im Sumpf steckengeblieben. Sonstige Umgehungswege seien nicht vorhanden gewesen. Der Vormarsch habe einen Tag lang unterbrochen werden müssen. Kein Wunder, daß die Soldaten jedesmal jubeln, wenn sie ein geländegängiges Panjefahrzeug erbeuten. Bei Grjady gibt plötzlich ein ganzer Abschnitt eines Knüppeldamms unter einer Kolonne nach. Die Männer stehen bis zu den Knien, die Fahrzeuge bis zu den Aufbauten im Schlamm. Als dann plötzlich Kälte bis zu minus 35 Grad einsetzt, verliert das Kradschützen-Bataillon der Achten 30 Beiwagen-Motorräder und alle Feldküchen, insgesamt jedes vierte Fahrzeug.

Wieder werden aus Mangel an Reserven Einheiten hin- und hergeschoben. Die 8. PzD hat zeitweise einzelne Bataillone, Kompanien, Batterien bei vier anderen Divisionen im Einsatz. Tagelang herrschen über 30 Grad Kälte. In der Chronik der 8. PzD zitiert Werner Haupt den Kommandeur des Artillerie-Regiments 80, den Oberstleutnant von Scotti: »Unter den Geschützen brannten kleine Feuer, damit die Bremsflüssigkeit für den Rohrrücklauf nicht einfror. Die Kanoniere trugen den Schlagbolzen der Geschütze in ihren Uniformtaschen am warmen Körper. Auch ... Brote trug man so.« Natürlich gibt es reihenweise Erfrierungen. Erst vier Wochen nach Beginn des Vormarsches, am 17. November, trifft endlich die erste Winterbekleidung ein. Immerhin, sie wurde antransportiert. Die Achte muß sie sich nicht in der Heimat holen, wie die Einundzwanzigste. Die Kämpfe sind unter solchen Bedingungen besonders verlustreich, zumal die Zahl der Erfrierungen die der Verwundungen längst übertroffen hat. Am 29. November 1941 meldet die Achte eine Grabenstärke von 28 Offizieren, 146 Unteroffizieren und 750 Mann. Ein halbes Jahr zuvor galten solche Zahlen für ein gut aufgefülltes Betaillon. Die Division gilt als ›nicht mehr angriffsfähig‹, sondern nur noch ›zur Abwehr geeignet‹. 70 Prozent aller Fahrzeuge sind ausgefallen. Schließlich wird sie als ›nicht mehr einsatzfähig‹ erklärt, aus ihren Resten werden Bauabteilungen gebildet, einsatzfähige Teile werden anderen Divisionen oder Kampfgruppen unterstellt. So treffen wir eine kleine Gruppe wenige Tage später bei Kämpfen gegen Rotarmisten, die über den Wolchow vorgedrungen sind, eine andere bei Waldgefechten gegen Partisanen, ein Baubataillon drei Wochen später im Strudel der Wolchowschlacht, von deren Vorbereitung bei der 2. sowjetischen Stoßarmee die Deutschen um die Jahreswende nichts ahnen.

Ist das Schicksal der 8. PzD ein Sonderfall? Keineswegs. Auch die 61. ID aus Königsberg wird ohne Winterausrüstung auf den Vormarsch nach Tichwin geschickt. Als sie ihr Ziel erreicht und sich in die Stadt hineingekämpft hat, ist diese durch tagelange Artilleriegefechte zerschossen und bietet, teilweise abgebrannt, keine Unterkunft mehr. Schon auf dem Vormarsch sind Pferde reihenweise zusammengebrochen und im Schlamm festgefroren. Immer mehr MG versagen ihren Dienst, Geschützverschlüsse frieren ein, Motoren springen nicht mehr an. Was bedeutet unter diesen Umständen die Eroberung von Tichwin? Was bedeuten die 20 000 Rotarmisten, die gefangen, die 179 Geschütze, die erbeutet, die fast 100 Panzer, die zerstört wurden? Der Wehrmachtbericht triumphiert, der Stab der 4. sowjetischen Armee habe nur unter Zurücklassung seiner Autos und wichtiger Papiere der Gefangennahme entgehen können. Die Russen schieben neue Kräfte, neues Material nach. Und die Deutschen können mit Gefallenen, Erfrierenden, Verblutenden den Ruinenhaufen Tichwin nicht behaupten. Am 5. Dezember herrschen minus 35 Grad. Drei Tage später gibt der Kommandeur der 61. ID, Generalleutnant Haenicke, von sich aus den Befehl zur Räumung. Er fühlt sich den Überlebenden verantwortlich. Der Befehl wird durch von Leeb bestätigt. Er nimmt Haenicke die Verantwortung vor seinem Obersten Kriegsherrn ab, dem in diesen Tagen nur donnernde Durchhaltebefehle einfallen. Von Leeb hatte stets davor gewarnt, sich auf entscheidende Unternehmungen gegen Leningrad einzulassen, solange seiner Heeresgruppe zehn kampfstarke Divisionen fehlen. Schneetreiben hüllt die Pioniere ein, die nun in Tichwin Material- und Munitionslager, Brücken und Bahnanlagen sprengen und so den Männern, die sich zurückkämpfen müssen, Luft machen. Auch 42 Geschütze und 46 Granatwerfer werden gesprengt, denn Transportmittel fehlen. 190 unbrauchbare MG, über 100 zerstörte Kraftfahrzeuge bleiben zwischen Häusertrümmern. Nachts beginnt der Rückzug. Winterkleidung haben die Männer der 61. ID noch immer nicht.

Werner Haupt zitiert aus dem Tagebuch eines Rückkämpfers: »Minus 35 bis 40 Grad. Wilder Schußwechsel mit russischen Trupps, die sich im dichten Wald heranmachen. Eine schwere (russische) Batterie feuert aus westlicher Richtung. Dazu Granatwerfer.« Die Männer wollen sich in Kampfpausen Unterkünfte bauen. Im gefrorenen Boden können sie sich nicht eingraben. Die Verfolger lassen ihnen keine Zeit. Wer einschläft, erfriert. Kopfschützer, Bartstoppeln, Wimpern und Augenbrauen vereisen. Gelingt es mal, Reisighütten oder Zelte zu errichten, drängen sich die Männer darin an kleinen Feuern. »Durch das gefrorene Holz entsteht beizender Rauch, schwärzt die Gesichter und entzündet die Augen.«

Welche Ausmaße an Brutalität die Rückzugs- und Verfolgungsgefechte inzwischen angenommen haben, unterstreicht ein von Joachim Hoffmann erwähntes Dokument der 20. ID mot., in dem es heißt, Mitte Dezember seien bei Budogoschtsch, südwestlich von Tichwin, 72 zum Teil verwundet in Gefangenschaft geratene Soldaten des IR 76 verstümmelt und ermordet aufgefunden worden.

Auch die schlesische 18. ID (mot) muß den Rückmarsch antreten. Zwei Kompanien des Regiments 52 sind als Nachhut eingeteilt und stellen sich den nachdrängenden Rotarmisten in den Weg. Nicht ein einziger Mann der beiden Kompanien kehrt zurück. Sie sind nicht die einzigen Nachhuten, die sich in diesen Tagen auf ewig im Schnee verlieren. Nur selten künden Berichte lapidar von Grüppchen oder einzelnen Männern, die stundenlang die Verfolger aufhalten und schließlich über ihren Waffen verbluten. Die Schlesier verlieren bei diesem in Schlamm, Eis und Blut erstickten Tichwin-Abenteuer fast 9000 Soldaten. Als die Division den Wolchow erreicht, hat sie eine Gefechtsstärke von 741 Mann.

Heute gibt es sogenannte Historiker, die, wörtlich, vor ›zuviel Rankeschem Mitgefühl‹ mit den deutschen Ostfrontsoldaten warnen. Da prasseln die Anklagen nur so: Historische Tatsachen, so heißt es, würden bei uns gemeinhin verdreht. Nicht nur völkerrechts-, auch kriegsrechtswidrig sei der Vernichtungskrieg der Wehrmacht gewesen. Die Disziplin der Deutschen sei derart pervertiert gewesen, daß man wenigstens im Kampf

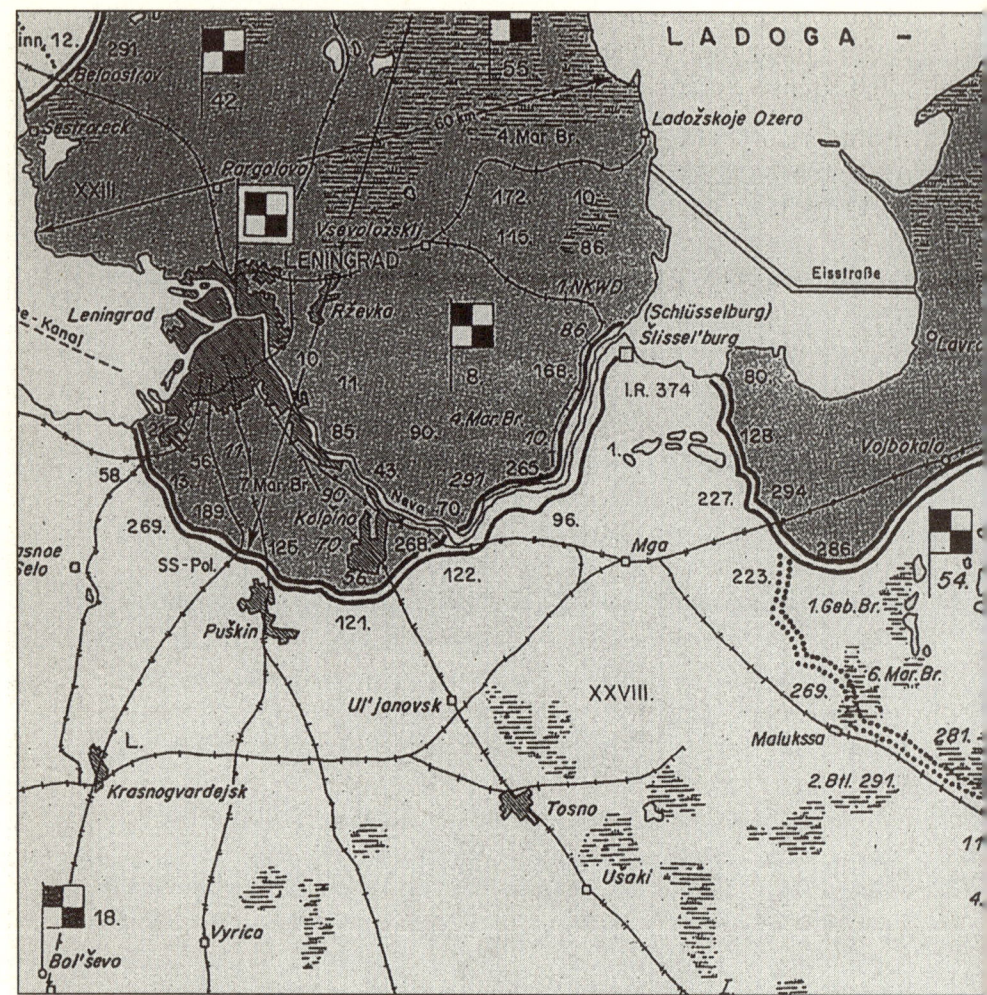

Kampfraum Leningrad-Tichwin, 3.12. bis 31.12.1941. Mit dem Stoß deutscher Kräfte über Tichwin zur finnischen Front am Swir zwischen Ladoga- und Onega-See (siehe auch Karte Seite 36) war die völlige Einschließung Leningrads beabsichtigt. Die Offensive erstickte in Eis und Blut. Frontverlauf: Durchgezogene Linie: 3.12.1941, gepunktete Linie: 30.12.1941. (Quelle: BA-MA RH 19 III/661, 663)

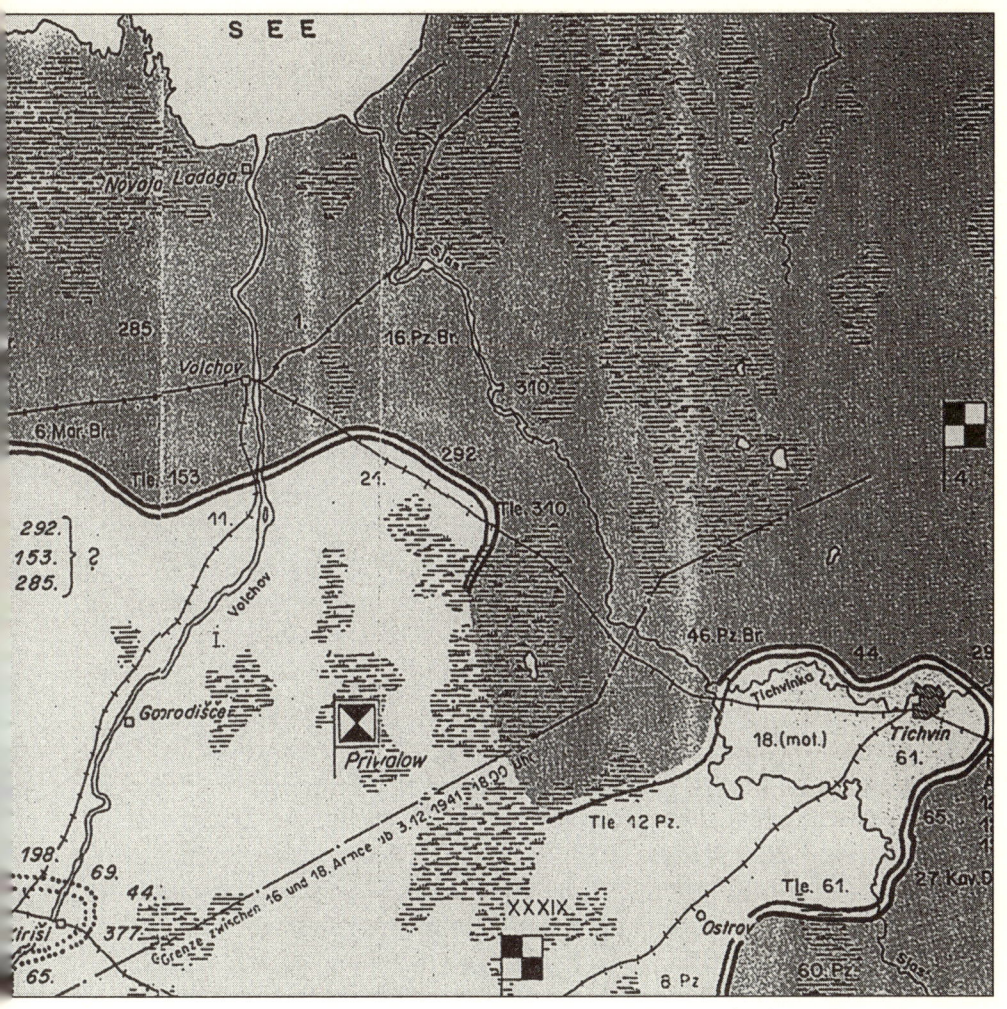

gegen Partisanen Disziplinlosigkeiten habe freien Lauf lassen müssen. Schon allein kalte Angst habe die Soldaten zu jenem rücksichtslosen, fanatischen Kampf geführt, der ja in fast jedem Befehl verlangt worden sei.

Ein hübscher Katalog, der doch nichts anderes demonstriert als ein ›zuwenig‹ an Rankeschem Mitgefühl und einen Mangel an Vorstellungskraft, der Geschichtsforschung zur willkürlichen Daten- und Faktensammelei verkommen läßt. Ein Katalog, in dem nicht einmal die Spur eines Ansatzes zu finden ist zu einem Versuch, Generationen von Geschmähten und Kriminalisierten unvoreingenommen zu betrachten. Und nicht ein Hauch von Verständnis ist zu entdecken für den Ausnahmezustand, in dem sich die Menschen beider Seiten in Kriegs- und Kampfgebieten permanent befanden.

Die Verfasser des Wehrmachtberichtes waren damals gewiß nicht so ahnungslos wie jene Historiker. Aber auch sie mußten sich die Ereignisse zurechtbiegen, mußten die Tragödien jener Wochen hinter einem Nebel scheinbarer Sachlichkeit unkenntlich machen. So hieß es dann: »Im Zuge des Übergangs ... zum Stellungskrieg der Wintermonate werden ... die erforderlichen Frontverbesserungen planmäßig vorgenommen.«

Nach zehn Tagen Eisenbahntransport treffen Ende November die ersten Bataillone der württembergisch-badischen 215. Infanterie-Division aus Frankreich in den Wäldern am Wolchow ein. Sie kommen aus der Zivilisation direkt in die Wildnis. Mit der 20. ID (mot) sollen sie die über 100 Kilometer offene Flanke der Divisionen decken, die auf Tichwin zumarschieren, um sich dann irgendwann und irgendwo hinter den Wäldern, am Swir mit den Finnen zu treffen. Über den ersten Eindruck, den die Soldaten gewinnen, als die Bremsen der Transportzüge auf den Ausladebahnhöfen der Oktober-Bahn knirschen, heißt es in der Chronik der 215. ID: »Trostlose Straßenverhältnisse, eisiger Nordostwind mit Schnee- und Hagelschauern, vereiste Straßen, sofern diese überhaupt vorhanden oder erkennbar.« Im Kampfgebiet Temperaturen bis minus 40 Grad, alles wirkt unendlich feindselig. Winterausrüstung: Fehlanzeige. Bald auch hier schwere Erfrierungen, schwarzgefrorene Zehen und Füße – amputationsreif. Auch hier vortastende Spähtrupps, zu denen die Verbindung tagelang abreißt, manchmal für immer. Dazu Fernsprechkabel, die unter der Kälte brechen und Funkgeräte, die versagen.

Als die mittlere Tichwin-Gruppe mit der 18. ID (mot) und der 61. ID zurückgeht, als die sowjetischen Verfolger sich die sichere Beute ausgepumpter, beim Rückmarsch besonders verwundbarer Regimenter greifen wollen, die in grauen Sommeruniformen vor dem Schneehintergrund für die Schlachtflugzeuge mit dem roten Stern ein scharfumrissenes Ziel bieten, als die Rotarmisten die von den Straßen rutschenden Fahrzeuge und Geschütze, die zurückhängenden Gruppen Fußkranker und Verwundeter, die dahinruckelnden Pannenkolonnen dicht vor Augen haben, kommt die Stunde der 215. ID. Sie versteht es, den vernichtenden Einbruch der nachstoßenden roten Schützendivisionen und Panzerbrigaden in die Flanke der erschöpften Deutschen zu verhindern.

Die Männer stampfen und wühlen sich durch den Schnee, der oft anderthalb Meter hoch liegt. Immer wieder werden sie aus den dichten Wäldern heraus überfallen, auch von Panzern, die von den sibirischen Verfolgern geschickt in den Rücken der Nachhuten geführt werden. Immer wieder legen die Rotarmisten Hinterhalte, besondern im letzten Abschnitt des Weges, vor Grusino am Wolchow. Das II. Bataillon des Regiments 380 gerät in die Falle. 50 Pferde brechen im Feuer der Russen zusammen. 15 Fahrzeuge bleiben liegen, dazwischen Tote und wimmernde Verwundete. Zehn Soldaten können nach dem Kampfgetümmel nicht gefunden werden und bleiben verschwunden.

In der Chronik der 215. ID heißt es in einem Zitat aus dem Tagebuch des Leutnants Hockenjos vom Regiment 380: »Die Straße war ... von Trümmern grausig verstopft. Umgestürzte Wagen, tote Pferde. Die Leichen der Fahrer, etwa 30, darunter und dazwischen. Einzelne Pferde mit schweren Wunden und hängenden Köpfen standen herum. Sie waren vielleicht das Erschütterndste an diesem Bild ... Wenige Meter entfernt ging eine Mine hoch und warf ein Geschütz in die Luft, das in Stellung gebracht werden sollte. Überall knallte und pfiff es. Verwundete wurden gebracht, Uniformröcke geöffnet, Stiefel aufgeschnitten. Daneben standen Leute, rauchten Zigaretten oder knabberten Brot. Und nur wenn es allzusehr pfiff, gingen sie für einen Augenblick hinter Pferden und Fahrzeugen in Deckung. War es bewundernswerter Gleichmut oder verfluchte Gleichgültigkeit?«

Gewiß war es die Gleichgültigkeit der völligen Erschöpfung, die Teilnahmslosigkeit der Ausgepumpten, die seelisch überlastet und körperlich übermüdet das Geschehen nur noch wie im Traum erleben und reflexartig reagieren. Typisch für den Ausnahmezustand ist auch, daß den jungen Leutnant die leidenden Pferde mehr beeindrucken als 30 tote Männer. Tiere können sich nicht wehren. Gefallene Soldaten gehören zum Üblichen.

Innerhalb von drei Wochen gibt es bei der Division 1143 Verluste, davon über die Hälfte Erfrierungen. Die Soldaten haben ja nichts anderes am Leibe als ›planmäßige‹ Winterbekleidung, also Tuchmäntel über der Sommeruniform, Kopfschützer, Fingerhandschuhe. Die Temperaturen schwanken zwischen minus 25 und minus 40 Grad. Am Heiligen Abend 1941 sind die Überlebenden der 215. ID wieder am Wolchow.

3. Kapitel
Doch über die Kälte fiel kein einziges Wort

Der deutsche Vorstoß zum Swir, die große Abschnürung Leningrads ist in Blut und Eis erstickt. Die Heeresgruppe Nord hat zum ersten Mal einen Rückzug befehlen müssen. Die Rotarmisten haben sich wiederum als zähe, findige Gegner erwiesen. Leningrad kann weiter leben, hoffen, kämpfen. Mit einem leichten Sieg über die ›slawischen Untermenschen‹ ist es auch in den Wäldern und Mooren jenseits des Wolchow nichts geworden. Aus der Illusion, die Stadt Leningrad ›vorerst‹ einzuschließen und über ihr Ende zu bestimmen, ist nun eine Schlacht geworden, die sich über Jahre hinzieht.

Über die Tage, in denen der Wolchow mehr und mehr zur Orientierungslinie wird, schreibt ein großer Schauspieler, Ernst Schröder, damals junger Soldat. Auf Skiern überquert er mit einer Kompanie den eiserstarrten Fluß, um jenseits eine vorgeschobene Stellung der Russen anzugreifen. Er ist das erste Mal eingesetzt, und zum ersten Mal begegnet er alten Wolchow-Kriegern: »Ein Häuflein gesichtsloser Männer mit seltsam geweiteten Pupillen; Uniformen vom vereisten Lehm verkrustet, das schmutzige Weiß des Winterstahlhelms, das angebrannte, nicht mehr zu reinigende Kochgeschirr ...«. Schröder sieht den ersten Toten: »Ich sehe das Kristall des weißen Schnees und darin die breite Lache dampfenden Blutes, das ausfließende Leben eines getöteten Menschen. Es gibt kein röteres Rot.« Schröder läuft zum ersten Mal in den Feind: »Dann peitschen wie ein Hagelsturm Gewehrgeschosse durch die Bäume. Aus den Stämmen blitzt das weiße Holz ... Blind falle ich in Schneelöcher bis zum Kinn; erstickende Angst ist in mir. – Jetzt wird nicht mehr geflüstert ... In wilden Sprüngen, die schweren Munitionskästen reißen einen immer wieder zur Erde, fallen wir über Unterholz und Baumwurzeln. – Immer wütender, an der Feuerstärke des Gegners wachsend, klingen unsere Schreie, bis wir ohne Verabredung losbrüllen, gemeinsam ›Hurra‹ schreien, als wären wir alle zusammen ein Tier, das verwundet aus dem Dickicht bricht. – Die Antwort des unsichtbaren Gegners, sein heiseres ›Hurreh‹ kommt überraschend aus der linken Flanke ... Als der Gegenstoß des Gegners beginnt,

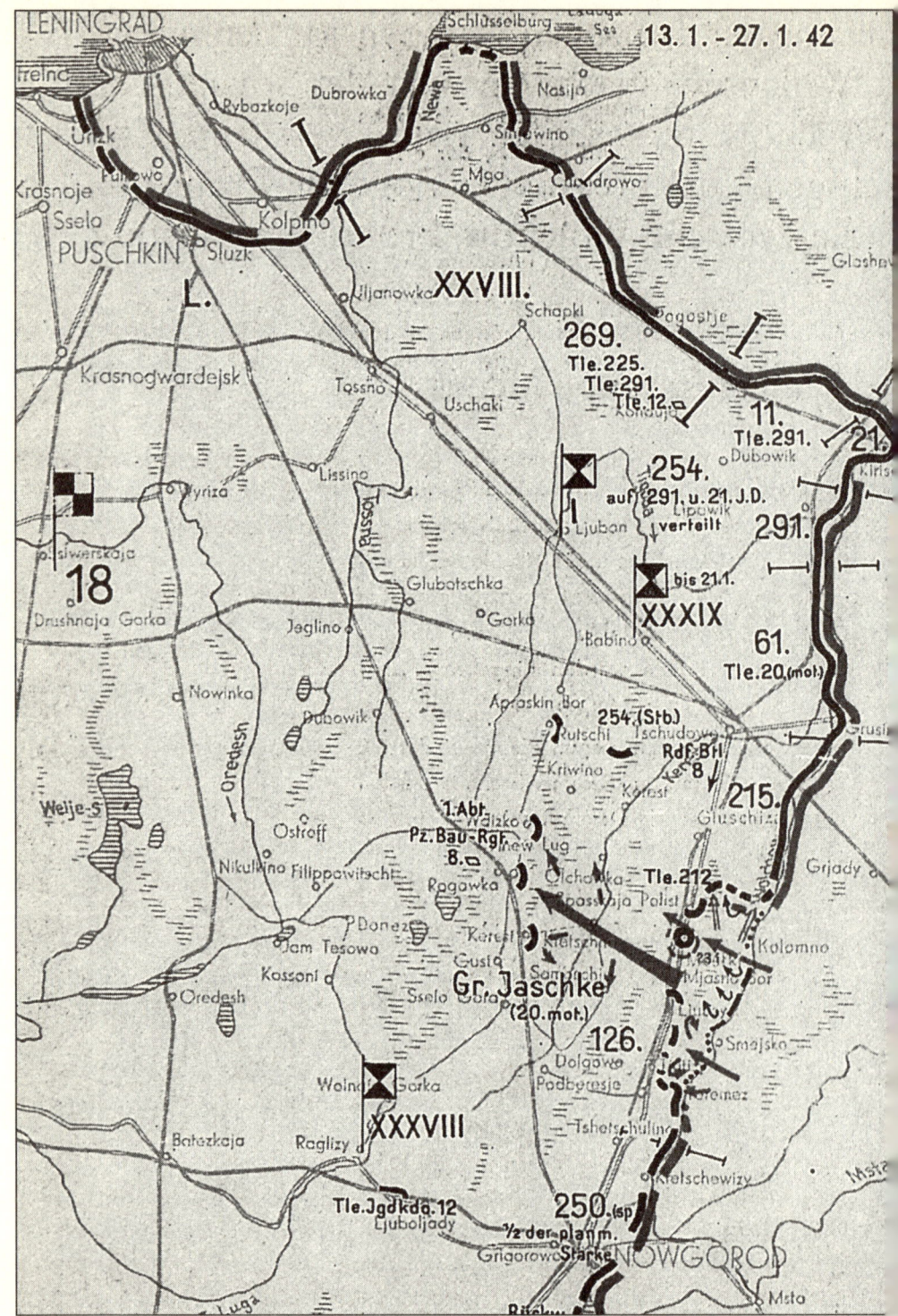

Beginn der Wolchow-Schlacht: Erstes, weiträumig angelegtes Unternehmen sowjetischer Armeen zur Abschnürung der deutschen Truppen vor Leningrad. Die 2. Stoßarmee ist an der Naht zwischen 126. ID und 215. ID ins deutsche Hinterland eingedrungen. (Quelle: Lageatlas der Heeresgruppe Nord)

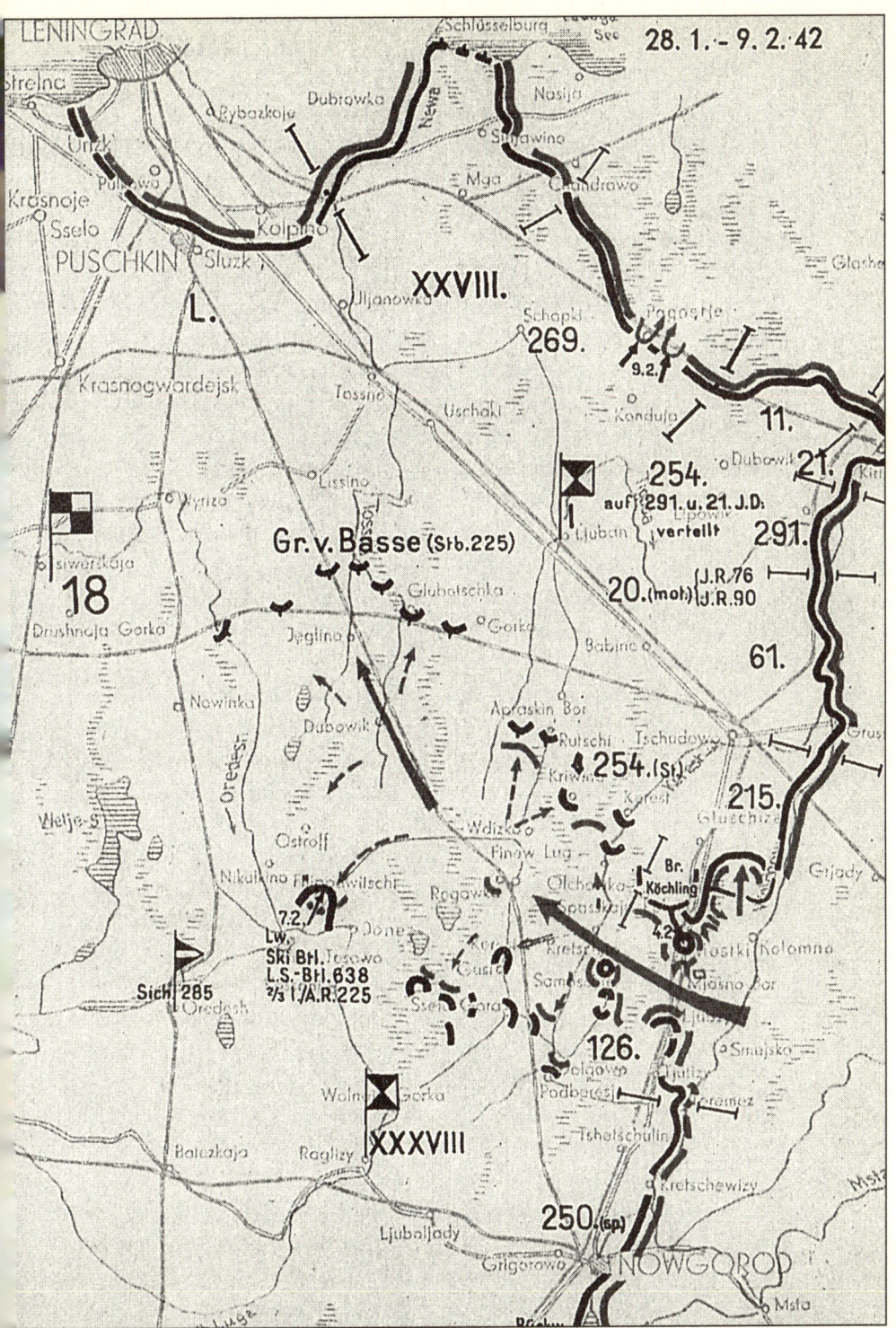

Volchow-Schlacht: Weiterer Vormarsch der 2. Stoßarmee nach Nordwesten in den Rücken des deutschen Einschließungsringes um Leningrad. Bei Pogostje werden die Angriffe der 54. sowjetischen Armee nach Südwesten heftiger. (Quelle: Lageatlas der Heeresgruppe Nord)

hört man hinter den Maschinengewehren hier und da Stöhnen und Weinen ... Schwäbische Bauernjungen, denen die Nerven versagen. Erfrorene Füße, nicht mehr im Stiefel zu bewegen, erfrorene Nasen und Hände ... Niemand hat geglaubt, daß die Kälte sich noch steigern könnte. Fünfundvierzig Grad.«

Nun beschreibt Schröder den Rückmarsch, bei dem sie ihre Verwundeten in Zeltbahnen heimschleppen. »... sie stöhnen beim kleinsten Rucken. Wir können unsere Füße nicht mehr heben, die toten Leiber nicht mehr umgehen, die immer zahlreicher werden, je weiter wir zurückkommen. Ein leichter Wind bringt Schnee mit. Feine Nadelspitzen statt Flocken. Über uns heult es durch die zersplitterten Äste. Nun sind auch die Augen der Ältesten naß. Keine Scham mehr vor dem anderen, da ist kaum einer, der nicht laut und verzweifelt weint. Wir wissen gar nicht, wen wir in den Zeltbahnen mit uns tragen und wer für immer blieb. Beine und Füße scheinen abgestorben. Es ist, als ginge man auf Stümpfen, auf den Kniegelenken.« Und noch eine Wendung aus den Erinnerungen des wortgewaltigen Schröder prägt sich ein: »Wir sind nicht mehr die Gestrigen. Leben wir im wirklichen Heute?«

Hitler, v. Brauchitsch, Oberbefehlshaber des Heeres, und Halder, sein Generalstabschef, waren sich nach dem Siegesrausch im Westen einig darüber, daß auch der Ostfeldzug nicht länger als drei, vier Monate dauern würde. Schon die Schlammperiode würde keine Verzögerung mehr bewirken können. Über die russische Kälte fiel nicht ein Wort. Doch wie bei Tichwin und Wolchowstroj sehen sich die Soldaten nun überall diesem Feind gegenüber. Schon Anfang Oktober 1941 ziehen sich frierende deutsche Infanteristen die Mäntel gefallener Rotarmisten über und rollen sich die Ärmel hoch, um sich in Schneestürmen vom Gegner überhaupt zu unterscheiden. Am 22. Oktober verzeichnen die Tichwin-Divisionen minus 35 bis minus 40 Grad. Zwischen dem 30. November und dem 5. Dezember fällt auch vor Moskau die Temperatur von Null auf minus 35 Grad.

Die Lazarette füllen sich mit Soldaten, denen Hände, Füße, Nasen und Ohren erfroren sind. Waffen, Fahrzeuge und Geräte zeigen plötzlich Schwächen, mit denen niemand gerechnet hat. Funkgeräte versagen ihren Dienst, Maschinengewehre schießen, wenn überhaupt, nur noch Einzelfeuer. Panzermotoren müssen stundenlang leerlaufen, um nicht einzufrieren. Das kostet Unmengen von Treibstoff, und der muß herangeschafft werden. Im Temperatursturz frieren Aberhunderte von Fahrzeugen im Schlamm fest, sogar die Pferde. Und während Hitler erklärt, der russische

Winter sei »nur ein Schlagwort«, rollt am 5. Dezember die sowjetische Offensive vor Moskau an.

Mit jedem Meter, den die Deutschen vormarschiert sind, hat sich der Weg für ihren Nachschub verlängert und ist durch Schlamm, Schnee und Eis schwieriger geworden. Die Russen hingegen hat ihr Rückzug ihren Versorgungsbasen und ihrer nach Osten verlegten Industrie näher gebracht. Allein aus Leningrad sind 92 Werke abtransportiert worden, aus frontnahen Gebieten insgesamt 1523 Anlagen. Zehn bis zwölf Millionen Arbeitskräfte wurden nach Osten in Marsch gesetzt. Aber wie haben die Russen den Neuaufbau geschafft? Daß sie meisterlich improvisieren können, beleuchtet ein Bericht des ehemaligen Luftwaffenoffiziers Klaus Kahlmann, der die Russen vom Wolchow her kennt. Dreißig Jahre später verhandelt er mit ihnen über die Lieferung riesiger deutscher Generatoren. Eine der sowjetischen Vertragsbedingungen gibt den Herstellern Rätsel auf. Für jeden der Motoren wird eine Verpackung in ganz bestimmten Abmessungen und ganz bestimmter Qualität vorgeschrieben, Eine bürokratische Marotte? Dann geht den Ingenieuren ein Licht auf: Richtig hingestellt und mit ein paar Handgriffen verändert, wird aus jeder Kiste ein winterfestes Häuschen. Das Werk, in das die Generatoren eingebaut werden, ist erst im Bau. Und so werden mit der Maschinenausstattung von den Deutschen auch gleich die Unterkünfte für die Vortrupps der Belegschaft geliefert.

Als 1941 im Wolgagebiet ein Flugzeugwerk nach Osten verlegt wird, sind Arbeiter und Mechaniker schon tätig, als im Fertigbau die ersten Hallenwände errichtet werden. Sogar bei Frost wird gearbeitet. 14 Tage nachdem der letzte Verlegungstransport eingetroffen ist, startet bereits das erste Schlachtflugzeug der neuen Produktion an die Front.

Der Befehlshaber einer Sowjetarmee, Generalleutnant Lukin, der in Gefangenschaft geraten ist, warnt beim Verhör die überheblichen Deutschen, die Rote Armee könne täglich mit 60 Panzern der Typen T 34, KW I und KW II neu ausgestattet werden. Von 1941 bis 1942 steigt die sowjetische Rüstungsproduktion rasant. Bei Panzern von rund 6500 auf fast 25 000; bei Flugzeugen von rund 12 500 auf fast 21 500; bei Geschützen und Granatwerfern von 71 000 auf über 125 000. Es soll hier offenbleiben, ob ein derartiges Rüstungspotential, das ja schon durch Kriegsverluste geschwächt ist, allein defensiven Zwecken hatte dienen sollen. Für heute können wir daraus ableiten, daß Völker, die zu solchen Leistungen fähig sind, immer auch die Kraft zur wirtschaftlichen Gesundung haben, vorausgesetzt, sie sind motiviert und organisiert. Mögen auch derzeit ehemalige

Rotarmisten auf abgeernteten Feldern hungrig nach Kartoffeln und Zwiebeln scharren und grauhaarige Veteraninnen Schlange stehen.

Aber zurück zum schrecklichsten Abschnitt deutsch-russischer Geschichte: Ende Dezember hat das deutsche Ostheer jeden vierten seiner Männer verloren. Am 8. Januar 1942 befiehlt der Generaloberst Hoepner, dem schon vor Leningrad beim Gedanken an seinen Obersten Kriegsherrn die Zornesader schwoll, zwei ausgebluteten, halberfrorenen Korps seiner Panzerarmee den Rückzug – entgegen einem ausdrücklichen Befehl Hitlers. Der Generaloberst, dem Feldmarschall v. Kluge ›Pflichtvergessenheit gegenüber dem Führer‹ vorwirft, erwidert:»Ich habe Pflichten, die höher stehen als die Pflichten gegenüber dem Führer. Das sind die Pflichten gegenüber der mir anvertrauten Truppe«. Hoepner wird von Hitler seines Amtes enthoben und aus der Wehrmacht ausgestoßen. Zweieinhalb Jahre später wird Hoepner als Teilnehmer am Staatsstreich vom 20. Juli 1944 im Zuchthaus Plötzensee gehenkt.

An diesem denkwürdigen 8. Januar 1942 beginnt eine weitere sowjetische Offensive: Am Ilmensee gegen die Naht zwischen den Heeresgruppen Nord und Mitte; vier Wochen später sind fast 100 000 Deutsche bei Demjansk eingeschlossen. Und zum Jahresbeginn hatte die deutsche Funkaufklärung zum ersten Mal gemeldet, es gäbe 30 Kilometer nördlich von Nowgorod plötzlich eine neue, bisher unbekannte Armee vor dem Ostufer des Wolchow. Bezeichnung: ›2. Stoßarmee‹. Am 12. Januar 1942 dröhnt das Feuer russischer Batterien aller Kaliber über die Uferwälder. Die 2. Stoßarmee greift an. Wieder bricht eine Offensive der Rotarmisten los!

Nach den hohen Verlusten der ersten sechs Monate des Rußlandfeldzuges sind die deutschen Divisionen um Leningrad und am Wolchow aufgefüllt worden; der Anteil der unerfahrenen Soldaten ist hoch. Selbst die ›Alten‹, die schon böse Überraschungen erlebt haben, sind für die Waldkämpfe, die ihnen nun bevorstehen, nicht ausgebildet. Die Russen sagen, die Deutschen seien waldfremd. Wie macht man rauchloses Feuer? Wie richtet man eine Waldstellung so ein, daß ihr Verlauf schwer auszumachen ist? Wie legt man Postenstände flankierend an und so, daß Scharfschützen sie nicht bekämpfen können? Wie bewegt man Infanteriegeschütze und schwere MG im hüfthohen Schnee, wie schafft man für sie feste Unterlagen? Warum stellen sich Deutsche, die ein Schneehemd tragen, ahnungslos vor die unbeschneite, dunkle Seite eines Baumes und nicht, unsichtbar, vor die beschneite? Warum weiß niemand, daß man zwei Bäume derart spitz-

1 Diese lackroten Straßenbahnen kamen, besetzt mit Ahnungslosen, am 15. 9. 1941 auf der Uferstraße bei Urizk, 10 km vor Leningrad, der Vorhut der 58. ID entgegen.

2 Der Wolchow. Zwischen Mooren und Wäldern zieht sich der Fluß, bis zu 600 m breit, 224 km vom Ilmen-See zum Ladoga-See hin.

3 Bei den Waldkämpfen um den Wolchow-Kessel nimmt ein deutscher Funktrupp mit »Tornister Dora 2«-Geräten im Schutz eines Bunkers Verbindung auf.

5 Wer ein feines Ohr für nahende Geschosse hatte und ein Auge für Gelände mit Feindeinsicht, der machte auch mal einen Melder- oder Trägerauftrag zum Spaziergang und hörte den Vögeln zu, die sogar Artilleriefeuer nicht störte. Oft verdarben Mückenschwärme den Spaß.

6 Wo es nur noch Bedrohung gab, Tod, Strapazen, Sumpfwald, Mücken und Läuse, da verkündete dieses Schild, das der General Wandel von der 121. ID aufstellen ließ, was alle dachten. Auf der Rückseite hieß es: »Gehst du von hinnen, denk' an Götz von Berlichingen!«

4 Über dieses zerstampfte Waldstück erreichen die Russen nach Beginn der Wolchow-Schlacht im Januar 1942 die Erika-Schneise. Am 19. März sperren dort die Deutschen zum ersten Mal die einzige Versorgungsader des Gegners.

7 Knüppeldämme: Diese hölzernen Verkehrswege wurden durch Baubataillone der OT (Organisation Todt) zu Kunstwerken gemacht, mit Vorflutkanälen und Beschriftungen. Den Pionieren blieb später keine Zeit mehr dafür. Auf Dämmen wie diesem bei Tschudowo wurden Verwundete, Material, schwere Waffen, Munition und Verpflegung bewegt. Sie waren stabil. Aber bei Tau- und Schlammperioden standen sie unter Wasser. Dann sah es aus, als schwebten Männer, Pferde und Wagen über den Fluten, und die Autos machten Bugwellen. Wurden Knüppeldämme aus taktischen Gründen aufgegeben, waren sie in kurzer Zeit überwachsen.

winklig fällen kann, daß sich die Äste verschränken und Schutz gegen den Schneesturm bieten? Warum muß man das alles erst den Russen abgucken? Die Deutschen haben den Krieg gelernt, den Krieg gegen Rußland nicht. Es gibt zwar einen Erfahrungsbericht über das beispielhafte, klima- und geländegerechte Verhalten der Finnen im Waldkampf. Doch bei den deutschen Frontverbänden, für die er lebenswichtig ist, trifft er zuletzt ein, im Sommer 1942.

Vor Moskau hat sich inzwischen für die Deutschen eine Katastrophe angebahnt. Hier steht der Oberbefehlshaber der 2. Panzerarmee, Generaloberst Heinz Guderian, mit einem Rest von 150 Panzern. Ein halbes Jahr vorher hatte er mit 1000 Panzern den Bug überschritten und seitdem 150 Panzer als Ersatz bekommen. Jetzt ist die Kampfkraft seiner Divisionen unter 35 Prozent ihrer Planstärke gesunken, sind viele seiner Männer verblutet, verbrannt, erfroren, verstümmelt. Nun muß sich der Generaloberst von seinem Obersten Kriegsherrn über den Mund fahren lassen: Er habe zuviel Mitleid mit den Soldaten. Er, Hitler, halte sich für berechtigt, von jedem Soldaten »das Opfer des Lebens« zu fordern. Mit Blick auf die Verhältnisse im Oberkommando schreibt Guderian in tiefem Zorn an seine Frau: »Die können sich keinen Begriff von den Zuständen an der Front machen. Sie drahten unausführbare Befehle und lehnen alle Anträge ab.« So kostet nicht nur die Unnachgiebigkeit Hitlers, sondern oft auch der Mangel an Vorstellungskraft bei seinen Spezialisten viele Menschen das Leben. Von dem Wort Gneisenaus: »Die Phantasie ist die Mutter der großen Taten« sind die deutschen Machthaber weit entfernt.

Der sowjetische Generalstabs-Oberst Kirill D. Kalinow berichtet, auch Marschall Georgij K. Schukow habe triumphierend bemerkt, der gelehrteste und bestorganisierte Generalstab habe es an Phantasie fehlen lassen. Die Deutschen hätten nicht einmal gemerkt, daß russische Soldaten schon seit dem 18. Jahrhundert immer zu großes Schuhzeug getragen hätten, so konnten sie es gegen die Kälte mit Stroh oder Papier ausstopfen.

Der Mangel an Phantasie in der obersten Führung bedeutet auch für die Truppen um Leningrad nichts Gutes. Die 28 deutschen Divisionen, die bis hinunter zum Ilmensee 75 sowjetischen gegenüberstehen, sind hier für den Kampf gegen einen zähen und entschlossenen Gegner nicht ausgerüstet. Aber Mängel erkennen und Mängel beheben sind zweierlei. Die Deutschen erfahren nun, wie ungeahnte Kälte und undurchdringliches Gelände ihren Elan lähmen. Sie entdecken, daß weder ihre Waffen, noch ihre Ausrüstung und ihre Fahrzeuge für diese Art von Krieg konstruiert sind.

Hitler hatte zwar schon 1925 erklärt, er wolle den Blick der Deutschen »nach dem Land im Osten weisen«, aber niemand hatte sie gelehrt, mit brusthohen Schneewehen fertigzuwerden, mit meterhoch verstopften Waldschneisen, mit den tiefen, vereisten Fahrspuren der Wege, mit grundlosem Morast darunter, mit Pfaden und Bunkerstellungen, die im Hochwasser verschwinden, sobald es taut.

Verstärkungstruppen, die von Frankreich heranrollen, sind deprimiert vom Anblick der von Osten passierenden Lazarettzüge mit ihrer elendigen Fracht. In wenigen Tagen von den Champs-Élysées auf eine Waldlichtung am Wolchow, in dünnen Sommeruniformen, in Lederstiefeln, die durch ihre benagelten Sohlen sekundenschnell so auskühlen, daß Zehen, Füße, Beine empfindungslos werden, mit feingestrickten Handschuhen und Kopfschützern – solche Prüfungen hatten selbst die bösartigsten Schleifer nicht erfinden können.

Der Gegner ist nicht nur an Zahl überlegen. Er ist im Wald heimisch, erfindungsreich, ein Meister der Tarnung, sibirische Kältegrade gewohnt und entsprechend gekleidet. Er ist bedürfnislos, und er ist technisch den extremen Verhältnissen angepaßt. Die deutsche Propaganda nennt ihn hinterhältig und verschlagen. Doch das drückt nur die Anerkennung seines kriegerischen Instinktes aus. Außerdem verrät es die törichte Erwartung, Spielregeln aushandeln zu können, obwohl Hitler und seine Kaste die Slawen zu Untermenschen erklärt und ihnen verächtlich Versklavung und Vernichtung angekündigt haben. Und nicht zuletzt: Die Rotarmisten haben nicht nur vor sich die Deutschen, sie haben hinter sich schießbereite Sperrbataillone und die Schergen des NKWD, die nicht vor Sippenhaft für die Familien Widerspenstiger zurückschrecken. So führen auch Angst und Verzweiflung zu Tapferkeit und Linientreue.

Schon bevor die sowjetischen Batterien am Ost-Ufer des Wolchow das Feuer zur Offensive um Leningrad eröffnen, wimmeln Wälder und Sümpfe hinter den deutschen Linien von Rotarmisten. Sie sind unbemerkt eingesickert, verminen Wege, sprengen Brücken, sperren Straßen, zwingen einzelne Wagen zum Halten und töten die Insassen, überfallen Melder, Störungssucher und Träger, Troßgespanne und Feldküchen. Setzt Gegenwehr ein, sind sie längst im Unterholz verschwunden.

Als die 215. ID am Heiligabend 1941 in ihren neuen Abschnitt am Wolchow einrückt, »lag der Wald zwischen Fluß und Rollbahn im unschuldigen Weiß des … hohen Schnees«, wie es in der Chronik der Division heißt. Doch dann werden einzelne Kompanien aus dem Wald westlich des Wolchow angeschossen, und ein Verbindungsspähtrupp gerät in ein Waldgefecht. Am 25. Dezember stehen plötzlich Rudel von Rotarmisten vor den Mauern des Klosters *Swanka*, auf einem Höhenzug oberhalb des Wolchowufers. Es ist von einer deutschen Schützenkompanie und einem Zug leichter Infanteriegeschütze besetzt. Die Deutschen, die nicht wissen, wie stark die sowjetischen Kräfte hinter ihren Stellungen schon sind, wollen ihr Gebiet bereinigen. Sie treten zum Angriff an. Im ›Kastenwald‹ stoßen sie auf übermächtigen Feind und werden eingeschlossen. Sie kämpfen sich frei. Wie ihre Gegner fallen sie zu Dutzenden. Nun stellt sich heraus, daß allein hier, um den Ort Dymno, über 1500 perfekt ausgerüstete Sibirier in den Wäldern stecken. Die Deutschen müssen damit rechnen, daß die Sibirier einen Brückenkopf bilden, sie drücken sie zusammen und unterbinden ihre Versorgung aus der Luft. Schon stoßen sibirische Skitruppen über den Wolchow vor, sie wollen den Umzingelten Raum schaffen. Diese schöpfen wieder Hoffnung. Aber vergebens. Die 215. ID weist die Entsatzversuche ab. Eine Woche später sind die Sibirier aufgerieben. Doch die Männer der 215ten frohlocken nicht. Sie sind gewarnt.

Wieder wird Dymno, das bald jeder Landser dem Namen nach kennt, angegriffen. Eine Elite-Einheit aus sibirischen Komsomolzen dringt bei einbrechender Nacht in den Ort ein, nachdem sie sich unhörbar an deutschen Postenstellungen vorbeigeschlichen hat. Es toben verzweifelte Nahkämpfe. Die jungen Sibirier sind so gut getarnt, daß die Deutschen sie erst erkennen, als sie vor ihnen stehen. »Stundenlang«, heißt es in der Chronik, »wird um jeden Gartenzaun, jede Hausruine gerungen.« Die Deutschen haben schwere Maschinengewehre auf Akjas montiert. Das sind bootähnliche Sperrholzschlitten nach finnischem Vorbild. Der Schütze Eins liegt auf dem Schlitten hinter der Waffe, die anderen schieben. Mit Hilfe solcher Alarmschlitten kann die Gefahr abgewendet, kann die Lücke zwischen beiden abgeschnittenen Ortshälften wieder geschlossen werden. Keiner der jungen Sibirier gibt sich gefangen. Wie überall erleben die Deutschen, daß sich Rotarmisten mit ihrer letzten Handgranate, ihrer letzten Patrone selbst töten.

Auf einer Breite von 18 Kilometern dringen immer wieder russische Stoßtrupps an verschiedenen Stellen gegen die HKL, die Hauptkampflinien der 215. ID und der benachbarten 126. ID über den Fluß vor, der hier bis zu 600 Meter breit ist und in einer anderthalb Kilometer breiten Talsohle verläuft. Das ist kein vorsichtiges Abtasten der Front nach schwachen Stellen mehr, das ist gewaltsame Aufklärung zur Vorbereitung von Ausgangsstellungen. Die Versuche mißlingen. Aber die Deutschen machen sich keine Illusionen. Jeder weiß, dies ist der Auftakt.

Nun kommen die endlosen Stunden, in denen sich jeder fragt: Wann wird der Iwan kommen? Und wo? Hier? Oder waren das nur Ablenkungsmanöver, und er kommt nebenan? Wie stark wird er sein? Was hat er vor? Die Stunden, in denen die Waffen immer wieder durchgesehen, die Fernsprechkabel auf störungsfreie Verständigung, die Sammler der Funkgeräte auf ausreichende Spannung geprüft werden. Die Stunden, in denen mancher noch ein paar Zeilen in die Heimat kritzelt und sie einem Munitionsträger mitgibt, der zurückhastet, um die nächste Last zu holen. Wer weiß schon, ob es die letzten Zeilen sind? Die Stunden, in denen auch jenseits des Wolchow junge Männer sich fragen, welches Los ihnen beschieden ist, wen es treffen wird. Heute können wir anhand überlieferter Feldpostbriefe und Tagebuchnotizen vergleichen, was Deutsche und Russen in solchen Stunden gedacht haben, und wir können uns fragen, wie es möglich ist, daß Menschen, die so ähnlich in ihren Empfindungen und Gedanken sind, aufeinander schießen. Es herrschen 30 Grad Kälte. Die Augen der Posten tränen. An den Kopfschützern gefriert der Atem. Unter den Stiefeln knirscht der Schnee.

Am 13. Januar 1942, gegen Mittag, bricht der Feuerorkan los. Abertausende von Einschlägen sprenkeln die blendende Schneedecke, soweit das Auge reicht. Baumwipfel stürzen, Stämme bersten, der Wald blutet aus zahllosen Wunden. Bunkerdecken knicken, Brustwehren und Grabenböschungen brechen ein. Kurz vorher hatten die Russen die deutsche Aufklärung mit Klartext-Funksprüchen zu täuschen versucht. Die Stellungen seien zu halten, die Scheinangriffe gegen deutsche Positionen fortzuführen. Doch die alten Hasen in den Frontstäben haben längst gelernt, ihren Gegner nicht zu unterschätzen. Sie gehen ihm nicht auf den Leim. Es hatte zuviele Anzeichen gegeben: Massive Aufklärungsunternehmen, kleinere Stoßtrupps zur Aushebung deutscher Posten, von deren Aussagen die Russen Aufschlüsse über Kampfstärken und -stellungen erhoffen, Arbeitsgeschütze, die sich für neue Batterien aus unbekannten Positionen einschießen, Marschgeräusche motorisierter Kolonnen, Beobachtungen der Nahaufklärer über Truppenbewegungen jenseits des Wolchow, Störangriffe der Nachtflugzeuge vom Typ ›U 2‹, von denen in 15 Jahren über 30 000 Stück gebaut worden waren, und denen die Deutschen Vergleichbares nicht entgegensetzen können, Überläufer aus unbekannten Einheiten – das alles hieß in der Landsersprache schlicht ›dicke Luft‹.

Dafür, wie sich auf deutscher Seite Wunschträume und Zynismus von Verantwortlichen mischen, gibt es ein Beispiel: Die Berichte vorgeschobener Beobachter – kurz: ›VB‹ – der 215. ID über »endlose Kolonnen der Russen, die das Wolchow-Ufer heraufsteigen und in den Wäldern verschwinden«, werden bei höheren Stäben mit der Bemerkung abgetan: »Sie sehen ja Gespenster!«

Überhaupt machen sich in diesen Tagen beide Seiten selbst viel vor. Deutsche Führer benebeln sich und ihre Soldaten mit der Versicherung, der deutsche Soldat sei kraft kämpferischer Tugenden zum Endsieg vorbestimmt. Fehlende Männer, Panzer, Waffen seien dadurch leicht auszugleichen. Hatte Hitler nicht am 4. Mai 1941 vor dem Reichstag ausgerufen, dem deutschen Soldaten sei nichts unmöglich?!

Die Russen vertrauen auf ihre Überzahl und auf die Schwächung der Deutschen durch fortwährende, Verluste fordernde Angriffe. Sie bauen auf die ›russische Dampfwalze‹ und auf das Motto »Sie können nicht alle töten!«, mit dem schon die Zaren ihre Soldaten ins Feuer geschickt hatten. So lesen wir bei Franz Kugler in der »Geschichte Friedrichs des Großen« über die Schlacht bei Zorndorf, 1758: »Ob auch die ersten Reihen der Russen niedergeschmettert waren, so standen die nachfolgenden doch unerschütterlich fest. Auch diese wurden geworfen, aber immer ballten sich neue Massen zusammen, mit ihren Leibern dem Gegner einen Wall entgegensetzend, der nicht anders als durch gänzliche Niedermetzelung erstiegen werden konnte.«

General Eisenhower, der spätere US-Präsident, berichtet betroffen nach einem Gespräch mit Marschall Schukow, der habe ihm erklärt: »Wenn wir an ein Minenfeld kommen, greift unsere Infanterie genau so an, als sei es nicht da!« Die Verluste durch Schützenminen, so argumentiert Schukow, seien doch nur ähnlich denen, die durch Artillerie- oder MG-Feuer entstünden, wenn die Deutschen das Gelände durch starke Truppen, statt durch Minenfelder verteidigten.

Kommissare peitschen ihre Leute auf, sich die fehlende Verpflegung bei den Deutschen zu holen. Und sowjetische Generäle behaupten in Tagesbefehlen, es gebe in Wirklichkeit gar keine Schwierigkeiten, davon höre man nur in Gerüchten, die durch feindliche Agenten ausgestreut würden.

Die Deutschen sind in sowjetischen Propaganda-Pamphleten nur noch »faschistische Menschenfresser«, die man »wie tolle Hunde« erschlägt. Ilja

Ehrenburg, der Schreibtischtäter, höhnt in einer Art offenem Brief an eine Frau Gertrud Holmann in Deutschland: »Ihr Gustav ist getötet worden. Er liegt am Wolchow in einer Schneeverwehung begraben. Hier gibt es nichts außer weißem, mitleidlosem Schnee. Und Gustav liegt in ihm tot, das Gesicht nach unten ... Sie werden bis zum Frühjahr dort wie Fleisch im Kühlhaus liegen ... « Und Armeegeneral Schukow und der Oberbefehlshaber der 54. Armee, Fedjuninskij, fordern am 1. Januar 1942 ihre Truppen auf, »das deutsche zweibeinige Getier an den Zugängen zur großen Stadt Leningrad zu vernichten!«. Die Deutschen entrüsten sich bei den zähen Kämpfen, wie »der Iwan unter Mißachtung aller Opfer Einbrüche zu erweitern sucht«. Ganz anders klingt es, wenn die Deutschen selbst in solcher Lage sind. Dann »kämpfen sie heldenhaft um jeden Meter Boden, sobald sie in die feindliche Stellung eingebrochen sind«.

Sind die Soldaten jedoch unter sich, und ist der Blick nicht mehr ideologisch getrübt, dann erkennt man auf deutscher Seite die Russen auf einmal »als Meister im Holz- und Brückenbau«, dann bewundern die Landser die russischen Gegner, die »ein halbes Jahr lang äußerste Opfer gebracht« haben, dann »wird der Einsatz der Männer der 7. Garde-Tankbrigade anerkannt«. In russischen Funksprüchen ist zu hören, man habe nicht gedacht, »wieviel die Fritzen aushalten«, da gilt die deutsche Infanterie als »geschickt«, ihre Artillerie als »hervorragend«. Die Fronttruppen beider Seiten, die in einer anderen Welt leben, lassen sich ihr Feindbild nicht nur von der Propaganda vorschreiben.

Freilich töten sie in aufgestauter Wut, in blinder Empörung, im Affekt. Aber es sind zumeist die immer wieder Aufgehetzten, es sind die Talmi-Helden im Hinterland, die SD-Einsatzkommandos, die NKWD-Vollzugsautomaten, die eiskalt und ohne Risiko ihr Mütchen kühlen und Krieg zu Mord werden lassen.

Jetzt ist ohnehin weder Zeit noch Ort für große Sprüche und Verwünschungen. Wie meistens, wenn sich die Kampfkraft eines Angreifers auf einen schmalen Frontstreifen konzentriert, zerbricht die ›Vorne-Verteidigung‹ an dieser Stelle unter dem anhaltenden Druck wie unter einem riesigen Schlagbohrer. Die 126. ID, in der Westfalen und Ostpreußen Seite an Seite kämpfen, muß in den ersten sechs Tagen der Wolchow-Offensive 109 Angriffe ertragen. Auf beiden Seiten sind die Verluste fürchterlich. Jeweils sieben Angriffswellen nacheinander branden gegen die immer brüchiger werdenden deutschen Stellungen. Das bedeutet, kein Infanterist, kein Rotarmist kann sich nach Stunden höchster Anspannung und Gefahr, nach schwerster seelischer und körperlicher Belastung den Stahlhelm ins Genick schieben und erleichtert aufatmen. Der Schrecken nimmt tage- und nächtelang kein Ende. In der Bresche, die schließlich in der deutschen Wolchow-Front klafft, liegen 15 000 gefallene Rotarmisten.

Nach wenigen Tagen ist die deutsche Hauptkampflinie (HKL) an der Naht zwischen 215. und 126. ID über 15 Kilometer breit aufgerissen. Die Besatzungen von ein paar Stützpunkten, ein paar Kampfständen und Laufgrabenresten werden eingeschlossen, halten sich verzweifelt und werden schließlich bis auf den letzten Mann niedergemacht. Ein paar Igelstellungen, einige Eckpfeiler behaupten sich irgendwie, aber in ihnen verbluten und erfrieren Hunderte unversorgt.

Die 2. sowjetische Stoßarmee ergießt sich ins Hinterland wie eine Springflut nach dem Dammbruch. Ihre Vorhuten stoßen fast 100 Kilometer tief in den Rücken der deutschen 18. Armee hinein. Eine neue zweite Front von 200 Kilometer Länge ist hinter den deutschen Divisionen vor Leningrad und am Wolchow entstanden. Die sowjetischen Angriffsverbände führen schon Fernkampfgeschütze nach und vermehren sich auf unheimliche Weise bis auf 180 000 Mann.

Im Morgengrauen eines dieser Schicksalstage erhält ein langer, grauer Zug das Abfahrtsignal. Stampfend setzt sich die Lok in Bewegung. Einen Moment lang drehen die Räder durch. In bellenden Stößen jagt Dampf durch den Schornstein. Die Ventile zischen. Dann zieht die Lok langsam an. Die Kupplungen der Wagen scheppern. Einer der Lazarettzüge, die von den Landsern ›Gefrierfleisch-Express‹ genannt werden, ist auf dem Weg in die Heimat. In einem der Wagen, in denen die Verletzten schweigend in den dreistöckigen Betten liegen, starrt aus fiebrigen Augen der Obergefreite R. auf die Unterseite der Matratze über ihm. Er hat einen der begehrten Mittelplätze, könnte also aus dem Fenster sehen. Doch er dreht den Kopf nicht. Schmerz und Medikamente machen ihn blind für seine Umwelt. Er ist zu schwach zum Sprechen. Sein tonloses Flüstern ist nicht zu verstehen. Seine Kopfhaut juckt, er möchte sich kratzen. Es ist wie ein Zwang. Aber er kann es nicht, er hat keine Hände mehr. Seine großen Zehen schmerzen, er fühlt beide ganz genau. Aber er weiß, das kann nicht sein. Er hat keine Füße mehr.

Der Obergefreite ist ein Melder aus einem der Bataillone, die sich den Russen in der Einbruchstelle am Wolchow entgegengestemmt haben, auch als an den Flanken die rote Flut schon entlangrauschte. Er hatte den Befehl, koste es, was es wolle, die Maschinengewehre an Schneise, Lichtung und Waldrand mit Munition zu versorgen. Er schleppte, bis er seine Hände nicht mehr spürte. Er lief, auch als er merkte, daß er von den Knien an kein Gefühl mehr in den Beinen hatte. Er kroch schließlich auf Knien und Ellbogen – hin mit vier vollen Kästen Gurtmunition, um den Hals gehängt, zurück mit vier leeren. Dann brach er zusammen.

Im TVP, dem Truppenverbandplatz, wie die halbverschüttete Höhle unter Balken und Schneewehen großartig genannt wurde, schüttelte der Arzt den Kopf. Was nutzte es zu wissen, daß der menschliche Körper versucht, bei Unterkühlung seine Kernwärme zu erhalten und die Blutzufuhr zu Haut und Gliedern zu drosseln? Zu wissen, daß dann die Kälte besonders scharf zubeißt und sich so die Reaktionen hochschaukeln? Nachts fast 50, tagsüber 25 Kältegrade – das reicht, um auch ausgeruhte, gut ernährte, kerngesunde Menschen zu zermürben. Es grenzt an ein Wunder, daß unsere abgehetzten Männer das aushalten, diese graugesichtigen Gespenster, die kein einziges Gramm Fett mehr unter der Haut haben. Als Arzt hat er ja bei jedem Schnitt ins Gewebe Anlaß, darüber den Kopf zu schütteln.

Nein, er kann dem Obergefreiten nicht helfen. Seine Instrumente sind der Rest einer Notausstattung, denn ein Teil des Materials ist verlorengegangen, als die Schlitten von einem Sibirierstoßtrupp abgefangen wurden. Sein Hauptwerkzeug ist eine Flachzange. Betäubungsmittel hat er nicht mehr. Dem Obergefreiten hilft nur noch Amputation, aber dazu fehlen die Mittel.

Sie schleppen unseren Obergefreiten zurück. Den Weg zum Hauptverbandplatz und ins Feldlazarett hat er zur Verwunderung der Sanitäter überstanden. Unter Beschuß, über steinhart gefrorene Knüppeldämme und rutschige Straßen, mit Pausen, in denen immer alle ausgetauscht werden, die den Transport nicht überstanden haben, unterm Pfeifen der Splitterbomben der russischen Nachtflieger, die auf jede Bewegung zielen, die sich vom schneehellen Untergrund abhebt, über und neben sich stöhnende Bündel auf Krankentragen, von denen es monoton tropft, wenn die roten Eiszapfen darunter abtauen. Nun fährt er als Krüppel in die Heimat, die er als gesunder Bursche verlassen hatte.

Im Heimatlazarett eröffnet ihm der Stabsarzt, er sei Unteroffizier geworden. Kameraden beschaffen ihm einen Uniformrock mit grauen Litzen an Kragen und Schulterklappen. Die Schwester schiebt ihm Kissen unter Kreuz und Schultern und hält ihm einen Spiegel hin. Er lächelt schwach und abwesend. Alle möchten ihm gratulieren, ihm die Hand geben. Allzu beiläufig verstecken sie die Arme hinter dem Rücken. Der Obergefreite hebt einen Stumpf ein wenig an, hilflos, schiebt eine Schulter entschuldigend vor. Dann lehnt er sich erschöpft zurück. Als die Nachtschwester ihn mit betonter Heiterkeit begrüßen will, rührt er sich nicht, sagt kein Wort. Er ist tot.

In diesen Tagen ist die hamburgische 225. ID aus Amiens in Nordfrankreich auf dem Marsch nach Osten. Zunächst nach Ostpreußen mit der Eisenbahn. Bei plus 16 Grad steigen die Soldaten in die Waggons, bei minus 20 Grad kommen sie an der Ostseeküste an, erste Zeichen für das, was sie erwartet. Die bespannten Teile sollen per Schiff von Danzig aus weitergebracht werden, die motorisierten im Landmarsch, sobald sie in Tilsit ausgeladen sind. Noch bevor sie selbst es wußten, haben die Soldaten von Bürgern in Amiens erfahren, wohin die Reise geht. Sie machen sich wenig Gedanken über den Sinn sogenannter Geheimhaltung, aber sie haben ein mulmiges Gefühl, wenn sie das Wort *Wolchow* hören. Werden sie ihre Familien wiedersehen? Sie müssen noch ein paar Tage in Danzig auf den Weitertransport warten. So kommt es, daß die Männer sich dort mit ihren Frauen treffen können, froh, in privaten Unterkünften von Mitfühlenden aufgenommen zu werden. Noch einmal Zärtlichkeit und Leidenschaft, noch einmal der Schmerz des Abschieds.

In Riga herrschen minus 30 Grad. Und jetzt vergeht auch den Sorglosen das Lachen: Die Division ist voll ausgerüstet, heißt es. Aber von Winterkleidung ist nichts zu sehen.

Drei Wochen später hat das II. Bataillon des Regiments 333 von 16 Offizieren 13 verloren, von 128 Unteroffizieren 110, von 550 Mannschaften 422. Von der 9. Kompanie sind ein Unteroffizier und vier Mann übriggeblieben. Die Bataillone des Regiments 377 legen im Eilmarsch 40 Kilometer zurück, um die Kampfgruppen zu verstärken, die sich den Angriffsspitzen der 2. Stoßarmee in den Weg legen. Es herrschen fast 40 Grad Kälte. Als die Männer ins erste Gefecht ziehen sollen, werden »schwere Verluste durch Erfrierungen« gemeldet. Die Soldaten haben bisher außer einigen Gefangenen noch keinen Rotarmisten gesehen.

Wie kritisch die Situation im Kampfgebiet ist, wird dem Kommandeur des Regiments 377 klar, als er sich beim Kommandierenden General des Ersten Armeekorps meldet, mit dem er befreundet ist. Der Oberst beobachtet während des Gesprächs, wie der General betont beiläufig mit einer Zeitung die Lagekarten überdeckt, die auf dem Tisch ausgebreitet sind. Nicht schnell genug: Der Oberst hat schon gesehen, daß die Hauptkampflinie der Deutschen an zahllosen Stellen von roten, sowjetischen ›Einbruch-‹, und ›Vorstoß‹-Pfeilen durchbrochen ist und daß die Karten von Fragezeichen wimmeln, die unklare Lagen bezeichnen. Der General hat seinen Freund nicht entmutigen wollen. Nun zuckt er mit den Schultern. Er sieht ein, daß ein alter Haudegen mit taktvollen Gesten nicht zu täuschen ist.

Die Soldaten der 225. ID werden ohne Wintererfahrung, ohne spezielle Schulung in den Kampf geschickt. Eigentlich hatten sie hinter der Front erst einmal lernen sollen, wie man Deckungslöcher in eisharten Boden sprengt, wie man Kampfstände und Verwundetennester einrichtet, wie man im Neuschnee Markierungen parallel zur HKL zieht, um zu erkennen, ob Skispuren eingesickerter Sibirier sie kreuzen, wie man Bunker zu Aufwärmstationen macht, damit sich die Männer wenigstens stehend darin erholen können. Doch die 377er kommen gar nicht dazu. Sie werden nach stundenlangen Märschen und Lkw-Transporten mit entnervenden Pannen und unaufhörlichen Angriffen von Schlachtflugzeugen ohne Aufwärmpause und ohne einen Löffel warmer Verpflegung ins Gefecht geschickt.

Noch halten sich einige Stützpunkte in der Einbruchstelle der 2. Stoßarmee am Wolchow. So der Ort Spasskaja Polist, über dessen Reste die einzige feste Straße im weiten Umkreis zu jener Rollbahn führt, die nun die sowjetischen Angreifer nach Westen überqueren, so Ljubino Pole, so Mostki. Vielen Deutschen und Russen wird auch die ›Spinne‹ ein Begriff, ein umkämpftes Wegekreuz, und das ›Bw‹, ein Bahnwärterhaus. Die Reste von zwanzig verschiedenen, durcheinandergewürfelten Bataillonen krallen sich hier fest. Überall ist Front. Als die Russen gegen ein Regiment der 215. ID bei Kusino anrennen, kann die Artillerie nicht eingreifen, weil Batterien und Protzen aus den Wäldern beschossen werden, weil die Kanoniere sich nach allen Seiten mit Karabiner und MG wehren müssen und die Nachrichtenverbindungen abreißen. Schließlich muß Kusino geräumt werden. Auch in der neuen HKL bei Tregubowo kämpfen die Männer nach Süden gegen den Strom der durchgebrochenen, nach Norden gegen Rudel eingesickerter Rotarmisten. Voreiliger Siegesrausch macht die Russen manchmal leichtsinnig. Dann werden sie abgeschnitten, ihre Luftversorgung erreicht sie nicht. Teile ihrer 372. Schützendivision werden gefangengenommen.

Nun kämpfen nicht nur die Männer der vordersten Linie, nun kämpfen auch die Kanoniere der schweren Artillerie, die Nachschub- und Werk-

3. Doch über die Kälte fiel kein einziges Wort 75

stattkolonnen, die Baubataillone ums Überleben. Von einer Stunde auf die andere liegen Nachrichtenzentralen, Trosse und Depots in der Kampflinie. Da ist in einem Dorf im Hinterland eine Veterinärkompanie mit Lazarettpferden, Ersatzpferden, Stammpferden. Plötzlich kommt der Befehl zur Rundumverteidigung. Das kennen die Männer schon von der Rollbahn her, die im Abstand von 10 bis 20 Kilometern parallel zum Wolchow verläuft. Nachdem dort Deutsche über Nacht in Hinterhalte und Minensperren eingesickerter Russen geraten sind, werden Troßwagen, Sankas, Protzen, Nachrichtenfahrzeuge zu Wagenburgen zusammengeschoben. Für die Artillerie werden eilig Wechselstellungen gebaut, Geschütze direkt auf Mulden und Waldränder gerichtet. Aber längst hat der Frost den Boden betonhart gemacht. Mutter Erde verwehrt ihren Schutz. Man behilft sich mit Schneewällen, schnürt das Gepäck, belädt die Fahrzeuge. Schon tauchen am Wald die ersten Russen auf. Eine Viertelstunde später sind es etwa 600, die nun anfangen, einen Ring um die Deutschen zu bilden. Die Veterinärkompanie ist mit MG vom Typ 08/15 ausgerüstet; sie versagen in der Kälte. Und die Russen lassen sich Zeit, bringen Granatwerfer und schwere MG in Stellung. Die Kompanie wehrt sich mit sorgfältig gezieltem Schützenfeuer. Jeder Schuß muß überlegt sein, denn Munition ist knapp und mit Nachschub nicht zu rechnen. Nachts werden die letzten Patronen ausgegeben. Im Morgengrauen wird der Ausbruch befohlen. Nur zwei Lkw mit 15 Verwundeten können in Marsch gesetzt werden. 15 Mann sind vermißt, 15 Tote bleiben zurück. Das gesamte Gepäck, alle Fahrzeuge und 170 Pferde müssen aufgegeben werden. Aber hinter der Veterinär-Kompanie haben inzwischen Verbände der 254. ID einen Abwehrriegel aufbauen können.

Eine Geschichte ohne Glanz? Richtig. Hätte sie damals nicht der Zahlmeister der Kompanie aufgeschrieben und wäre sie nicht eher zufällig eine Episode in der Chronik der 215. ID geworden, dann wäre sie längst vergessen. Wer denkt schon an Tierärzte, Pferdepfleger und kranke Gäule, wenn von einer Schlacht die Rede ist?

An der gesamten Front gibt es Einzelaktionen, wie sie in keiner Ausbildungsvorschrift vorkommen. Werden von Flugzeugen Verpflegungsbehälter für eingeschlossene oder vorgeprellte Trupps abgeworfen, dann machen Deutsche und Russen Jagd darauf, und furchtbare Nahkämpfe entbrennen. Eine komplette Batterie leichter Feldhaubitzen verschwindet samt hochbeladenem Munitionstroß tagelang – und taucht dann völlig verschlissen mit einem halben Dutzend Granaten aus dem Gewühl von Rückzug, Gegenangriffen und Rundumverteidigung wieder auf. Um verborgene Stellungen nicht zu verraten, töten Gegner einander lautlos. Bei beginnendem Trommelfeuer weichen Besatzungen von Abwehrriegeln nach Plan in Auffanglinien aus, um wieder vorzustoßen, sobald das Feuer nach hinten springt. Eine Artillerie-Abteilung schießt mit allen Batterien abwechselnd aus verschiedenen Feuerpositionen. Hat ein sogenannter Kampfsatz die Rohre verlassen, werden die Geschützstellungen in höchster Eile geräumt und die Geschütze in anderen Positionen feuerbereit gemacht. Melder, die an den verlassenen Stellungen vorbeihasten, wundern sich darüber, wieviel Munition der Gegner darauf verpulvert: Die Russen haben die Deutschen zwar richtig eingepeilt, aber nicht schnell genug reagiert. Wochenlang spielen sich solche Duelle ab. Oft stehen auf beiden Seiten Geschütze direkt in der HKL weil es eine bessere Stellung nicht gibt oder weil der Transport am ungangbaren Boden scheitert.

Im Einbruchsraum der 2. Stoßarmee, den die Deutschen Wolchow-Kessel nennen wegen seines Nadelöhr-Zugangs durch ihre Linien, haben sich winzige Igel von abgesprengten Deutschen gebildet. So hat sich eine Batterie neben einer russischen Nachschubstraße festgesetzt und die Position ihrer Geschütze mit Attrappen und Wechselstellungen verschleiert. Ihre Protzen sind nur über einen versteckten Trampelpfad zu erreichen, sie werden von Niederländern der Waffen-SS und ein paar Pionieren verteidigt. Nun muß jede einzelne Granate über den schmalen Pfad herangeschleppt werden. Den Russen sitzt die Batterie wie eine Zecke in der Haut, sie versuchen sie immer wieder auszuheben. Doch der VB legt das Abwehrfeuer mit Abprallern, die ihren Splitterkegel oberhalb der Schneedecke streuen, direkt vor die Stellung. So kommen die Russen nicht an sie heran. Und die Kanoniere hantieren mit Karabinern und Handgranaten längst genauso geschickt wie mit ihren Geschützen. Später trägt jeder der Überlebenden das Infanterie-Sturmabzeichen auf der Brust.

Mitten in der Bresche, die von der 2. Stoßarmee in die deutsche Front geschlagen ist, steht bei Ljubino Pole eine Achtacht-Flak. Ursprünglich war sie zur Luftabwehr an der Rollbahn aufgestellt, ein Routineposten. Von einem Tag auf den anderen ist sie nun das Zentrum der Panzerbekämpfung in diesem Abschnitt. Ihre Kanoniere machen einen Zwangskursus in Erdabwehr und schlagen sich mit T 34 und KW I herum.

Friedrich Husemann zitiert in der Chronik der 4. SS-Polizeidivision aus dem Brief eines Obergefreiten eine Szene beim russischen Einbruch in eine deutsche Stellung: »... konnte ich eins unserer MG in Besitz bringen, dessen Bedienung tot danebenlag. Der Gurt war noch eingeführt, und so konnte ich die Russen, die in Massen anrannten, abfangen.« Der Obergefreite beschreibt, wie dann ein Feldwebel alles an Munition heranschleppt, »was in dem verwüsteten und mit Toten übersäten Grabenstück« zu finden ist, und wie die Stellung behauptet werden kann, als fünfzig Meter weiter Überlebende herankriechen und ein weiteres verlassenes MG schußbereit machen. Wir hören von einer Gruppe, die ihre Schwerverwundeten acht Stunden lang über schmale Sumpfpfade schleppt, immer besorgt, nicht aus der Spur zu kommen, weil Waldrand und Pfad vermint sind und ein falscher Schritt den Tod bedeuten kann. Und wir erfahren von einem Trupp, der sich bei minus 40 Grad an Mostki heranarbeitet, entdeckt und eingeschlossen wird, sich Tag und Nacht wehrt und schließlich die Verwirrung der Russen nach einem Stuka-Angriff nutzt, um auszubrechen. In der Meldung heißt es: »Überlebende: 18. Davon durch Erfrierungen kampfunfähig: 18.«

Heute muten diese Geschichten unwirklich an. Vielen drängt sich das Trugbild einer Art schicken, romantischen Heldentums in Wildwest-Manier auf. Tote liegen immer wie schlafend da, Verwundungen treten nur dekorativ an Arm oder Hand auf und bleiben unbeachtet – ein Indianer kennt keinen Schmerz. Gestalten recken sich, geschmückt mit eleganten Kopfverbänden, unter denen Soldatenaugen entschlossen blitzen. Es hagelt Orden, Beförderungen, Lobsprüche. Das wären dann auch die Szenen, welche die Propaganda beider Seiten immer gern malte. Aber Krieg ist nicht Kino. Der Begriff ›Heldentum‹ hatte für Soldaten stets etwas Verkitschtes, Heuchlerisches. Lag es daran, daß sie am eigenen Leibe erfuhren, mit welcher kalten Logik Masse und Material über Tugenden siegen? Oder daß fast alle, die sich durch Wagemut, Opfersinn und Standhaftigkeit hervortaten, gar nicht dem Klischeebild des Helden entsprachen? Daß sie, nach ihren Motiven befragt, nur mit den Schultern zuckten und allenfalls meinten, sie hätten »bloß Schwein gehabt«? Schon wer sie danach fragte, bewies damit, daß er von der Welt, in der sie lebten, keine Ahnung hatte.

Der Diplom-Psychologe A. Stöhr hat über das Phänomen Tapferkeit gründlicher nachgedacht. Er hat den Vorzug, daß er psychologische Theorien über Soldaten an eigenem Kriegserleben überprüfen kann. Bei ihm finden sich Erkenntnisse über den Elan junger Soldaten wie:»In allen Zeiten und in allen Kulturkreisen haben junge Menschen um ihre Geltung in der Umwelt gerungen, indem sie Risiko- und Bewährungssituationen gesucht haben. Diesen natürlichen Trieb, seine Grenzen zu erproben, verstand eine geschickte Propaganda in die gewünschten Kanäle zu leiten. Im Krieg gibt es Bewährungssituationen im Großangebot ... Die Riten des Kriegshandwerks sind so alt wie das Soldatentum. Was seit Jahrhunderten funktioniert hatte, funktionierte auch im Zweiten Weltkrieg und funktioniert noch heute, weil die menschliche Natur sich nicht gewandelt hat. Zu ihr gehört nun einmal der Geltungstrieb und das Imponiergehabe – als wertfreie psychologische Kategorien verstanden. Der Glanz der Uniform, der Ärmelstreifen einer Eliteformation, die Orden sind ihr sichtbarer Ausdruck ... Der Orden verlieh seinem Träger das Gefühl ›Ich habe mich bewährt‹. Er brachte Anerkennung und Bewunderung in der Umwelt, nicht zuletzt bei den Mädchen.« Stöhr untersucht auch, wie der Krieg die jungen Soldaten verändert, wie sich verschiedene Typen herausbilden, zum Beispiel ›der tolle Kerl‹:»Es waren Männer, die ihren Ruf hatten und pflegten, die Bunker- und Panzerknacker, die Stoß- und Spähtruppführer. Sie meldeten sich freiwillig oder wurden geholt, wenn die Lage prekär war. Ihre Namen waren weit über die eigene Einheit hinaus bekannt ... Ihre Autorität bezogen sie aus ihrem waghalsigen Mut, der sie die Gefahr geradezu suchen ließ. Kein Offizier ihrer Einheit hätte den Versuch unternommen, sie zu schikanieren. Sie wurden zu Facharbeitern des Krieges mit einem ausgeprägten Stolz auf ihr ›handwerkliches‹ Können. Aus ähnlichen Motiven – Aufsuchen der Gefahr, perfektes Bewältigen von Risiken – werden im zivilen Leben Menschen zu Rennfahrern, Artisten, Leistungssportlern oder Bergsteigern. Beim Facharbeiter des Krieges gehörte das Töten zum Handwerk. Es wurde kaum mehr registriert, weil man selbst ja auch jederzeit riskierte, getötet zu werden.« Soweit A. Stöhr, der nicht verächtlich, sondern genau zurückgeblickt hat.

Verlegen lächelten dann Kindergesichter, Arbeitergesichter, Bauerngesichter über Sturmabzeichen und Tapferkeitsorden, so waren denn die angeschmuddelten Streifen von Panzervernichtungs-Abzeichen auf den Ärmeln von Leuten zu sehen, die allesamt aussahen wie freundliche Handwerksgesellen, Landarbeiter und Büroangestellte – die sie meist tatsächlich waren. Scharfschützen-Abzeichen für 20, 40, 60 Treffer, Nahkampfspangen für 15, 30, 50 Nahkampftage, das ganze ›Lametta‹ paßte nicht zu diesen harmlosen Durchschnittsgesichtern. Die Orden der Sowjetsoldaten sahen anders aus, ihre Gesichter waren vielfach anders geschnitten. Aber Taten und Leiden waren gleich. Und das gilt auch für Tausende ihrer Frauen in den Scharfschützenverstecken, Verbandplätzen und Nachrichtenzentralen im Leningrader Frontgebiet.

Die Soldaten, die sich zwischen Wolchow und Rollbahn in Wäldern und Ruinen festklammern, sind elend dran. Bei Spasskaja Polist werden nachts minus 37 Grad gemessen, am Tage minus 34 Grad. Die MG-Schützen tragen die Schlösser ihrer Waffen eng am Körper, damit sie nicht gleich einfrieren, wenn sie gebraucht werden. Als bei einem Stoßtrupp ein Schütze Eins verwundet stürzt und sein Maschinengewehr losläßt, stochern und wühlen die anderen stundenlang unterm Schnee. Die Waffe bleibt im metertiefen morastigen Untergrund verschwunden, Hunderte von Waffen gehen so verloren. Die wenigen Bunker, Unterkünfte und Keller sind fast alle zerschossen.

Die Verwundeten müssen stundenlang im Freien liegen, bevor sie, oft über zehn, zwanzig Kilometer, zurückgeschafft werden können. Meist bedeutet schon die Kälte das Ende für sie; die erste ärztliche Versorgung kommt für viele zu spät. Im hohen Schnee dauert der Rücktransport aus der Kampflinie über 1500 Meter mehr als zwei Stunden, auch wenn der Verwundete von vier Helfern getragen, gezerrt, gestemmt wird.

Die Russen leiden genauso. Und doch sind sie besser dran. Sie haben den Sieg vor Augen. Mit jedem Meter Boden, den sie den ›Fritzen‹ entreißen, holen sie ein Stück heiliges Rußland heim. Sie führen unverdrossen schwere Artillerie in den Einbruchsraum, sie legen zwei Feldbahnen durch einen Waldweg, der unter dem Namen *Erika-Schneise* später ein Stück Kriegsgeschichte werden soll.

Ihr Unternehmen hat allerdings eine Art Schönheitsfehler. Er scheint für die Angreifer anfangs tatsächlich nicht mehr als eine Kleinigkeit zu sein. Die deutschen Eckpfeiler des Dammbruchs halten nämlich dem russischen Ansturm noch immer stand. Sie stecken den Russen wie Dornen im Fleisch. Ihre Besatzungen in Ruinen und Kellerlöchern halten sich die Ohren zu, wenn sie Tag und Nacht den Geisterzug der sowjetischen Sturmtruppen an sich vorbeiströmen hören. Zwar müssen einige der Stützpunkte schließlich doch geräumt werden, aber nun verschanzen sich die Deutschen im freien Feld in Schneelöchern, die sie mit Tannenreisig auslegen. Sie weichen nicht. Und langsam dämmert es den Russen, daß ihnen fast einhundert Kilometer Vorstoß ins deutsche Hinterland und die tödliche Bedrohung der Nachschubadern zwischen Luga und Gatschina, zwischen Tossno und Tschudowo nichts nützen, wenn ihr einziger Versorgungsweg nicht breiter als drei Kilometer und Tag und Nacht deutschem Störfeuer und Stuka-Angriffen ausgesetzt ist.

Gewiß versorgen sie ihre Angriffspitzen zusätzlich aus der Luft. Sie haben sogar eine Landepiste gebaut. Aber es wird für sie höchste Zeit, aus dem Schneisentürchen, das in den Rücken der Deutschen führt, ein breites, solides Tor zu machen, damit Material und Reserven hineinrollen, ablösungsreife Truppen und Verwundete herausgeführt werden können. Doch nun ist der Fritz auf einmal genau so stur, wie er selbst es dem Iwan immer nachsagt.

4. Kapitel
Der Bandenkrieg der Partisanen und das Kriegsrecht

Die Russen wollen es nicht glauben. Sie sehen die schäbigen Reste der deutschen Stellungen und Stützpunkte. Sie sehen die erschöpften deutschen Gefangenen und hören ihre Aussagen. Ja, es werden Gefangene gemacht, auf beiden Seiten, obwohl der Armeekommissar der 2. sowjetischen Stoßarmee, Brigadekommissar Wassiljew, den eindeutigen Befehl gegeben hatte, Gefangene seien nicht zu machen. Damit folgte er nur den Mordaufrufen Stalins, die dann später aus Gründen der Zweckmäßigkeit abgemildert wurden. Schon am 13. Januar werden im Bezirk des Armeestabes zwölf deutsche Kriegsgefangene erschossen. Um Mißverständnisse zu vermeiden: Es hat auf beiden Seiten Soldaten gegeben, die den Finger etwas länger am Abzug der MPi ließen oder noch einmal das Gewehr durchluden, wenn sie den Gegner wehrlos vor der Mündung hatten. So einfach entgingen sie der Mühe, Gefangene auf schwierigen Wegen zurückzuführen, sie zu bewachen, unterzubringen und zu versorgen. Zeugnisse über Kriegsgefangene aus den ersten Wochen der Schlacht finden sich kaum.

Wer sich entrüstet, sollte bedenken: Krieg war und ist schmutzig. Wer ein Volk mobilisiert, der mobilisiert auch immer den Bodensatz an Kriminalität, Sadismus, Rachsucht, Haß. Welcher General, in welcher Armee auch immer, könnte schwören, unter seinen Leuten seien keine Verbrecher, keine Gewissenlosen, keine Schießwütigen? In der Kaserne läßt sich Disziplin leicht erzwingen. Im Waldkrieg, in Straßenkämpfen, bei Partisanenüberfällen, beim Kampf Mann gegen Mann, in Überlebensnot aber entstehen Psychosen, die mit der Beachtung von Grundregeln menschlichen Umgangs immer weniger zu tun haben, je mehr die Beteiligten dezimiert, übermüdet, gehetzt, entnervt sind. Viele entdecken dabei zum ersten Mal, wozu sie fähig sind und blicken in die Abgründe ihrer Seele. Sich gefangenzugeben, war deshalb alles andere als eine Überlebensgarantie.

Das Gewissen der Rotarmisten ist ohnehin in diesen Monaten längst durch hemmungslose Haß- und Tötungspropaganda eingeschläfert.

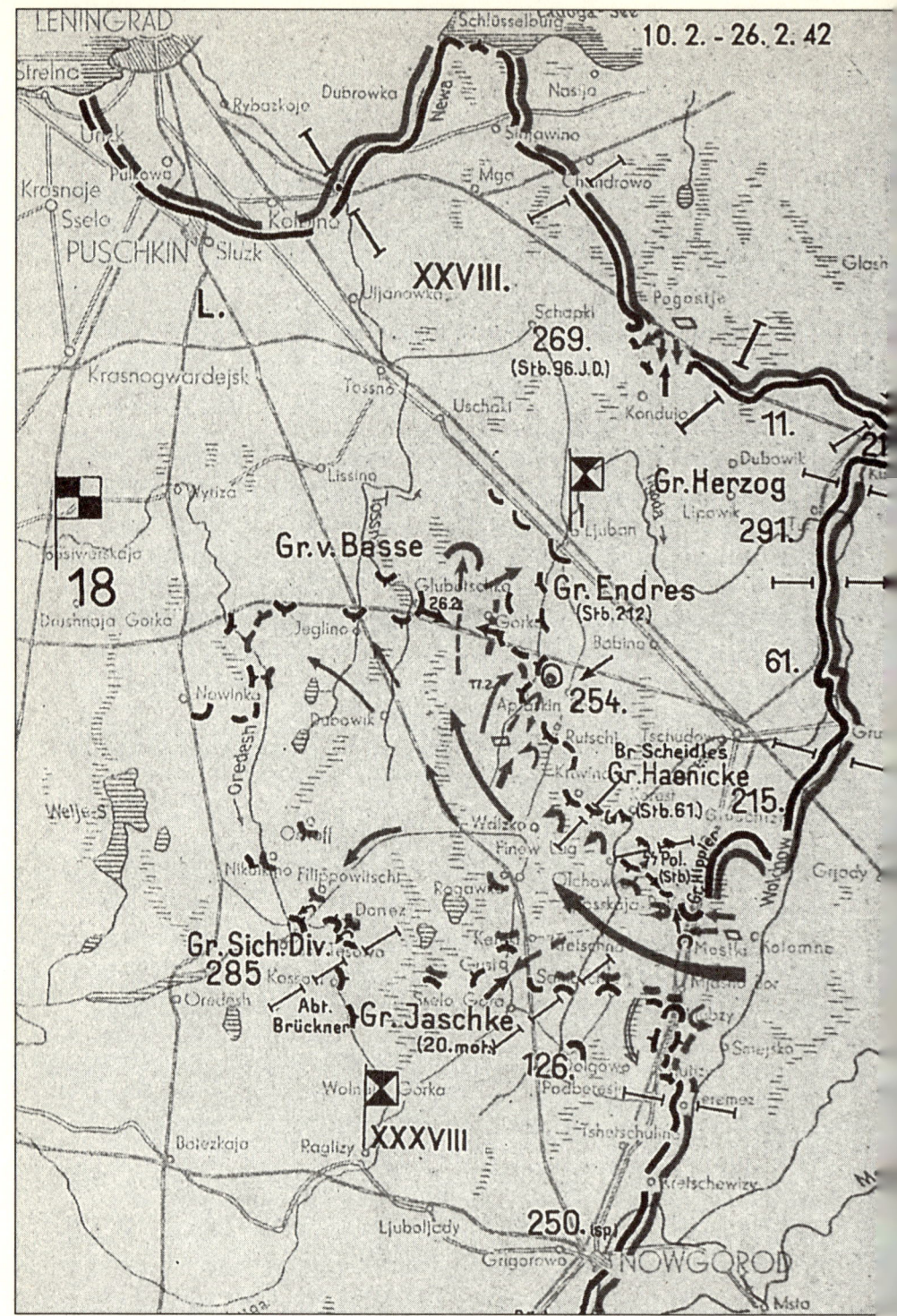

Wolchow-Schlacht: Die 2. Stoßarmee gewinnt weiter Boden im Rücken der Deutschen. Sie nähert si< der Rollbahn Kolpino-Tossno-Ljuban-Tschudowo. Am Bahndamm von Pogostje werden die Angrif der Rotarmisten nun durch Panzer unterstützt. (Quelle: Lageatlas der Heeresgruppe Nord)

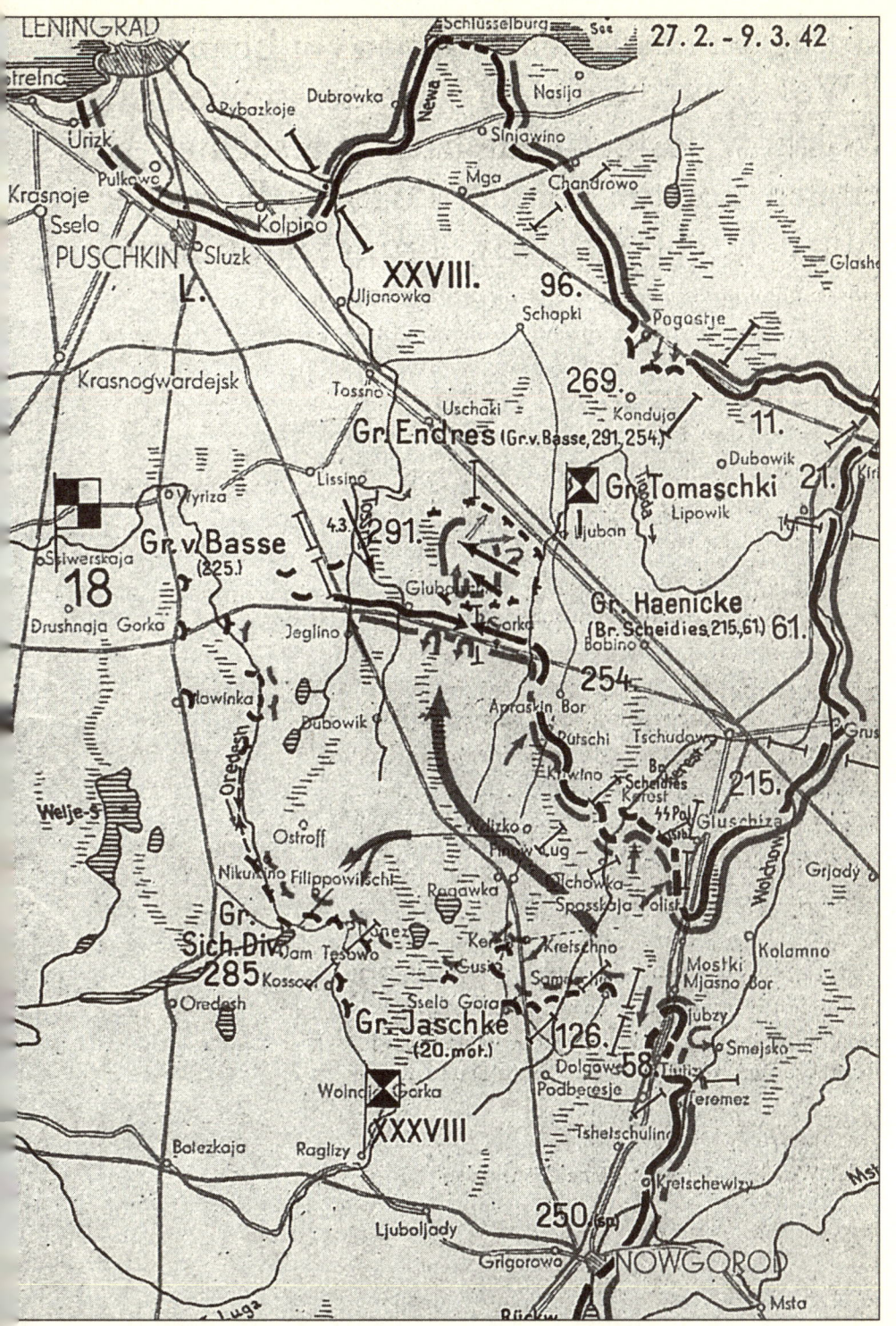

Wolchow-Schlacht: Schon stehen zwei Kavallerie-Divisionen der 2. Stoßarmee und Teile von zwei Infanterie-Divisionen knappe zwei Kilometer vor der Rollbahn nahe Ljuban. Doch ein Bataillon der 11. ostpreußischen ID schneidet die rückwärtigen Verbindungen der Angreifer ab. Eine schwere Krise ist abgewendet. (Quelle: Lageatlas der Heeresgruppe Nord)

Heute allerdings werden Stalins Mordbefehle und die Hetztiraden eines Ilja Ehrenburg bei uns meist verständnisvoll als das Gegenstück zu Hitlers ›Kommissar-Erlaß‹ dargestellt, der – ohne das Einverständnis der meisten deutschen Offiziere – die Tötung von gefangenen Politruks freigab und im Frühjahr 1942 zurückgenommen wurde. Ehrenburg ist dann ja auch im Nachkriegsdeutschland für den Friedenspreis des deutschen Buchhandels vorgeschlagen worden. In Wirklichkeit hatte der Rußlandkrieg kaum begonnen, und vom Kommissar-Befehl war noch nicht die Rede, da wurden die ersten deutschen Gefangenen bereits Opfer von Folter und systematischem Mord. Diese ›Vernichtung‹ wehrloser ›Faschisten‹ durch ihre Gegner wird nur selten erwähnt. Falls sie überhaupt zur Sprache kommen, werden solche Untaten seitens der Kulturvölker mit der Entschuldigung »begreifliche Rache« oder »verschuldete Konsequenzen« wegerklärt.

Ist der Gefangene ausgefragt und unwichtig geworden, hat er sich gar geweigert auszusagen, dann steht sein Schicksal auf russischer Seite, besonders bis Ende 1941, auf Messers Schneide. Nur fünf bis zehn Prozent der Deutschen, die überwältigt wurden, haben 1941 und 1942 Gefangennahme und Gefangenschaft überlebt. Sind Verwundete zurückzutragen, Lasten zu schleppen, Verkehrswege zu bauen und zu flicken, Bäume zu fällen, dann bedeutet das für den Gefangenen das Leben, denn seine Arbeitskraft ist gefragt.

Es hat sadistische, unbeschreibliche Gefangenenmorde nicht nur durch NKWD-Einheiten, sondern auch durch reguläre sowjetische Truppen gegeben. Und es hat strikte Befehle und Strafandrohungen durch Stäbe der Roten Armee gegeben, um Übergriffen vorzubeugen oder sie zu unterbinden. Das ist durch Dokumente nachgewiesen. Wir Deutsche haben keinen Anlaß, selbstgerecht zu triumphieren. Greuel gegen Wehrlose auf der russischen Seite unterschieden sich ja von denen auf der deutschen Seite allenfalls in der Methode, nicht in der Sache.

Die deutschen Frontverbände machen sich mit der Tötung von Gefangenen die Finger selten schmutzig. Und als nach Kriegsende ehemalige sogenannte Fremdarbeiter, die vor ihrem Dienst in der deutschen Rüstungsindustrie die Deutschen noch als Besatzungsmacht in ihrer Heimat erlebt hatten, gefragt wurden, welche Gruppe der Deutschen sich am anständigsten gegen die Bevölkerung benommen habe, antworteten 55 Prozent: Die Fronttruppen.

Aber die Beweise für die unmenschliche Behandlung sowjetischer Gefangener in den rückwärtigen Gebieten, im Generalgouvernement und im

4. Der Bandenkrieg der Partisanen und das Kriegsrecht

Reich, die Dokumente über die, wie es hieß, »Ausmerzung asiatischer und verdächtiger Elemente« und über mörderische Nachlässigkeiten gehören zu beschämenden Zeugnissen dafür, was wir uns als abendländisches Kulturvolk unter Hitler an Verachtung von Menschenwürde geleistet haben. Mit technischer Überforderung und nicht vorhersehbaren Transport- und Versorgungsproblemen allein kann nicht alles erklärt und entschuldigt werden.

Von Soldaten, die nach langen, zermürbenden Kesselschlachten gefangengenommen werden, sterben allerdings viele einfach an Erschöpfung. Doch nicht erst unter den entmutigenden, entwürdigenden Umständen der Gefangennahme treten lebensbedrohliche körperliche Zusammenbrüche auf. Schneider-Janessen erwähnt ärztliche Protokolle, in denen davon die Rede ist, daß in die Hauptverbandplätze einer deutschen Infanteriedivision nach zwei Gefechtstagen 67 blutjunge Grenadiere eingeliefert werden, die nicht verwundet, aber derart ausgemergelt sind, daß sie nicht mehr eingesetzt werden können. Sogar Todesfälle werden dabei registriert.

Bei vielen jungen Soldaten stellen die Ärzte ›abnorme Schlaftiefen ohne Rücksicht auf die Gefährdung der eigenen Person‹ fest. ›Allgemeine Apathie, Gleichgültigkeit, Verlust der Initiative‹ werden beobachtet, dazu ›Schreck- und Angstreaktionen‹. Bei Rückzugskämpfen schlafen Männer erschöpft in ihren Schützenlöchern ein, erfrieren oder fallen in die Hände des Gegners.

Viele haben auch die Gewaltmärsche der Nachhuten erlebt, bei denen der jeweils mittlere von drei nebeneinander Dahintrottenden von den beiden anderen so gestützt wurde, daß er für Minuten die Augen schließen und vor sich hindämmern konnte, ohne unbeobachtet vom Weg wegzutaumeln und später als ›vermißt‹ abgehakt zu werden.

Aus Stalingrad berichten Ärzte, daß seit Anfang Dezember 1942 viele Soldaten am Rande der totalen Erschöpfung lebten. So traten bei Gegenstößen Fälle auf, in denen angreifende Soldaten unverwundet tot zusammenbrachen. Auch wurden Posten tot, aber unverwundet in ihren Gräben aufgefunden.

Wer nach schweren Kämpfen in Gefangenschaft gerät, ist oft derart ausgemergelt und durch Übermüdung, einseitige Ernährung und Hunger geschwächt, daß er einer Seuche zum Opfer fällt. Das ist durch Dokumente beider Seiten belegt. Daher auch die erschütternd hohe Sterbequote der deutschen Stalingrad-Gefangenen. Aber es bleibt die Erkenntnis: Eliten, die Leben und Gesundheit der eigenen Leute gering achten, haben bei der Behandlung Fremder erst recht keine Skrupel. Das gilt weltweit.

Stalin war der Haager Landkriegsordnung und der Genfer Konvention über den Schutz Kriegsgefangener gar nicht erst beigetreten. Als Ende 1941 eine Delegation des Internationalen Roten Kreuzes ein Lager für sowjetische Kriegsgefangene inspiziert und Stalin vorschlägt, ihre Lage durch Lebensmittelsendungen zu bessern, geht Stalin darauf nicht ein. Im *Statut des Inneren Dienstes der Arbeiter- und Bauernarmee* heißt es: »Ein sowjetischer Soldat kann gegen seinen Willen nicht in Gefangenschaft geraten. Geschieht es, dann ist er ein Vaterlandsverräter.« So bleibt den sowjetischen Gefangenen Linderung ihrer Not nicht nur durch Hitler, sondern auch durch Väterchen Stalin verwehrt.

Und nicht nur Gefangene werden Opfer, sondern auch ihre Angehörigen. Nach Stalins berüchtigtem »*Befehl Nr. 270*« vom 16.8.1941 werden in Gefangenschaft geratene Kommandeure und Politarbeiter als böswillige Deserteure betrachtet, die den Eid gebrochen und ihre Heimat verraten haben. Stalin läßt ihre Familien inhaftieren. Weiter heißt es, alle, die sich gefangennehmen ließen, anstatt zu kämpfen und zu sterben, seien mit allen »Erd- und Luftmitteln« zu vernichten. Am 5.10.1941 droht er auch einfachen Rotarmisten die Verhaftung ihrer Familien an, falls sie den Kampf aufgeben. Der sowjetische Historiker Jurij Tepljakow weist darauf hin, Hunderttausende von Kindern und Alten seien an Hunger gestorben, weil Stalin mit seinem »*Befehl Nr. 270*« den Familien kriegsgefangener Rotarmisten die staatliche Unterstützung gestrichen habe. Das ist in einem Befehl des Kriegsrates der Leningrader Front nachzulesen. Stalin fügt dem Thema noch ein erschreckendes Kapitel hinzu: Er läßt Rotarmisten exekutieren, die eingekesselt waren und wider Erwarten ausbrechen konnten. Er läßt sogar in Orel und Nowgorod-Sewerskij deutsche Lager mit sowjetischen Gefangenen bombardieren. Und nach Kriegsende verschwinden Hunderttausende von Rotarmisten, die aus deutscher Kriegsgefangenschaft repatriiert werden, im Archipel Gulag.

Anfang Dezember 2000 gab es dazu vom Vorsitzenden der »Kommission für Rehabilitierung der Opfer politischer Verfolgung«, Alexander Jakowlew, in Moskau eine aufschlußreiche Verlautbarung: Etwa 160 000 sowjetische Offiziere und Soldaten hätten sich bei Kriegsende der Repatriierung entzogen und seien im Westen geblieben. Der Grund sei die Angst vor politischer Verfolgung in der Sowjetunion gewesen.

Aber zurück in den Januar 1942, zu den Deutschen, denen es nicht gelungen ist, den fortwährenden Zangenangriffen der 2. Stoßarmee am Wolchow zu entgehen und die nun vor den sowjetischen Vernehmungsoffizieren stehen. Muß nicht ihr Anblick allein die Russen davon überzeugen, einem Gegner gegenüberzustehen, der nichts, aber auch gar nichts mehr zuzusetzen hat? Hitler hatte mit Blick auf die Russen erklärt, er wolle »lebendige Kraft« vernichten. Den Russen muß es scheinen, das sei ihm eher bei den Deutschen selbst gründlich gelungen.

Die Vernehmer sind klug genug, den Gefangenen die Schrecken der Kampftage zugute zu halten, die Kälte, die Entbehrungen, die Ängste bei der Gefangennahme, den Schock, wehrlos dem Gegner ausgeliefert zu sein. Und doch: Von Übermüdung entnervte, blasse Gestalten, manche mit Leukoplaststreifen auf der Nase als Kälteschutz, in verschlissenen Sommermänteln und vereisten Knobelbechern, mit Tüchern und Gardinen, die sie aus Häuserruinen ausgegraben und sich zur Tarnung umgehängt haben, die Finger so steifgefroren, daß sie nicht einmal mehr die Ladestreifen in ihre Karabiner hineinschieben konnten – sieht so die Armee aus, die der Welt die Befreiung vom Bolschewismus bescheren will?

Es gibt da einen Befehl vom Kommandeur einer der deutschen Abwehrdivisionen. Er beleuchtet die Sorge deutscher Befehlsstellen um die Moral ihrer Infanteristen. Wir erfahren, bei einem Stoßtruppenunternehmen seien einige Deutsche in Gefangenschaft geraten und von den Russen für Propagandazwecke fotografiert worden. Dann heißt es wörtlich: »Zwei dieser Soldaten zeigen auf der Fotografie nicht den Gesichtsausdruck, wie er in dieser Lage von einem ehrliebenden deutschen Soldaten verlangt werden muß. Im Gegenteil, man könnte vermuten, sie befänden sich in dem irrigen Glauben, durch solches Gebaren ihr Los zu verbessern.« Auf gut deutsch: Die Männer haben, froh nach überstandener Gefangennahme, in die Kamera gegrinst. Das paßt dem General nicht. Er hat in der Krisenlage ohnehin nichts zu lachen. So droht er »das Vorleben der Leute überprüfen zu lassen und sie zur Verantwortung zu ziehen, falls sie die Gefangenschaft überstehen und zurückkehren sollten.« Bagatellen, gewiß. Aber auch Symptome.

Manchem Offizier wird nun klar, daß dem Vaterland dienen wollen und Hitler gehorchen müssen zweierlei ist. Es gibt Generäle, die es strikt vermeiden, am Schluß von Tagesbefehlen an ihre Divisionen Hitler überhaupt zu erwähnen. Bei Generalleutnant Fritz Lindemann heißt es ›Für Deutschland‹.

Von solchem Zweifel ahnen die Soldaten am Wolchow nichts. Und die Rotarmisten mögen an die Brüchigkeit der deutschen Militärmaschine nicht glauben. Allerdings ist das, was deutsche Gefangene aus ihrem Umfeld berichten, erstaunlich genug. Sie haben Schützenlöcher mit ihren Stahlhelmen aus dem Schnee kratzen müssen, weil Schanzgerät fehlte. Es war ihnen versichert worden, sie fänden Abwehrstellungen vor. Sie können keine entdecken. Wo die russischen KW I heranwuchten und die T 34 vorpreschen, bleiben die deutschen Panzer III und IV mit schmalen Ketten im Schnee stecken und kommen erst gar nicht an den Feind heran.

Die Deutschen hatten die Russen schon unterschätzt, als sie 1929 in Kasan an der Wolga gemeinsam für Offiziere der Roten Armee und der Reichswehr den ersten Lehrgang für Panzertaktik und in Lipezk, auf halbem Weg zwischen Moskau und Charkow, gemeinsame Flugschulung und Luftkampfübungen veranstalteten. Daimler, Krupp und Rheinmetall erprobten in Kasan Panzer-Prototypen, darunter den ›Großtraktor‹, 23 Tonnen schwer. In Lipezk waren 64 Flugzeuge verschiedener Typen verfügbar. Die Deutschen konnten so einen ›Stamm‹ von 120 Kampfpiloten und 100 Beobachtern heranbilden. Unter den 43 ersten deutschen Flugschülern von Lipezk waren 20 spätere Luftwaffengenerale.

Die Russen sorgten für Unterbringung von Personal und Gerät, für Montage und Wartung. Die Deutschen zeigten sich mit solider Ausbildung für die roten Generalstäbler erkenntlich und ließen fortan russische Offiziere zu Planspielen und Manövern zu. Deutsche und Russen, beide damals Stiefkinder der Weltgeschichte, schufen so die Basis für ihre Panzerarmeen und Luftstreitkräfte.

Manfred Zeidler schreibt über ein Ergebnis solcher Zusammenarbeit: »Daß bereits im Jahre 1934 in Deutschland die ersten Kampfflugzeuge und das erste Panzermodell in die industrielle Serienfertigung gehen konnten, wäre ohne die russischen Stationen des Reichsheeres undenkbar gewesen.«

Noch 1933 bringt der weltmännische General Tuchatschewskij bei einem Essen in der deutschen Botschaft in Moskau einen Toast aus, in dem es heißt, nur die Politik trenne Deutsche und Russen, nicht aber Gefühle; »Gefühle der Freundschaft der Roten Armee zur deutschen Reichswehr«. Das Einverständnis zwischen Reichswehr und Roter Armee belegt auch eine Äußerung des damaligen sowjetischen Generalstabschefs, Alexander Jegorow, aus dem Jahre 1934. Mit Blick auf seine Taktiklehrer in Deutschland, Georg-Hans Reinhardt und Friedrich Paulus, sagt er zum deutschen Militärattaché Otto Hartmann, die Sowjets nähmen Reinhardt und Paulus mit offenen Armen auf, falls die deutsche Armee sie nicht mehr brauche. Beide seien unersetzliche Lehrkräfte. Reinhardt sind wir 1941 vor Leningrad als Kommandierendem General des 41. motorisierten Armeekorps begegnet. Paulus wird als Feldmarschall und Befehlshaber der todgeweihten 6. Armee in Stalingrad 1942/1943 eine umstrittene Rolle spielen.

Sieben Jahre später zeigt sich, daß die Russen die Verbrüderung von Kasan und Lipezk besser genutzt haben als ihre deutschen Freunde. An den russischen Panzerkolossen prallen die Geschosse der deutschen 3,7-cm-Panzerabwehrkanone wirkungslos ab. Mit grimmigem Humor nennen die Landser sie ›Panzeranklopfgerät‹. KW I und T 34 walzen die Dreikommasieben samt Kübelwagen und Besatzung platt, falls sie es auf einen Kampf aus nächster Nähe ankommen läßt.

Auch die Früchte der gemeinsamen Schulstunden von Lipezk schmeckten bitter. Daß die Rote Luftwaffe ein leichter Gegner gewesen sei, konnte man damals zwar in der Zeitung lesen, die deutschen Piloten und Bordschützen, die Kanoniere hinter den Maschinenwaffen der Bodentruppen, die Fahrer der Gespanne und Lastkraftwagen wußten es besser und machten oft genug ihrem Zorn über ›diese sturen Iwans‹ in den Flugzeugen mit dem roten Stern mit rüden Flüchen und Verwünschungen Luft.

Die Deutschen haben während des Vormarsches russische Winterstiefel aus Filz, sogenannte Walinkis, bergeweise erbeutet. Im Herbst heizen sie damit lachend ihre Öfen und meinen, der Roten Armee sei das Leder ausgegangen. Doch nun ist der Winter da, nun sind Walinkis Kostbarkeiten, nun gehören Zehen- und Fußamputationen in den Feldlazaretten zur Routinearbeit. Die russischen Vernehmungsoffiziere hören immer wieder von deutschen Kompanien, die bis zum letzten Mann durch Tod, Verwundung und Erfrierung ausgelöscht sind und nur noch auf dem Papier existieren. Die Russen kennen das aus eigener Erfahrung, aber Mangel an Reserven bereitet ihnen nicht soviel Kopfzerbrechen wie den Deutschen. Einige der deutschen Gefangenen wissen zu berichten, daß der deutsche Nachschub stockt, weil die einzige Lok-Drehscheibe des Knotenbahnhofs Pleskau wegen Frost ausgefallen und eine wichtige Brücke bei Narwa in Reparatur ist. Die Russen haben 85 Prozent ihres rollenden Materials vor den Deutschen retten können. Nun müssen diese die Spur umnageln und eigene Waggons und Loks schicken. Von diesen aber gab es schon bei Kriegsbeginn im ganzen deutschen Reich weniger als im Jahr 1914. Bei zweigleisigen Strecken kann aus Zeit- und Kräftemangel zunächst nur eines der Gleise umgespurt werden. Das bedeutet, nur wenige Weichen und Betriebsanlagen sind benutzbar. Vor allem die Lokomotiven halten der extremen Kälte nicht stand. Führerstände müssen abgedichtet, Pumpen, Ventile, Vorwärmer, Rohrleitungen verkleidet werden. Marschall Schukow wird später lachend sagen, im Gegensatz zu Napoleon habe Hitler die Eisenbahn gehabt. Aber er habe vergessen für Lokomotiven zu sorgen.

Die Deutschen entwickeln sogenannte Kriegslokomotiven, intelligente, robuste Konstruktionen. Aber auch sie säumen bald in immer größerer Zahl gesprengt und entgleist die Schienenstränge. Hitler hatte gemeint, mit Hilfe des Kraftfahrzeugs den Rußlandkrieg meistern zu können. In Wirklichkeit ist die ausreichende Versorgung der Truppen ohne Eisenbahn gar nicht denkbar. Die Partisanen wissen das, sie sorgen dafür, daß diese Lebensadern immer wieder unterbrochen werden.

Man kann die Situation der deutschen Armeen an der gesamten Ostfront nicht erfassen, ohne sich mit diesem Horrorthema genauer zu beschäftigen. Dazu ist es nötig, eine Reihe von Klischees zu vergessen, die von selbsternannten Volkspädagogen stereotyp vorgetragen werden, die jedoch mit den Tatsachen wenig zu tun haben. Nicht erst seit der Waldheim-Affäre werden den Deutschen Vorwürfe wegen schrecklicher Verbrechen gegen Partisanen immer wieder vorgehalten. Zum Beweis werden Fotos erhängter und erschossener Partisanen vorgelegt. Ist die Entrüstung, die diese Bilder hervorrufen, berechtigt? Gewiß. Sie sind Zeugnisse kriegerischer Barbarei, und sie beweisen wenig Feingefühl angesichts des Todes von Menschen, die ihren Idealen gefolgt und für ihr Land gestorben sind. Richtig ist aber ebenso, daß derartige Hinrichtungen nach allgemein gültigem Kriegsrecht legitim waren und deshalb als Beweis für Kriegsverbrechen untauglich sind.

Zeitzeugen, die von Partisanenanschlägen betroffen waren, begreifen nicht, wieso bei der Darstellung der beklemmenden Vorgänge heute stets eine Hälfte des Geschehens beiseitegelassen wird und keiner fragt, was denn nun die Partisanen ihrerseits angerichtet haben. Kann sich heute wirklich niemand vorstellen, wie es aussieht, wenn Lastwagen voller junger deutscher Soldaten von Partisanen-Sprengladungen zerrissen werden? Wenn Verwundetentransporte beschossen und in Brand gesetzt werden? Wir wollen uns weitere Schilderungen und weitere Fragen ersparen. Aber

4. Der Bandenkrieg der Partisanen und das Kriegsrecht

es leuchtet ein, wenn Augenzeugen fordern, in die Trauer um die toten Partisanen auch ihre verstümmelten Opfer einzubeziehen.

Robert M. W. Kempner, bekanntgeworden als stellvertretender amerikanischer Chefankläger bei den ›Nürnberger Prozessen‹, zitiert aus dem Urteil vom 19. 12. 1948 gegen Generale der deutschen Balkan-Armee: »... kann auch ein Freischärler seinem Lande große Dienste erweisen und im Erfolgsfalle sogar ein Held werden, jedoch für den Feind ein Kriegsverbrecher sein und als solcher behandelt werden. Anders kann sich keine Armee vor der Stechfliegentaktik solcher bewaffneter Widerständler schützen ... Solche Gruppen sind rein technisch gesehen keine Truppen im rechtlichen Sinne und haben kein Anrecht auf die Schutzregeln für Kriegsgefangene ... Wir glauben, daß der Grundsatz feststeht, daß ein Zivilist, der an Kämpfen teilnimmt, sie unterstützt oder sie sonst fördert, sich der Bestrafung als Kriegsverbrecher im Rahmen des Kriegsrechts aussetzt. Kampf ist rechtmäßig nur für die kämpfenden Truppen eines Landes.«

Schon kurz nachdem die Deutschen in die russischen Westgebiete eingefallen sind, bilden sich verschiedene Partisanengruppen, 84 allein im Gebiet südlich und südwestlich Leningrads. Schon am 9. Juli 1941 fordert Stalin das Volk auf, »den Partisanenkrieg an jedem Ort und zu jeder Zeit zu entfesseln und durch Sprengung und Brandstiftung in den besetzten Gebieten für den Feind unerträgliche Bedingungen zu schaffen«. Noch sind die Gruppen schlecht ausgebildet und nicht straff organisiert. Zu ihnen stoßen versprengte Rotarmisten, die während der deutschen Kesseloperationen in den Rücken der Deutschen geraten sind. Die meisten von ihnen wollen sich nicht gefangengeben, weil die Eroberer lange Zeit auf Unterbringung, Verpflegung und Transport der erschöpften Menschenmassen nicht eingerichtet sind und mit ihnen nicht zurechtkommen oder zurechtkommen wollen. Die deutschen Kampftruppen sind weitergezogen, im Hinterland geben nun die Menschenverächter den Ton an. Die Gefangenen hungern. Vielen versprengten Rotarmisten scheint die Rückkehr zur eigenen Truppe allerdings ebenso riskant. Sie sind glücklich deutschen Kugeln entgangen, sollen sie nun bei Stalin einen schmachvollen Tod als ›umgedrehte Agenten‹, als ›Verräter‹ erleiden?

So entstehen in den Wäldern zahlreiche Partisanenbrigaden. Im Frühjahr 1942 werden sie von Stabsoffizieren der Roten Armee, die mit Unterführern und Spezialisten hinter die deutschen Linien geschickt werden, organisiert. Sie werden nun in Brigaden von je 1000 Mann eingeteilt, in Bataillone, Kompanien und Züge, mit Späher-, Reiter-, Sabotage-, Spreng-

und Nachrichtentrupps. Sie setzen Kinder als Melder ein und Frauen, die sich bei deutschen Einheiten als Dolmetscherinnen, Küchen- und Schreibhilfen verdingen. Am 18. 11. 1941 schreibt Ilja Ehrenburg mit bösem Stolz: »Russische Kinder haben gelernt, Handgranaten zu werfen!« Mitte 1942 sind schon rund 80 000 Partisanen straff gegliedert.

Ausrüstung findet sich in den Wäldern genug. Für den Gebrauch deutscher Waffen gibt es genaue, schriftliche Anleitungen. Sprengstoff wird aus Fundmunition gewonnen. Einzelkämpfer tragen unter der Ziviljacke das Partisanengewehr mit abgesägtem Lauf. Unhörbar werden die Fahrer von Spitzenfahrzeugen deutscher Kolonnen mit schallgedämpften Waffen abgeschossen, in die Verwirrung feuern die Partisanen dann mit Maschinenpistolen hinein.

Die Deutschen bestimmen neue Kolchosvorsitzende, sie wissen nicht, daß viele von ihnen für die Partisanen arbeiten. Das Getreide wird von den Partisanen requiriert; die von beiden Seiten drangsalierten Bauern liefern nur noch zwanzig Prozent des Solls an die Deutschen ab. Wegen immer neuer Verzögerungen liegt bei der Heeresgruppe Nord noch im November 1941 ein Drittel der Kartoffelernte im Boden und erfriert. Nachdem Partisanen einige Großmolkereien zerstört haben, sinkt die Butterproduktion in einem Gebiet mit 7000 Kühen auf die Hälfte. Teile von Landmaschinen verschwinden. Erich Hesse berichtet von einem Leutnant der Roten Armee, der in Zivilkleidung mit einem Akkordeon singend und spielend von Dorf zu Dorf zieht und dabei Partisanen anwirbt. Die Deutschen, sofern sie nicht als Einsatz- oder Jagdkommandos auftreten, gelten als harmlos und gutgläubig. Sie sind solchen Listen nicht gewachsen. Partisanen halten in deutschen Uniformen Nachschubkolonnen an und stecken sie in Brand. Sie transportieren Waffen vor den Augen der Deutschen in Trauerzügen mit geschlossenen Särgen, entgegen russischem Brauch, und erklären das damit, daß der Tote Opfer einer Seuche geworden sei. Sie verschaffen sich mit den Abzeichen der von Deutschen eingesetzten einheimischen Ordnungskräfte bei einer Kommandantur Einblick in die Listen von Ortsbewohnern, die bei den Besatzern als politisch unzuverlässig gelten. Mit diesen Informationen ist es dann für sie leicht, die ohnehin Gefährdeten als Partisanen zu gewinnen.

In die Geschichte des Partisanenkrieges ist auch die alte Bäuerin Anisja eingegangen. Sie soll auskundschaften, wieviel leichte und wieviel schwere deutsche Panzer ihr Dorf durchfahren. Aber sie kann schlecht mit Zahlen umgehen. So sitzt sie dann an der Vormarschstraße vor ihrer Kate und liest

4. Der Bandenkrieg der Partisanen und das Kriegsrecht

Hülsenfrüchte aus, genauer: für jeden leichten Panzer kommt eine Erbse in die Schüssel, für jeden schweren eine Bohne.

Im Januar 1942 töten Partisanen allein am Südflügel der Heeresgruppe Nord, bei Staraja Russa, 196 Deutsche, vernichten 23 Lkw, sprengen drei Brücken und zwei Munitionslager. Anfang Februar heißt es in einer Gefechtsmeldung der 269. ID, nordwestlich Pogostje: »Partisanen-Skitrupp geschnappt. 10 Mann getötet, einer verwundet gefangen. Trupp bereits aus Raum Luga bekannt, gut ausgerüstet. Wollte durch HKL zu eigenen Leuten zurück.« Im März schleusen Bauern im Hinterland der Heeresgruppe eine Kolonne Panjewagen voller Lebensmittel durch die Wälder bis zu den sowjetischen Linien vor Leningrad. In diesen Tagen erhalten die Partisanen ein Handbuch, den *Partisanen-Führer*. Darin findet sich die Anweisung, den Ort eines Überfalls nach Tötung aller Zeugen, ob Mann, Frau oder Kind, sofort zu verlassen und sich erst nach 10 bis 15 Kilometern wieder zu versammeln.

Ein Angehöriger einer Partisanengruppe von sechs Mann, die in deutschen Uniformen mit Fallschirmen über den Wäldern von Luga abspringt, sagt nach seiner Gefangennahme, sein Auftrag habe gelautet: »Deutsche nur überfallen, wenn sie einzeln oder in Gruppen von drei bis vier Mann auftreten, ihre Papiere rauben. Jeden Zivilisten, der im Wald angetroffen wird, töten, die Papiere rauben. Bei Zusammentreffen mit einzelnen Partisanen diese auch dann töten, wenn sie sich noch so glaubhaft als Partisanen zu erkennen geben; von den Deutschen werden ehemalige Partisanen als Kundschafter eingesetzt. Nach etwa zwei Wochen auf dem Rückweg in den Brückenkopf von Oranienbaum vor Überschreiten der HKL einen Deutschen gefangennehmen und mitführen.«

Schon am 1. Juli 1941 hat es, wie Joachim Hoffmann in seinem Buch *Stalins Vernichtungskrieg* schreibt, in einem Aufruf des ZK der Kommunisten geheißen: »... Feinde mit allem zu töten, was man zur Hand hat: Beil, Sense, Brecheisen, Heugabel, Messer«. Und: »... Erwürgt, zerhackt, verbrennt, vergiftet den faschistischen Auswurf.«

Bereits beim Rückzug der Roten Armee sind Parteifunktionäre als Bauern getarnt oder in Verstecken zurückgelassen worden. Sie sollen mit dem Aufbau von Widerstandszellen beginnen, noch während die Deutschen ihre Quartiere einrichten. Am 3. Juli 1941 proklamiert Stalin den schon am 29. Juni erlassenen Aufruf des ZK der KPdSU zum ›totalen Verteidigungskampf‹ und fordert dazu auf, Partisanenabteilungen zu Pferde und zu Fuß zu bilden. Nur wenige Tage später, so berichtet eine gefangene junge Frau, sei sie zu einem Partisanen-Lehrgang in Waldai beordert worden. Ab September arbeiteten dann ›Partisanenschulen‹ überall hinter den sowjetischen Linien. Am 20. Juli 1941 zeichnet Generalmajor Schetschikow, der Kommandeur der Nordwestfront eine detaillierte *Instruktion für Organisation und Tätigkeit der Partisanenabteilung* gegen. Anfang August müssen bei den deutschen Divisionen die ersten Verhaltensmaßregeln gegen Partisanenüberfälle bekanntgemacht werden. Die Deutschen sind beunruhigt, die Partisanen treten jetzt schon in deutschen Uniformen auf. Klingt das nach einer spontanen Volkserhebung, die sich in heiligem Zorn gegen Eindringlinge richtet? US-Ankläger im sogenannten ›Nürnberger Prozeß‹ waren noch nach Kriegsende davon überzeugt. Sie äußern sich in kaum verhülltem Pathos: »Sind Partisanen Verbrecher ... wenn sie Partisanen wurden, nur um sich selbst und ihre Mitmenschen vor Verbrechen der Deutschen zu schützen? Es besteht absolut kein Zweifel, daß die Partisanenbewegung hauptsächlich durch die verbrecherischen Taten der Deutschen selbst entstand.«

Gewiß gibt es am Verhalten der deutschen Besatzer nichts schönzureden. Und das Bild des einfachen Sowjetbürgers, der aus Empörung über erlittene Qualen beschließt, selbst Rache zu vollziehen, sogar mit dem Risiko, als Verbrecher gehängt zu werden, weil er nicht einmal durch Uniform und Abzeichen als regulärer Waffenträger gekennzeichnet ist – dieses Bild rührt uns an. Aber es ist unvollständig. Wir wissen, daß die Partisanen Übergriffe der Besatzer gar nicht erst abgewartet haben. Sie haben schon gesprengt, gezündelt, geschossen, gekillt, als die vormarschierenden Deutschen noch gar nicht wußten, wozu sie fähig sein würden in ihrer befohlenen Rolle als Herrenvolk – und als Rächer für die Qualen, die ihnen die Partisanen ihrerseits antaten.

Der Partisanenkrieg, eine der grausamsten Kategorien des Krieges, war ein fester Bestandteil der sowjetischen Kampfführung. Schon 1914 hatte Lenin geschrieben: »Der Krieg unserer Tage ist ein Volkskrieg«. Und die Tradition der Partisanen-Aktionen von 1905, die Erfahrungen der roten Partisanen im Hinterland der weißen Armeen von Koltschak und Denikin 1918 waren nicht vergessen. Die Besatzer zur Härte gegen Schuldlose zu provozieren und damit jegliche Befriedung und jegliches Vertrauen zu zerstören – auch 1941 sollte sich diese Methode bewähren.

In einem Aufruf, der im deutschen Hinterland heimlich verbreitet wird, heißt es: »Laßt keinen deutschen Eisenbahnzug zur Front durch. Sprengt

4. Der Bandenkrieg der Partisanen und das Kriegsrecht

Militärzüge und Bahnkörper. Zerstört Brücken, Betriebsanlagen, Pumpstationen. Vernichtet Verpflegungslager. Unterbrecht Nachrichtenverbindungen. Schlagt die Faschisten mit allen Mitteln!« Der Eisenbahnverkehr zwischen den Fronten um Leningrad, am Wolchow, südlich des Ilmensees und den rückwärtigen Gebieten ist ständig bedroht. Die Soldaten in den vollgestopften Waggons haben sich das Staunen über die Stützpunkte an den Bahndämmen, mit Palisaden und Schießscharten darin, mit Beobachtungstürmen und Drahthindernissen, längst abgewöhnt. Sie fluchen zwar, wenn sie bei Nacht und Schneetreiben als Wagenposten bei jedem Zughalt sofort von den Waggonenden auf das Gleisbett springen und Wagenunterseite und -flanken beobachten müssen. Doch wer mag schon in einem vollgestopften Waggon mit einer angehefteten Sprengladung hochgehen? Die Partisanen schleichen sich über die Flächen neben der Strecke, die wegen besserer Sicht gerodet sind, tarnen sich unter Laub und Ästen oder in Schneemulden. Dann springen sie die Waggons an.

Die Sprengtrupps sind drei bis zehn Mann stark. Sie verwenden Druck- und Kontaktminen, Minen mit Abzugzünder und Stabminen, deren Zündung reagiert, sobald ein dünner Stab berührt wird. Andere Trupps nehmen die Züge aus Waldrändern unter Feuer. Die Deutschen setzen leere Schutzwaggons vor und hinter den Lokomotiven ein, bringen Eisenbügel wie lange Fühler vor dem vordersten Wagen an, um Stabminen vorzeitig auszulösen, fahren im Geleit im 20-km-Tempo auf Sicht, um die Strecke unter Kontrolle zu halten. Sie reihen Flachwagen mit MG und Flak hinter Sandsäcken in die Züge ein. Auf besonders gefährdeten Abschnitten patrouillieren Panzerzüge. Gurt auf Gurt, Magazin auf Magazin fetzen die Bewacher in alles, was im Umkreis angegriffener Transporte verdächtig ist. Dennoch sind die Strecken vom Schrott entgleister Züge gesäumt.

»Räder müssen rollen für den Sieg!« ist auf den Flanken der deutschen Lok-Tender zu lesen. Reizworte für Partisanen, die alles angreifen, was durch ihr Land rollt: Urlauber, Verwundete, Treibstoff, Munition, Material, Verpflegung. Brutalität entzündet sich an Brutalität. Beide Seiten verbreiten Schrecken und Furcht. Hesse schreibt: »Die Vorstellung, daß jede Milde (gegen Partisanen) das Leben von Kameraden kosten könnte, erwies sich als stark genug, um – in der Sicht des Soldaten – die Notwendigkeit des Terrors zu rechtfertigen.« Das könnte, aus umgekehrter Sicht, auch ein sowjetischer Chronist geschrieben haben.

Die Frage, ob bei einer humaneren Besatzungspolitik die Partisanen überhaupt Halt und Unterstützung in der einheimischen Bevölkerung gefunden hätten, soll hier nur gestreift werden. Stalin konnte sich 1941 allein auf eine Minderheit wirklich verläßlicher Elemente stützen: Kleinbauern, denen es dank der Kollektivierung besser ging als zuvor, Techniker, Bürokraten, regimetreue Akademiker. Der harte Kern bestand aus den Mitgliedern der Partei und des Jugendverbandes, den Komsomolzen. Die Masse wartete ab. Viele versprachen sich anfangs von der deutschen Besetzung die Erfüllung nationaler Träume in selbständigen Republiken ohne den Einfluß der Partei. Erst als klar wurde, daß sie nichts anderes als Ausbeutung und Unterwerfung zu erwarten hatten, entstand aus der Sowjetunion der ›monolithische Block‹, von dem Stalin so begeistert sprach.

Werner von Blomberg, ehemaliger Reichskriegsminister und Oberbefehlshaber der Wehrmacht, schreibt während der ›Nürnberger Prozesse‹ in der Haft ein – bisher unveröffentliches – Tagebuch. Darin heißt es, zutreffend auch auf die deutsche Besatzungspolitik: »Es schüttelt einen, wenn man ... an die von Unkenntnis der Welt getragenen Auffassungen und Planungen Hitler-Deutschlands denkt. Unser Tun und Denken war eine weltfremde und ... verruchte Spießerei.«

Hitler hat jeden Versuch unterbunden, für das Verhältnis zu den Ostvölkern eine menschenwürdige Basis zu schaffen. Er hat Ablehnung, Widerstand, Haß selbst dort hervorgerufen, wo die Einheimischen mit Brot und Salz und mit freundlichen, hoffnungsvollen Worten die einmarschierenden Deutschen als Befreier begrüßt hatten. Wie schwer es ist, sich in einer feindseligen, zum Widerstand um jeden Preis entschlossenen Umwelt als Besatzer korrekt zu behaupten, dafür gibt es bis auf den heutigen Tag aus aller Welt enthüllende Beispiele genug.

Die deutschen Maßnahmen zur Partisanenbekämpfung fanden bei der einheimischen Bevölkerung infolge einer oft unmenschlichen Besatzungspolitik keine Unterstützung. Die Deutschen ließen die Bauern die Anschläge und Hinterhalte der Partisanen entgelten, denn sie erwischten die Urheber nur selten, und wer Zivilkleidung trug, galt von vornherein als verdächtig. Die Partisanen andererseits preßten beliebig und unter Todesdrohungen die Bevölkerung in ihren Dienst. So starben Abertausende Unschuldiger. Im Partisanenkrieg war beiden Seiten jedes Mittel recht. Wie Hesse berichtet, lag dem deutschen X. Armeekorps südlich des Ilmensees schon im Herbst 1941 der Bericht eines Partisanenjägers vor, in

4. Der Bandenkrieg der Partisanen und das Kriegsrecht

dem alle wichtigen Erkenntnisse und Erfahrungen verarbeitet waren. Darin finden sich Passagen wie diese: »Der Partisan läßt seinen Gegner fast immer an sich vorbeigehen. Seine Flucht geht nie über weite Strecken ... Er kriecht nicht in die äußersten Winkel, sondern sucht sein Versteck möglichst offen, kriecht unter ausgebreitetes Heu oder bedeckt sich mit einzelnen Brettern. In unübersichtlichem Gelände sucht er sich schon nach etwa zehn Metern zu verbergen ... Mit der Sense auf dem Rücken oder mähend hält er sich in der Nähe der Dörfer auf.« Wir lernen, daß Partisanenpferde auf besondere Art beschlagen sind, wie berittene Partisanen schon auf vierzig Meter das Feuer eröffnen und sich beim Anreiten hinter dem Pferdehals decken und daß deutsche Jagdkommandos erbeutete Pferde am langen Zügel zum Partisanenlager zurücklaufen lassen sollen, um es so aufzuspüren. Der Partisan, heißt es, reitet immer zwei bis drei Meter links oder rechts des Weges. Als Lagerplätze bevorzugen Partisanen Sumpfinseln. Dorthin legen sie Stege unter Wasser an. Sie errichten Beobachtungsstellen, indem sie einen Baum so ansägen, daß er mit der Krone in die eines zweiten fällt. Das Geäst verhakt sich ineinander. In ihm richtet der Partisan seinen Sitz ein. Versteckt sich der Partisan beim Häuserkampf unter Dielenbrettern, dann sichert er diese von innen durch Schieber, sodaß niemand vermutet, sie seien aufzuheben. – Soldaten der 28. Jägerdivision berichten aus dem Wolchowgebiet, ihnen sei der Weg dadurch verlegt worden, daß direkt vor ihnen Partisanen eine Holzbrücke bis auf den letzten Nagel abgetragen und wegtransportiert hatten. Eine Kampfgruppe erreicht schließlich ein verlassenes Lager der Partisanen. »Es zeigt«, heißt es in der Chronik, »unter welchen Entbehrungen sie ihr Leben führen müssen. Immer wieder beweisen die Russen, wie anspruchslos man sein kann.« Partisanentricks zu entdecken kostet die Deutschen viel Blut. Und die Partisanen sind nicht zimperlich. Die schrecklichsten Formen nimmt ihr sogenannter Kampf an, als die Deutschen zu großen, weiträumigen Rückzügen gezwungen werden, wie nach den Zusammenbrüchen der Heeresgruppen Mitte und Südukraine 1944, die weit schlimmere Ausmaße hatten als die Katastrophe von Stalingrad. Zersplitterte, aufgelöste deutsche Verbände, kleine Gruppen, einzelne Versprengte fallen erschöpft, seit Tagen ohne Verpflegung, verwundet, fiebrig, in die Hände der ›Faschisten‹-Jäger. Sie werden verstümmelt, reihenweise gefesselt von Panzerketten zerquetscht, geschlachtet. Augenzeugenberichte, die nicht etwa in den Giftküchen der psychologischen Kriegführung zusammengebraut wurden, liegen in Protokollen vor, die Dr. Rolf Hinze über die sogenannten Rückkämpfer, die der sowjetischen Gefangenschaft ausweichen und über die Rückkehrer, die ihr entfliehen konnten, zusammengetragen hat. Die Phantasie, die der ›einfache Mann‹ aufbringt, um seinesgleichen ein qualvolles Ende zu bereiten, ist erschreckend.

Ein Teil der Massenmorde an deutschen Verwundeten, größtenteils in Lazaretten, geht allerdings auch auf das Konto zügelloser, regulärer Truppen. Daß viele deutsche Soldaten entschlossen waren, sogar im letzten Kriegsjahr und in aussichtsloser Lage, sich nicht zu ergeben und den Kampf bis zur letzten Patrone der Gefangenschaft vorzuziehen, hat auch in derartigen Greueln seine Wurzel.

Natürlich hat es damals nicht an Bemerkungen gefehlt, die Besonderheiten des Partisanenkrieges seien ein Beweis für die Hinterhältigkeit der slawisch-asiatischen Massen und für ihre jüdisch-bolschewistische Infiltration. Die sich darüber entrüsteten, waren oft gerade diejenigen, die andererseits das Wüten der himmlerschen Einsatzkommandos billigten. Ältere Offiziere versuchen die Barbarei des Besatzungsregimes auszugleichen, indem sie in ihrem Umkreis die Fahne der Ritterlichkeit, der Manneszucht und Disziplin hochhalten und die Ansicht vertreten, in einem totalen Volkskrieg gerate eben das ganze Kriegshandwerk in falsche Hände. Sie hätten es sich wohl nicht so einfach gemacht, wenn sie darüber nachgedacht hätten, daß im Jahr 1813 das *Freikorps Lützow* zum »Bandenkrieg«, so wörtlich, im Rücken der Franzosen eingesetzt war. Und daß es der preußische Heeresreformer Gerhard von Scharnhorst gewesen war, der diesem Freikorps Instruktionen gab, die wir in den sowjetischen Anweisungen für den Partisanenkrieg teilweise Wort für Wort wiederfinden können. Außerdem hatten die Entrüsteten ihren Gneisenau nicht gelesen.

August Graf Neidhardt von Gneisenau, einer der legendären preußischen Heeresreformer, trat mit 47 Jahren zum ersten Mal ins Licht der Geschichte, als er 1807 zusammen mit Joachim Nettelbeck gegen die napoleonischen Besatzer als Verteidiger von Kolberg kämpfte. 1813 bewies er seine Feldherrnqualitäten in der Völkerschlacht von Leipzig, 1815 als Generalstabschef Blüchers bei Waterloo. Uns soll hier seine Denkschrift mit dem Titel *Plan zur Vorbereitung eines Volksaufstandes* beschäftigen, die Gneisenau 1811 seinem König, Friedrich Wilhelm III., übergab.

Gneisenau untersucht, was getan werden kann, falls Preußen von einer Invasion bedroht wird, und er schlägt nichts anderes vor als das, was wir heute als Partisanenkrieg kennen. Er nennt seine Partisanen Hilfstruppen, bezeichnet sie als Miliz und nennt den Kampf gegen die Besatzungsmacht Volksaufstand. Diesen will er organisieren. Gneisenau beschreibt, wie die Führer ausgesucht und wie sie für den Aufstand gewonnen werden, ohne daß aus Gründen der Geheimhaltung einer vom anderen weiß. Er zählt sorgfältig Argumente auf, mit der potentielle Parteigänger gewonnen werden können, schlägt Anwerber vor und beschreibt, wie die Einheiten aufgebaut werden. Wir entdecken bei ihm alles, was 130 Jahre später die Organisation der sowjetischen Partisanen ausmacht.

Der König ist genau. Er fragt in einer Randbemerkung, warum Gneisenau für eine Kompanie nur jeweils achtzig Mann einplant. Gneisenaus Antwort: »Bei solchen rohen, neuen militärischen Körpern ist es gut, daß solche klein seien, weil hierdurch Übersicht und Befehl erleichtert sind.« Gneisenau will zwar die Miliz notdürftig uniformieren, aber ihre Kampfweise »ist meist verdeckt.« Er sagt: »Die Miliz verteidigt ihre Provinz und die benachbarte gegen Streiferei und kleine (französische) Detachements. Sie verhindert, daß der Feind Lebensmittel, Geld, Vieh etc. aus dem Lande ziehe. Keiner feindlichen Ausschreibung von Lieferungen darf bei Konfiskation des Vermögens Folge geleistet werden. Wer von den Staatsbeamten sich hierzu vom Feind gebrauchen läßt, hat den Tod verschuldet. Niemand darf eher liefern, als bis der feindliche Soldat vor seiner Tür erscheint; dann erst mag er der Gewalt nachgeben.« Gneisenau weiter: »Setzt der Feind feste Posten oder Detachements an Hauptörtern in der Provinz, so versammeln sich die Milizen, um diese anzugreifen oder zu vernichten. Kommt der Feind sehr stark, so begeben sie sich in die nächsten Wälder, um von hier aus über die Quartiere herzufallen. Ist eine Legion in Gefahr aufgehoben zu werden, so zerstreut sie sich, versteckt ihre Waffen, Mützen und Schärpen und erscheint so als Bewohner des Landes ...«. So sieht das Muster aus, nach dem das sowjetische Partisanenhandbuch gestrickt ist.

»Die Legionen«, heißt es bei Gneisenau weiter, »begeben sich in die Wälder, Gebirge, morastigen Gegenden etc. und schicken Kundschafter aus. Kommt der Feind in die Provinz, so ist die Regel, bei Tage verdeckt, in abgelegenen, sicheren Gegenden zu ruhen und in der Nacht ... zu marschieren, um sich zu konzentrieren, den Feind anzugreifen ... oder um sich Lebensmittel zu verschaffen. Aus den abgelegenen Quartieren versammeln sich mehrere Legionen, um den Feind auf dem Marsch, in den Quartieren etc. zu überfallen.«

Friedrich Wilhelm III. ist nicht recht zu überzeugen. Er meint, »Mangel an Lebensmitteln, keine Gewohnheit an Entbehrungen und Ausdauer, noch weniger Erfahrung im Kriege – und einige Flinten- und Kanonenschüsse« würden die Milizen zerstreuen. Gneisenau entgegnet: »Nur im Krieg lernt man den Krieg. Und da dieser ... uns aufgedrungen wird, darf man kein Mittel vernachlässigen, um solchen dem Feind so unbequem wie möglich zu machen.« Der Feind, gibt Gneisenau zu bedenken, müsse sich seine Mittel im Lande selbst beschaffen, müsse sie schützen und gewärtig sein, sie sich jeden Augenblick wieder abgenommen zu sehen. Er sei deshalb ständig alarmiert und gezwungen sich zu konzentrieren.

Der König reiht Bedenken an Bedenken, aber Gneisenau zerstreut sie ein ums andere Mal. Er stellt weitere Gebote auf. Falls die Milizen in der Nähe des Feindes operieren, gelte »Erstens, daß sie nie anders als in der Nacht marschieren, Brücken und große Straßen meiden, nur auf Feld- und Fußwegen gehen. Zweitens, daß sie sich bei Tage in Wäldern, Heiden, Brüchen oder ganz abgelegenen Häusern aufhalten. Drittens, daß sie nie länger als 24 Stunden an einem Ort sich aufhalten, also immer in Bewegung sind und geheimhalten, welchen Marsch sie nächste Nacht nehmen werden.« Dem ortskundigen Boten, der die Brigaden führt, solle bei Todesstrafe verboten werden, Kopfzahl oder Marschrichtung zu verraten.

Gneisenau meint, die Kommandeure der verborgenen Milizbrigaden sollten mit gutgesinnten Einwohnern, Bürgermeistern, Priestern und Pfarrern Aktionen absprechen, ohne eigene Stärke oder Aufenthalte zu verraten. Für Predigten in den Kirchen hat er eine Fülle von Argumenten bereit, die den Widerstandswillen der Gemeinden anregen.

Immer wieder feilt Gneisenau an Regeln für die Kampftaktik. Er stellt sich Gruppen vor, die sich um eine große Straße oder einen Übergang höchstens einen Tagesmarsch entfernt halten, aber immer in Bewegung sind. »Diese Parteien lassen Straßen und Übergänge täglich durch Bauern beobachten. Kommt ein Konvoi auf denselben, Rekrutentransporte, Detachements, Kuriere etc., so überfallen sie dieselben, heben sie aus. Jede Partei hat mehrere Beobachter ausgestellt. Diese wissen aber nie, wo die Partei sich befindet. Sie berichten an einen zweiten Ort, wo ein verkleideter Soldat zu Pferde ist. Die Beobachter sind in Wirtshäusern an der Landstraße oder anderen Häusern, sie weiden Pferde etc. Sie sind zu Pferde oder zu Wagen, damit sie desto unbemerkter Nachrichten überbringen können.«

Gneisenau versteht sein Geschäft, und er kennt Stärken und Schwächen der menschlichen Natur – auch die seines Königs. Seine Schriften und

4. Der Bandenkrieg der Partisanen und das Kriegsrecht

Briefe beweisen, daß er ein gebildeter Mann ist und Phantasie hat. Der König ist eher phantasiearm und starr. Er liebt sein Volk nicht, glaubt an seine uneingeschränkte Macht als Monarch und ist beklemmend entschlußlos. Nicht einmal seine Frau, Königin Luise, die den Mut bewies, in Tilsit dem Tyrannen Napoleon I. Auge in Auge gegenüberzutreten, kann den König dazu überreden, den Kampf gegen den korsischen ›Kriegsgott‹ aufzunehmen. Als er es schließlich doch wagt, tut er es überstürzt und muß sich im Frieden von Tilsit unterwerfen.

Der König versucht die Denkschrift Gneisenaus, deren zukunftsweisende Bedeutung erst über hundert Jahre später offenbar wird, trotz aller Vorbehalte gewissenhaft und sachlich zu werten. Aber zwischen den Zeilen seiner Randbemerkungen ist Ärger spürbar über den lästigen Mahner. Bedenken über eine Art der Kriegführung, die später noch die Strategen des Zweiten Weltkrieges erschrecken wird, mischen sich mit abfälligen Bemerkungen über die eigenen Leute. Gneisenau aber traut den Preußen mehr zu. Er geht in seinen Vorschlägen so weit, den Gemeinden solle in den Kirchen nach dem Gottesdienst der Eid der Treue für den König und der Folgsamkeit gegenüber den Verteidigungsmaßnahmen abgefordert werden und dazu der Schwur, nur bei Waffengewalt dem Feinde Versorgungsgüter auszuliefern. »Man kann gar nicht genug Feierlichkeit in diesen Akt legen«, betont Gneisenau. Das erinnert stark an den sowjetischen Partisaneneid, der mit den Worten schließt: »Wenn ich aus eigener Schwäche, Feigheit oder bösem Willen diesen meinen Schwur breche und ... mein Volk verrate, dann mag ich durch die Hand meiner Kameraden sterben.«

Die Randbemerkung, die Friedrich Wilhelm III. den glühenden Worten Gneisenaus über die Gründe des vaterländischen Widerstandes widmet, ist verletzend: »Als Poesie gut«. Da gibt Gneisenau seinem König mit allem Respekt die Antwort eines freien Mannes: «... Wer nur nach kalter Berechnung handelt, wird ein starrer Egoist. Auf Poesie ist die Sicherheit der Throne gegründet. Mancher von uns, der mit Kümmernis auf den wankenden Thron blickt, würde eine ruhige, glückliche Lage in stiller Abgezogenheit finden können, ... wenn er statt zu fühlen berechnen wollte.«

5. Kapitel
Die Schere zwischen Gehorsam und Gewissen

Verlassen wir die Partisanen in den Wäldern Preußens und Ingermanlandes. Wenden wir uns den regulären Truppen zu. Haben die Divisionen der Heeresgruppe Nord in diesem Winter und Frühling des Jahres 1942 überhaupt eine Überlebenschance? Die Deutschen vertrauen nicht nur darauf, sie glauben sogar an den Sieg. Sie wissen nicht, daß ihr Führer Vabanque spielt, noch immer an einen überraschenden Schlag zur Eroberung Leningrads glaubt, und die Einschließung von 96 000 Deutschen bei Demjansk hinnimmt, weil er meint, den Spieß umdrehen zu können, und der sich aus dem Kessel heraus eine gute Position für Vorstöße in die Tiefe des russischen Raumes verspricht. Sie wissen nicht, daß Hermann Göring mit einem Einsatz seiner Luftwaffe von nur vier Tagen gerechnet hatte. Sie wissen nicht, daß ihnen die Glieder erfrieren, weil, nachdem ein Blitzsieg über die Sowjetunion sicher schien, bereits eine Teil-Demobilisierung angeordnet war; deshalb hatte der Generalstab des Heeres nicht genügend Wollsachen zu den Fronttruppen bringen lassen. Als dann der Winter mit unerwarteter Wucht einsetzte, fehlte Transportraum. Sie können sich nicht vorstellen, daß erfrorene Ohren, Nasen, Gliedmaßen in den geostrategischen Plänen ihrer Kriegsherren nicht vorkommen. Jede Mutter hätte bei dem Gedanken, ihren Jungen in Sommerkleidung in den tiefen Winter zu schicken, entsetzt die Hände über dem Kopf zusammengeschlagen.

Und hatten die Sowjets nicht schon 1939 auf dem Weltmarkt nach Anzeichen dafür gesucht, daß die Deutschen Schaffelle für Winteruniformen aufkauften? Hatten sie nicht von Agenten Putzlumpen aus den Müllkippen der deutschen Kasernen einsammeln lassen, um nach Spuren winterfester Waffen- und Motorenöle zu fahnden? Nur damit, so mußten sie annehmen, würde Hitler einen Krieg gegen Rußland beginnen. Sie hatten keinerlei Anhaltspunkte gefunden. Sie konnten sich nicht vorstellen, daß Hitler und seinen Feldherren solche Vorsorge nicht eingefallen war und sie sich lieber Gedanken über die Siegesparade in Moskau machten.

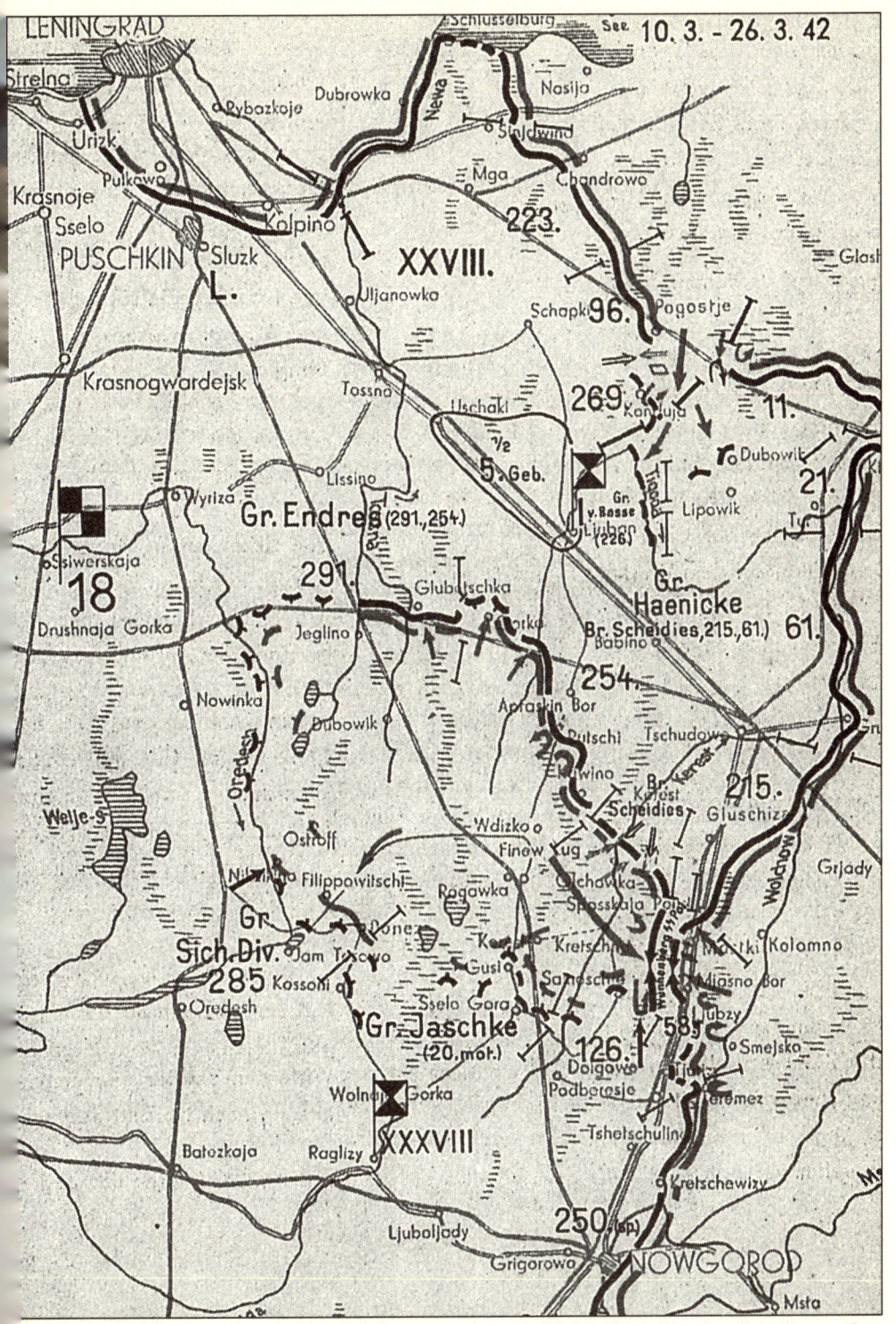

Wolchow-Schlacht: Der Angriff der 2. Stoßarmee auf die Rollbahn bei Ljuban ist abgewiesen. Aber nun rollen die KW I und T 34 der 54. Armee nach Südwesten. Doch da sperren die Deutschen zum ersten Mal die Erika-Schneise, die einzige Nachschub-Ader der 2. Stoßarmee bei Mjasno Bor. (Quelle: Lageatlas der Heeresgruppe Nord)

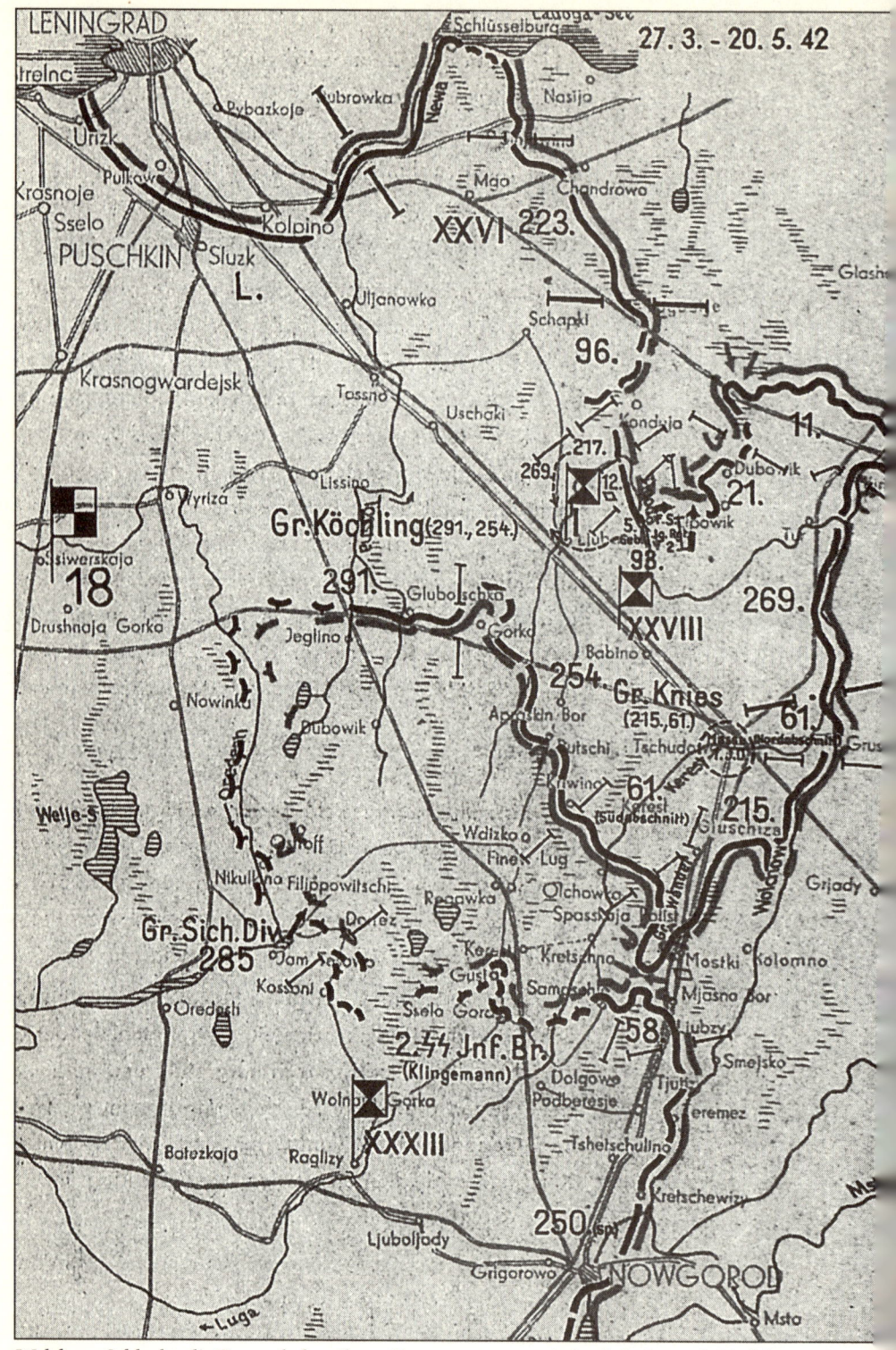

Wolchow-Schlacht: die Russen haben ihren Versorgungsweg wieder freigekämpft. Und ihre 54. Armee bedroht mit Panzern und Infanterie die rückwärtigen Verbindungen der deutschen Wolchow-Divisionen zwischen Tschudowo und Kirischi. (Quelle: Lageatlas der Heeresgruppe Nord)

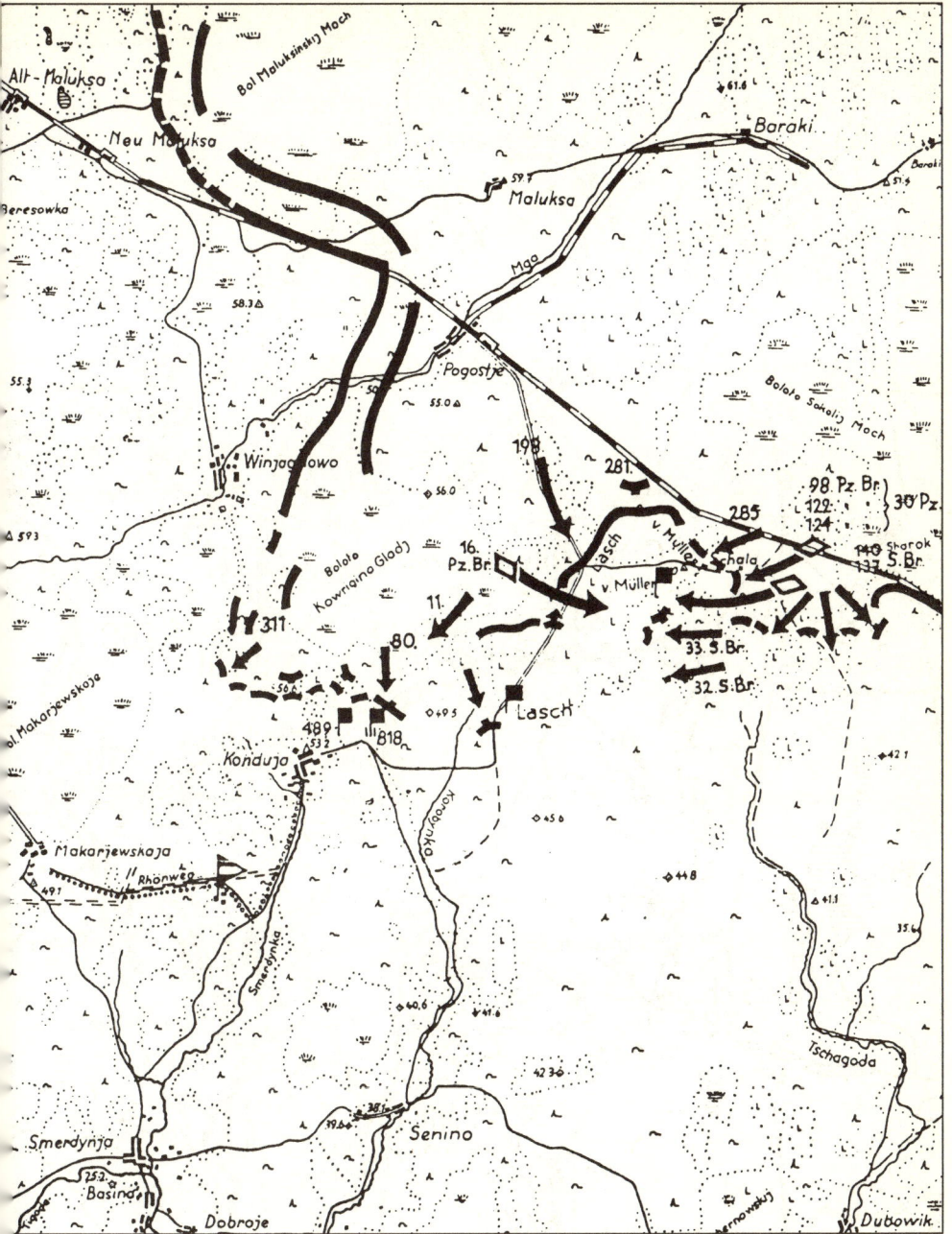

Am 17.3.1942 haben die Russen ihren Einbruch bei Pogostje bei Schala (rechts) mit Panzerunterstützung erweitern können. Immer wieder setzen sie zu Zangenoperationen an, um deutsche Einheiten einzukesseln. (Quelle: Pogostje. Die Winterkämpfe der 269. ID 1941/1942)

Die Deutschen kennen nicht die Fülle der Irrtümer, der Fehlkalkulationen, nicht die tödliche Mischung aus Herrenreiter-Arroganz und kleinbürgerlichem Größenwahn auf ihrer Seite. Vor allem aber kennen sie nicht die wirkliche Stärke, nicht die unbändige Vitalität ihres sowjetischen Gegners.

Schon am 28. Dezember 1941 schickt der Generalleutnant Herbert Loch, als er seinen Posten als Kommandierender General des 28. Armeekorps antritt, an die 18. Armee eine Denkschrift, eine geheime Kommandosache, GKdoS genannt. Sie hat die *Flaschenhals-Stellung* zum Thema, eine Stellung, die sich, etwa 15 Kilometer breit, über 20 Kilometer zum Südufer des Ladogasees hochstreckt und auf ihrer Westseite am Newa-Ufer entlang, auf der Ostseite durch dichte Sumpfwälder hindurchführt. Die Denkschrift regt kurz und bündig an, bis zu der Bahnlinie, die über den Knotenpunkt Mga führt, diese Stellung zu räumen, denn »sie schließt Petersburg nicht ein und ist gegen einen ... großen Angriff nicht zu halten. Aus Prestigegründen kämpfen wir aber nicht«, schreibt der General und beweist damit, wie wenig er seinen Obersten Kriegsherren kennt. Er fährt fort: »... und haben es auch nicht nötig, die Gefahr sehr erheblicher Verluste und Rückschläge auf uns zu nehmen.«

Das ist deutlich. Die Deutschen haben die Stadt fast völlig eingeschlossen. Aber sie haben sich in eine Lage manövriert, die sie selbst aufs höchste gefährdet, wenn sie die Belagerung durchhalten wollen. So ist der Vorschlag des Generals nur logisch. Die Straße über den erstarrten Ladogasee hinweg, über deren Eispiste Industrie, Besatzung und Bewohner Leningrads notdürftig versorgt werden, ist 30 Kilometer lang. Sie sei, schreibt General Loch, besser als die Feldwege, die sich am Seeufer entlangwinden. Wozu also diese Wege verteidigen?

»Daß ein in den Feind hineinspringender Keil von knapp 15 km Breite und 20 km Tiefe gegen ernsthafte, planmäßige Angriffe nicht zu halten ist«, so der General, »bedarf keiner Begründung. Der Russe hat uns gegenüber völlig die Freiheit des Handelns. Er kann sich für einen Großangriff wochenlang vorbereiten, um dann von Osten, Norden und Westen ... gleichzeitig anzutreten.« Bei einem konzentrischen Stoß auf Mga, befürchtet der General, gingen mindestens drei deutsche Divisionen mit sämtlichem Gerät verloren. Wie nahe der Mahner damit der Wirklichkeit kommt, wird sich später erweisen. Der General schlägt vor, rechtzeitig eine Sehnenstellung auszubauen und erläutert ihren zweckmäßigen Verlauf. Die Vorbereitung der Räumung empfiehlt er »baldigst«.

5. Die Schere zwischen Gehorsam und Gewissen

Was sagt der Oberbefehlshaber der 18. Armee, von Küchler, zu diesem nüchternen, angesichts der realitätsfernen Strategie und Uneinsichtigkeit Hitlers verwegenen Vorschlag? Wir wissen, die deutschen Armeen weichen vor Moskau bei Schneesturm und Temperaturen bis minus 35 Grad zurück. Die Wegränder sind von Toten, unbeweglichen Fahrzeugen und gesprengten Geschützen gesäumt. Hitler hat einen Befehl erlassen, in dem er fordert: »In der Verteidigung ist um jeden Fußbreit Boden mit letztem Einsatz zu kämpfen. Nur so werden dem Feind schwere blutige Verluste beigebracht, seine Moral geschwächt und die ungebrochene Überlegenheit des deutschen Soldaten zur Geltung gebracht.« Man stelle sich dazu noch Wagnerklänge vor – da leuchtet es ein, daß die Worte eines Korps-Generals, der es wagt, zu schnellem, freiwilligem Rückzug auf einen stabilen Frontabschnitt zu raten, geradezu nach Verrat schmecken.

Doch v. Küchler ist ein besonnener Mann. Er nimmt die Denkschrift so sachlich, wie sie gemeint ist, und schreibt auf das Original mit dickem Stift in Sütterlin seine Meinung. »Die Aufgabe des *Flaschenhalses* ist aus den dargelegten Gründen auch von mir erwogen worden«, heißt es da. Und nun kommt das ›Aber‹, das ein Muster ist für den Entschluß, in diesen Tagen zu halten, was irgend zu halten ist, und der mit Hitler und seinen Fanfaren am allerwenigsten zu tun hat. Küchler belehrt seinen General nämlich, sein Vorschlag sei nur realisierbar, wenn die Sehnenstellung tatsächlich ausgebaut sei. Die Soldaten könnten ja nicht einfach ins Freie gelegt werden. »Wenn nicht durch den Feind«, so schreibt Küchler, »würde die Truppe durch die Witterung, durch die Bodenbeschaffenheit und durch Erfrierungen dezimiert werden. Pioniere und Baukräfte fehlen aber in der Armee, trotz aller Anträge.« Dieser Hinweis auf abgewiesene Anträge scheint darauf hinzudeuten, daß Küchler die selbstmörderische Strategie Hitlers nur widerwillig hinnimmt.

Dem General Loch geht es darum, den Würgegriff um Leningrad ein bißchen zu lockern, um für seine Divisionen Luft zu bekommen und Blut zu sparen, wie es einst zur preußischen Offizierstradition gehörte. Einen Grund, irgendwann den Ort Mga aufzugeben, sieht der General nicht. Mga ist für die Deutschen eine strategische Kostbarkeit, so, wie es für die Leningrader das Zauberwort ist, das den Weg ins Freie bezeichnet. Mga hat einen plumpen, von Splittern und Geschossen zernarbten Wasserturm als Wahrzeichen. Es ist nicht mehr ein Dorf, noch nicht Stadt. Es liegt am torfbraunen Band eines gleichnamigen Moorflüßchens, das sich in Hunderten von Mäandern durch Sümpfe und Wälder zieht. Von Mga aus konnte man über die Kirowbahn die Nachschubhäfen Murmansk und Archangelsk im Norden erreichen. Von ihm aus geht es nach Swerdlowsk im Ural, nach Jaroslawl an der Wolga, nach Gatschina an der Strecke nach Pleskau und Königsberg. 1942 ist Mga wichtigster Knotenpunkt im Flaschenhals. Mga bietet sich als Offensivziel den sowjetischen Armeen um Leningrad geradezu an. Für die Deutschen ist Mga ein Albtraum, ein riesiger Friedhof mit endlosen Flächen voll Birkenkreuzen, deren Anblick auch den gleichmütigsten Kampfroutinier schweigsam werden läßt.

Sieben Monate später wird das VI. sowjetische Gardeschützenkorps in der *Ersten Schlacht am Lagodasee* zum Angriff in Richtung Mga antreten und damit das Signal zu einem monatelangen Ringen um den Flaschenhals geben.

Zahl und Ausstattung der deutschen Verbände zwischen Kronstädter Bucht und Ilmensee reichen zu keinem Zeitpunkt für ihre Aufgaben aus. Aufs Äußerste angespannt, betreibt die Führung Flickschusterei. Sie reißt hier ein Loch in der Kampflinie auf, um dort eines zu schließen. Sie dünnt Abschnitte aus, bis zwischen den einzelnen Schützen kaum noch Sichtverbindung herrscht. Aufeinander eingespielte Verbände werden auseinandergerissen, durcheinandergewürfelt und im Kampfgebiet hastig hin- und hergeschoben. Manche Divisionen können erst nach Monaten melden, sie hätten nunmehr alle ihre Einheiten wieder unter eigenem Kommando. Der ›Arme-Leute-Krieg‹ wird zum Normalzustand. Bei derartigen Zwängen geschieht es dann auch, daß ein Bataillon bei eisiger Kälte im Lkw-Transport während einer Nacht fast 100 Kilometer weit verlegt wird. Als es am Bestimmungsort eintrifft, ist fast die Hälfte der Männer wegen Erfrierungen nicht mehr kampffähig. Schließlich stellt sich heraus, daß wegen eines Übermittlungsfehlers das falsche Bataillon in Marsch gesetzt worden war.

Für manchen deutschen Truppenführer ist die Schere zwischen Gehorsam und Gewissen spürbarer geworden. Unter dem Eindruck des schnellen Sieges über Frankreich 1940, das ja als ›Erbfeind‹ gegolten hatte und mit dem viele ältere hohe Offiziere als Soldaten des Ersten Weltkrieges wegen seiner Rolle beim Versailler Friedensdiktat und seiner racheblinden Besatzungspolitik eine Rechnung offen glaubten, waren Bedenken gegen Hitler geschwunden. Bedenken, die allzu oft nicht im moralischen und sachlichen Urteil, sondern im Klassendünkel ihre Wurzel hatten. Die Zweifel, die nun aufkeimen, sitzen tiefer.

5. Die Schere zwischen Gehorsam und Gewissen 109

Auch ein junger Offizier wie der Graf Stauffenberg beginnt damals nachdenklich zu werden. Er war als Kavallerist von einer verknöcherten Militärbürokratie trotz – oder wegen? – seiner außergewöhnlichen militärischen Begabung zu nichts weiter als zum Zureiten von Pferden kommandiert, später mit verantwortungsvollen, aber glanzlosen Organisationsaufgaben betraut worden. Nun blickt er als Stabsoffizier im Oberkommando des Heeres immer tiefer hinter die Kulissen. Schon am 13. November 1941 hatten in Orscha die versammelten Generalstabschefs aller Heeresgruppen, Armeen und Panzergruppen gewarnt, es fehle an Soldaten, an Material, an gesicherten Transportmitteln und -wegen; der harte Winter stehe bevor, der Gegner verstärke weiter seinen Widerstand. Und Halder, Chef des Generalstabs des Heeres, klagte: »Wir rechneten vor dem Feldzug mit höchstens 19 000 sowjetischen Geschützen. Und jetzt haben wir schon 24 000 erbeutet ...« Und weiter: »Die schönste Zeit der Kriegführung liegt hinter uns!« Wörtlich! Konsequenz der Herren mit den roten Streifen: Keine weiteren Angriffe bis zum nächsten Frühjahr.

An Hitler hatten sie dabei nicht gedacht. Der will die Front 600 Kilometer vorverlegen. Er hält es auch »rüstungstechnisch für unmöglich«, daß Stalin im Ural und an der Wolga neue Armeen aufstellt, wie gemeldet wird. Er zieht sogar aus dem Mittelabschnitt vier Divisionen ab. Wenig später beurteilt der Führer der Panzergruppe 3, Reinhardt, dem wir schon vor Leningrad begegnet sind, den Gefechtswert seiner acht Panzerdivisionen nur noch als den von sieben Kompanien. Und Guderian weiß, als er das ganze Ausmaß der Katastrophe vor Moskau erkennt: »Wir haben nur noch bewaffnete Trosse, die langsam zurücktrudeln.«

Einige Wochen nach der enthüllenden Konferenz von Orscha vertraut Hitler dem dänischen Außenminister Scavenius an, das deutsche Volk werde von der Sowjetmacht vernichtet werden, falls es nicht mehr stark und opferbereit sei. In diesen Tagen fügt der Ib beim Chef des Wehrwirtschaft- und Rüstungsamtes (WiRü) seinen Handakten eine Briefkopie bei, auf der vermerkt ist: »Dies ist in völlig nüchternem Zustand geschrieben!« In der Notiz heißt es: »Lieber G.! Im Kreis Rosenberg wird folgendes besprochen: Nicht der ganze Ostraum kann von Deutschen besiedelt werden. Um eine Menschenauslese zu treffen, werden die Deutschen eingeteilt in ›A-Menschen‹ und ›O-Menschen‹. Die A-Menschen sind für das Altreich, die O-Menschen für den Ostraum. Das sollen die züchterisch besten sein. Aus den O-Menschen wird eine ›Sonderklasse‹ herausgesucht, mit denen die Eckpfeiler des Ostraumes (die Krim und Ingermanland) besiedelt werden. Von diesen Eckpfeilern führt je ein ›Teppich‹ nach Deutschland, der mit O-Menschen besiedelt werden soll. – Darf ich Sie als O-Mensch für den Teppich oder etwa als ›Sonderklasse O‹ für Ingermanland vornotieren?« Die Ironie der Militär-Organisatoren und die Rassenideologie im Stab Rosenbergs, des Reichsministers für die besetzten Ostgebiete, sind beides Facetten der Innenwelt der deutschen Führungsschicht.

Die Sowjets bringen inzwischen sieben neue, voll ausgerüstete Armeen ins Gefecht, von denen die Deutschen nichts wissen. Von deren insgesamt 162 Ost-Divisionen sind nur noch 8 voll angriffsfähig und 47 begrenzt. 104 gelten nur noch als abwehrfähig. Die Pläne für Hitlers Siegesparade in Moskau aber liegen nun, präzise ausgearbeitet, vor.

Hitler hat erklärt: »Das Kraftfahrzeug muß alles schaffen!« Doch von seinen 500 000 Autos sind ihm 10 000 verlorengegangen und 250 000 in Reparatur. Und 210 000 Pferde müssen wegen Futtermangel, Erschöpfung oder Feindeinwirkung abgeschrieben werden. Unter solchen Voraussetzungen hat natürlich auch niemand in der Führungsspitze den Bau von Abwehrstellungen, Winterstellungen veranlassen können. Und deshalb bleibt nun nichts anderes übrig, als ›Halten bis zum letzten Mann‹ zu befehlen.

Wolfgang Venohr datiert in seinem engagierten Stauffenberg-Buch die Abkehr des damals 36jährigen Grafen von Hitlers albtraumhafter Strategie um den 20. Januar 1942. Der spätere Attentäter hat sich inzwischen trotz 15stündiger Tagesarbeit seine eigenen Analysen gemacht. Er beginnt den Irrsinn zu erkennen, dem sein Volk sich ausgeliefert hat. Während sich in diesen Tagen Zehntausende junger Männer in eisigen Wäldern todeswütig ineinander verbeißen, wächst Stauffenbergs Zorn. Er verurteilt den Machtapparat, dessen Teil er sein muß und ergreift Partei für seine Opfer. »Diese Männer wagten bedenkenlos den höchsten Einsatz«, wird er später schreiben, »während sich Führer und Vorbilder um das Prestige zanken, oder den Mut, eine das Leben von Tausenden betreffende Ansicht, ja, Überzeugung zu vertreten nicht aufzubringen vermögen.« Solche Worte lesen viele ehemalige Offiziere noch heute nicht gern. Auch der verwitterte, schwerhörige Artilleriekommandeur nicht, der von der beiderseitigen Verpflichtung, von dieser Treue auf Gegenseitigkeit, die ein Eid fordert, nichts wissen wollte und von der Verantwortung, die einem Führer gegenüber seinen Untergebenen auferlegt ist. Knurrend brach er das Gespräch mit den Worten ab: »Eid ist Eid, basta!« Wie mag er wohl den

5. Die Schere zwischen Gehorsam und Gewissen 111

Satz des Generalfeldmarschalls von Manstein deuten, der wußte: »Es führte kein Band der Treue von Hitler zu den deutschen Soldaten«? Oder die Worte Theodor Fontanes: »Löst das Staatsoberhaupt sich von seinem Schwur, sei es aus Wahnsinn, Verbrechen oder aus anderen Gründen, so entbindet es mich des meinen«?

Mit 23 000 Panzern, davon etwa 14 700 gefechtsbereiten, war die Rote Armee zu Beginn des deutsch-russischen Krieges ausgerüstet gewesen. Bis Mai 1942 hatte sie, die inzwischen produzierten eingerechnet, rund 26 500 verloren. Doch unaufhörlich verlassen weitere Kolosse die Werkhallen, 1942 sind es 25 000. Aus deutschen Fabriken rollen im gleichen Jahr 10 000 Panzer. Die Russen verfügen nun über eine Gefechtsstärke von 5 Millionen Mann, die Deutschen über 1,5 Millionen. Die Russen haben eine einzige Kampffront, die Deutschen sind in einen Krieg vom Nordkap bis nach El-Alamein, von Narvik bis zum Schwarzen Meer verwickelt. Vor diesem Hintergrund bekommt der Opfergang von Russen und Deutschen vor Leningrad etwas Aberwitziges. So erklärt sich auch, warum hochdekorierte, erfahrene und pflichttreue Soldaten ihren Obersten Kriegsherrn Hitler, trotz des Risikos, mit dem Odium des Verrats behaftet und verfemt zu sein, beseitigen wollen, als sie die Millionen Menschenopfer nicht mitverantworten wollen, als sie erkennen, wieviele noch würden sterben müssen um einer verlorenen Sache willen. Bei allem Schauder vor der Skrupellosigkeit, mit der Stalin die Völker der Sowjetunion dezimierte, übersehen wir manchmal, daß Vergleichbares durch Hitler auch mit unserem Volk geschah.

Als ein Gefangenenaufseher den Generalmajor Stieff, einen der Verschwörer des 20. Juli 1944, wegen der gestreiften Hosen der Sträflingskleidung verspotten wollte, die Stieff anstelle der Generalshosen mit den schmucken leuchtendroten Seitenstreifen tragen mußte, knurrte Stieff nur: »Was wissen denn Sie, was heute ehrenvoller ist?« Stieff starb auf Befehl Hitlers im Zuchthaus Plötzensee.

Daß fast alle Soldaten damals für die Verschwörung kein Verständnis hatten, kann nicht verwundern. Der Soldat, eingespannt in seine Pflicht, ohne sich je umfassend informieren zu können, sieht Zusammenhänge nicht. Greuel wurden als einzelne »Schweinereien« abgehakt und nicht dem System zugeschrieben; oft hieß es: »Wenn das der Führer wüßte.« So steht weder den Obergefreiten noch den Generälen der Fronttruppe der Sinn nach Widerstand. Sie sind zu dicht an der Front, um sich Gedanken hinzugeben, die gewiß lähmen mußten. Sie sind Tag und Nacht im Dienst.

Sie können sich nicht einfach bei Cognac und Zigarre zusammenhocken, um eine Verschwörung zu besprechen und das Oberkommando in 1000 Kilometer Entfernung hochgehen zu lassen. Sie werden vor Ort gebraucht und sind zu weit weg von den Zentren der Macht. Das entschuldigt die Eisenfresser unter den Generälen nicht. Und ist aus heutiger Perspektive von ›Selbstverwirklichung‹ und ›Wertewandel‹ ohnehin unbegreiflich.

Wie abgekämpft die Masse der Deutschen im Nordabschnitt bereits ist, belegt eine Denkschrift, die General Siegfried Thomaschki, Kommandeur der ostpreußischen 11. ID, eines Eliteverbandes, als ›Geheime Kommandosache‹ auf den Dienstweg schickt.

»Vaterlandsliebe, Wille zum Sieg, Pflichtgefühl und Gehorsam befähigen die Truppe zur Opferbereitschaft bis zum Letzten«, heißt es darin. »Diese Opferbereitschaft bietet aber, wenn kämpferische Kräfte nicht mehr vorhanden sind, keine Gewähr für Erfolg ... Bewährte Frontsoldaten zweifeln an der Fähigkeit deutscher Führung. Sie verstehen es nicht, daß an dem – jedem Offizier anerzogenen – Grundsatz nicht mehr festgehalten wird, die Wiederherstellung verbrauchter Kräfte sei die Voraussetzung aller Erfolge.« Thomaschki wird noch deutlicher: »Mit Propaganda kann man sicher manches erreichen. Aber keinesfalls kann man Soldaten, die durch Überanstrengung kampfunfähig werden, dadurch wieder kampffähig machen«. Die Denkschrift endet mit dem schicksalhaften Satz: »Das muß mit einer Katastrophe enden. Sie aber kann allein bei sachgemäßer Führung vermieden werden«. Die Betonung liegt dabei ausdrücklich auf ›sachgemäß‹. Diese Worte sind mutig, aber wirkungslos. Der Dienstweg ist lang. Und er endet oft im Papierkorb.

Heute wissen wir, was auch Offiziere wie der General Thomaschki damals nur ahnten: Der Todeskampf des Dritten Reiches, der noch Millionen Menschenleben kosten sollte, hatte schon begonnen. Halder notiert im März 1942 ins Tagebuch, die Verluste des Ostheeres betrügen bisher 1 073 066 Mann. Drei deutschen Grenadieren stehen nun zehn Rotarmisten gegenüber, ein deutscher Panzer zehn russischen. Die Russen haben dreimal mehr Flugzeuge aller Typen als die Deutschen. Hitler hat den USA den Krieg erklärt. Er brütet über Offensivplänen gegen Iran, Irak und über Ägypten hinaus. Der Oberbefehlshaber des Heeres, von Brauchitsch, der mit den Worten »Der Kampf wird von Rasse zu Rasse geführt, mit nötiger Schärfe« seinem Führer nach dem Munde geredet hatte, hat den Abschied bekommen.

5. Die Schere zwischen Gehorsam und Gewissen

Die Schicksalsfrage, ob denn ein geordneter Rückzug überhaupt gelungen wäre, da Auffangstellungen, Verkehrswege, Transportraum fehlten und mit einem gnadenlos nachdrängenden Gegner zu rechnen war – diese Frage, auf die sich schon Dialoge wie der zwischen General Loch und von Küchler zugespitzt hatten, und die in jenen Monaten zum Rücktritt aller drei Heeresgruppen-Befehlshaber, zur Ablösung des Panzergenerals Guderian, zur Ausstoßung von Erich Hoepner und zu Kontroversen zwischen Falken und Tauben in der Spitze der Wehrmacht geführt hatte, werden die letzten Alten mit ins Grab nehmen. Selbst sowjetische Marschälle haben Hitlers Durchhaltebefehl für richtig gehalten. Daß die Kriegsführung Hitlers ein immer größeres Problem wird, gestehen sich die meisten derer, die kraft ihres Durchblicks und ihrer Position eine Wende wenigstens hätten anregen können, nicht ein. Und diejenigen, die tatsächlich ein offenes Wort wagen, stoßen nur selten auf die Einsicht ihres Obersten Kriegsherrn.

So wenig, wie am Wolchow die deutschen Verteidiger an Hitler denken, so wenig denken die roten Angreifer an Stalin. Noch immer bohren sich deutsche Eckpfeiler und eingeschlossene Widerstandsnester den roten Truppen ins Fleisch. Deshalb will die 2. Stoßarmee des Generalleutnants Klykow erst einmal ihre Angriffsbasis verbreitern. Sie steckt zurück, gemessen am ursprünglichen Konzept, und hat es vorläufig auf Tschudowo, den Verkehrsknotenpunkt am Rollbahnknick vor dem Wolchow, abgesehen. Die Russen bringen zudem einen neuen Faktor ins Spiel: Die 54. Armee des Generalmajors Fedjuninskij. Sie soll von Nordosten die deutsche HKL bei Pogostje durchstoßen und an der Rollbahn zwischen Leningrad und Tschudowo mit der 2. Stoßarmee zusammentreffen. Mit dieser Zange soll die gesamte deutsche Nordostfront und der größte Teil der deutschen Wolchow-Front abgekniffen werden.

Pogostje ist eine unscheinbare Bahnstation im Moor. Sie gehört von nun an zu jenen Horrorbegriffen, wie sie in jeder, auch in der 18. Armee kursieren. Da ist der Kirischi-Brückenkopf, da ist Gaitolowo, die Elektroschneise, der Sinjawino-Block, Mga, Gorodok, Dubrowka, Kolpino, Swanka, Dymno, Erika-Schneise – jeder Überlebende hat ein paar Namen im Gedächtnis, die sich mit unvergeßlichen Schrecken verbinden.

Pogostje ist nichts weiter als eine Handvoll Blockhäuser. Es liegt an der Bahnlinie, die von Mga nach Südosten zum deutschen Kirischi-Brückenkopf führt, etwa fünfzig Kilometer weit auf einem schnurgeraden, oft nicht mehr als mannshohen Damm. Dieser dient den Deutschen als

Hauptkampflinie, HKL, und ist an beiden Seiten von nassem Ödland gesäumt. Daran schließen sich hohe Schilfgürtel, Moor mit Stangenholz, Kusseln und Wald aus Birken, Erlen, Buchen und Eichen, Fichten und Kiefern. Dazwischen erstrecken sich grundlose Sümpfe. Eine Landschaft, deren Wegelosigkeit den Deutschen fremd ist, in der sich die Russen aber geräuschlos und schnell bewegen und meisterhaft tarnen.

Erst Mitte 1941 gelangt auf die Kartentische deutscher Generalstäbler ein Werk mit dem Titel: *Militärgeographische Angaben über das Europäische Rußland*. Darin finden sich Passagen wie: »Die starke Bewaldung des Leningrader Gebietes ... bietet gute Deckung, aber schlechte Übersicht. Durch Unterholz und Gleichförmigkeit der Waldlandschaft auf großen Strecken ist die Orientierung sehr erschwert«. Wir erfahren, das Klima sei für militärische Operationen im ganzen ungünstig, die beste Jahreszeit für die Brauchbarkeit der Wege, der Sommer, sei nur kurz. Die trockene Jahreszeit dauere nur wenig über drei Monate. Frühjahr und Herbst werden als Zeiten der ›Wegelosigkeit‹ beschrieben. »Die kalte Jahreszeit bringt durch lange, dunkle Nächte, durch harten Frost, hohe Schneedecke (besonders ab Januar), Schneeverwehungen usw. ... zahlreiche Behinderungen für Vormarsch, Verpflegung, Unterbringung und Nachschub mit sich.« Wir lesen von einem Straßennetz, das »in größerer Entfernung wenig ausgebaut, oft unzusammenhängend und dem modernen Verkehr in keiner Weise gewachsen ist. In den schwer durchdringlichen Wald- und Sumpfgegenden des Leningrader Gebietes haben die wenigen brauchbaren Straßen und Wege durchweg den Charakter langer Engnisse, die dem Verteidiger große Möglichkeiten zur Anlage von Sperren aller Art bieten«.

Das klingt anders als die schwärmerische Beschreibung, die ein begnadeter Autor wie Vladimir Nabokov von der Landschaft um seine Heimatstadt gibt. Doch der Widerspruch ist nur scheinbar. Die Deutschen betreten das Gebiet als Eroberer, für sie kann jede liebliche Lichtung, jeder wildromantische Waldsaum das Verderben, zumindest Strapazen durch Postennächte im Dauerregen, durch Schützenkämpfe bei schneidendem Frost bedeuten. Nabokov hingegen kehrt nach sommerlichen Schmetterlingsjagden und winterlichen Schlittenexkursionen in die Behaglichkeit eines Landsitzes mit Eingangshalle, breiten Treppen, Salons und fünf Badezimmern zurück. Im Winter 1905 hat er als Sechsjähriger keine anderen Sorgen als die bevorstehende Begegnung mit seiner neuen Erzieherin, die im Schlitten vom Kutscher Sachar mit den Rappen Soika und Sinka am nahen Bahnhof Siwerskaja abgeholt wird, während hinter ihnen der zweite Schlitten mit Mademoiselles Gepäck samt Hutschachtel dahingleitet.

Es gibt Leute, die haben die Transport- und Nachschubmisere bei der Heeresgruppe Nord und die verhängnisvolle Unbeweglichkeit der kämpfenden Truppe den Mängeln der Infrastruktur im Paradies der Werktätigen angelastet. Ein schwaches Argument, von Hochmut diktiert. Man mußte ja, wie die Zitate zeigen, kein Hellseher sein, um vorzusorgen. Und es bleibt unerfindlich, warum die Transportoffiziere erst jetzt entdecken müssen, daß ihre Lkw wegen der welligen Straßen keine Anhänger mitführen können.

Aber zurück in die Sumpfwälder um Pogostje. Auch hier sind, wie zuvor am Wolchow, ganze Bataillone aus Rotarmisten hinter die dünnen deutschen Linien und zwischen den Stützpunkten eingesickert. Die Deutschen schicken Jagdkommandos los. Aber sie vermögen die Geistertruppen nicht aufzuspüren und müssen sich schließlich damit begnügen, im Unterholz Nester mit ein paar versprengten Sibiriern auszuheben, die gehofft hatten, noch rechtzeitig von ihren vorstürmenden Leuten aufgenommen zu werden. Die Deutschen hören die Kommandos russischer Offiziere und Sergeanten, hören das Gedröhn und Gerassel von Panzern, die sich in Positionen hineinruckeln, aus denen sie mit ihren Kanonen Feuerschneisen freischießen. Ihr Auspuffqualm zieht durch das Geäst und sticht die Deutschen in die Nasen. Die Russen fällen emsig Bäume, behauen sie trotz des deutschen Störfeuers für Bunker und Brüstungen und schieben Horchposten an den Bahndamm heran, während die Deutschen zur Feindseite Beobachtungs- und Kampfstände hindurchwühlen. Es liegt Unheil in der Luft.

Während sich hier die Gegner noch abtasten, beginnt im Südosten bereits die Feuerwalze der 2. Stoßarmee über das Wolchowufer zu rollen. Ein paar Tage später zirpen die Morsezeichen der Funker dann auch im Pogostjeabschnitt »Kr, kr – dringend! Vernichtungsfeuer auf gesamtem Abschnitt, Feind greift an!« Die 54. Armee des Generalmajors Fedjuninski beginnt den Bahndamm von Pogostje zu berennen.

Wir haben die 225. hamburgische ID schon kennengelernt. Ihre Regimenter werden jetzt im Frontgebiet auf verschiedene, weit auseinanderliegende Abschnitte verteilt. Das Regiment 333, noch immer nicht für den Winterkrieg ausgebildet, noch immer in graugrünen Tuchmäntelchen, in Knobelbechern und ohne Tarnhemden, liegt am Bahndamm bei Pogostje. Die warmen Betten der ostpreußischen Quartiere sind vergessen.

Für diese Division wie für alle anderen, die um Leningrad ausharren, gelten die Worte aus der Chronik der 215. ID, die sich im Strudel des sowjetischen Einbruchs am Wolchow-Ufer festklammert: »Es kann der höchsten Führung der schwere Vorwurf nicht erspart bleiben, daß es versäumt wurde, die Truppenteile rechtzeitig mit ausreichendem Kälteschutz zu versehen, denn auch für normale Wintertemperaturen war die Ausrüstung zum Einsatz in Rußland völlig unzureichend. – Der zutage tretende völlige Mangel an Fürsorge und Voraussicht seitens der oberen Führung und das Bewußtsein, hilflos die Leiden der erkrankten Kameraden mitansehen zu müssen, erzeugten in der Truppe eine starke Erbitterung. Sie trug nicht dazu bei, ihren Kampfgeist zu heben. Umso bewunderungswürdiger ist das Pflichtbewußtsein des Soldaten, das trotzdem nie versagte und ihn allen Widrigkeiten zum Trotz aushalten ließ.«

Der Pfälzer Heinz Tüffers ist in diesen Tagen voller Not und Tod vorgeschobener Artilleriebeobachter, ›VB‹, vor Pogostje. In seinem Tagebuch findet sich die Eintragung: »Die Russen greifen unentwegt unsere dünnen Stützpunktlinien am Bahndamm an. Drei Panzer, die über den Damm vorstoßen, schießen blindlings in eine Gruppe türmender Landser. Ein grausiges Bild«. Deutsche Soldaten, in Panik flüchtend? Wer sich damals von den Bildern schneidig vorpreschender Kampftruppen und der dazu aufwallenden Heldenmusik in der *Deutschen Wochenschau* einstimmen ließ, der mochte bei solchen Beschreibungen sowjetische Propaganda vermutet haben. Und doch: Viele haben es erlebt, auf deutscher wie auf russischer Seite. Die ausgebufften Kriegshandwerker hatten ja längst gelernt, wann es Zeit war, eine Stellung zu räumen, ob mit, ob ohne Befehl. »Tausche Eisernes Kreuz gegen Laufschuhe!« hieß es dann im Landserjargon. Hochdekorierte Nahkämpfer sind wie die Hasen gesprungen, haben ihre Waffen zusammengerafft und ein paar Taschen voll Munition, haben genau gewußt, wann es an der Zeit war, sich wieder festzusetzen, Widerstand zu leisten, zum Gegenangriff anzutreten, noch bevor die Rotarmisten sich in einer neuen Stellung eingerichtet hatten. Das war das Eine. Aber das Andere war blinde Flucht, Panik, rette sich, wer kann. Im Stich gelassene Verwundete und Verschüttete, unbeschädigt weggeworfene Waffen und stehengelassene Geschütze, schußbereit aufgegebene, nagelneue Granatwerfer, vergessene, noch eingeschaltete Funkgeräte – das alles hat es gegeben. Nicht in allen Fällen siegt die Disziplin über den Herdeninstinkt. Wenn von dreißig Männern, in deren Kreis sich der Einzelne geborgen

5. Die Schere zwischen Gehorsam und Gewissen 117

fühlt, nach einem Volltreffer plötzlich nur noch sechs übrig sind, wenn die anderen zerrissen und bis zur Unkenntlichkeit entstellt die Erde bedecken, wenn blutüberströmte Verwundete sich im Schlamm wälzen, schreien und beten – dann muten Wörter wie ›Entschlossenheit‹, ›Umsicht‹, ›Durchhalten‹ wie blanker Hohn an. Heilige Schauder von Vaterlandsliebe reichen dann zum Widerstand nicht aus.

Mancher ist abgehauen, ist von der Feldgendarmerie aufgegriffen und vors Kriegsgericht gestellt worden. Offiziere, die auf einmal dringend weit hinten beim Stab zu tun hatten, fanden sich, falls sie nicht erschossen wurden, bei einem Bewährungsbataillon wieder. So gibt es denn in den Dokumenten der deutschen Divisionen vor Leningrad auch zornig hingefetzte Berichte, in denen es heißt: »... gemeldet worden, daß Offiziere taktische Befehle von wichtigster Bedeutung nicht ausgeführt haben, daß Offiziere ihre Truppe nicht in den Kampf führen, sondern sich bei rückwärtigen Stäben aufhalten, während ihre Leute in schwersten Kämpfen mit dem Feinde ringen ... haben sogar Teile der 7. Kompanie ihre Waffen weggeworfen ... und ihre Stellung verlassen.«

Zur gleichen Zeit wedelt ein deutscher Regimentskommandeur in einem Waldbunker an der Nordfront des Wolchowkessels gereizt mit einem Papier. Sein Adjutant hat den Sand, der beim letzten Bombeneinschlag auf den Kartentisch gerieselt war, weggewischt und seinem Oberst das Papier mit betont ausdruckslosem Gesicht vorgelegt. Der ›Alte‹ überfliegt die Mitteilung noch einmal schmallippig, murmelt etwas, das wie »jeistig total minderbemittelt« klingt und liest dann laut vor: »Die Kommandeure sind dafür verantwortlich, daß die Jagd in den besetzten Gebieten nur nach den vom Reichsjägermeister ...«, der Oberst hat plötzlich eine Fistelstimme, »Reichsjägermeister gegebenen waidmännischen Vorschriften ausgeübt wird. Jagdberechtigt sind nur diejenigen, die im Besitz eines Jahresjagdscheines sind oder vor dem Krieg einen solchen besessen haben. Die Kommandeure geben Jagdberechtigungsscheine aus. Die Schonzeiten des deutschen Jagdscheines sind zur waidmännischen Hege des hiesigen Wildbestandes unbedingt einzuhalten. Undsoweiterundsoweiter ...«

Der Oberst und sein Adjutant sehen sich schweigend an. Beide wissen, daß sie dasselbe denken: Tausende unserer Männer verrecken in diesen Tagen. Vor ein paar Minuten erst haben sich ein verwundeter Kompanieführer und ein Unteroffizier zurückgemeldet, der Rest einer Kompanie, die vor einer Woche mit zehn Unteroffizieren und 54 Mann vormarschiert ist. Jedem, der seine Leute nach vorn schickt, blutet das Herz. Und da findet tatsächlich ein elender Bürokrat Zeit und Muße, Schonzeiten für Karnickel anzuordnen. Ja, er befiehlt sogar, Feldgendarmen zur Überwachung einzusetzen. Wir aber haben nicht mehr genug Männer für unsere Postenstände, und rote Gardisten berennen unsere Bunker. Wir dürfen einen ›Jagdberechtigungsschein‹ studieren – ›Muster beiliegend‹ – während Panzerrudel unsere Leute wie die Hasen jagen. Und dazu wird noch »waldmännische Hege des einheimischen Wildbestandes« empfohlen. Und zur gleichen Zeit braten die eingeschlossenen Russen ihr letztes Pferd oder schneiden sich sogar schon Stücke aus soeben Gefallenen heraus, um nicht zu verhungern.

Der Zorn des Kommandeurs entlädt sich in einem Fluch von ungeheurer Bitternis und bebt in ihm derart nach, daß er die anderen Papiere mit der Randmarke »Kdeur«, die der Adjutant vorgeordnet hat, achtlos beiseiteschiebt. Unter diesen Schriftstücken ist der Divisionsbefehl Nr. 29. Darin wird bekanntgemacht: »Der Schütze Markus L. ist durch das Feldkriegsgericht der Division vom 26. Februar 1942 wegen Selbstverstümmelung zum Tode verurteilt worden. Der Verurteilte schoß sich als Einzelposten mit einer Pistole in den linken Oberarm, um von der Front fortzukommen. Auf Grund der Verletzung mußte ihm der Arm abgenommen werden. Das Urteil ist durch den Herrn Oberbefehlshaber der Armee am 2. 3. 1942 bestätigt worden. Es wurde am 4. 3. 1942 um 6 Uhr 22 vollstreckt.«

Der Adjutant war zufällig beim Nachbar-Regiment gewesen, als Markus L., dessen Selbstverstümmelung erkannt worden war, nach der Amputation dort zum Transport verladen wurde. Nun steigt der junge Offizier nachdenklich in seinen Kübelwagen, um zu seinem Regiment zurückzufahren. Auf dem Knüppeldamm ist ein Stau vor einer beschädigten Brücke entstanden. Die Pioniere arbeiten mit Hochdruck. Eingekeilt steht der Wagen in einer Transportkolonne. Die Kälte kriecht in die Knochen. »Und was halten Sie von dem Selbstverstümmler?« fragt der Adjutant den Fahrer, der neben ihm in dem engen ›Kfz 15‹ hockt und den Kragen hochschlägt. »Ein armer Hund, Herr Oberleutnant. Sowas tut doch keiner mit klarem Kopf.« – »Und was würden Sie nun mit ihm machen?« – »Ich möchte nicht der Richter sein. Aber er hat seine Kameraden nun mal hintergangen«. – »Und?« »Na ja. Mit ihm ist nun schon wieder einer ausgefallen. Und wir sind doch nur noch ein paar durchgefrorene Hanseln hier am Wolchow. Jetzt müssen die anderen auch noch für ihn mitschießen,

5. Die Schere zwischen Gehorsam und Gewissen 119

mitwachen, mitschleppen. Das verzeiht kein Landser. Da hört der Spaß auf.«

Bei den Russen da drüben ist es genau so, überlegt der Adjutant. Erst kürzlich hatte er das Protokoll einer Gefangenen-Vernehmung gelesen. Da berichtete der Rotarmist Wassilij Issijew von einem Soldaten, der ein deutsches Flugblatt bei sich getragen und sich als Horchposten in die linke Hand geschossen hatte. »Der Soldat war vom Kriegsgericht zum Tode verurteilt worden,« hieß es wörtlich in dem Protokoll. »Das Urteil wurde in der Bunkerstellung vor der versammelten Kompanie vollstreckt. Die Kompanie trat an, dann wurde der Verurteilte vorgeführt. Nach dem Kommando »Stillgestanden!« verlas der Kriegsrichter das Urteil. Zwei Leute vom NKWD schossen den Soldaten unverzüglich mit Maschinenpistolen nieder. Dann gab der Kriegsrichter bekannt, so werde es jedem Verräter gehen. Auch seine Familie werde liquidiert.«

Der Wagen ruckte an. Aus der Kolonne stiegen Wolken von Auspuffqualm auf. Aber wenn nun einer die ganze Armee verstümmelt, grübelte der Adjutant weiter, wenn einer die Soldaten nicht richtig anzieht, wenn er sie falsch bewaffnet, wenn er sie immer wieder in Kämpfe schickt, in denen sie sich einer erdrückenden Übermacht erwehren müssen – ob der wohl auch eines grauen Morgens um 6 Uhr 22 vor einem Erschießungskommando steht? Der Oberleutnant erschrickt über seine Gedanken und setzt sich kerzengerade hin. Er ist jung, er ist Idealist, er will einfach daran glauben, daß der Führer schon alles in Ordnung bringen wird.

Es gab natürlich Situationen, in denen es wichtiger war, die Front zu stabilisieren und Katastrophen zu begrenzen, als einzelne arme Sünder zu bestrafen. Situationen, in denen fliehende Truppen von Vorgesetzten angehalten, vielfach unter Drohungen, ja, auch mit Gebrauch der Pistole zur Vernunft gebracht und wieder zu Abwehr und Angriff geordnet wurden. Zu denen, die wir uns heute nicht recht mit einer entsicherten Schußwaffe, sondern eher mit einem Palmenzweig in der Hand vorstellen können, gehört, wie ein Dokument des Freiburger Militärarchivs verrät, ein Hauptmann namens Richard von Weizsäcker. Wir sehen ihn Ende März 1945 als Regimentsadjutant des Grenadierregiments 9 mit Resten der Truppe am Frischen Haff eingeschlossen. Seite an Seite mit anderen Einheiten erwarten die Soldaten, zusammengedrängt unter schwerem sowjetischen Artilleriefeuer, die Schiffsverladung, um der Vernichtung zu entgehen. Als die Russen angreifen, um den Brückenkopf zu zersprengen, droht die

Katastrophe. Der Hauptmann von Weizsäcker sammelt alle Grenadiere im Umkreis, stößt, wie es heißt, im Zuge eines größeren Entlastungsangriffes anderthalb Kilometer vor und erobert Stellungen, aus denen der geordnete Rückzug vorerst gesichert werden kann.

Sein Kommandeur schlägt ihn zur Nennung im *Ehrenblatt des deutschen Heeres* vor. In der Begründung schreibt er: »... riß die letzten Männer seines Regiments durch sein ... Beispiel und ... härteste Maßnahmen immer weiter vor ... Der beispielhaft schneidige Einsatz ist besonders hoch zu bewerten, da ... die Masse der Soldaten und viele Führer zu einer kämpferischen Haltung nicht mehr die Kraft hatten.«

Was ist inzwischen bei Pogostje geschehen? Vier blutige Wochen hat es gedauert, dann ist es den Rotarmisten der 54. Armee gelungen, über den Bahndamm durchzubrechen. Nun beginnt die Zange zuzubeißen, von Norden und von Süden. Nun ist die 2. Stoßarmee vom Wolchow her nach Westen und nach Norden am weitesten vorgedrungen. Sie steht nur noch etwa 20 Kilometer vor dem Hauptquartier der 18. Armee in Siwerskaja, an der Bahn von Leningrad über Gatschina und Luga nach Pleskau. Die gesamte Leningradfront der 18. Armee ist vom Rücken her bedroht. Und schon ist auch die Lücke in der Bahndammstellung von Pogostje, durch die nun die 54. Armee nach Süden stoßen will, acht Kilometer breit. In ihr füllen die Männer beider Seiten, die im Nahkampf gefallen sind, die Granattrichter bis über die Ränder hinweg.

Schon Ende Dezember 1941 hatten sich die Gegner nördlich des Bahndamms ineinander verkrallt. Teile der Divisionen, die westlich des Wolchow vom vergeblichen Stoß auf Wolchowstroj und das Ladoga-Ufer zurücktrotten, sind in den eisigen Wäldern eingeschlossen worden.

In jenen Tagen war die 269. ID, Heimatstandort Hamburg, nordostwärts von Tossno eingetroffen, das an der Rollbahn Leningrad/Tschudowo liegt. Die Division zieht in die Bereitstellung zu einem Unternehmen, mit dem die Flaschenhals-Front im Osten von Mga verbessert werden soll. Bei schneidender Kälte und beißendem Ostwind sind die Soldaten auf dem Marsch. Die Straßen sind spiegelglatt, die Wege durch meterhohe Schneeverwehungen versperrt. Die Männer denken wehmütig an die winterfesten Stellungen vor Leningrad, die sie Hals über Kopf hatten verlassen müssen.

Wie üblich in diesen Monaten, werden jetzt die Regimenter der 269. ID von einer Stunde zur anderen umgelenkt. Die Offiziere sagen fachmännisch ›abgedreht‹. Die Lage der Truppenteile, die sich von Wolchowstroj zurückkämpfen und nun auch noch eingeschlossen sind, hat sich plötzlich so zugespitzt, daß die 269. ID zu Hilfe kommen muß. So, wie die Regimenter im Kampfgebiet eintreffen, werden sie eingesetzt. Die Bahnstationen Maluksa und Pogostje sind wieder in russische Hand gefallen. Sie werden zurückerobert. Es gelingt den Hamburgern auch, zu den Eingeschlossenen der ostpreußischen 291. ID in der Waldsiedlung Baraki-West vorzustoßen. Doch nur in gesicherten Geleitzügen gelingt es, Verpflegung und Munition nach vorn, Verwundete zurückzubringen. Hinter jedem Baum lauert das Verderben. Da sperren die Russen den Weg mit Baumriegeln und Minen ganz. Wieder ist die Falle zugeschnappt. Achtundvierzig Stunden dauert der Kampf, dann sind die Sperren geknackt, die Verwundeten der 291er, die dicht gedrängt in einer von MG-Garben durchlöcherten Scheune gelegen haben, auf Transportschlitten verladen, die abgekämpften, halberfrorenen Verteidiger von Baraki-West auf dem Marsch. Doch nach einhundert Metern stoßen die Kolonnen auf russische Schützen. Wieder ist der Ring geschlossen, der Weg nach Maluksa gesperrt. Wieder muß Baraki-West entsetzt, wieder muß Maluksa gestürmt werden.

Schließlich kann eine Stützpunktlinie errichtet werden. Es gelingt sogar, den Angriff über Baraki hinauszutragen. Doch da droht den Bataillonen wieder die Einschließung. Die Verwundeten geraten sogar in russische Hand, können aber schnell befreit werden. Die Division hat sich fast verblutet. Jetzt wird sie auf den Bahndamm von Pogostje zurückgenommen. Der geordnete Rückzug der von Norden zurückgehenden Wolchowstrojkämpfer ist ermöglicht, ihre Flanke gesichert worden – um einen hohen Preis. Und unter dem Motto ›Im Osten nichts Neues‹.

Es ist gar nicht lange her, da war im Zusammenhang mit den Strapazen der deutschen Soldaten die hämische Frage zu hören, wieso sie denn bei einem derartigen Aufwand von Opfermut und Einsatzwillen den ganzen Krieg nicht gewonnen hätten. Ein seltsames Argument, da sich bei uns jedermann auch aus objektiven Quellen informieren kann. Und über die törichte Erwartung, jede Anstrengung in diesem Leben werde zwangsläufig von Erfolg gekrönt, sind Diskussionen müßig. Was bleibt, sind Achtung und Bewunderung für übermenschliche Leistungen, wie sie uns Bundesrepublikanern hoffentlich nie abverlangt werden. Ein Grund mehr für nachfolgende Generationen, demütig das Knie zu beugen, nicht aber hochmütig zu lächeln.

Natürlich ist der Opfergang der 269. ID nicht beendet. Denn nun steht ihre vorderste Linie, deren Stützpunkte Namen tragen wie ›Adele‹, ›Klein

Erna‹, ›Dolly‹, ›Cilly‹ und ›Baby‹, immer mehr unter Druck. Hier will die sowjetische 8. Armee auf Mga vorstoßen und kräftefesselnd die letzten deutschen Abwehrchancen an anderen Abschnitten zunichte machen. Gleichzeitig überstürzen sich die Meldungen über Angriffe bei Pogostje, über sibirische Skibataillone hinter den deutschen Bunkern, über gesperrte Versorgungswege, durchtrennte Kabel, ausgeraubte Feldküchen, überfallene Verwundetenkonvois. Am gleichen Tag, an dem die 2. Stoßarmee über den Wolchow losbricht, greift die 8. Armee bei Lodwa an. Und im Newabrückenkopf bei Dubrowka stehen Verbände bereit, um ihr entgegenzukommen, sobald sie in Mga eindringt. Bis in den März hinein toben die Kämpfe. Den Rotarmisten bleibt der Erfolg versagt. Doch auch hier wird die These Lügen gestraft, die Russen seien vor Leningrad den Deutschen ausgeliefert gewesen. Von diesen Deutschen sind nur noch wenige übrig, die sich unversehrt oder wenigstens als Überlebende über den Abwehrerfolg und die rühmliche Erwähnung im Wehrmachtbericht ein bißchen freuen.

Immer noch dreht sich alles um Pogostje. Immer wieder ist die Bahndammstellung gegenseitig in Angriff und Gegenangriff aufgerollt worden. Wochenlang tobt der Kampf um Schneisen, Waldstücke und Lichtungen. Namen wie ›Herzlichtung‹, ›Z-Schneise‹, ›Mercedes-Stern‹ brennen sich ins Gedächtnis jedes Soldaten ein. Aufgegebene Stützpunktbesatzungen geben nach Tagen wieder Lebenszeichen, ihre Bunker werden plötzlich Brennpunkte wütender Gefechte. Verbindungsstoßtrupps finden Gefechtsstände, die kurz zuvor noch quirlen von Offizieren, Meldern, Funkern, Reserven, Verwundeten, Versprengten, von einer Viertelstunde auf die andere verlassen vor. Die herumliegenden Gefallenen betrifft das Geschehen nicht mehr. Kompanien, die beim Marsch nach vorn Gepäck und Gerät in Schneisen ablegen, finden es beim Stellungswechsel von russischen Panzern zerwalzt. Männer, die Gefangene zurückbringen, werden, wie die Gefangenen selbst, nie wieder gesehen. Leute, die bei einem Gegenstoß vermißt werden, kennt man nicht einmal namentlich, weil sie erst im Augenblick des Angriffs als Ersatz eingetroffen waren. Störungssucher, Träger, Horchposten verschwinden spurlos.

6. Kapitel
Der blutige Bahndamm von Pogostje, ein Wiedersehen

Auf engem Raum spielen sich gleichzeitig Einzelaktionen ab, wie sie keiner der Männer beider Seiten sich hat vorstellen können, mit wildem Triumph und elendem Tod, mit Raserei und bleierner Erschöpfung. In einem Gelände, das rundherum völlig unübersichtlich ist, für Unerfahrene überhaupt keine Orientierung bietet, und in dem auch weite Areale, die auf den Karten als freie Flächen ausgewiesen sind, sich als zugewachsen und schwer gangbar erweisen.

Da muß ein Bunker aufgegeben werden. Als die Überlebenden entdecken, daß ein Schwerverwundeter darin geblieben ist, holt ein Gefreiter diesen mitten aus den russischen Angreifern unter schwerem Feuer heraus. Da greifen die Russen am Bahndamm plötzlich frontal und dicht zusammengedrängt an. Zwei schwere Granatwerfer, die im Wald abgeschnitten sind, nehmen in kalter Verzweiflung die Heranstürmenden unter Feuer. Sie wollen sich so teuer wie möglich verkaufen. In kurzer Zeit haben sie vierhundert Wurfgeschosse verfeuert. Sie haben sich verschossen. Aber der russische Angriffsstreifen vor ihnen ist schwarz von Toten, etwa 500 Rotarmisten sind in den Tod gelaufen, der Angriff ist abgeschlagen.

Da fressen Pferde das Strohdach einer zusammengestürzten Kate im Nu ratzekahl. Da holt ein Turkmene mit einem Schlitten Minen aus einem Depot und findet die Schneise nach vorn verstopft. Er läßt den Schlitten stehen, um einen anderen Weg zu erkunden, verläuft sich und gerät hinter der deutschen Linie in Gefangenschaft. Ein anderer, der mit einem angreifenden Bataillon durch deutsches Feuer am Boden festgehalten wird, schläft vor Erschöpfung ein. Deutsche wecken ihn. Da ist eine Trägerkolonne der Deutschen nach vorn unterwegs. Jeder Mann schleppt vier Wurfgranaten. Sie brauchen zwei Stunden für zwei Kilometer und sind noch nach einer Stunde vor Erschöpfung bewegungsunfähig. Da fahren vier russische Panzer, abgeschnitten von ihrer Begleitinfanterie, kreuz und quer durch die Stellung eines deutschen Bataillons, ohne einen einzigen Deutschen zu Gesicht zu bekommen. Da plündern eingesickerte Russen,

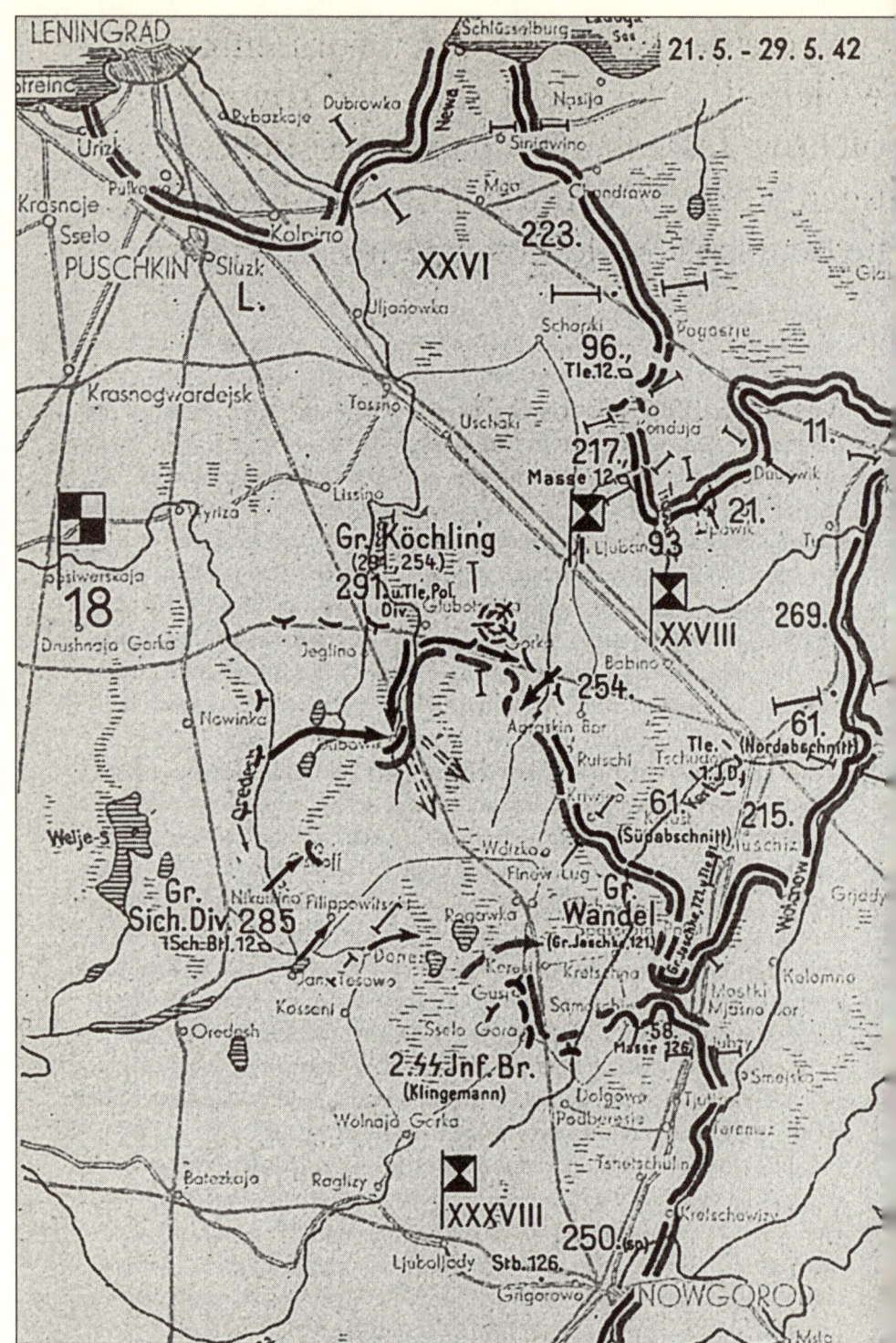

Wolchow-Schlacht: Die Kraft der 2. Stoßarmee ist gebrochen. Abgeschnitten von Reserven und Nachschub verlieren die sowjetischen Einheiten jeglichen Zusammenhalt. Den Resten der deutschen Abwehrkräfte um den Pogostje-Einbruch ist es inzwischen gelungen, eine feste HKL zu bilden. (Quelle: Lageatlas der Heeresgruppe Nord)

berauscht vom Anblick der Habseligkeiten, die sie in den Tornistern einer deutschen Kolonne auf abgestellten Schlitten in einer Schneise finden, solange, bis sie überrascht werden, sich zu einer Gegenwehr nicht mehr formieren können und zwischen Rasierzeug, Handtüchern, Büchern und Konservendosen verbluten. Da müssen Soldaten sich an Trampelpfaden orientieren, weil die Schneisen, die auf der Karte eingezeichnet sind, zugewachsen sind. Da richtet ein Waffenmeister in der Ecke eines Nachrichten-Bunkers seine Werkstatt ein, repariert zwischen Funkern und Fernsprechern unter russischen Feuerschlägen Gewehre und MG und gurtet sorgfältig Munition. Da sitzen Männer im Windschatten nebeneinander, knabbern wie Affen an gefrorenem Brot und lecken an eisharter Wurst. Da meldet sich ein Bataillon mit 7 Offizieren, 77 Unteroffizieren und 347 Soldaten zum Einsatz, wird wegen hoher Anfangsverluste mit 6 Unteroffizieren und 41 Mann aufgefüllt und meldet sich nach drei Wochen mit 4 Offizieren, 7 Unteroffizieren und 36 Mann ab. Ein Normalfall. Deutsche Essenholer stapfen nachts auf Panzer zu, die im dichten Gehölz hinter den eigenen Bunkern stehen. Die Einstiege sind geschlossen, aus dem Innern ertönen Schnarchlaute. Die Essenträger lachen mit gefrorenen Mündern. Plötzlich entdeckt einer kyrillische Aufschriften an den Türmen. Leise schleicht die Gruppe mit eingezogenen Köpfen davon.

Daß die Soldaten beider Seiten tagelang kein warmes Essen bekommen, daß die Suppe in den Kanistern gefroren ist, gilt als normal. Wie schlafen sie, wenn überhaupt? Die grauen Gesichter, die erschlafften oder verzerrten Züge, die unnatürlich glänzenden Augen verraten den Mangel an Schlaf. Manche nicken im Gehen ein, torkeln in Mulden, gegen Bäume. In Bunkern, die, nicht eingerichtet, nichts weiter sind als große Kisten, schlafen 15, auch 20 Mann im Stehen, dichtgedrängt wie in der U-Bahn. Auf Posten einschlafen, gefährdet nicht nur das eigene, sondern auch das Leben der Kameraden. Wären alle bestraft worden, die zwischendurch dennoch einnicken, hätte es mehr Strafeinheiten als normale Verbände gegeben. Deshalb laufen Streifen die Postenketten ab, die den Männern immer wieder in die Rippen knuffen, um sie wachzuhalten.

Gibt es so etwas wie Körperpflege? Abgelöste Kompanien können in behelfsmäßig installierten Entlausungsstellen duschen, die Unterwäsche wechseln, die speckigen, zerschlissenen Uniformen von Ungeziefer reinigen lassen. Die Russen richten sich dicht hinter der Front sogar Saunaanlagen ein, sobald die Lage stabil ist. Sie lassen ihre Soldaten auch turnen, an Behelfsgeräten. Aber in diesen Monaten ist die Front nicht stabil, und abgelöst wird nur selten oder kurz. Solange die Männer im Freien bis auf die Haut durchfrieren, spüren sie von Läusen nichts. Sobald ihnen aber eine Viertelstunde Wärme in einem Bunker geschenkt wird, geht die Plage los: Juckreiz am ganzen Körper, ohne Rücksicht auf den Dienstgrad. Ab und zu versuchen die Männer sich zu rasieren. Ein Stück Birkenrinde genügt, um einen Feldbecher Schnee als Rasierwasser zu erhitzen. Doch dazu muß Schutz und Platz in einem Bunker vorhanden sein. Und daran fehlt es. Am 9. April meldet die 269. ID, ihre Männer hätten seit fast vier Monaten kein Dach über dem Kopf gehabt, nicht zum Schlaf kommen und nur völlig unzureichende Körperpflege betreiben können. Sie seien »im Äußeren völlig heruntergekommen«.

Zu den Erfahrungen, die Soldaten ihr Leben lang nicht vergessen, gehören die Schrecken eines Panzerangriffs, dem sie ohne Abwehr gegenüberstehen. Und selbst wenn Pak, Sturmgeschütze oder sogenannte Panzerbekämpfungstrupps aufgeboten werden, ist die Gefahr nicht gebannt.

Die schweren sowjetischen Panzer, die KW I, die bei Pogostje und im Wolchow-Einbruch eingesetzt werden, sind im Gelände nicht schneller als 15 km/h. Die wendigsten und wirksamsten, die T 34, nicht schneller als 20 bis 30 km/h. Doch sie bewegen sich in einer Landschaft, die als unbefahrbar gilt und von Menschen mit Lasten allenfalls im Schneckentempo überwunden werden kann. Dadurch scheinen sie viel flinker zu sein, und die Soldaten staunen, wie unglaublich behende sie auf sie zurollen, wie sie Pakstellungen ausmanövrieren und ihre überlegene Feuerkraft gegen alle Abwehrmittel wirken lassen.

Was den Panzerschreck bei den unerfahrenen Regimentern auslöst, die aus Frankreich kommen, ist der optische und akustische Eindruck, noch bevor die Panzer das Feuer eröffnen. Die Ungetüme sind etwa sieben Meter lang, drei Meter breit und zweieinhalb bis dreieinhalb Meter hoch. Rund 70 Zentimeter breite Ketten verhindern das Einsinken auch in weichen Boden. Zu den Ausmaßen kommen die Geräusche: Das Dröhnen und Blubbern der schweren Dieselmotoren, das Scheppern, Klirren und Quietschen des Fahrwerks. Und sobald sie heran sind, der peitschende Knall der 7,62-cm-Kanone, die bei den Soldaten schon als Feldgeschütz unter dem Namen ›Ratsch-Bumm‹ berüchtigt ist, und das Rattern der zwei MG. Ist es ein Wunder, wenn da den seelisch und körperlich zermürbten Infanteristen das Gefühl der Ohnmacht, der Verzweiflung, der Angst überfällt? Er will der Gefahr entfliehen, aber Weglaufen bedeutet den sicheren

6. Der blutige Bahndamm von Pogostje, ein Wiedersehen

Tod. Also bleibt er aus Selbstschutz zitternd und hoffend liegen und macht wenigstens der Begleitinfanterie den Garaus.

Hier und da versuchen deutsche Pak Schneisen gegen Panzer abzuriegeln. Die Richtschützen markieren Entfernungen an den Bäumen, um als erste mit ihrem Abwehrfeuer im Ziel zu sein. Aber die russischen Panzer fahren quer zur Schneise, jagen mit Höchstgeschwindigkeit darüber hinweg, rollen neben ihr im Wald entlang, umgehen Minensperren, die vorsorglich als Querriegel weit ins Unterholz verlegt worden sind, dröhnen über Schützenlöcher und -mulden am Schneisenrand hinweg und versuchen die Pak niederzuwalzen. Die Deutschen trennen die Panzer von ihrer Begleitinfanterie, während die Panzer versuchen sich gegenseitig Feuerschutz zu geben. Nun kommt die Stunde der Panzerknacker. Sie legen getarnte Minen in die Spur des Kolosses, weil er, wie sie inzwischen gelernt haben, aus Vorsicht darin zurückfahren wird. Sie springen ihn an, um seine Sehschlitze und seine Schießoptik mit Schlamm zuzuschmieren und ihn zu blenden, um ihm Hohlladungen anzuheften und Minen unter den Turmüberhang zu schieben, um Brandflaschen über Motorabdeckung und Auspuff zu zünden. Sie kriechen auch an die Laufketten heran, um Minen darunterzupacken. »Ist die Infanterie abgehängt und bist du erst mal auf dem Ding drauf, dann kann dir nichts mehr passieren!« sagen die Routiniers.

Wie sieht – im Idealfall – ein Panzerbekämpfungstrupp aus? Da ist der Truppführer, meist ein Unteroffizier. Er trägt eine Pistole, eine 08 oder P 38 oder eine Tokarev, je nach Neigung. In der Faust hat er eine Haft-Hohlladung, mehr als drei Kilo schwer, in den Uniformtaschen zwei Ei-Handgranaten. Ein Mann trägt eine Teller-Mine, T-Mine genannt, zehn Kilo schwer, an einem Henkel. Dazu einen Druckzünder, der auf Druck der Panzerketten reagiert, einen Brennzünder, falls die Mine als Sprengladung gezündet werden soll, und zwei Ei-Handgranaten. Ein zweiter Mann trägt eine Haft-Hohlladung, eine Pistole, zwei Ei-Handgranaten. Außerdem sind da zwei Mann, die eine Haft-Hohlladung, drei T-Minen und je zwei Handgranaten schleppen. Als Deckung ist eine Gruppe Infanterie von etwa zehn Mann eingeteilt. Sie soll die Begleitinfanterie bekämpfen und den Panzer ablenken.

Der Panzer wehrt sich mit Kanone und MG, durch ruckartiges Schwenken und Hinundherfahren. Der Wald, der ihn vor den Geschossen gegnerischer Panzer, Sturmgeschütze und Artillerie bewahrt hat – jetzt ist er ein Feind. Die Sicht aus dem Panzer ist schlecht. Im Wald ist sie noch schlechter. Gewinnt der Panzer die Oberhand, läßt er die Angreifer nicht in den toten Winkel gelangen oder kann er sie ausmanövrieren, dann ist eine schnelle Kugel oft für den Panzerknacker die gnädigste Lösung. Ein junger Gefreiter springt aus einem Trichter, um einem Panzer zwei Handgranaten ins offene Turmluk zu werfen. Aber er ist steifgefroren und kommt nur mühsam aus dem Schnee hoch. In diesem Moment dreht der T 34. Der MG-Schütze entdeckt den Jungen und schießt sofort. Der Gefreite hat auf die kurze Entfernung keine Chance. Ein Obergefreiter heftet einem Panzer, der in einer Schneise zurückrollt, im Laufen eine Haft-Hohlladung an und setzt ihn in Brand. Ein paar Monate später wäre ihm das nicht gelungen, da hatten die Panzer einen Zementbelag, auf dem die Magneten der Hohlladungen nicht halten konnten. Da schießt ein Funker einem Panzer eine Leuchtpatrone in die Kühlerjalousie am Heck und läßt so den Motor hochgehen. Da sprengt ein Gefreiter einem Panzer mit zwei T-Minen eine Laufkette weg. Der Panzer dreht im Kreis. Der Kommandant springt aus dem Turmluk und schießt wutentbrannt mit der Pistole auf den Gefreiten. Der dreht ebenso wutentbrannt seinen Karabiner um und schlägt den Gegner mit dem Kolben nieder.

Hat der Panzervernichter den Koloß bewegungsunfähig gesprengt, dann kann die Besatzung meist nur noch auf die schnelle, vernichtende Explosion hoffen, um nicht, zum Tode verurteilt, erst nach endlosem, qualvollem Warten zerrissen oder beim Aussteigen abgeschossen zu werden. Ein erschütterndes Beispiel wird aus dem Gebiet am Newa-Knie südlich von Leningrad bekannt. Die Russen haben dort einen Brückenkopf bilden können. Beim Versuch, diesen zu erweitern, stoßen zwei KW 1 durch die Reste der deutschen HKL, fahren sich aber dabei fest. Die Deutschen können den Einbruch hinter den Panzern schließen. Die Kolosse geben sich gegenseitig Feuerschutz. Sprengmittel zu ihrer Bekämpfung haben die Deutschen nicht, eine Pak ist nicht in der Nähe. Die Besatzungen schießen auf alles, was sich um ihre Fahrzeuge herum bewegt. Aber sie können sie wegen des Infanteriefeuers der Deutschen nicht verlassen. Knapp 45 Stunden sind seit Beginn des russischen Vorstoßes vergangen, da versucht eine der Besatzungen dennoch auszusteigen, wird aber durch Handgranaten gehindert. Wenige Minuten später haben die Deutschen schließlich eine Pak herangeschleppt. Mit Spezialgeschossen schießt sie die noch immer feuerspeienden Kolosse in Brand. Beide Besatzungen kommen um.

Je mehr man über solche Einzelheiten nachdenkt, desto mehr drängt sich das Bild eines furchtbaren Handwerks auf, das die Männer beider Sei-

8 Zunächst stiegen alle über Tote hinweg – ob Russen oder Deutsche, wie in diesem Graben. Manchmal wurden Gefallene so zu Geländemarken. Dann hieß es: »Vorsicht. Hinterm toten Fritzen Feindeinsicht!« (Die Russen nannten Deutsche »Fritz«). Aus Minenfeldern waren Tote oft nicht zu bergen. Partisanen haben Leichen absichtlich vermint.

Ein toter Rotarmist im eisgefüllten Deckungsloch. Heute Blasphemie, damals einer der barbarischen Eindrücke, gegen die sich die Menschen innerlich wappnen mußten. Jeder mußte Bilder ertragen, gegen die auch Albträume verblaßten.

10 Endlich eine Zigarette! Wer damit rechnen mußte, den Tag nicht zu überleben, für den war Gesundheit kein Thema mehr. Viele Männer waren süchtig nach anregendem Nikotin. Andere überbrückten Zeiten, in denen Munition wichtiger war als Verpflegung, mit gerösteten Brotwürfeln, die sie lose in den Taschen trugen.

11 Sogenannter Infanterie-Steg flankiert von Sichtblenden, in Sumpfgelände der Sappenkopf-Stellung am Bahndamm vor Pogostje. Rechts ein Postenstand, am Pfad nach Winjagolowo. Die beiden Soldaten in typischer Lauschtrupp-Uniform: Mit Tarn-Wendebluse, Halstuch und Gummistiefeln vorn der Autor, hinten der Gefreite Sand, der wenig später fiel.

2 Was »Panzerschreck« bedeutete, wurde klar, wenn plötzlich Feindpanzer wie diese (wrackgeschossenen) T 34 durch die HKL brachen. Die Sowjetpanzer wurden fabrikneu ohne technische Verfeinerungen direkt aus den Rüstungswerken Leningrads an die Front geschickt, oft mit Kampfparolen und Emblemen bemalt.

3 Strapazen, mörderisches Klima und seelische Dauerbelastung reduzierten das Heldenbild der Propaganda auf die graue Wirklichkeit. Nicht stramm und athletisch, sondern unscheinbar, müde und gleichmütig handhaben die Kriegshandwerker ihre Waffen. Die Kleidung war uneinheitlich. Wechselndes Wetter, wechselndes Einsatzgelände, wechselnde Kampfsituationen bestimmten das Bild.

14 Der Russe: Nikolaj N. Nikulin war Anfang 1942 Artillerie-Funker der 311. SD, auf der Nordseite vom Pogostjedamm

16 Der Deutsche: Hendrik Wiers war Anfang 1942 Melder der 225. ID, I./IR 333, auf der Südseite vom Pogostjedamm

15 N. Nikulin, heute Professor Dr. in der Abteilung Niederländische Kunst, Eremitage St. Petersburg

17 H. Wiers aus Emden war nach 50 Jahren in Pogostje und Kirischi. Er ist mit Prof. Nikulin befreundet

18 Bahndamm bei Maluksa, kurz vor Pogostje, dem Eckpfeiler des Einbruchs der 54. (sowjet.) Armee nach Südwesten, Anfang 1942

ten dort um Leningrad betreiben. Ja, sie sind alle Kriegshandwerker geworden, haben sich wochenlang mit anderen, die sich nur durch Sprache und Uniform von ihnen unterscheiden, auf Entfernungen von oft nur wenigen Metern mit Karabinern und Pistolen herumgeschossen, haben mit Bajonetten aufeinander eingestochen, haben sich gewürgt, haben mit Spaten aufeinander eingeschlagen, haben sich gegenseitig Handgranaten in die Deckung geworfen. Man kann in den Gefechtsberichten deutscher Kompanien von Männern lesen, die schon nach ein paar Tagen die von ihnen Getöteten nach Dutzenden zählen. In ihren Personalpapieren finden sich so harmlose Berufsbezeichnungen wie Gärtner, Maler, Postbote, Student und Lagerarbeiter. Ihnen liegen Leute gegenüber, die Kolchosmaschinisten sind, Flechter, Zementformengießer, Buchhalter und Kinomechaniker. Die Tabellen ihrer Kampfergebnisse sehen nicht anders aus als die deutschen. In ihren Taschen tragen die Männer beider Seiten Fotos ihrer Frauen, Kinder, Eltern, rissige Zettel, wer im schlimmsten Fall zu benachrichtigen sei, Briefe ihrer Lieben mit den Anreden ›Mein Kleiner‹, ›Armes Jungchen‹, ›Du Zärtlicher‹ und Ermahnungen, sich immer recht warm zu halten, immer die dicken Socken zu tragen (»Du weißt, wie leicht Du Dich erkältest«), nicht leichtsinnig zu werden und alles Gefährliche den Raufbolden und Kraftmeiern zu überlassen.

Die deutsche Propaganda entdeckt einen neuen Menschentyp – den Wolchowkämpfer. Damit meint sie einen stahlharten Tarzan mit Nußknackerkinn, der nie den grimmigen Humor verliert und für den Führer im Sinne des Wortes durchs Feuer geht. Die Wirklichkeit sieht natürlich anders aus. Es ist nicht nur abgrundtiefe Erschöpfung, die sich in den maskenhaften Mienen der Waldkampf-Experten ausdrückt. Der abwesende Blick, die lauernd zusammengekniffenen Lider bei ungewöhnlichen Geräuschen, die knappen Bewegungen, der automatenhafte Griff zur Zigarettenpackung, die hängende Kippe im Mundwinkel, die kalte Stimme, der jähe Zorn, die gereizten Reaktionen auf zackige Befehle, auf die sinnlose Hektik des Dienstbetriebs im Hinterland – die Männer wirken seltsam fremd, unendlich fern, nur äußerlich erreichbar. Das sind nicht mehr die Jungen, die sich ein paar Monate vorher lachend von ihren Mädchen verabschiedet haben. Sie sind dem Tod begegnet, haben getötet und gezittert, wissen nun, wie Menschen aussehen, die in den Fleischwolf des Krieges geraten, und sie werden den Geruch dieser Schwaden aus Pulver, Öl, versengtem Gummi und verbranntem Fleisch nicht mehr los, der aus einer ausglühenden Panzerwanne durch einen Wald zieht, in dem jeder Baum seine splittrigen Wunden vorzeigt.

Oft richten die Männer ihre Schützenlöcher und Schneewälle zwischen Bergen von Gefallenen ein, die deutsche und russische Uniformen tragen und so ineinander verknäuelt und zu Eis gefroren sind, daß keiner sie begraben kann, selbst wenn es Zeit, Kraft, Gerät dafür gäbe. Die Soldaten steigen über sie hinweg wie über Schlafende und sehen sie an, wie man Brüder ansieht: Opfer unter Opfern, beide nicht mehr von dieser Welt.

Die Militärbeamten haben einen ganz anderen Blickwinkel: Wohin mit den Massen von Toten? Die Deutschen bekommen ihre Gräber, ihre Birkenkreuze, gewiß, wann und wo immer es geht. Aber die Russen? Es gibt in den Dokumenten einer Division vom Nordrand des Wolchow-Kessels ein Papier, in dem diese Frage unter der Marke ›Leichen- und Kadaver-Beseitigung‹ behandelt wird und das sich auf sowjetische Vorbildmaßnahmen bezieht. Wie macht man Massengräber für 50, für 100, für 200 Menschen? Wie und womit werden die Gruben gesprengt? Werden die Toten geschichtet und wie tief? Technische Fragen. Es wurde beseitigt, nicht bestattet.

Zehntausende von Deutschen und Russen bleiben unbestattet, teils nach Angriffen in Drahthindernissen und Minenfeldern, teils bei überstürzten Räumungen. Die Beobachter deutscher Aufklärungsflugzeuge kneifen ungläubig die Augen zusammen, wenn sie nach Rückzügen entdecken, wie die Russen mit Traktoren deutsche Gräberfelder einebnen. Doch inzwischen wissen wir, daß nun, über fünfzig Jahre nach Kriegsende, Gruppen junger Russen Monate ihrer Freizeit opfern, um die Gebeine ihrer Landsleute, die bis heute an Wolchow, Ilmensee und Lowat unbeerdigt geblieben sind, würdig zu bestatten und daß sie dabei die Überreste deutscher Soldaten meist mit gleicher Sorgfalt behandeln. Jetzt lösen sich anerzogene Menschenverachtung und unmenschliche Indoktrination. Stalin hatte, rachsüchtig und enttäuscht über den – in seinen Augen – mangelnden Kampfwillen der 2. Stoßarmee, ausdrücklich untersagt, selbst von den eigenen Toten überhaupt Kenntnis zu nehmen.

Wir Deutsche haben allerdings wenig Grund, den Russen bisherige mangelnde Achtung vor den Toten vorzuwerfen. Ideologische Verblendung hat auch bei uns über den Tod hinaus gewirkt. In manchem Ort in der deutschen Provinz ist zu besichtigen, wie streng getrennt die Leichen armseliger Zwangsarbeiter und Gefangener von denen der Einheimischen begraben wurden. Und was in dieser Hinsicht noch in unseren Tagen an

6. Der blutige Bahndamm von Pogostje, ein Wiedersehen 131

Verfolgung Toter hingenommen wird, das wissen wir seit Bitburg. Oft wurden aus Zeitmangel Gefallene unserer Nachhuten in ihren Deckungslöchern zugeschüttet. Es gab zwar in den deutschen Verbänden sogenannte Gräberoffiziere, die jede Grablage peinlich genau dokumentierten. Doch wer erlebt hat, wie schnell eine – in diesem Fall humane – Bürokratie im Kampfgeschehen zerbröckelt, der wird sich über fehlende Nachweise nicht wundern.

Zurück zu den Lebenden. Lassen wir die Soldaten im Einbruchsraum der 2. Stoßarmee, in den eilig errichteten Postenständen vorm Stabsquartier der 18. Armee in Siwerskaja am Oredesch, in den verwüsteten Wäldern um Spasskaja Polist und am Bahndamm zwischen Pogostje und Schala eine Weile aus den Augen. Deutsche und Russen sind kurzatmig geworden und leiden gleichermaßen in der Schreckenswelt, die sie sich gegenseitig bereiten. Doch an allen Fronten um Leningrad herrscht Nervosität. Nichts ist zu bemerken von der Gemütsruhe der feisten Belagerer, die doch angeblich nichts tun, als darauf zu warten, daß ihnen eine Totenmetropole in die Hand fällt, wie man heutzutage hört. Immer sind Plänkeleien um Gräben, Sichtschneisen, Stellungsbögen im Gange. Die Russen halten ihre Gegner mit Abnutzungsangriffen bei Kolpino in Trab, wo die Rollbahn aus Leningrad hinaus nach Südosten ins Kampfgebiet führt, wo Fabriken liegen, in denen, wie die Landser sich zuraunen, deutsche Gefangene arbeiten, und bei Lodwa, dem Ruinenhaufen auf der anderen Seite des Flaschenhalses. Auch jetzt nimmt auf deutscher Seite die Flickschusterei, das Auseinanderreißen und Durcheinanderwürfeln der Kompanien und Batterien, der Regimenter und Bataillone kein Ende.

Sind auch die Kämpfe um Stützpunkte und Stellungen nicht so lang und heftig wie die Materialschlachten der Großoperationen, gibt es sogar Tage, an denen sich allein Spähtrupps im Vorfeld umschleichen und herumschießen oder Posten ausgehoben werden – der Kampf gegen die Natur bleibt. Die Soldaten bekommen ein feines Gefühl, eine unbewußte Witterung für die Landschaft. Sie legen Minensperren auf den festen Landbrücken zwischen den Mooren und entdecken, daß unterm Schnee das Moor noch von den Herbstkämpfen her glimmt. Kleine Trupps brechen in Sümpfen ein, die längst als festgefroren galten. Plötzlich verraten Spuren im frischen Weiß, daß Russen durchgesickert sind. Schon gehen auf den wenigen Wegen Schlitten und Schneepflüge über versteckten Minen hoch. Bei einem Überfall auf ein Dorf treiben Sibirier Pferde in die Minenriegel; durch die Gassen stürmen die Angreifer, setzen alle Häuser in Brand, berauben die Deutschen der letzten Unterkünfte.

Und hier wie drüben die gleiche Mühe: Jede Axt, jede Schaufel, jeder Kasten Munition, jede Karbidlampe, jeder Bunkerofen – kurz, alles, was die Männer brauchen, um in den einsamen Stützpunkten in Schnee und Eis nicht unterzugehen, muß kilometerweit geschleppt werden. Sind Verbindungspfade vom Gegner eingesehen, dann müssen Verwundete notdürftig versorgt werden und vermummt liegenbleiben, bis sie im Schutz der Dunkelheit zurückgeschleppt werden können. Auf beiden Seiten beobachten die Soldaten schadenfroh, wie beim Gegner Balken um Balken der zerschossenen Katen in den Öfen verschwindet. Es gibt tagelange Duelle zwischen Gewehr- und MG-Schützen. Hölzerne Kompaßrosen werden angelegt, auf denen mit einem beweglichen Zeiger, der eine Visiereinrichtung trägt, die genaue Lage gegnerischen Mündungsfeuers eingepeilt werden kann. Die Augen tränen, in der Kälte wirken alle Konturen verzerrt. Die Kulisse, vor der sich die Schützenduelle abspielen, ist makaber: Verstümmelte Waldstücke, bizarr entstellte Baumriesen, Lichtungen mit Panzerwracks und den Kaminstümpfen verbrannter Häuser, Drahtsperren, die abwechselnd zu- und freigeweht werden und dabei zu Eis gefrorene Tote enthüllen. Tag und Nacht Unsicherheit, Tag und Nacht Nadelstiche. Im Osten nichts Neues.

Wer geglaubt hatte, die Russen würden zur Abwechslung mal die Oblomowsche Seite ihres Wesens herauskehren, wird enttäuscht. Nichts ist es mit dem Entschlußekel, mit der grenzenlosen Trägheit, die den Petersburger Helden des berühmten Romans von Iwan Gontscharow zu einer klassischen Figur der Literaturgeschichte machten.

Die Agenten der Russen betreiben auf ihre Art Aufklärung. Oft springen sie mit dem Fallschirm hinter den deutschen Linien ab. Der 19jährige Student der Sporthochschule Leningrad zum Beispiel, der erkunden soll, wo der deutsche Nachschub am besten gestört werden kann, wo Befehlszentren und lohnende Ziele liegen. Eine deutsche Streife entdeckt ihn. Er trägt keine Uniform, sondern Zivil. Er weiß, er wird deshalb nicht als regulärer Soldat, sondern als Partisan behandelt werden. Nicht, daß er sterben muß, macht ihm zu schaffen. Er stammelt beim Verhör, daß er es nicht verwinden kann, als Agent versagt zu haben. Als er in einem Verschlag vorläufig festgesetzt wird, erhängt er sich. Da ist das alte, vermummte Weiblein mit dem Krückstock, das eines Tages in eine Artilleriestellung der SS-Polizeidivision humpelt, um Essen bittet und sich neugierig umsieht. Ein Kano-

6. Der blutige Bahndamm von Pogostje, ein Wiedersehen 133

nier schöpft Verdacht und streift ihr das Kopftuch ab. Auf einmal steht eine gesunde, etwa 30 Jahre alte Frau zwischen den Männern. Als sie ihre Ausweglosigkeit erkennt, gibt sie mit trotzig blitzenden Augen zu, mit dem Ausspähen der Feuerstellungen vor Pulkowo beauftragt worden zu sein. Da ist der Russe, der hinter der deutschen HKL in der Nähe des Kirchturms von Nikolskoje am Newabogen in eine Routinekontrolle der Feldgendarmerie gerät. Er entpuppt sich als russischer Offizier. Schon seit einiger Zeit hat er vom Kirchturm aus das russische Feuer auf Stellungen, Wege, Gefechtsstände geleitet. Aber wovon hat er gelebt? Er war dieser abgerissene, bedürftige Zivilist, der sich jeden Tag seinen Blechnapf von der deutschen Feldküche hat füllen lassen.

Da ist Olga Bogatkina, 17 Jahre alt. Ihre Haare sind kastanienbraun, sie hat Sommersprossen und ist ein kräftiges, temperamentvolles Mädchen. Sie hat Selbstvertrauen und den Mut der Unwissenden. Mit sieben Jahren hat Olga ihre Mutter verloren, seitdem hat sie mit ihrem Vater, der Bautechniker ist, in Leningrad zusammengewohnt. In der Schule entdeckt man Olgas Begabung für den Tanz. Sie kommt auf die Theaterschule, das Institut ›Drama und Komödie‹. 14 Tage nach Kriegsausbruch wird sie Mitglied eines der Ensembles, die zur Unterhaltung der Fronttruppen und in Lazaretten auftreten. Sie ist froh, ins Kampfgebiet zu kommen, denn sie leidet entsetzlich an Hunger. Nur an der Front bekommt sie ›Rotarmisten-Suppe‹ und kann den schlimmsten Hunger stillen. An einem spielfreien Tag besucht sie ihren Vater, der in Berngardowka, nahe Leningrad, immer schwächer, immer elender vor sich hinvegetiert. Sie beschließt noch einmal, einen Evakuierungsschein für ihn zu beantragen. Major Gornow, der Oberpolitruk, tätschelt ihre Wange und verspricht halbherzig Unterstützung. Es ist Februar, es dunkelt früh. Als sie aus dem Amtsgebäude tritt, weht ihr eisiger Ostwind ins Gesicht. Da bietet sich ihr Gelegenheit, von einem Lastwagen zu ihrem Zielort mitgenommen zu werden. Es sind Frauen und Kinder von höheren Funktionären auf dem Wagen, auf dem Weg zum Ladogasee, auch ein Offizier. Sie wird nach dem Woher und Wohin gefragt. Sie erzählt freimütig, berichtet von der Strapaze, mit leerem Magen gute Laune zu verbreiten, im Störfeuer der deutschen Artillerie. Aber alles sei besser als der Hunger. In einer Fahrpause nimmt sie der Offizier beiseite. Er gehört dem NKWD an und heißt Timofejew. Er sagt, es sei doch ganz leicht satt zu werden, als Kundschafterin zum Ruhme der 8. Sowjetarmee und für Mütterchen Rußland. Und zur

Rettung ihres Vaters. Sie müsse nur hin und wieder eine Woche hinter den deutschen Linien Feuerstellungen, Flugplätze, Materiallager, Truppenstärken und die Stimmung der Deutschen und der Einheimischen ausforschen. Olga erschrickt. Aber die Aussicht, immer satt zu werden, ist verlockend. Und sie weiß, ihr Vater wird nur überleben, wenn er aus der Totenstadt Leningrad herauskommt.

Es gibt in der Stadt keine Hunde, keine Katzen, keine Krähen mehr. Von entkräftet verendenden Pferden ist im Handumdrehen nur noch das Skelett zu sehen. Es häufen sich Gerüchte über Kannibalismus. Aus gefrorenen Leichen, die gestapelt liegen, bevor sie beigesetzt werden können, sind über Nacht Stücke von Muskelfleisch herausgeschnitten. Die Schriftstellerin Vera Katlinkaja sitzt in ihrem eiskalten Zimmer. Neben ihr, in einem Berg von Kleidern und Decken, ihr anderthalbjähriges Söhnchen Serjoscha. Im Nebenzimmer liegt seit Tagen die Leiche ihrer verhungerten Mutter. Die Tote kann von den Überlasteten, selbst entkräfteten Transportgruppen noch immer nicht abgeholt werden. Vera schreibt an ihrem Buch ›Die Blockade‹. Sein Erscheinen wird später von Stalins Parteibürokratie verhindert, wie so viele Zeugnisse aus dieser Epoche.

Eines dieser Zeugnisse, ein Gemälde, ist heute in der Kunstsammlung zu besichtigen, die der Publizist Henri Nannen seiner Vaterstadt Emden errichtet hat. Die Petersburger Malerin Lenina Nikitina hat eine Szene aus den Tagen der Blockade festgehalten: Leninas Mutter schlägt einer Katze den Kopf ab, die von einem kleinen Mädchen auf einen Hackblock gepreßt wird. Das Bild trägt die Bezeichnung »Schließlich mußten wir ja leben«.

Wer Lebensmittelkarten stiehlt, wird erschossen. Wer allein durch die dunklen Straßen geht, wird bis aufs Hemd ausgeraubt oder nie wieder gesehen. Um jedes Loch im Newa-Eis, aus dem die Bewohner Wasser holen, liegen Tote unterm Schnee, gestorben an der Strapaze des Schöpfens. Andere sind unterm Eis verschwunden, das Wasser riecht nach Verwesung.

Um die Dienststellen, die den Leningradern Ausweise ausstellen, mit denen sie die Stadt nach Osten über die Eisstraße verlassen können – so ungewiß es auch ist, ob sie die Evakuierung überstehen – bildet sich ebenso eine Aura von Verbrechen und Verzweiflung wie um die Lager und Anlaufpunkte der Lebensmitteltransporte. Die Fahrer der Lkw sind auf einmal die großen Herren und müssen sich rührender und raffinierter Bestechungsversuche erwehren. Wer versucht, von den Transporten Ladung beiseitezuschaffen, wird ohne viel Federlesen erschossen. Zu beiden Seiten der Eisstraße, die in mehreren Spuren über den Ladogasee führt und

6. Der blutige Bahndamm von Pogostje, ein Wiedersehen 135

von Flakstellungen, Reparaturstationen und Wachtposten hinter Eiswällen gesäumt ist, stehen zugeschneite Wracks von Lastwagen, vollgestopft mit Erfrorenen.

Olga weiß auch das. Aber sie vertraut darauf, daß ihr Vater den Weg übersteht. Hauptsache, er kommt aus der Stadt weg. Olga kann sich in der NKWD-Zentrale in Wsewolodskaja und in ihrem Einsatzquartier in Mal-Manuschkino satt essen. Es ist zehn Kilometer von der Newa entfernt, an deren Ufern sich Deutsche und Russen gegenüberliegen. Timofejew verspricht ihr neue Filzstiefel, ihre seien zu leicht. Er erklärt ihr auch den ›Paragraphen 58‹, der von Vaterlandsverrat handelt. Olga weiß, sie darf sich von den Deutschen nicht erwischen lassen. Aber sie nimmt das nicht ernst. Welcher ›Fritz‹ würde schon ein junges, hübsches Mädchen wie sie kontrollieren? Endlich bekommt sie ihren Auftrag und muß sich ihre Marschroute einprägen. Auf neue Stiefel hofft sie vergebens, aber ihr Magen knurrt nicht mehr. Ihr Auftrag scheint nicht sonderlich schwer. Sie muß über die Newa und durch die deutsche Kampflinie. Von dort soll sie, zehn Kilometer südlich von Mga, ein paar Flüßchen wie die Woltolowka, die Mga, die Nasija überqueren und dann durch die deutsche HKL an der Ostflanke des Flaschenhalses zurückkehren. Jede NKWD-Stelle würde sie über den Ladogasee zum Einsatzort zurückbringen. Olga soll also den ›Kragen‹ des *Flaschenhalses* entlangspähen, im Rücken dreier Frontabschnitte der Deutschen. Die halbkreisförmige Route ist etwa 50 Kilometer lang. Nach einer Woche muß sie die russische HKL bei Woronowo erreicht haben. Wie sie sich ihre Nahrung verschafft, wie sie sich ausruht, wie sie sich tarnt, ist ihre Sache.

Olga soll auf Vorrat schlafen. Sie rollt sich artig zusammen und schläft so satt, tief und traumlos wie ein Kind – das sie ja auch ist. Wir schreiben den 16. Februar 1942. Es ist stockdunkel, 22 Uhr, als Olga den Befehl zum Abmarsch bekommt, gemeinsam mit Tima, einem lustigen Ukrainer und Mischa, einem ernsten, flachsblonden Jungen. Tima trägt einen fleckigen Beutel mit 400 Gramm Brot, Sonnenblumenkernen und einer klobigen Konservendose mit marinierten Bohnen, Olgas Wegzehrung. Als die jungen Leute zweieinhalb Stunden später bei der 86. Schützendivision in einer Grabennische hocken und dem Gewehrfeuer, den Granatwerfern und Geschützen lauschen, als sie erschreckt und neugierig zugleich das Aufblitzen ringsum und die verwehten Leichenhügel auf dem Eis der Newa sehen, nimmt Olga die Konservendose und sagt: »Mach doch mal auf, Mischa, das essen wir gemeinsam«. Sie sitzen zusammen und schlingen die

Bohnen herunter, jung und gierig alle drei. »Die werden dir nachher fehlen«, sagt Tima mit vollem Mund. »Ach wo«, sagt Olga, »ich hol mir einfach Brot von den Fritzen!« Sie wischen sich glucksend die Münder. Als Olga über die Brustwehr schlüpft, ruft ihr Tima etwas nach. Sie versteht es nicht, dreht sich auch nicht um, macht nur eine winzige Handbewegung zurück, schon ganz auf das Kommende gerichtet.

Ein MG-Schütze feuert eine kurze Garbe Leuchtspur und gibt Olga so die genaue Marschrichtung an. Wie Glühwürmchen eilen die Geschosse zu den Deutschen hinüber. Leuchtraketen mit grellweißen Lichtbahnen blenden die deutschen Beobachter und lenken vom Geschehen auf dem Eis ab. Olga huscht wie ein Schatten über die Newa. Als die Deutschen einen Leuchtfallschirm in die Nacht feuern, der mit leisem Zischen über den Fluß segelt, hat Olga die dreihundert Meter schon überwunden und ist, einer Katze gleich, durch die Postenkette der deutschen 96. ID geschlüpft. Der Himmel ist verschleiert, die Luft zittert unter Mündungsknallen und dem Grollen der Detonationen. Soweit das Auge reicht, flackert und blitzt der Horizont. Im Flaschenhals, am Gefechtsstand der 223. ID, wird in dieser Nacht vom 17. auf den 18. Februar 1942 eine Temperatur von minus 30 Grad gemessen.

Olga ist dick vermummt. Den Kopf hat sie mit einem groben Schal verhüllt, ihr Gesicht ist bis zur Nase bedeckt. Ihr Alter ist nicht zu bestimmen. Wie auf Tatzen schleicht sie an Wachen, Bunkern, eingeschneiten Fahrzeugen vorbei. Sie trägt ein Bündelchen mit ihrem Brot und ein paar Habseligkeiten bei sich und wirkt unauffällig und bescheiden. Sie lauert an Straßen und Ortsrändern, huscht an Birkenwäldern entlang, die unter Eiskrusten erstarrt sind, am Saum verfilzter Gehölze. Sie ist beklommen, weil ihre eigene Heimat sie so feindselig anstarrt. Sie sieht sich aufmerksam um und speichert im Gedächtnis, was ihren Auftraggebern wichtig sein könnte.

Zwei Tage später finden zwei alte Männer beim Reisigsammeln unterm Schnee die Leiche einer verhutzelten Bäuerin. Der Frost hat sie konserviert. Die Würgemale an ihrem Hals sind frisch. Hat sie den Holzsammler-Ausweis bei sich, der von der deutschen Ortskommandantur ausgegeben wird, damit festzustellen ist, ob Verdächtige sich eingeschlichen haben? Der Ausweis fehlt. Sind die Ausweise in der Kommandantur-Schreibstube vollzählig? Ja. Also hat sich ein fremder ›Holzsammler‹ damit an den Straßenposten vorbeigemogelt. Die Deutschen machen ernste Gesichter. Im Ort liegen Infanteriegeschütze, eine Funkzentrale, eine Fernsprechvermittlung, ein Lager mit Pioniergerät. Eine Razzia ergibt keine neuen Erkenntnisse. Wer mag da durchs Revier geschnürt sein?

Drei Tage später beschreibt das ein Leutnant recht romantisch. Er haust in Muja? Petrowo? Storosto? – in einem dieser Dorfreste jedenfalls, die einigen Dutzend überlebender Landser Obdach und Ruhequartier bis zum nächsten Einsatz bedeuten.»Herr Major«, meldet er per Fernsprecher dem Ic, zuständig für Feindaufklärung beim Divisionsstab,»ich habe hier ein besonders hübsches, fremdes Täubchen im Schlag!«

Olga ist von einer Streife aufgegriffen worden, als sie im Windschatten einer Scheune die Nase in die Sonne gehalten hat und eingenickt war. Tiefer Schnee und die steifgefrorenen Glieder haben sie an rechtzeitiger Flucht gehindert. Der Leutnant ist von Olga stark beeindruckt und offensichtlich enttäuscht, als ein Wagen der Feldgendarmerie sie schon eine Stunde später abholt. Die jungen Leute hatten sich sofort verstanden. Für Olga gehörte der Leutnant in die Kategorie Tima und Mischa – wenn sie über den Hakenkreuzadler auf seiner Uniformjacke hinwegsah.

Bei der Division weht der Wind schärfer. Olga wird gefragt, warum sie denn die alte Frau erdrosselt habe. Olga fragt:»Welche alte Frau?« Sie erntet Gelächter. Hätten Partisanen, falls sie von Einheimischen entdeckt würden, nicht befehlsgemäß zu töten, um Augenzeugen zu beseitigen und ihre Papiere zu erlangen? Das sei doch schon ein ganz alter Hut. Olga schüttelt den Kopf. Sie ist auf einmal sehr müde. Ist sie unschuldig? Streitet sie die Tat vielleicht nur deswegen nicht ab, weil sie ohnehin nicht glaubt, ihr widerfahre Gerechtigkeit? Ist sie schuldig? Oder hat ein anderer Agent ohne ihr Wissen die Tat begangen? Was weiß sie denn wirklich? Olga behauptet, sie habe ihren Auftrag nicht ausführen wollen, habe die Deutschen zunächst beobachten und sich dann stellen wollen. Haben die Deutschen in ihren Flugblättern nicht immer wieder betont, wie korrekt sie die Zivilisten behandeln? Und sie sei doch Zivilistin, deshalb dürfe sie nicht erschossen werden. Und, bitte, kein Wort über ihre Gefangennahme, sonst müsse ihr alter Vater darunter leiden.

Ach, Olga. Den Vernehmungsoffizier hat sie davon überzeugen können, nichts als ein armes, mißbrauchtes Unschuldslämmchen zu sein. Da sei wieder einmal zu sehen, schreibt er in seinem Bericht, wie das Sowjetsystem seine Leute irreleitet und belügt. Alle Angaben der Festgenommenen, eines noch formbaren Menschen, entsprächen nachprüfbar der Wahrheit. Alle?

Das weitere Schicksal der Agentin Olga Bogatkina bleibt im Dunkel. Die Landser munkeln noch lange, irgendwann in diesen Tagen sei ein Auto mit einer gefangenen, wunderschönen Agentin auf eine Mine gefahren. Die verkohlten Reste der beiden Bewacher von der Geheimen Feldpolizei seien gefunden worden, aber von der Agentin nicht eine einzige Spur. Alle, die Olga begegnet sind, schwärmen noch Jahre später von ihren faszinierenden Augen und ihrer stolzen Haltung. Und jeder dichtet hinzu, wovon er träumt.

Was tut sich inzwischen vor den Ruinen von Pogostje, welcher T 34 wird zuerst in Ljuban sein, an der großen deutschen Nachschubader zwischen Leningrad und Tschudowo, wer wird zuerst die Versorgung der deutschen Flaschenhals-Divisionen abwürgen? Schon pirschen sich die Rotarmisten der 2. Stoßarmee von Süden an Ljuban heran, schon werden die Stabsunterkünfte des 1. deutschen Armeekorps beschossen. Die Stabstruppen ziehen die Läufe ihrer Karabiner durch, die Offiziere überprüfen die Magazine ihrer Pistolen, es werden Munition und Handgranaten ausgegeben.

Aber dann bleibt die 2. Stoßarmee plötzlich atemlos liegen. Sie hat sich verzettelt, hat sich allzusehr verausgabt. Dann bringen es die Deutschen bei Pogostje fertig, die alte Kampflinie, diesen blutgetränkten, zerstampften, zerwühlten Bahndamm, wiederzugewinnen. Von einer Stunde auf die andere müssen die russischen Stoßdivisionen sich selbst verteidigen, müssen nun im Nordteil des Wolchowkessels auch noch eine unerwartete Gefahr abwenden: die Abschnürung ihrer Angriffsspitzen vor Ljuban. Das Dorf Krassnaja Gorka wird zum Brennpunkt und wechselt mehrmals den Besitzer. Schließlich können die Deutschen in wütenden Kämpfen in Wald, Unterholz, Moor und Schilf die Schlinge zuziehen.

Sie werden allerdings ihres Erfolges nicht froh. Denn nun werden sie am Bahndamm von Pogostje wieder selbst überrannt. Wieder stehen sie im hohen Schnee in steifgefrorenen Mäntelchen ohnmächtig Panzern gegenüber. Wieder ist die HKL an mehreren Stellen durchbrochen, die Verbindung zur benachbarten 11. ID abgerissen, die Flanke offen. Regimenter, Bataillone, Kompanien kämpfen auf sich allein gestellt. Unteroffiziere führen die Reste ihrer Kompanien, blutjunge Leutnants sehen sich plötzlich verantwortlich für Bataillone, Teile aufgeriebener Kampfgruppen werden durch den Arzt eines Verbandplatzes aus der Umzingelung geführt, eisgraue Oberste liegen mit der Maschinenpistole vor ihren Gefechtsständen.

Die Kommandostellen können bei unterbrochenen Draht- und Funkverbindungen, im Dickicht der schneeverwehten Wälder, in den endlosen Nächten, die nur wenige Stunden durch fahles Tageslicht aufgehellt werden, keinen Überblick gewinnen. Als eine deutsche Gruppe, die sich hinter den Russen eingeigelt hat, immer enger zusammengedrückt wird, marschiert sie mit weichen Knien und schußbereiten Waffen ganz einfach in den Schneehemden gefallener Rotarmisten durch die russischen Linien zurück. Gnädig eingehüllt von Dämmerung und Schneeschauern bleiben die Deutschen unbehelligt. Die Temperaturen schwanken um minus 30 Grad. Oft greifen die Russen in tiefster Dunkelheit an, morgens gegen vier Uhr. Einem deutschen Verteidiger stehen jeweils acht Rotarmisten gegenüber.

Zu den Ereignissen um Pogostje im Winter 1942 gibt es den Bericht des russischen Artillerie-Funkers Nikolaj Nikolajewitsch Nikulin. Er gehörte einer der Schützendivisionen an, welche die ersten Angriffswellen der 54. Sowjetarmee am Bahndamm von Pogostje bildeten und lag in einem der russischen Gräben auf der Nordseite des Dammes. Zur gleichen Zeit und am gleichen Ort kauerten auf der Südseite die Männer des Regiments 333 der 225. ID aus Norddeutschland. Nikulin schildert das Geschehen aus der Sicht des damaligen Gegners:

»Wir kamen in der Nähe von Pogostje Anfang Januar 1942 am frühen Morgen an. In der grauen Dämmerung ballte sich gefrorener Nebel. Die Temperatur lag bei 30 Grad minus. Um uns herum krachte und heulte es, an uns vorbei sirrten abirrende Geschosse. Unsere Geschütze gingen in Stellung und eröffneten das Feuer.

Wir hackten die Erde auf, doch nach einem halben Meter stießen wir auf Wasser. Deshalb konnten wir keine Deckung finden, nur flache Unterschlupfe. Wir krochen hinein und lagen dort, mit Segeltuch notdürftig umhüllt. Die meisten Soldaten, vor allem die Infanterie, verbrachten die Nächte im Schnee. Wegen der Flugzeuge konnten wir nur von Zeit zu Zeit Feuer machen. Vielen Männern erfroren Hände und Füße. Manche erfroren ganz und boten dann einen furchtbaren Anblick. Sie waren schwarz mit roten, entzündeten Augen. Ihre Filzstiefel und Mäntel waren angesengt oder durchgebrannt. Etwa einen halben Kilometer hinter der vordersten Linie wimmelte es von Männern. Im Birkengehölz war dort eine ganze Stadt entstanden: Zelte, Unterstände und Hütten für Stäbe, Depots und Küchen. Alles in Schwaden von Holzrauch. Das deutsche Aufklärungsflugzeug – wir nannten es »Feuerhaken«, weil es krumm aussah –

hatte uns schnell entdeckt und nahm uns unter Beschuß. Täglich gab es Tote und Verwundete, wir mußten uns daran gewöhnen. Was war das schon im Vergleich zu den Hunderten, die 500 Meter weiter vorn umkamen.

Ich beobachte seltsame Bilder auf dem Verbindungsweg hinter der Front: Er ist zweispurig wie eine Großstadtstraße, sehr belebt und mit Verkehr zur Front und zurück. Vor, zur Front, geht der Ersatz; Waffen und Verpflegung rollen an, Panzer werden in Marsch gesetzt. Zurück kommen die gehfähigen Verwundeten. Am Straßenrand im Schnee teilt man Brot auf einer Plane. Es zu zerschneiden gelingt nicht. Mit einer Säge teilen die Männer den gefrorenen Laib. Das eisige Brot wird wie Kandiszucker gelutscht. Die Kälte ist fürchterlich; die Suppe gefriert im Kessel. Spucke fliegt nicht zur Erde, sie verwandelt sich zu Zäpfchen und klappert auf den harten Boden. Die Leichen derer, die es nicht zum Verbandplatz geschafft haben, die Verbluteten und Erfrorenen werden im Schnee vergraben. Ein paar Meter weiter wird Wodka gegen Brot getauscht.

Das Soldatenleben hat bei Pogostje seinen ganz eigenen Rhythmus. Nachts rückt der Ersatz an: Eintausend, zweitausend, dreitausend Mann. Einheiten aus Seeleuten, Marschkompanien aus Sibirien, Reserven aus der ›Blockade‹, dem eingeschnürten Leningrad, die man über den zugefrorenen Ladogasee herübergebracht hat. Am Morgen, nach schwacher Artillerievorbereitung, geht es zum Angriff. Die Männer bewegen sich im Schneckentempo, sie müssen sich durch den Schnee des Laufgrabens hindurchwühlen. Manchen, besonders die Leningrader, verlassen dabei die Kräfte. Der Schnee reicht höher als der Gürtel. Dann die Gefallenen. Sie stürzen nicht, sie bleiben in den Schneewehen stecken. Dann kommt der Neuschnee und deckt sie zu. Am nächsten Tag wird wieder angegriffen.

Über den Mißerfolg bei Pogostje, über die Ursachen, über das Zusammenwirken der Truppenteile und Truppengattungen ist schon viel geschrieben worden. Die Kämpfe, die hier stattfanden, waren wohl irgendwie typisch für die gesamte russisch-deutsche Front des Jahres 1942. Überall war es ähnlich, im Norden wie im Süden, bei Rschew und bei Staraja Russa. Ja, das sagt sich so leicht, nachdem viele Jahre vergangen sind und die Trichter der Kampfgebiete eingeebnet. Fast alle haben die kleine Bahnstation Pogostje vergessen. Bangigkeit und Verzweiflung von damals sind verflogen. Diese Verzweiflung kann man sich heute gar nicht mehr vorstellen. Noch immer fehlen Worte für das, was man an sich erfuhr – diese Unausweichlichkeit, dort so einfach zu stehen und zu gehen, um zu sterben. Unterzugehen, wenn du dein ganzes Leben noch vor dir haben könntest und du ganze siebzehn Jahre alt bist. Zu verlöschen, ohne Orchester und Reden, in Schmutz und Gestank. Du bist ganz allein, liegst unter Bergen von Körpern an den Trümmern einer Eisenbahnstation, vergessen in einer klebrigen, schlammigen Brühe – dem Sumpf von Pogostje.

Dennoch, Pogostje haben wir eingenommen. Zuerst die Station, dann das Dorf.

Ich habe viele Gefallene im Krieg gesehen, aber Bilder wie im Winter 1942 bei Pogostje nicht mehr. Das Kampffeld war mit Toten übersät, soweit das Auge reichte. Da, dieser Marine-Infanterist wurde im Augenblick des Granateinschlages getötet; so ist er eingefroren. Wie ein Denkmal steht er da, den Arm hochgerissen über dem verschneiten Feld. Ein anderer Soldat, schon verwundet, hat begonnen, sein Bein zu verbinden. Da trifft ihn das tödliche Stück Eisen. Er friert ein. Die Binde flattert den ganzen Winter über an seinen Händen.

Die Leichenstapel an der Bahn sehen aus wie eingeschneite Hügel. Die Leichname sind kaum zu sehen. Später, im Frühling taut der Schnee. Nun wird alles aufgedeckt: Unmittelbar auf der Erde, ganz unten, die Gefallenen mit Sommeruniformen, in Feldblusen und Schuhen: Die Opfer der Herbstkämpfe 1941. Darüber aufgereiht die Marine-Infanteristen in wattierten Mänteln und weiten Hosen. Darüber die Sibirier in Halbpelzen, Wollsocken und Filzstiefeln. Sie sind beim Vorstoß im Januar und Februar 1942 gefallen. Darauf die Politkämpfer in Steppjacken und Leningrader Stoffmützen.

Hier waren die Gefallenen all der Divisionen vermischt, die den Bahndamm von Pogostje seit Beginn des Jahres 1942 angegriffen hatten. Das also war das ›Diagramm unserer Erfolge‹ ... Ein Albtraum, der mich mein ganzes Leben lang verfolgt. Es heißt ja auch, der Krieg sei nicht beendet, solange nicht jeder gefallene Soldat beerdigt ist.«

Soweit der Bericht des ehemaligen Funkers Nikolaj N. Nikulin, der heute als Professor für Kunstgeschichte in St. Petersburg lebt und in der Eremitage Kustos für Niederländische Malerei ist. Daß ihn die Ereignisse um Pogostje nicht losgelassen haben, läßt ein Essay erkennen, in dem er darauf verweist, Anfang 1942 seien dort mehr Soldaten gefallen als in der Völkerschlacht bei Leipzig 1813. Auch seien bei Spasskaja Polist und Mjasnoj Bor, den Eckpfeilern des Nachschubweges zum Wolchow-Einbruch, bei Gaitolowo, Tortolowo, Karbussel und Kruglaja Roschtscha, der »Wengler-Nase« an der Ostflanke des deutschen Flaschenhalses, sowie am

Riegel von Sinjawino jeweils mehr Menschen gefallen, als die Amerikaner in Vietnam oder die Russen in zehn Jahren Afghanistan-Krieg verloren. Im Kirischi-Brückenkopf seien mehr Deutsche gefallen als im Polen-Feldzug 1939. Und im Newa-Brückenkopf habe es auf einen Quadratmeter 17 Tote gegeben.

Da ist es nicht verwunderlich, daß der deutsche Soldatenfriedhof in Ssologubowka, nahe Mga, der im Herbst 2000 eingeweiht wurde und auf dem ein russischer Hornist »Ich hatt' einen Kameraden« blies, für die Bestattung von etwa 80 000 Toten angelegt ist.

Bleibt die Frage, wie es heute im ehemaligen Kampfgebiet um Pogostje aussieht. Sie bewegte auch Hendrik Wiers aus Emden, ehemals als Melder im I. Bataillon des Regiments 333 der 225. ID. Er lag mit der 1. Kompanie dem Funker Nikolaj N. Nikulin bei Pogostje gegenüber. Ende November 1996 ging der ehemalige Schiffsausrüster und Elektro-Spezialist an Bord eines Containerfrachters auf die Reise nach St. Petersburg – den Stätten der Erinnerung entgegen. Hier Auszüge aus seinem Bericht:

»In Ramzy, einem Dorf hinter dem ehemaligen Westrand des Pogostje-Einbruchs, fragten wir, ob im Ort noch Bewohner aus der Kriegszeit leben. Wir wurden zu einer Greisin geführt, die, wie zu erkennen war, durch eine Verletzung ein Auge verloren hatte. Dieser Alten zeigte ich Fotos, die ich 1942 von Bewohnern des Dorfes gemacht hatte. Sie erkannte sich, damals jung und gesund, auf einem der Bilder wieder. Nun wurden wir in ihre Wohnung eingeladen, und die russische Gastfreundschaft kannte kein Ende. Wir erfuhren, daß die Frau bei einem russischen Fliegerangriff außer dem Verlust des Auges eine schwere Handverletzung erlitten hatte. Deutsche brachten sie ins Feldlazarett nach Tossno, wo sie operiert und gesundgepflegt wurde.

Der Plan, Smerdynja und Bassino zu besuchen, endete im Nichts. Von beiden Orten ist kein Haus mehr geblieben, nicht einmal eine Feldscheune.

Nun mit der Bahn nach Pogostje. Es ist schon ein seltsames Gefühl, an einem stockdunklen Wintermorgen den Boden zu betreten, auf dem uns 54 Jahre zuvor als jungen Soldaten nach tagelangem Transport aus dem warmen Frankreich so schrecklich Bedrohung und Tod begegnet waren. Am etwa 300 Meter langen Bahnsteig ein unbeleuchtetes Gebäude. Nach lebhaftem Klopfen öffnet sich eine Eisentür. Eine junge Frau läßt uns ein. Mit Hilfe meiner Dolmetscherin erkläre ich unseren Wunsch, das damalige Winterkriegsgebiet zu sehen. Ich sei an den Kämpfen beteiligt

6. Der blutige Bahndamm von Pogostje, ein Wiedersehen

gewesen. Kein Problem. Es ist inzwischen neun Uhr dreißig, die Morgendämmerung grauem Tageslicht gewichen. Wir gehen am Bahndamm entlang, Richtung Schala. Und Kirischi am Wolchow, hinter dem Horizont.

Da sind auch schon die Spuren des großen Trichters, den russische Pioniere in die Bahntrasse sprengten. Deutlich ist der helle Sand halbkreisförmig zu beiden Seiten des Dammes zu sehen. Die Rotarmisten postierten damals zwei MG hinterm Kraterrand. Wir Fritzen sollten die Sperre im Frontalangriff überwinden. Bloß nicht weiter daran denken ... Von den deutschen Stellungen keine Spur mehr. Sie waren ja unmittelbar in und unter den Damm getrieben und sind längst zugeschüttet. Aber da sind noch die russischen – breite, tiefe Gräben im gefrorenen Unterbau des Dammes. Natürlich waren sie von uns damals nicht zu sehen. Und doch lagen wir uns teilweise nur acht bis zehn Meter gegenüber. Wieviele Männer sind so durch Kopfschuß gefallen. Auch mein Freund Hans Otto starb so, am 27. Januar 1942, als der Iwan vierzehn Mal zum Stoß über den Damm ansetzte – und es dann doch nicht schaffte. Und bei uns wurde die Munition immer knapper. Und dann die Toten, und die vielen Verwundeten. Bei den Russen, die ja aus der Deckung rausmußten, um uns zu überrennen, war es noch schlimmer. Die ganze Nacht über drangen verzweifelte Schreie und Rufe nach Sanitätern zu uns herüber. Gegen Morgen wurden sie immer schwächer, verstummten schließlich. Endlich war wieder Munition da, auch unsere Offiziere hatten die ganze Nacht die Kästen geschleppt und MG-Munition gegurtet. Eine Stunde Pause. Und schon wieder auf Posten. Wir mußten ja auch nach rückwärts sichern, den Verbindungsweg von Pogostje zum Mercedes-Stern, einer Wegespinne, die wegen ihres Kartenbildes so genannt wurde. Später kostete dieser Weg noch viele Menschenleben.

Dann am 8. Februar 1942 brachen die Rotarmisten über die Gleise der Station Pogostje durch. Nun mußten Stützpunkte an der linken Flanke ausgebaut werden. Und am 10. Februar merkten wir, daß wir alle zwei Tage einen anderen Kompanieführer gehabt hatten.

Ich wurde nun zur Besatzung eines der Stützpunkte an der Lebensader zwischen Pogostje und Mercedes-Stern befohlen. Ich hatte mich noch nicht einmal richtig umgesehen, da riß ein Einschlag mir den Helm vom Kopf. Im Moment sah und hörte ich nichts. Ich blutete. Also ab ins Lazarett nach Tossno. Dort war ich ein Bagatellfall, also Schwein gehabt. Ein Splitter im Auge wurde entfernt, Schrammen von Erde, Stein- und Eisbrocken versorgt, und nach zehn Tagen war ich wieder beim »alten Haufen«.

Und heute? Wir liefen schweigend am Bahndamm entlang. Immer wieder versuchte ich zum Versorgungsweg vorzudringen, zu dem Platz, an dem wir unsere Gefallenen notdürftig begraben hatten, zu den Stützpunkten Eins und Zwei. Vergeblich. Das ganze Gelände stand unter Wasser oder war derart versumpft, daß man zehn Meter seitlich des Bahndamms umkehren mußte. Es wurde dunkel unter tiefhängender Wolkendecke, kaum Fotolicht. Aber im Gegensatz zum Jahr 1942: Grabesstille. Ab und zu donnerte ein Zug vorüber.

Auf der Fahrt von Pogostje nach Kirischi konnte ich dann einen Abschnitt unserer einstigen Stellung nahe Schala sehen. Und auf der anderen Seite, im ehemaligen sowjetischen Frontgebiet, die Sümpfe um Olomna. Sie sind nun nicht mehr als Moor zu erkennen, sondern völlig mit niedrigen Birken zugewachsen.

So deckt die Natur alles zu. Nur die Erinnerung nicht.«

7. Kapitel
Am Wolchow: Triumph und Elend um die Erika-Schneise

Ist die Gefahr, bei Ljuban abgeschnitten zu werden, für die Deutschen vorüber? Es sieht nicht so aus, denn wenn auch im Süden der Wolchow-Hebel der großen Zange blockiert ist – von Norden her verkleinert der Pogostje-Hebel die Lücke an der Rollbahn mit jeder Stunde. Die Deutschen werden wohl doch in Kürze im Kessel stecken. Der Kampf steht auf Messers Schneide. Wird Stalin jetzt um jeden Preis Reserven nachschieben lassen? Er tut es nicht. Aber er entschließt sich, einen seiner fähigsten Männer, den Generalleutnant Andrej Andrejewitsch Wlassow, in die blutige Arena zu schicken, um den Divisionen der 18. Armee den Rest zu geben.

Der Bauernsohn, Jahrgang 1900, aus Lomakino bei Nishnij Nowgorod, der Priesterseminarist, Rotgardist, Berufsoffizier hat unter dem roten Regime Karriere gemacht. Seinen Bruder hat die Tscheka 1919 hingerichtet, sein Vater und seine Schwiegereltern sind enteignet worden. Als die Säuberungswellen Stalins die Rote Armee vieler ihrer begabtesten und erfahrensten Köpfe beraubten, entgeht ihnen Wlassow, weil er zu dieser Zeit Militärberater Tschiang Kai-scheks in China ist. Er wird Führer der 99. Schützendivision und macht sie zum besten Verband der Roten Armee. Im September 1941 befehligt er bei Kiew die 37. Armee, im Dezember 1941 hat er als Befehlshaber der 20. Armee entscheidenden Anteil am sowjetischen Abwehrsieg vor Moskau. Dort verschafft er sich Vorteile gegen die im Schnee erstarrten Deutschen, indem er seine Schützen auf aneinandergebundenen Schlitten beweglich macht, die er von Panzern zu den Brennpunkten der Schlacht schleppen läßt.

Wlassow, fast zwei Meter groß, mit groben Zügen, Hornbrille und Baßstimme, wird als sangesfroh, pedantisch, skrupellos, despotisch und energisch beschrieben. Er übernimmt den Oberbefehl über die 2. Stoßarmee am 19. März 1942, dem gleichen Tag, an dem es den Deutschen zum ersten Mal gelingt, die Lebensader dieser Armee, die Einbruchstelle am westlichen Wolchowufer zwischen Dora- und Friedrich-Schneise, die legendäre *Erika-Schneise* zu sperren. Zwei Tage später läßt sich Wlassow nach Finew-Lug im Wolchow-Kessel, der nun wirklich ein Kessel ist, ein-

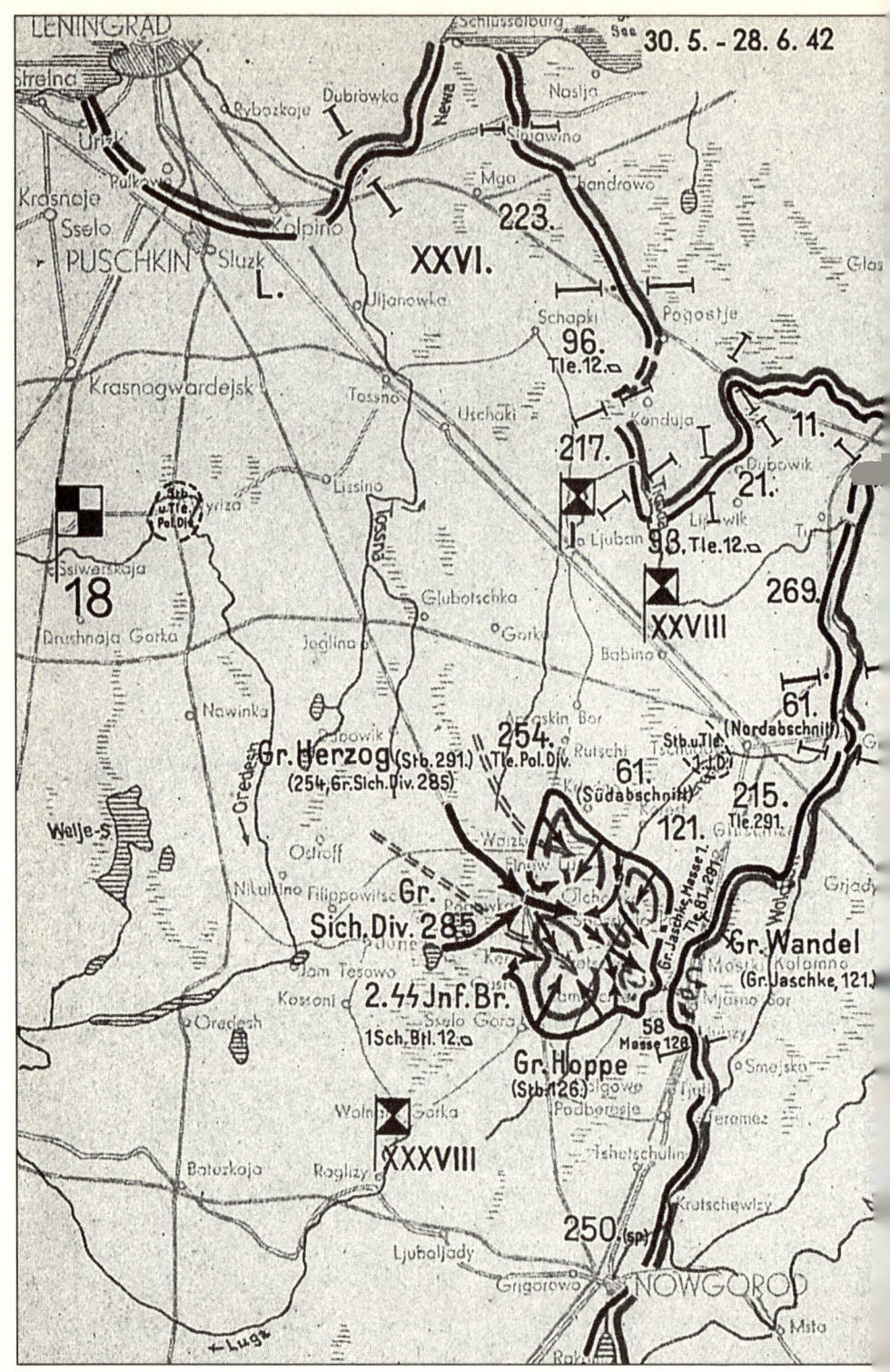

Wolchow-Schlacht: Von außen her können die Russen trotz energischer Angriffe der 59. Armee zw[ischen] Ljubzy und Mostki auch mit Panzern den Zugang zum Wolchow-Kessel nicht mehr öffn[en]. (Quelle: Lageatlas der Heeresgruppe Nord)

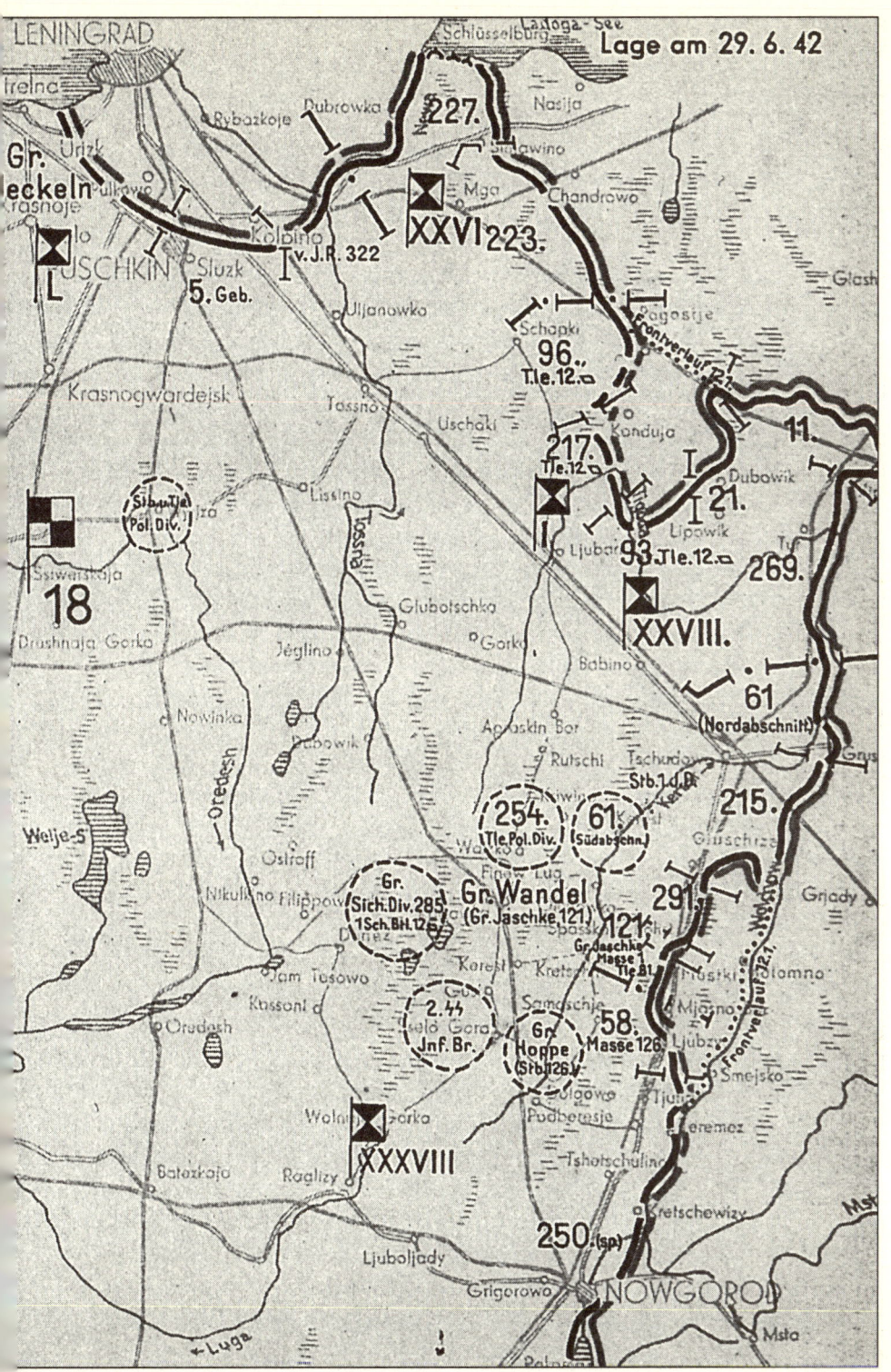

lchow-Schlacht: Der Kampf ist aus. Tausende von schwerverwundeten Russen, die unversorgt ückgeblieben sind, sehen ihrem Ende entgegen. Als Rest der sowjetischen Wolchow-Offensive bt ein Brückenkopf vor der Erika-Schneise. (Quelle: Lageatlas der Heeresgruppe Nord) fliegen. Sein Ruf »Für unser sowjetisches Vaterland, für unseren Führer Stalin in den Tod!« ist zwar in dieser Lage schrecklich doppeldeutig, aber Wlassow versteht es, seinen Soldaten Mut einzuflößen und ihren Kampfgeist aufs Neue zu entfachen. Auch werden Teile anderer Armeen, der 52. und der 59., herangezogen und Wlassows Kommando unterstellt.

Nur wenige Tage später zerschlagen die Russen den deutschen Riegel, der die *Erika-Schneise* sperrt. Doch plötzlich sind es dann wieder Deutsche, die dort jede verdächtige Bewegung unter Feuer nehmen – aus Deckungslöchern heraus, von denen schon keiner mehr weiß, ob Deutsche oder Russen sie angelegt haben, so oft wechseln sie den Besitzer.

Und während im Einbruchsraum von Pogostje der Ort Konduja unter dem präzisen Feuer der russischen Geschütze in Flammen aufgeht und überstürzt geräumt werden muß, während die russische Zange Meter um Meter zubeißt, gelingt es den Russen auch noch, die *Erika-Schneise* wieder zu öffnen. Jetzt können sie noch einmal Munition und schwere Waffen nachführen, wenn auch unter ununterbrochenem deutschem Störfeuer. Die Gefahr für Rollbahn und Eisenbahn nach Tschudowo und für die deutschen Befehlsstellen in Ljuban ist noch immer nicht gebannt.

Nun aber kündigt sich Tauwetter an, die Zeit der Wegelosigkeit, vor der die deutschen Militärgeologen gewarnt haben. Ob Wlassow sich in diesen Tagen an Sabutai erinnert, einen anderen Meister des Kriegshandwerks, der 700 Jahre zuvor nicht weit von dem Ort, an dem Wlassow jetzt sein Hauptquartier hat, auch plötzlich vor der Frage stand, ob er alles auf eine Karte setzen oder ein immer riskanter werdendes Unternehmen abbrechen solle? Sabutai war Feldherr des Tataren-Chans Batu. Wege und Sümpfe waren fest gefroren, als Sabutai im März des Jahres 1238 mit einer Streitmacht unterwegs war, um der stolzen, reichen und allzu selbstbewußten Handelsmetropole Nowgorod, genannt ›der große Herr Nowgorod‹, zu zeigen, daß der einzige große Herr in ganz Rußland Batu hieß. Sabutai war beauftragt zu strafen. Er führte schwere Waffen mit sich. Noch hatte er die rebellische Stadt nicht erreicht, da stieg die Temperatur an. Es begann zu tauen. Sabutai war über Klima und Boden im Bilde. Er wußte, der Schlamm würde stärker sein als seine Soldaten. Sabutai kehrte um.

Vielleicht kannte Wlassow diese Geschichte. Man spricht ja von den Schreckensspuren des Mongolensturms in jedem Russenhirn. Vielleicht erinnert ihn dieser ganze Feldzug überhaupt an den Schrecken, der 1215 über Nordchina, Persien und Südrußland hereinbrach und über 40 Jahre

7. Am Wolchow: Triumph und Elend um die Erika-Schneise

andauerte. An die gut organisierten Truppen des Gegners, der ins Land einfällt mit Divisionen von 10 000 Mann, die in Haufen von 1000, Kompanien von 100, Rotten von 10 Mann gegliedert sind. Mit Pionieren, mit Artillerie, die mit Wurfmaschinen und Brandmunition ausgestattet ist, mit berittenen Bogenschützen, drohend und flink wie Panzerrudel, mit Nachrichtentruppen und Code-Spezialisten, mit Aufklärungsabteilungen, Feldgendarmerie, Kriegsgerichten, Verwaltung und Post. Truppen, die sich in sechs Monaten über 3000 Kilometer bewegen, die taktisch versiert mit zwei vorgeschobenen Flügeln, genannt ›Linke und rechte Hand‹, genau so operieren wie Deutsche und Russen jetzt. Begleitet von einem schnellen, systematischen Terror, gegen den die Vernichtungsorgien himmlerscher Einsatzkommandos fast wie Etuden anmuten, mit einer Ausrottungsroutine, die einen Stalin vor Neid blaß werden läßt. Und mit unheimlichem Instinkt nicht nur für Boden, Wald und Wetter, sondern auch für alle Stärken und Schwächen der Völker, die sich ihnen entgegenstellen.

Vielleicht zieht Wlassow tatsächlich Parallelen. Noch ist die Erde unter den morastigen Wegen gefroren. Noch sind die Sümpfe nicht unergründlich, noch schwellen Bäche und Flüßchen im tauenden Schnee nicht zu reißenden Strömen an. Noch kann Wlassow sich mit einer zwar von Kämpfen gezeichneten, aber schlagkräftigen Armee zurückziehen. Doch seine Kriegsherren versprechen ihm reichlich Nachschub, Verstärkungen, sichere Verbindungen. Wlassow ist gewiß, daß Stalins persönliche Anweisungen die Krise herbeigeführt haben. Und Stalin selbst hat ihn, Auge in Auge, bei einem Gespräch im Kreml mit den Worten »Schaffen Sie Ordnung!« ausdrücklich als Retter verpflichtet. Wlassow vertraut darauf, daß Stalin zu seiner Verantwortung für die Lage am Wolchow stehen und helfen wird. Wir wissen, daß der General damals, nachdem er die Führung der 2. Stoßarmee übernommen hatte, aus Moskau über eine Haussuchung durch den NKWD verständigt wird. Er macht sich nichts vor: Wenn er zurückkehrt, kann er das nur als Sieger tun. Nur dann kann er hoffen, daß die Häscher sich scheuen, Hand an ihn zu legen. Der Mann, der sagt, er hasse Stalin und verachte Hitler, hat sich einen schweren Weg ausgesucht.

Wlassows Armee scheitert. Auch der letzte, verzweifelte Stoß nach Norden bei Krassnaja Gorka gelingt nicht. Der Zangenhebel ist stumpf und bewegt sich nicht mehr. Die 2. Stoßarmee beginnt auseinanderzubrechen. Über die chaotischen Verhältnisse in den unübersichtlichen Wald- und Sumpfgebieten, in denen immer mehr Befehlsstränge und Nachrichtenverbindungen abreißen, gibt das Protokoll einer Gefangenenvernehmung Auskunft. Es beginnt mit den Worten: »Der Oberst wurde am 7. März 1942 von einem Spähtrupp in Gegend Waldlichtung eingebracht. Mit ihm wurden drei Offiziere, ein Politruk und sechs Mann gefangengenommen. Ein gefangener Russe führte den Spähtrupp auf die Spur des Kommandeurs. Bei der Gefangennahme entstand eine Schießerei ..., bei welcher der Oberst leicht verwundet wurde. Der Spähtrupp hatte den Befehl, den Kommandeur möglichst lebend einzubringen. Sieben Russen wurden ... erschossen.«

Bei dem Kommandeur, von dem die Rede ist, handelt es sich um Oberst Starunin. Er führt die 191. Schützendivision, ist 43 Jahre alt, Bauernsohn. Er hat sich 1920 im Krieg zwischen Polen und Rußland vom einfachen Soldaten zum Kompaniechef hochgedient und ist schließlich Stabsoffizier geworden. Als er zur 311. Schützendivision versetzt wird, leitet er die Abteilung III, Nachrichtenwesen. Im August 1941 muß diese Division vor Tschudowo eine schwere Niederlage einstecken. Starunin kann der Umzingelung durch die Deutschen in letzter Minute entgehen. Noch am selben Tag kommt er in Untersuchungshaft. Er sei schuld an der Schlappe vor Tschudowo, heißt es. Zwei Monate später öffnet sich plötzlich die Zellentür: Er möge sich zum Teufel scheren! Kaum hat er sich damit abgefunden, zu den Verfemten zu gehören, da wird er zum Stabschef der 191. Schützendivision befördert. Die Deutschen kennen diese Division. Sie hat an den Kämpfen um Tichwin, um die Rückeroberung dieses Knotenpunktes auf dem Weg zum Swir, mitgewirkt und ist im Dezember 1941 unserer 21. ID in die Flanke gefallen, als sie sich von Wolchowstroj nach Süden zurückkämpfte. Im Februar wird Starunin Kommandeur der Division. Das erinnert an das Schicksal von Generälen wie Malinin, Merezkow und Rokossowskij, die seit 1938 als Verschwörer gegolten hatten und dann auf einmal an die Spitze von Korps und Armeen gestellt wurden.

Solche Wechselbäder können allein mit seelischer Robustheit und reichlich Fatalismus ertragen werden. Starunin verfügt über diese Eigenschaften. Er ist mit seiner Division an den Verbänden vorbei, die an der *Erika-Schneise* in zähe Kämpfe verwickelt sind, zu den sowjetischen Vorhuten im Norden des Einbruchsraumes vorgestoßen. Dort erreicht ihn der Befehl, sich weiter bis an die Rollbahn, die deutsche Nachschubader, nach Pomeranje nahe Ljuban, vorzukämpfen – ganz gleich, wie überdehnt seine Nachschubwege und wie offen seine Flanken sind.

7. Am Wolchow: Triumph und Elend um die Erika-Schneise

Starunin hat Bedenken, aber sie werden beiseitegeschoben: Der Nachschub sei geregelt, Verstärkung auf dem Marsch nach vorn. Die 191. Schützendivision tritt an – und läuft ahnungslos auf die sogenannte Ost-West-bahn auf, die in Starunins Karten nicht eingezeichnet ist. Die Deutschen haben den Bahndamm in aller Eile zu einer feuerspeienden Sperre ausgebaut. Schon ist die Division in verbissene Waldgefechte verstrickt. Da bleibt der Nachschub aus, und an den Flanken tauchen Deutsche auf. Schwache Versuche nachfolgender Verbände, mit Starunin Verbindung aufzunehmen, gehen ins Leere. Seine Funkstellen sind durch Artillerietreffer zerstört, seine Melder kommen nicht durch. Starunins Regimenter stecken 15 Kilometer vor der Rollbahn fest, vor dem befohlenen Zielort Pomeranje. Sie sind eingeschlossen. Material und Verpflegung fehlen.

Es dauert nicht lange, da sieht Starunin keine Chance mehr, mit den Resten der Division durch die Abschnürung auszubrechen. Nach Norden ist der Ring nicht zu sprengen. Er versucht es nach Westen, ohne Erfolg. So befiehlt er den Übriggebliebenen, sich in kleinen Rudeln nach Süden durchzuwinden. Seit er vor Pomeranje gescheitert ist, rechnet er mit Todesstrafe, falls ihm die Rückkehr gelingt. Ist er darum im Kessel geblieben? Er verneint es. Er hätte leicht zurückfinden können, meint er, er habe die deutschen Posten und ihre Gewohnheiten stundenlang beobachtet. Nein, er habe seinen verwundeten Divisions-Kommissar nicht verlassen wollen. Ging es ihm um einen mildernden Umstand? Er zuckt die Achseln. Als der Kommissar seinen Wunden erliegt, ist jede Fluchtchance vertan.

Als die Deutschen Starunin aufspüren, versagt seine Waffe. Ihm wäre es lieber gewesen, kämpfend umzukommen, sagt er. Er ist sicher, daß seine Familie liquidiert wird, wenn man von seiner Gefangennahme erfährt. Seine Familie sei sein ganzes Glück. Ist Starunin noch überzeugter Kommunist, nach all den Erfahrungen mit dem Regime? Er sagt ja. Die deutschen Offiziere hätten doch auch ihre Weltanschauung als Ideal. Und er fragt hochfahrend den Vernehmer, warum er denn Nationalsozialist sei.

Auch Starunins Stabschef, Major Paul Krupitschew ist den Deutschen ins Netz gegangen. Er bestätigt, der 191. Schützendivision seien zwei Ski-Brigaden und ein Kavallerieverband als Rücken- und Flankenschutz zugesagt worden. Davon sei nichts zu sehen gewesen. Auch die Luftversorgung habe nicht ausgereicht. Krupitschew fühlt sich im Stich gelassen. Doch der Arbeitersohn ist an seiner Überzeugung ebensowenig irre geworden wie Starunin. Er sagt: »Die Zeit arbeitet für den Kommunismus. Eines Tages wird er über die ganze Welt verbreitet sein.«

Alle Versuche, die Nachschubader der 2. Stoßarmee zu verbreitern, sind an der Gegenwehr der Deutschen zerschellt. Die Stabsoffiziere beider Seiten schütteln den Kopf, wenn sie sich die Lagekarten ansehen. So unglaublich es ist, daß die Russen ihre gesamte Offensive durch einen nicht mehr als drei Kilometer breiten Korridor nähren, den sie durch die deutschen Stellungen gebohrt haben, so unglaublich ist es auch, daß diese deutschen Riegelstellungen einen Schlauch bilden, der auch nicht mehr als drei bis vier Kilometer breit, aber unendlich erscheinende, höllische 20 Kilometer lang ist. Ständig unter Feuer von Osten und Westen, immer wieder schweren Angriffen von beiden Flanken ausgesetzt, müssen die Deutschen hohe Verluste hinnehmen. Das Regiment 43 der 1. ID ist mit 1300 Mann und 100 Trägern in die ›Schlauch-Stellung‹, gezogen. Nach vier Wochen sind 1082 dieser Männer gefallen, vermißt, verwundet.

Wlassow dämmert es, daß er im Stich gelassen wird. Weder zugesagte Reserven noch Nachschub werden herangeführt, um das Schicksal seiner Armee zu wenden. Ob er geahnt hat, daß auch die Deutschen jetzt am Ende ihrer Kräfte sind? Wlassow fliegt Mitte Mai mit seinem Chefkommissar Iwan Sujew zum Befehlshaber der Leningrad- und Wolchowfront, General Michail Semjonowitsch Chosin. Es wird beschlossen, im Kessel eine breite, feste Straße anzulegen, auf der alle Truppen mit Waffen und Gerät aus der Umklammerung herausgeführt werden können. Wenn schon kein Sieg, dann wenigstens keine Niederlage. Aber es bleibt nur bei dem Plan. Die Armee ist auseinandergebrochen, Befehlswege sind abgeschnitten. Da viele Verbände nicht mehr erreicht werden, warten sie den Bau der Traumstraße nicht ab, sondern beginnen den Kessel zu räumen. Zugmaschinen mit schwerer Artillerie, Kolonnen von Panzern, Leichtverwundeten und einer Reihe leidlich kampfkräftiger Einheiten gelingt es, unter Verlusten nach Osten zu entkommen.

Vier Wochen später muß Wlassow einsehen, daß er keine Kommandogewalt mehr hat. Die Truppen sind aufgelöst, die Offiziere gefallen oder auf der Flucht. Nachrichtenverbindungen gibt es nicht mehr. Offiziere, die aus dem Kessel entkommen, melden Wlassow unversehrt gesehen zu haben. Er sei mit seinem Stab bei Resten der 46. Schützendivision in schweres Feuer geraten. Ein hoher Politoffizier, General Afanasjew, flieht nach Norden, als er den Weg aus der Einkreisung verschlossen findet. Er trifft nach zwei Tagen auf Partisanen. Am 14. Juli meldet er sich über deren Funkgerät bei General Kirill Afanasjewitsch Merezkow, dem Stalin aufge-

7. Am Wolchow: Triumph und Elend um die Erika-Schneise

tragen hat, der 2. Stoßarmee von außen den Weg aus dem Kessel freizumachen, ohne Rücksicht auf das schwere Material, das dabei zurückgelassen werden muß. Es gelingt Afanasjew aus dem Kessel herauszufliegen. Aber wo ist Wlassow? Der Sekretär der Leningrader Komsomolzen, Iwanow, hat ihn getroffen, sich aber von ihm getrennt, wie er meldet. Schdanow befiehlt jetzt aus Leningrad, Wlassow zu suchen. Ohne Erfolg. Wlassows Nachrichtenchef Rogow gelingt es auszubrechen. Chefkommissar Iwan Sujew wankt Wochen später im deutschen Frontgebiet aus dem Wald an der Eisenbahn von Tschudowo nach Nowgorod und gibt sich halbverhungert russischen Streckenarbeitern zu erkennen. Als er merkt, daß ihn einer von ihnen an die Deutschen verraten hat, erschießt er sich.

Schon beginnt bei den russischen Kommandostellen die Phase der Schuldzuweisungen und Ausflüchte, der Rechtfertigungen und Entschuldigungen. General Chosin hat eine griffige Erklärung: Die Deutschen seien auf dem Zenith ihrer Macht, die Russen seien zu schwach. Wir wissen, daß dies nicht den Tatsachen entspricht. Wlassow wäre der geeignete Sündenbock. Vielleicht will er deshalb gar nicht zu seinen Leuten zurück? Oder kann er nicht mehr?

Einige Wochen später bleiben dann auch im Norden die Anstrengungen der 54. Armee fruchtlos, aus dem Pogostje-Kessel, der fälschlicherweise so genannt wird, nach Ljuban durchzubrechen – auch der zweite Zangenhebel ist nun blockiert. General Iwan Iwanowitsch Fedjuninskij, der Befehlshaber der 54. Armee, wird später schreiben: »Die schlimmste Zeit war der Winter 1942 bei Pogostje. Mit Schrecken erinnere ich mich an die vier Monate, in denen wir unter verlustreichen, und, was das schlimmste war, vergeblichen Kämpfen in den Wäldern und Sümpfen zwischen Mga und Tichwin dem Feind gegenüberstanden.« Die deutschen Abwehrdivisionen melden verblüfft: »Der Iwan gräbt sich ein!« Die Offensive bei Pogostje hat eine 15 Kilometer breite und 20 Kilometer tiefe Beule in der deutschen HKL hinterlassen. Sie wird nicht mehr ausgebügelt. Hitlers Plan, sie mit dem *Unternehmen Moorbrand* zu beseitigen, bleibt Illusion. Die 18. Armee kann dafür keinen Soldaten mehr bereitstellen. Die Front ist wieder erstarrt. Von Ruhe kann jedoch keine Rede sein. Ist der ›Fritz‹ nun wieder am Zuge, plant er eine Gegenoffensive? So fragen sich die Russen. Hat ›Iwan‹ wirklich angehalten oder macht er nur eine Pause? fragen sich die Deutschen.

Ende Mai haben die Deutschen den Riegel an der *Erika-Schneise* geschlossen. Nach drei Wochen gelingt es den Russen noch einmal, ihn zu knacken. Einen Tag später haben die Deutschen den blutgetränkten, verwüsteten Waldweg endgültig gesperrt. Die *Erika-Schneise*, zu der ein Schild führt mit der Inschrift »Hier beginnt der Arsch der Welt!«, hat aufgehört, die Geisterbahn Zehntausender von Soldaten beider Seiten zu sein. Vier Wochen später ist der Rücken der 18. Armee nicht mehr bedroht. Die Russen im Nordkessel vor Ljuban sind aufgerieben. Die Verbände im großen Kessel zersplittert und voneinander isoliert. Die Kommandeure haben Überblick und Befehlsgewalt verloren. Die Vorräte sind verbraucht, ihre Reste können nicht mehr verteilt werden. Einzelne Verbände versuchen ein letztes Mal, den deutschen Ring zu durchbrechen, Teilen gelingt es, mit Hilfe der 59. Armee, die von Osten her angreift. Fast alles Gerät der 2. Stoßarmee, die meisten Fahrzeuge und schweren Waffen bleiben in den Sumpfwäldern zurück. General Merezkow, der blonde Mann mit dem breiten Slawengesicht, dessen Truppen den Riegel an der *Erika-Schneise* von außen angegriffen haben, notiert: »Ich werde die unendlichen Wälder, die Sümpfe, die nassen Torfmoore und die grundlosen Straßen nie vergessen. Neben den schweren Kämpfen gegen den Feind gab es ein ebenso schweres Ringen gegen die Natur.«

Beharrlichkeit, verzweifelte Hoffnung, Angst vor den Unwägbarkeiten von Gefangennahme und Gefangenschaft lassen viele Rotarmisten nur zögernd aus Waldlagern und Unterschlupfen kommen. Rudel von Versprengten ziehen durchs Unterholz. Die Deutschen wollen verhindern, daß die Abgeschnittenen sich zu planmäßigen Aktionen aufraffen. Die Russen versuchen soviel Spezialisten zu retten wie möglich. Sie ziehen Ärzte, Krankenschwestern, Sanitäter ab. Mehr als 5000 Schwerverwundete bleiben in den Sümpfen zurück, unbetreut, ohne Nahrung und gepeinigt von dichten Mückenschwärmen, einem elenden Ende preisgegeben. Der spätere General und Kommandeur der 3. deutschen Gebirgsdivision, Paul Klatt, schreibt darüber: »Aus Trichtern und Sümpfen quoll schwarzes Wasser. Hilferufe verwundeter Russen drangen aus den Weiten der Kessellandschaft. Da stöhnten Menschen, die sich von Gott und der Welt verlassen sahen. Namen wurden gerufen. Dann wieder brachen hemmungslose Schreie der Qual aus verborgenen Mündern hervor ... Niemand konnte sich dem Grauen dieser Stimmen entziehen, die oft schon den Stempel des Todes trugen, eines Todes, in dessen Reich ... jeder Soldat des anderen Bruder ist.«

Von Wlassow gibt es noch immer kein Lebenszeichen. Ein deutscher Kriegsberichter ist dabei, als er auftaucht. Georg Schmidt-Scheeder hat die

7. Am Wolchow: Triumph und Elend um die Erika-Schneise

Ereignisse in seinem Buch *Reporter der Hölle* aufgezeichnet. Der Titel klingt ein bißchen übertrieben; er ist es nicht, wie Zeitzeugen wissen. Die Deutschen hatten für den, der des Generals Wlassow habhaft würde, drei Wochen Sonderurlaub als Prämie ausgesetzt. Die Landser hatten also Grund, besonders scharf aufzupassen. Zunächst geht ihnen eine verschmutzte, erschöpfte, junge Frau in Uniform ins Netz, die behauptet, Wlassows Sekretärin gewesen zu sein. Vor ihrer Vernehmung besteht sie darauf, sich zu waschen und umzuziehen und entpuppt sich als reizvolles Wesen. Die Landser machen große Augen und haben endlich mal anderen Gesprächsstoff als Verluste, Krisen, Verpflegung und Latrinenparolen. Aber mehr als Charme hat Nadja nicht zu bieten. Wlassow habe da – sie zeigt auf die Karte – sein Hauptquartier gehabt, das stimmt, sei dort in deutsches Artilleriefeuer geraten, das scheint zu stimmen, habe schließlich seinen Stab aufgelöst und sei mit einigen Offizieren, seinem Burschen und seiner Köchin, Maria Woronowa, verschwunden. Mehr weiß sie nicht.

Aber wo ist Wlassow? Wochen vergehen, da wird gemeldet, Wlassows Leiche sei gefunden, auch sein Bursche, verwundet. Unser Kriegsberichter gehört zu der Gruppe, die Zeuge der Identifizierung sein soll. Sie ist auf dem Weg zum Fundort, als in einem Dorf ein alter Russe, der als Bürgermeister eingesetzt ist, darum bittet, zwei Partisanen mitzunehmen. Sie seien verhaftet worden, als sie um Lebensmittel baten. Die Deutschen winken ab, sie haben Wichtigeres zu tun. Am Fundort heißt es, der Tote sei aus dem Sumpf hergebracht worden, er liege in einer Kate. Sie betrachten ihn, betrachten den Burschen, der mit steinernem Gesicht neben ihm hockt. In Wlassows Steckbrief ist ein Goldzahn genannt worden. Der Zahn ist zu sehen. Die Leiche ist mit dem Mantel eines Generalleutnants bedeckt. Der Bursche sagt aus, er sei mit dem General und der Köchin umhergeirrt. Sie seien beschossen worden, der General sei tot zusammengebrochen, er selbst verwundet worden. Die Köchin? Über sie wisse er nichts. Der Fall scheint geklärt. Die Leiche wird zur Bestattung freigegeben.

Es wird eine Meldung abgefaßt, die ans Führerhauptquartier weitergeleitet werden soll, es werden ein paar technische Fragen besprochen. Dann geht's zurück. Der Kübelwagen schaukelt dem Dorf entgegen, in dem der alte Russe sie wegen der zwei Partisanen angehalten hat. Wäre es nicht korrekt, sich die beiden wenigstens mal anzusehen? Vielleicht wissen sie noch etwas über den General, gehören gar zu seinem Stab ... Der alte Russe hebt den Riegel vor einem fensterlosen Schuppen, öffnet die Tür. Nichts rührt sich. Einer ruft auf russisch hinein: »Rauskommen!« Der Kriegsberichter hebt die Kamera. Mit erhobenen Händen tritt ein riesiger Mann ins Licht und sagt mit tiefer Stimme: »Nicht schießen – General Wlassow!« Die Frau, die hinter ihm blinzelnd ins Freie tritt, ist Maria Woronowa, die Köchin. Wlassow übergibt dem Führer der Gruppe seine Papiere. Das Schreiben, das ihn als Oberbefehlshaber der 2. Stoßarmee ausweist, trägt die Unterschrift Stalins.

Aber die Leiche, die in der Bauernkate zu sehen war? Und der Bursche? Der Generalsmantel, der Goldzahn? Die Erklärung ist schnell gefunden. Die Leiche ist die Winogradows, des Stabschefs von Wlassow. Er hatte einen Goldzahn an der gleichen Stelle wie sein General. Den Mantel hatte Wlassow ihm überlassen, weil er wegen schwerer Malaria ständig fror. Der Bursche war der Winogradows. Er führte die Deutschen irre, um Wlassow zu decken. Von Maria Woronowa hören wir, die Frau Wlassows habe ihr eine Nachricht an den General mitgegeben. Durch diesen Brief habe er von der Verfolgung durch den NKWD erfahren. Die Frau, die Wlassow 1933 als junge Ärztin geheiratet hatte, habe auf der Rückseite des Umschlags die Hand seines kleinen Sohnes nachgezeichnet – Erinnerung an eine Welt des Vertrauens, der Liebe und Wärme.

Als Wlassow dem Oberbefehlshaber der 18. Armee, Georg Lindemann, vorgeführt wird, fragt der Deutsche seinen Gegner, warum er so lange in aussichtsloser Lage weitergekämpft habe. Wlassow stellt die Gegenfrage: »Was hätten denn Sie an meiner Stelle getan, General?«

Hat Wlassow auf der Flucht zu seinen Leuten durchbrechen wollen? Hat er sich den Deutschen ausliefern wollen? Stalin hatte ihn im Stich gelassen, Hitler wird ihn im Stich lassen. Die Amerikaner liefern ihn, der nichts anderes als die gleichen Freiheiten für sein Volk wollte, auf die sie sich selbst berufen, den roten Häschern aus. Ein Mann, der zwischen zwei Tyrannen geraten war, wie zwischen Mühlsteine. Aber waren das nicht alle Russen und alle Deutschen? Mit elf Generälen und Obersten stirbt Wlassow am 1. August 1946 im Innenhof des Taganster Gefängnisses in Moskau am Galgen.

Für die Deutschen ist Wlassow zunächst nichts anderes als ein gefangener Offizier, einer unter vielen. Ein halbes Jahr später ist sein Name für Deutsche und Russen ein geschichtlicher Begriff. Er steht für alle Sowjetsoldaten, die ihr Land von Stalins Gewaltherrschaft befreien wollen, mit Hilfe der Deutschen und als ihre Verbündeten, nicht als ihre Vasallen. Rund vier Millionen Rotarmisten haben sich bis Ende 1942 gefangen geben müssen oder sind zum Feind übergelaufen. Bis Kriegsende sind es fast

5,3 Millionen. Aus ihnen gewinnt Wlassow die Freiwilligen seiner ›Russischen Befreiungsarmee‹. Die Erklärung, es sei ihnen nur darum gegangen, dem qualvollen Dasein hinter Stacheldraht zu entgehen, ist billig. Sie wußten, welches Schicksal ihnen an der Front drohte. Je mehr wir heute über die rote Sklaverei erfahren, desto einleuchtender ist der Wunsch dieser Soldaten, ein freies Rußland zu erstreiten. Über Hitler machen sie sich wenig Gedanken. Wlassow sagt, wie sie ihn loswürden, das solle ihre Sorge nach dem Sieg über Stalin sein. Er hält Stalin für den klügeren und gefährlicheren der beiden Diktatoren.

Im sogenannten Smolensker Aufruf vom 27. Dezember 1942 faßt Wlassow die politischen Ziele seiner Armee zusammen. In dreizehn Programmpunkten findet sich darin alles, was seit der Verkündung von Glasnost und Perestroika heute verwirklicht werden soll, von der Meinungs- und Religionsfreiheit über die Unantastbarkeit von Person und Wohnung bis zu Privatisierung, sozialer Sicherheit und Schutz gegen Ausbeutung.

Viele deutsche Offiziere und Parteifunktionäre lehnen allerdings Wlassow und alle Russen, die auf deutscher Seite kämpfen wollen, von vornherein ab. Zu tief sitzt die Verblendung, das Bild vom bolschewistischen Untermenschen. Göring und Himmler halten sich damit nicht auf. Sie wollen die Möglichkeiten des russischen Idealismus und Patriotismus für ihre eigenen Ziele nutzen.

Weitblickende Deutsche unterstützen Wlassow, der stets die deutsch-russische Freundschaft betont, ohne sich anzubiedern oder Hitlers europäische Großmachtpläne gutzuheißen. Nur mit Hilfe der Russen selbst können sich die Deutschen noch aus der Zwangsjacke des Zweifrontenkrieges winden. Aber Hitler, der seine eigene Ohnmacht nicht erkennt, begreift Wlassow als Gefahr. Würdigt er den General als politische Kraft, als verbündeten Vertreter eines freien, demokratischen Rußlands, dann führt er damit seine eigene Zwangsvorstellung von der Versklavung der Untermenschen ad absurdum. So setzt er Wlassow herab, höhnt: »Wozu brauchen wir diese Sumpfmenschen?« und unterbindet die Unterstützung der Wlassow-Armee. Auch Stalin hält Wlassow für brandgefährlich. Die Deutschen haben Hunderttausende von Flugblättern mit dem Smolensker Aufruf über den sowjetischen Linien herunterregnen lassen. Jeder Rotarmist, der jetzt mit einem solchen Flugblatt in der Tasche überläuft, ist ein lebendiger Beweis dafür, wie brüchig der ›monolithische Block

Sowjetrußland‹ in Wirklichkeit ist. Überläufer gibt es in Stalins Wortschatz nicht. Er gesteht ja nur widerwillig ein, daß überhaupt Rotarmisten in deutscher Gefangenschaft sind. Schon spekulieren die Engländer laut darüber, daß Wlassows Auftreten der Beginn einer deutsch-russischen Verständigung sein könnte. Eine Erschütterung des Bündnisses mit dem Westen aber kann Stalin nicht gebrauchen. Also läßt er jeden Rotarmisten, der mit einem deutschen Flugblatt erwischt wird, auf der Stelle erschießen. Keiner darf Wlassows Aufruf diskutieren.

Nach Kriegsende versucht Marschall Wassiliewskij mit den Aussagen, die aus Wlassow in der Haft herausgefoltert werden, dem Marschall Schukow einen Strick zu drehen: Wlassow habe auf die Frage, wen er den Deutschen als Führer eines möglichen Umsturzes gegen Stalin genannt habe, neben drei Dutzend anderen auch Schukow erwähnt. *Raswiedupr*, der Nachrichtendienst der Roten Armee, verhört die nun Verdächtigen gnadenlos. Schukow geht die Intrige Wassiliewskijs so auf die Nerven, daß er einen Herzanfall erleidet. Aber er schmäht Wlassow nicht. »Ja, ich war sein Freund«, bekennt er. »Er hat vor Moskau den ersten Erfolg unserer Gegenoffensive erzielt. Ja, deshalb habe ich ihn für Orden und Beförderung vorgeschlagen, das hatte er für seine Leistungen verdient. Ja, Wlassow hat seine soldatischen Pflichten bis zuletzt erfüllt und nicht kapituliert!« Schukow hebt hervor, zum Verräter sei Wlassow erst in deutscher Gefangenschaft geworden.

Hunderttausende von russischen Gefangenen, Hilfswilligen und Ostarbeitern melden ihre Bereitschaft, in Wlassows Armee einzutreten. Doch nicht nur Hitlers Ablehnung, auch der Mangel an Ausrüstung verhindert schließlich, daß alle berücksichtigt werden. Lindemann führt das zeitweilige Erlahmen der Partisanentätigkeit um Leningrad auf Wlassows Aufruf zurück. Der Feldmarschall von Kluge erklärt, die Wlassow-Propaganda mache auf beiden Seiten der Front stärksten Eindruck.

Die Bedeutung Wlassows als Symbol des Widerstandes gegen Stalin wird heute wieder diskutiert. Wlassow hat in Ansprachen und Manifesten den Namen Hitlers, den er verachtete, strikt vermieden. In der Haft, vor dem Henkertod, hat er seinen Haß auf Stalin betont und erklärt, es werde der Tag kommen, da das russische Volk das Andenken der Wlassow-Armee ehren werde.

Wlassow heute noch schnöde als Verräter abzutun, nachdem Stalins Regime selbst in Moskau nicht mehr schöngeredet werden kann, heißt gedankenlos Stalins Propaganda nachzuplappern. Die schreckliche Rolle der

Amerikaner, die Wlassow seinen Henkern überantworteten und sich nicht scheuten, russische Freiwillige und Kriegsgefangene ausgerechnet im ehemaligen KZ Dachau zur Auslieferung an die Sowjets zu versammeln, sei hier ebensowenig untersucht wie die Rolle der Engländer in Kärnten bei der brutalen Zwangsauslieferung von Zehntausenden von Kosaken, Gefangenen und Flüchtlingen. Wer von den 5,24 Millionen Menschen, die 1945 den sowjetischen Behörden ›überstellt‹ wurden, ist wohl mit Freude und Vertrauen gegangen? Und wer erinnert sich heute noch daran, daß von diesen 5,24 Millionen Menschen etwa drei Millionen Männer, Frauen und Kinder in ihrer Heimat von den Häschern einfach abgeschrieben wurden? Sie seien, so der sowjetische Generaloberst Filipp Golikow, »auf dem Transport umgekommen, hingerichtet oder in sibirische Lager weitergeleitet« worden.

Ein Gefreiter, der im Sommer 1942 in den Wolchow-Kessel hineinmarschiert, in dem Wlassows Idee einer Befreiungsarmee geboren wurde, notiert: »Was sich hier auf dem Knüppeldamm und daneben befand, das hatten wir noch nie gesehen: Hunderte von Kraftfahrzeugen, Geschützen und Waffen aller Art hatten sich hier festgefahren. Eine unübersehbare Menge an Kriegsmaterial lag gestapelt oder wirr durcheinander. Und dann kamen die Massen der Gefangenen von allen Seiten: Verwundete, abgerissene und total abgekämpfte Gestalten, vor Hunger Baumrinde kauend – es nahm und nahm kein Ende.«

Ist es verwunderlich, daß es in dieser Hölle zu Fällen von Kannibalismus kommt? Sie sind teilweise schriftlich, teilweise fotografisch belegt. Auch aus dem belagerten Leningrad wird von solchen Fällen berichtet. Dort hatten sich sogar Menschenjägerbanden gebildet, die das Fleisch von Kindern und jungen Frauen auf dem Schwarzmarkt anboten. Unter der nicht versorgten deutschen Restbevölkerung Königsbergs kommt es nach der Besetzung durch die Sowjetarmee ebenfalls zu Kannibalismus. Auch aus Lagern russischer Gefangener in den besetzten Sowjetgebieten sind solche Verzweiflungsakte bekanntgeworden. Sie wurden von den Deutschen mit der Erschießung der Beteiligten geahndet, ohne Prüfung der unmenschlichen Lage, die dazu geführt hatte. Damals wie heute werden Berichte über die Fälle im Wolchowkessel ausgerechnet von Ärzten so überheblich wie zynisch vorgetragen. Wie mögen sie wohl die Berichte über Kannibalismus unter der deutschen Restbevölkerung im Ostpreußen des Jahres 1946 beurteilen? Mitleid schwingt in den Worten des späteren Nobelpreisträgers Werner Forßmann mit, der in jenen Tagen als Stabsarzt auf einem Hauptverbandplatz im Kessel von Demjansk schuftet. Als er von Spuren hört, die auf den Verzehr von Menschenfleisch durch eine Gruppe wochenlang eingeschlossener russischer Fallschirmjäger hindeuten, sagt er nur: »Ihre Not muß sehr groß gewesen sein ...«

Am 5. Juli 1942 wird Leningrad zur Festung erklärt, zur Verblüffung der Deutschen, für die es das angesichts der wütenden Abwehroperationen immer schon gewesen war. Als ›offene Stadt‹ war ihnen Peters Schöpfung nie vorgekommen. Und am 10. Juli gelingt es den Russen, die nun am Wolchow-Ufer als winzigen Rest ihres so kühn begonnenen und opfervollen Unternehmens einen Brückenkopf ausbauen, die Reste des Dorfes Dymno einzunehmen. Wir haben von Dymno schon gehört, als es vor der russischen Offensive Ziel von Komsomolzen-Einheiten war. Es hat seitdem im Strudel russischer Sturmtruppen ausgehalten, und die Deutschen hatten schließlich geplant, den Brückenkopf zu überrennen, um die alte HKL am Wolchowufer wieder herzustellen. Eine Feldbahn war bis hinter den Angriffsstreifen gelegt worden. Vorkommandos der 1. ostpreußischen ID, die für das Unternehmen eingesetzt werden sollte, hatten sich gründlich mit der Situation vertraut gemacht. Doch plötzlich war der schmale Streifen am Westufer den Russen so wichtig, daß sie ihn sogar mit Panzerunterstützung zu erweitern suchten, obwohl sie doch die Lage im Wolchowkessel als hoffnungslos erkennen mußten.

Die 215. ID hatte mit der 10. Kompanie des III. Bataillons vom Regiment 380 der Angriffswucht der Rotarmisten nichts mehr entgegenzusetzen. Einen der herandröhnenden Panzer kann der Feldwebel Weidner mutig mit Nahkampfmitteln ausschalten. Aber die Verteidiger sind zu einem schmalen Häuflein zusammengeschmolzen. Pak und Granatwerfer sind zerwalzt, Bunker durch Artilleriefeuer abgedeckt und eingestürzt, Gräben eingeebnet. Widerstand ist nicht mehr möglich. Die Männer sind eingeschlossen. Sollen sie die Umklammerung durchstoßen? Sie versuchen es. Wenn irgend möglich, werden Verwundete mitgeschleift. Durch den bereits von Russen besetzten Nordteil von Dymno, über den Ufersümpfen, brechen 20 zu Tode erschöpfte Männer des Regiments 380 aus – unter Führung des einzigen überlebenden Offiziers, eines Leutnants der Artillerie. Sie trotten an vier russischen Panzern vorbei. Deren Besatzungen räkeln sich in der Sonne. Sie erkennen die Gruppe nicht als Deutsche und winken ihnen freundlich zu.

Die Wolchow-Schlacht ist zu Ende. In der deutsch-sprachigen Ausgabe von *Der Große Vaterländische Krieg* wird später darüber zu lesen sein: »Um

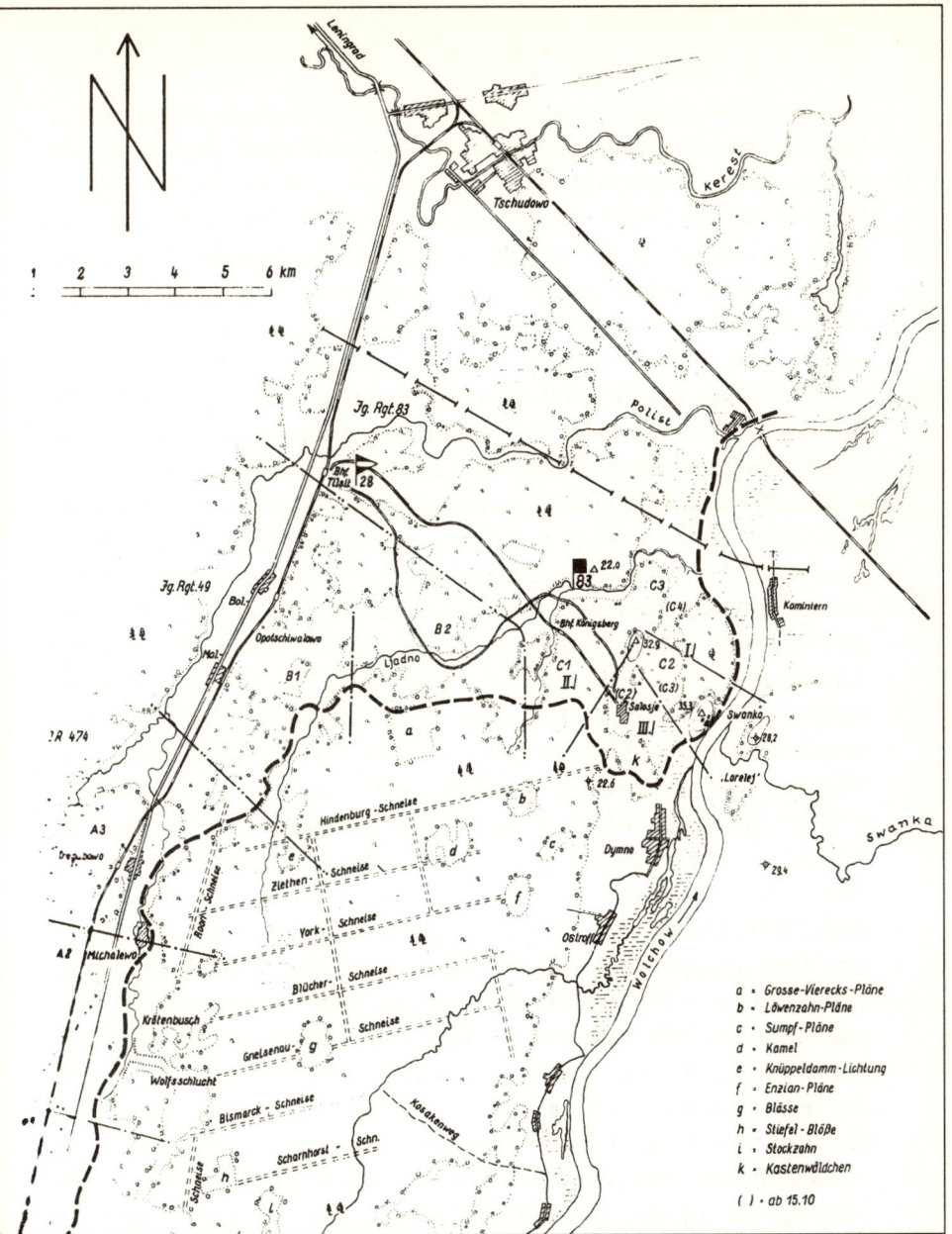

ordteil des sowjetischen Brückenkopfes vor der Erika-Schneise, der von der Wolchow-Offensive der ussen geblieben ist. Die Karte zeigt den Frontabschnitt der 28. JgD im November/Anfang Dezember 942. (Quelle: Geschichte der Hirschberger Jäger 1920-1945, Bernhard Kranz) die Lage der Leningrader Front zu erleichtern, wurde im Dezember 1941 vom Oberkommando die Wolchow-Front gebildet, die im Winter und Frühjahr durch aktive Handlungen einen bedeutenden Teil der gegnerischen Kräfte von Leningrad abzog.« Nun wird niemand erwarten, daß die Verfasser eines offiziellen Geschichtswerkes in die Harfe greifen und Heldenlieder singen. Aber das Treueopfer von 100 000 Rotarmisten so läppisch, so nichtssagend abzutun, ist genau so unwürdig und verlogen, wie das schreckliche Schicksal junger Deutscher in den Wäldern Ingermanlandes zu leugnen und zu behaupten, sie hätten nichts anderes getan, als grinsend den Hungertod der Leningrader abzuwarten und aus lauter Spaß zu zündeln, zu plündern und zu vergewaltigen.

Am 28. Juni 1942 ertönen um 21 Uhr 30 im *Großdeutschen Rundfunk* die Fanfaren, mit denen Sondermeldungen angekündigt werden. Wieder einmal heißt es: »Das Oberkommando der Wehrmacht gibt bekannt:« Natürlich ist zunächst nicht von der tödlichen Gefahr die Rede, die durch den russischen Einbruch in den Rücken der Leningrad- und Flaschenhals-Front entstanden war. Es ist nur von einer »tiefen Einbuchtung« in die deutsche Abwehrfront zu hören. Doch dann heißt es: »Damit ist die großangelegte Durchbruchsoffensive des Feindes über den Wolchow mit dem Ziel der Entsetzung Leningrads gescheitert und zu einer schweren Niederlage des Gegners geworden. Die größte Last dieser harten Kämpfe haben Infanterie und Pioniere getragen.« Der mehr ins Detail gehende Bericht der 18. Armee über die 165-Tage-Schlacht endet mit dem Satz: »Ein halbes Jahr äußerster Opfer und Anspannung des Feindes vor Leningrad war vertan, der Aufwand weiterer 20 Divisionen umsonst gewesen.« Vielleicht kein Zeichen des Mitgefühls mit dem Gegner, sicher aber des Verständnisses. Und verglichen mit den schwülstigen Phrasen, mit denen die Deutschen von Partei-Fanatikern übergossen werden, doch eher zurückhaltende Formulierungen.

Die Deutschen waren aus den Kesselschlachten des vergangenen Jahres ganz andere Zahlen als 32 759 Gefangene gewohnt. Auch die blutigen Verluste des Gegners von etwa 100 000 Mann kommen ihnen deshalb nicht riesig vor, der Krieg hat die Maßstäbe grausig verschoben. Und die Beute von 650 Geschützen, 650 Granatwerfern, 170 Panzern und 2000 Kraftfahrzeugen wird als selbstverständlich zur Kenntnis genommen. Schon ist Leningrad und sein Umfeld Nebenkriegsschauplatz, so will es Hitler. Und so war, außer bei den körperlich und seelisch Gezeichneten, die große, tragische Geschichte der Wolchow-Schlacht schnell vergessen.

7. Am Wolchow: Triumph und Elend um die Erika-Schneise

Gewiß, es war ein deutscher Sieg. Aber wie schal schmeckte dieses Wort damals schon allen, die genauer hinsahen und weiterdachten. Es war wirklich kein Grund zum Jubeln. Es war ein verzweifelter, glanzloser Abwehrsieg, gleich schrecklich für beide Seiten. Die Russen waren elendig gescheitert. Aber die Deutschen hatten viele ihrer besten, kampferprobten Männer verloren und konnten sie nicht mehr ersetzen.

Da beide Seiten so wenig Grund haben, sich überschwenglich zu rühmen, wen wundert es da, wenn die Geschichtsschreiber hüben und drüben das Geschehen mit dürren oder knappen Worten abtun? Weder von verblüffenden Husarenstreichen ist zu berichten, noch von atemberaubenden Panzer-Raids tief in feindliche Bereitstellungen oder Versorgungszentren. Heute ist erwiesen, daß die Russen entscheidende Vorteile aus den großen Abnutzungsschlachten am Wolchow und bei Pogostje zogen, in die sich schließlich die kühn angelegten Zangenoperationen der Roten Armee verwandelt hatten. Wie schrieb doch der General der Artillerie Herbert Loch schon am 28. Dezember 1941 an seinen Oberbefehlshaber? »Der Russe hat uns gegenüber völlig die Freiheit des Handelns ...« Es stimmt ja, wenn die Russen in ihrem Geschichtswerk übertrieben sachlich meinen, sie hätten deutsche Kräfte von der Leningrad-Front abgezogen. Entscheidend ist: Sie hatten die Freiheit des Handelns, und sie hatten sie jeden Tag mehr. Den deutschen Soldaten ist das nicht klar. Aber sie tragen die Folgen.

8. Kapitel
Rätselhaft: Die Knochenmühle Kirischi-Brückenkopf

In den Stäben beider Seiten werden nun, da die Fronten erst einmal erstarrt sind, neue Stellungskarten gezeichnet. Dazu gehören auch die sogenannten Feindlage-Karten. Wo stehen die MG des Gegners, wo seine Granatwerfer, wo ist seine Bunkerlinie einzusehen, wo seine Nachschubwege, wo seine Gefechtsstände, wo baut er Hindernisse, wo legt er Minen? Noch tragen die Karten viele Fragezeichen. Schon wieder fällt das Stichwort ›Postenklau‹.

Es gilt Gefangene zu machen und sie gründlich zu verhören. Die Rotarmisten nennen diesen ›Postenklau‹: ›Eine Zunge holen.‹ Es gilt vorgeschobene Stellungen zu überfallen, in Gräben einzubrechen. Jetzt ist wieder die Zeit der Stoßtrupps. Bei Pogostje und am Wolchow nehmen solche Aktionen der Russen, kaum haben sich die Fronten festgerannt, derart Überhand, daß die Deutschen sich nicht nur nach vorn, sondern nach allen Seiten verbarrikadieren und ihre MG mit Draht verankern. Die Russen streuen, sobald die Witterung es zuläßt, gegen anschleichende Deutsche trockenes Reisig, das jeden Schritt verrät. Auch werden immer wieder neue Minenriegel verlegt und gegnerische aufgenommen.

Beim Ausheben der Posten gibt es Pannen. Jefim Golowatschew, ein 23jähriger Rotarmist, wird Zeuge einer solchen Panne. Der Stoßtrupp, dem er zugeteilt ist, hat im ersten Morgenlicht einen deutschen Kampfstand angegriffen und abgeschnitten. Die Deutschen haben sich verzweifelt gewehrt und sich nicht ergeben. Nur ein junger Deutscher, verwundet, verdreckt, zerzaust, hat überlebt. Jetzt hält er seinen leergeschossenen Karabiner krampfhaft vor der Brust. Der Führer der Russen schreit: »Den müssen wir lebend haben!« Da wirft ein übereifriger, kampfblinder Russe eine von den grünen Handgranaten mit dem Splitterring in die deutsche Sappe. Wieder wird der Deutsche verletzt. Sein Gesicht ist grauweiß. Wütend starrt er auf Jefim, als der sich über ihn wirft. Um ihn niederzuhalten? Zu schützen? Jefim weiß es nicht. Er kniet sich hin, zuckt mit den Schultern und denkt: Wenn der Fritz nicht verblutet, stirbt er uns einfach aus Trotz. Er nimmt das Gewehr des Deutschen an sich. Der

8. Rätselhaft: Die Knochenmühle Kirischi-Brückenkopf

wird davongeschleppt, begleitet von Fragen und Flüchen des Stoßtruppführers.

Der Leutnant bedroht den wilden Handgranatenwerfer zornig mit seiner Pistole und läßt ihn von zwei anderen abführen. Die Stoßtruppler filzen die toten Deutschen nach Papieren. Einer verbindet die Verwundeten. Der Deutsche ist stöhnend und wimmernd in die russische Stellung getragen worden. Der Leutnant deutet mit der Pistole, die er noch immer in der Faust hält, hinter ihm her, sieht finster seine Leute an und knirscht: »Und dafür ein Stoßtrupp! Ein ganzer Stoßtrupp!«

Es ist heller geworden. Die Deutschen haben nach einer wilden Schießerei ihren Kampfstand wieder besetzt. Jefim steht im russischen Graben. Er sieht den seltsam zerfetzten Stiefel des Deutschen mit blutigen Girlanden aus Verbandsmull in einer Lache im Schlamm. Da kommt Grigorij, ein Melder vom Bataillon, und starrt wie Jefim auf den Stiefel. Grigorij sagt: »Der Fritz ist schon gestorben.« – »Hat er noch 'was gesprochen?« fragt Jefim. »Ja«, sagt Grigorij, der deutsch kann, »er hat gesagt: ›Ihr seid doch genau so blöd wie wir‹. Das hat er gesagt.« Sie können beide nicht lachen.

Jefim betrachtet das Gewehr des Deutschen. Er denkt an den Tungusen, den er in einem Zelt beim Ersatz getroffen hat. Der hat ihm von einem ihrer Stämme erzählt, aus dem Grenzgebiet zwischen Taiga und Tundra. Dort zerbrechen sie beim Tod eines Mannes sein Gewehr, seine Skier, seine Schlitten und sein Geschirr und zerreißen seine Kleider. Sie wollen damit sagen, daß die Dinge allein, ohne den Menschen, keinen Sinn haben. Jefim sieht die roten, klebrigen Flecken auf Verschluß und Kolbenplatte. Er schlägt die Waffe gegen die Brüstung und wirft die Teile in den Morast unter der Drahtsperre.

Wer nun glaubt, die Russen würden nach dem Aderlaß der großen Offensive erst einmal Ruhe geben, der hat den Charakter des Kampfes um Leningrad nicht verstanden. Wie bisher überschlagen sich die Ereignisse auch jetzt schon wieder. Noch bevor deutlich geworden ist, daß der 54. Armee General Fedjuninskijs bei Pogostje Erfolg versagt bleibt, setzt diese Armee weiter ostwärts, zum Wolchow hin, zum Angriff an. Und als die Deutschen dort alle Hände voll zu tun haben, als ein Alarmbefehl den anderen jagt und ein fürwitziger Offizier in sein Tagebuch schreibt: »Sehr viel verlangt in kurzer Zeit, Termin spätestens vorgestern«, als die Deutschen noch den russischen Nachschub in den Sack von Pogostje zu unterbinden suchen und die überflüssige Weisung ausgegeben wird: »Alle Rücksichten auf die Truppe haben zurückzutreten«, hat es schon bei Kirischi, im Brückenkopf der Deutschen jenseits des Wolchow, schwere Verluste gegeben. Und seit Jahresbeginn ist nun auch fast eine ganze rote Division in die Wälder zwischen Pogostje und dem Wolchow eingesickert. Die Sibirier nehmen ihre Gegner so wenig ernst, daß sie ungeniert lärmend Lager errichten und sich offen zu einzelnen Angriffen versammeln.

In Berichten ist von vergleichsweise mildem Wetter die Rede: Es herrschen minus 25 Grad. Nicht verwunderlich, daß sich später, als tatsächlich immer noch minus 15 Grad gemessen werden, aber die Sonne aus kristallklarem Himmel strahlt, die Männer mit nacktem Oberkörper ins Freie setzen und vom Sommer träumen. Sie haben sich immerhin an Temperaturen von minus 50 Grad gewöhnen müssen.

Geht es nicht über Pogostje weiter, wird General Fedjuninskij gedacht haben, dann geht es nebenan. Das wird die Deutschen in die Klemme bringen. Schon entwickeln sich dort die gleichen Waldkämpfe wie um Pogostje und im Rücken der Deutschen vor Ljuban. Wieder sind die Deutschen im hohen Schnee wie festgenagelt, wieder tauchen sibirische Skitruppen schnell wie der Wind auf und sind ebenso schnell verschwunden. Wieder machen die Russen mit ihren Panzern, was sie wollen, während bei den Deutschen die nützlichen, aber viel zu schweren Pak und Feldhaubitzen bis über die Rohre feststecken und die Handvoll Panzerknacker mit ihren Minen und Haftladungen nicht auf die Beine kommt. Und wieder werden Panzer III, Panzer IV und Sturmgeschütze von den Schneewällen blockiert, die sie vor sich auftürmen, wo T 34 und KW I rollen. So wird der Ort Dubowik, in einem festgefrorenen Sumpfgebiet gelegen, von sibirischen Skitruppen und neun Panzern angegriffen. Die Russen dringen ein, werden Meter um Meter hinausgedrängt. Am nächsten Tag erobern sie den Ort wieder. In der Nacht gewinnen die Deutschen ihn zurück. Doch am folgenden Tag können sie ihn nicht halten. Die Sibirier sind wieder drin. Als es den Deutschen dann schließlich doch gelingt, sich darin festzukrallen, hocken sie in einer Trümmerwüste. Die übriggebliebenen Akteure des Dramas, wenige Männer der 61. ostpreußischen Division, werden verteilt, ihr Bataillon gelöscht.

Im Bericht des Oberkommandos der Wehrmacht werden solche Vorgänge mit der Bemerkung abgetan, der Gegner habe »an einzelnen Stellen seine ergebnislosen Angriffe wiederholt«. Noch kann vertuscht werden, daß die deutschen Armeen sich zu Tode siegen. Herrscht nun Ruhe bei

8. Rätselhaft: Die Knochenmühle Kirischi-Brückenkopf

Dubowik? Natürlich nicht. Fedjuninskijs Leute greifen wieder an. Sie werden abgeschlagen. Aber nach zwei Tagen sind sie wieder da. Und sie werden immer wieder vorstoßen, kleine Zangen bilden, Einschließungen versuchen. Erst das Tauwetter, die Schlammperiode, tagelange Regenfälle machen den zermürbenden Aktionen ein Ende.

Doch die Ruhe, die Erholung, die Wiederherstellung der alten Kampfkraft bleiben ein Traum. Denn da ist ja noch Kirischi, der Brückenkopf, der später ein Stück Kriegsgeschichte beider Seiten sein wird. Seit der Jahreswende schon denken die Generalstäbler der 18. Armee über eine Sehnenstellung hinter dem am weitesten nach Nordosten vorspringenden Teil der deutschen Front nach. Dessen zentraler Punkt liegt jenseits des Wolchow, um Kirischi und seine gesprengte Eisenbahnbrücke herum, die bizarr über dem Wasserspiegel hängt und deren Anfahrtsrampen zerstört sind. Der 21. ID, die hier für den längsten Abschnitt verantwortlich ist, wird aufgetragen, dieses weitaus vorteilhaftere Stellungssystem auszubauen. Doch dann werden die Pioniere anderswo dringender gebraucht. Es geschieht nichts.

Was hat es mit dem Kirischi-Brückenkopf auf sich? Er ist ein Relikt aus der Zeit, als die Deutschen sich noch über eine großräumige Umfassung Leningrads, über das Treffen mit den Finnen am Swir, über die Unterbindung des alliierten Nachschubs von Murmansk her und über die Linie Archangelsk-Astrachan Illusionen machten. Das Ostufer des Wolchow ist etwas höher als das westliche. Säßen die Russen dort, wo jetzt die Deutschen ihren Brückenkopf haben, dann könnten sie die deutschen Stellungen am Westufer leichter einsehen. So trösten sich die Deutschen mit dem taktischen Vorteil. Vom strategischen, daß er Basis sein könnte für Vorstöße nach Norden und Osten, mag keiner mehr sprechen. Er ist ja auch zu klein dafür: Am Ufer vier Kilometer breit, nach Osten zweieinhalb Kilometer tief, an seiner schmalsten Stelle nur 500 Meter.

Es wäre leicht, durch Blenden und Tarnnetze dem Auge des Gegners den Blick auf Wege und Bunker des westlichen Ufers zu verwehren. Bei Sinjawino beispielsweise ist eine Straße kilometerlang so abgedeckt. Dann könnte der Brückenkopf geräumt werden. Jetzt aber müssen Fähren und Sturmboote nachts unterwegs sein, mit Munition, Material, Verpflegung hinüber, mit Verwundeten zurück. Jetzt müssen Ablösungen sich durch das Trägergewirr der Brücke winden, verdeckt durch Reisigmatten, die ebenso immer wieder heruntergeschossen werden wie die Männer dahinter.

Bis heute gibt es keine schlüssige Antwort darauf, warum diese Stellung von den Deutschen unter Strömen von Blut mit Klauen und Zähnen verteidigt, warum sie unter Strömen von Blut von den Russen wie besessen berannt wird. Es wird behauptet, Kirischi habe als ›Tor nach Leningrad‹ gegolten. Das gilt für andere Frontabschnitte ebenso. Stalin habe wegen dieses deutschen Brückenkopfes schon Generale erschießen lassen, heißt es. Doch Stalin hat immer schon Generäle erschießen lassen. Er findet auch ohne Kirischi Vorwände genug. Die Angst vor Stalin kann der Grund für die Kämpfe um diesen Platz mit den Trümmern der größten Zündholzfabrik der Sowjetunion nicht gewesen sein. Merezkow ist der Ansicht, durch diesen Brückenkopf seien drei deutsche Divisionen gebunden gewesen. Es war in Wirklichkeit jeweils nur eine. Aber schon deren Einsatz wäre bei Pogostje wichtiger, vielleicht entscheidend gewesen. Vielleicht war da doch immer noch die Furcht vor einem neuen deutschen Vorstoß nach Norden? Merezkows Gründe können einleuchten. Die der Deutschen können es nicht. Was steckt dahinter, daß ein Mann wie Georg von Küchler erklärt, die Kirischi-Stellung sei zu halten, auch als er hört, sie fordere innerhalb von vier Wochen jeweils mindestens 2000 Tote, Verwundete, Vermißte? Obwohl er mit Sicherheit weiß, daß er 2000 fronterfahrene Männer sinnvoller einsetzen kann?

Vielleicht wollen sich da einige, die wegen mangelnder Parteifrömmigkeit ohnehin nicht von der Gnadensonne ihres Führers beschienen sind, durch Rückzugsvorschläge nicht in noch schlechteres Licht setzen? Hitler hatte Küchler mit der Erklärung abgefertigt, er möge sich mit seiner Heeresgruppe Nord ›durchjonglieren‹. Vielleicht wird da ein heißes Thema immer wieder zurückgestellt, immer wieder überschattet von Krisen, die bedrohlicher scheinen? Vielleicht ist nichts als Nachlässigkeit im Spiel? Wer sich heute die Manager-Etagen großer Firmen genauer ansieht, der sieht auch die Ähnlichkeiten mit den Strukturen des Militärs, sieht Ähnlichkeiten in der Stabsarbeit, in den Hierarchien, ungeachtet der unterschiedlichen Rituale, sieht, wie sich die Schatten gleichen. Die Cliquenbildung, die Intrigen, die Liebedienerei im Dunstkreis der Chefs, die Hahnenkämpfe, das Flügelschlagen und Gefiederspreizen. Werden Positionen denn immer sachdienlich besetzt, wird wirklich immer nur sachlich entschieden? Ein Hindenburg, und nicht allein er, hatte Vorbehalte gegen Hitler, weil er nichts als Gefreiter gewesen war, nicht wegen seiner Ostlandfanfaren in *Mein Kampf* und seines Rassenwahns. Noch nach dem Zweiten Weltkrieg hat es einen Ruhrkonzern gegeben, in dem nur Direk-

8. Rätselhaft: Die Knochenmühle Kirischi-Brückenkopf

tor wurde, wer über Einsachtzig groß war. Dem machthungrigen und umstrittenen Walther von Reichenau scheinen schon in den dreißiger Jahren als Generalmajor der Reichswehr die Gefahren irrationaler Urteile und Entscheidungen aufgefallen zu sein, als er in der Wehrmacht nur noch die ›Organisation der bewaffneten Spezialisten der Kriegführung‹ sehen wollte und nicht eine beweihräucherte ›Schule der Nation‹. Die Heeresgruppe Nord war mit Georg von Küchler noch gut weggekommen. Der über 60 Jahre alte Hesse erspart 1944 den Soldaten seiner Heeresgruppe einen propagandawirksamen heldenhaften Untergang, als er ihnen, in nüchterner Einschätzung ihrer Unterlegenheit, den Rückzug befiehlt und diesen, leidlich geordnet, möglich macht. Hitler enthebt ihn daraufhin seines Amtes. Es wäre nicht fair, ihn heute als Sündenbock für das Elend von Kirischi abzustempeln.

Tödliche Fehleinschätzungen in den Stäben schmälern nicht die Leistung der Soldaten beider Seiten, sie steigern die Tragik des Geschehens. Die wirksamsten Argumente gegen den Krieg finden sich in Gefechtsberichten aus Knochenmühlen wie dem Kirischi-Brückenkopf.

Die Deutschen zwischen Wolchow und Ladogasee wähnen sich nach ihren Abwehrerfolgen schon wieder stark: Sie wollen aus Fedjuninskijs Pogostje-Einbruch einen Kessel machen und ihn am Bahndamm schließen. Die 21. ID soll für die Abschnürung bereitgestellt werden. Da kommt die Meldung, die 11. ID des Generals Thomaschki, im Kirischi-Brückenkopf, sei am Ende ihrer Kräfte. Ehe die Männer der 21ten sich's versehen, sind sie auf dem Marsch nach Kirischi, um die Reste der 11. ID abzulösen. Das Pogostje-Abenteuer ist beendet, bevor es angefangen hat.

In diesen Tagen kommt unser Kriegsberichter, Georg Schmidt-Scheeder, dazu, seine Eindrücke von Kirischi zu notieren. Er erinnert sich, wie der mit leeren Wodkaflaschen lichtdurchlässig gemachte Fensterschlitz des Bunkers, in dem er den Befehl zum Reportage-Auftrag in Kirischi abwartet, jedesmal gegen Mitternacht zu klirren anfängt: Trommelfeuer. Der Brückenkopf ist kilometerweit entfernt, doch Erde und Luft beben Stunde um Stunde. Er erinnert sich an das atemlose Gehaste über die Brückentrümmer in den Brückenkopf hinein, an endlose Trichterfelder, überzogen von »Schwaden aus Pulverdampf und aufgewirbelter Erde«, an »braunschwarze Rauchpilze, die in ununterbrochener Folge in den diesigen Himmel wuchsen und wieder in sich zusammenfielen«. Und über allem »hoch oben eine rote Staubwolke«. Er erlebt schweres Feuer, wird von der Druckwelle eines Nahtreffers in eine Bunkerecke geschleudert, taumelt über Leichen, springt durch die Reste eines durcheinandergewirbelten Soldatenfriedhofs, sieht Körperteile, Totenschädel, denen keiner mehr ansehen kann, ob sie Russen oder Deutsche waren, sieht dem Schicksal, das ihm droht, in die gebleckten Zähne, schleppt keuchend einen Verwundeten, nur um zu entdecken, daß er tot ist, als er ihn in der Deckung ablegt. Er begegnet dem Divisionskommandeur, General Thomaschki, dem borstigen, zornigen Artilleristen, den wir schon aus seiner Denkschrift kennen. Er fragt sich, warum der alte Herr überhaupt im Brückenkopf gewesen ist und eine Bravourleistung vollbracht hat, die eigentlich über seine Kräfte hinausging. »Hatte er seinen Soldaten in schwerster Bedrängnis«, fragt der Reporter, »das Gefühl geben wollen: Seht, euer General ist bei euch, er kennt eure Nöte? Oder hatte er sich selbst wie allen anderen beweisen wollen, was für ein Kerl er noch war?« Schmidt-Scheeder kann die Skepsis des Landsers gegenüber denen mit den rotgoldenen Kragenspiegeln und Schulterstücken in seinem Bericht zwar nicht ganz unterdrücken, aber er muß dem ›alten Herrn‹ doch Mitgefühl und Bewunderung zollen.

Die Russen stülpen eine gewaltige Feuerglocke über den Brückenkopf. Sie rollen mit der 7. Garde-Panzerbrigade des tüchtigen Generalmajors Boris A. Schneider gegen die deutsche HKL. Die Ungetüme walzen in Keilform unter gegenseitigem, unablässigem Feuerschutz so dicht an die deutschen Schützenlöcher und MG-Nester heran, bis die Abwehr aus den ausgeleierten Rohren der schweren Waffen nicht schießen kann, ohne die eigenen Leute zu bedrohen.

Und die Russen haben die Luftüberlegenheit. Mutige Einsätze deutscher Stukas, die mit zu wenig Ju 87 an zu vielen Abschnitten gleichzeitig bomben sollen und denen es ebenso geht wie den Piloten der Fw 190-Jagdflugzeuge des thüringischen Jagdgeschwaders 54, des sogenannten ›Grünherz‹-Geschwaders, sind den Infanteristen bei aller Tollkühnheit allzu selten und nur moralische Stütze, mehr nicht. Schon Mitte Juli 1941, als deutsche Angreifer vor der Luga-Stellung festlagen, ihnen aber das Lachen noch leichter fiel, funkte der Ia der 1. Panzerdivision nach hinten: »Hurra, hurra, hurra – endlich sind mal Jäger da! Leider keine deutschen Flieger – alles Bolschewisten wieder!«

Wer die Abschußzahlen von Oberst Trautlofts Jägern sieht, muß den Eindruck gewinnen, russische Flugzeuge habe es am Himmel über dem Wolchow fast nicht mehr gegeben. Oberfeldwebel Kittel hat 267 Abschüsse, Major Nowotny 258, Oberst Philipp 213, Hauptmann Rudorfer

210, Hauptmann Stotz 189, Oberleutnant Thyben 157, Leutnant Adameit 166, Leutnant Beißwenger 152 – das sind allein die Piloten mit über 150 Luftsiegen. Sie haben zusammen schon 1400 Abschußbalken auf dem Seitenleitwerk. Sogar der Geschwader-Kommodore, der führen muß, verzeichnet noch 57 Abschüsse. Aber immer aufs Neue ist der Himmel voller Maschinen mit dem roten Stern.

Trautloft erzählt von seiner Erfahrung mit den Schlachtflugzeugen der Russen, den IL 2, die sogar in niedrig hängenden, bis auf die Erde reichenden Wolkenfetzen auftauchen. »Gelegentlich fallen Schneeflocken. Von der Sonne keine Spur. Für die russischen Schlachtflugzeuge, von uns ›Zementbomber‹ genannt, ideales Flugwetter!«

Wer nicht selbst erlebt hat, wie diese einmotorigen Maschinen aufheulend in Schneeböen über die Deckungslöcher hinwegdröhnen, so tief, daß alle Männer unwillkürlich den Kopf einziehen, wird solche Schilderungen mit Skepsis anhören. Das Wort ›Schlachtflugzeug‹ gewinnt doppelte Bedeutung. Die Splitterbomben fetzen in Menschenleiber und Fahrzeuge, die Kanonen und Maschinengewehre hacken steil hinunter. Wagen die deutschen Infanteristen die Gegenwehr mit ihren leichten Waffen, dann müssen sie erleben, wie die Geschosse wirkungslos abprallen; die ›Schturmowiks‹ sind gepanzert. Über 5300 dieser IL 2 sind schon 1941 einsatzbereit.

Die Deutschen haben eine gleich wirksame, gleich robuste Waffe nicht. Sie rüsteten veraltete, stämmige Anderthalbdecker, die Hs 123, mit MG und Bomben aus. Ihre Piloten sind todesmutig. Aber auch von diesen Maschinen haben die Deutschen zu wenig. Ihre Jäger fallen verwegen über Kolonnen und Batterien her, aber zu selten, um zu wirken. Ihre Stukas sind eine furchtbare Waffe. Sie sind anfangs nicht gepanzert, aber auch nicht schneller als die IL 2. Und wenn sie nach steilem Sturz hochziehen, verlieren sie soviel Schwung, daß sie wie Fallobst in der Luft hängen und als wehrlose Ziele durch die Bodenabwehr hochgefährdet sind. Die Stuka-Piloten lernen deshalb nach dem Sturz flach über den Boden davonzujagen. Die Ju 87 sind später mit zwei 3,7-cm-Maschinenkanonen ausgerüstet oder mit sechs bis acht MG. Damit werden sie für Hunderte von Panzern zum Verderben. Aber sie waren als Sturzkampf-Flugzeuge entworfen, nicht für Tiefangriffe. Auch im Kampf der Luftflotten zeigt sich, daß geniale fliegerische und kämpferische Leistung, selbst wenn sie dem Feind Hochachtung abnötigt, in der Materialschlacht über den Wolken immer weniger zählt.

Auch ist die Luftwaffe Görings auf Winter und Schlammperioden nicht vorbereitet. Die Maschinen erleiden Schäden an Fahrwerk, Flächen und Propellern durch Eisschlag und hochgewirbelte Erdbrocken. Die Feldflugplätze werden grundlos, landende Maschinen überschlagen sich. Die Deutschen sind über die Kapazität der russischen Luftrüstung nicht im Bilde, sie sonnen sich im Gefühl der Überlegenheit. Bevor eine deutsche Expertenkommission Anfang 1941 die russische Luftfahrtindustrie besucht, warnt Chefkonstrukteur Mikojan sie vor Überheblichkeit. Die Deutschen glauben es besser zu wissen. Aber was sie sehen, macht sie kleinlaut. Die Ingenieure von Daimler, Henschel und Dornier berichten. Göring tut ihre genauen Beschreibungen ab: Alles sowjetischer Bluff! Als er hört, eine einzige der sowjetischen Flugmotorenfabriken sei größer als sechs deutsche Hauptmotorenwerke, erklärt er es für defaitistisch, solche Tatsachen zu erwähnen, erteilt Redeverbot, droht mit Verhaftung. Hitler findet sich in dem Verdacht bestätigt, daß sein Vertragspartner Stalin gegen ihn das Messer wetzt. Meldungen über neu entwickelte russische Flugzeugtypen machen jedoch keinen Eindruck, es kann nicht sein, was nicht sein darf. Mochten die Deutschen, die in den zwanziger Jahren in Lipezk gemeinsam mit den Russen den modernen Luftkrieg probten, sich wirklich nicht mehr an die unverbrauchte Intelligenz und den Einfallsreichtum sowjetischer Offiziere und Ingenieure erinnern?

Die Russen produzieren 1941 mit 15 735 Flugzeugen rund 3000 mehr als die Deutschen. Aber Ernst Udet, der Generalluftzeugmeister, schätzt den Ausstoß auf höchstens 600 Maschinen monatlich. Die Deutschen wiegen sich in Sicherheit, weil es ihnen am 21. Juni 1941 überraschend gelungen ist, die Hälfte der russischen Maschinen auf den Feldflugplätzen zu vernichten. Doch sie unterschätzen die Zahl der geretteten Flugzeuge und Besatzungen. Die Deutschen bilden keine Einsatzschwerpunkte, können die Verlegung russischer Kriegsschiffe und Transporter von Reval nach Kronstadt nur stören, nicht unterbinden und können nicht einmal die ›Eisstraße‹ über den Ladogasee unterbrechen, obwohl sie doch, nach Hitlers Vorstellungen, ganz Leningrad pulverisieren sollten. Und sie verzetteln ihre Kräfte, als die Russen auf dem festfrierenden Boden Truppen, Panzer und Trosse beliebig durchs Gelände bewegen und nicht mehr an Rollbahnen gebunden sind.

Die Russen steigern ihre Flugzeugproduktion, während die Deutschen entdecken müssen, daß sie zu wenig Aufklärer haben, um die Bereitstel-

8. Rätselhaft: Die Knochenmühle Kirischi-Brückenkopf

lungen der Roten Armee rechtzeitig und lückenlos zu bemerken, daß sie versäumt haben, mit strategischen Luftoperationen die sowjetischen Treibstoffquellen und -lager, die russischen Rüstungszentren zu zerstören. Und ihre eigenen Geschwader entfernen sich mit jedem Schritt nach Osten weiter von ihren Raffinerien.

Die Deutschen melden stolz jeden Luftangriff auf Leningrad. Doch sie werfen mit 1500 Tonnen Sprengbomben von September bis Dezember 1941 nicht mehr ab, als im letzten Kriegsjahr in einer einzigen Nacht auf eine deutsche Stadt heruntergehagelt. Die Geschwader, die nach Feldzugsbeginn schon im Siegestaumel an die Kanalküste verlegt werden, müssen im Herbst nach Rußland zurück. Göring tröstet seine Leute, es ginge nur um den Eindruck, nach vier Tagen seien sie wieder auf dem Weg zurück zum Kanal. Aber alle wissen, daß er sich und seinen Piloten etwas vormacht.

Da die Russen auf ihrem Rückzug alle Reparatureinrichtungen systematisch zerstört haben, müssen viele beschädigte Flugzeuge nach Deutschland zurücktransportiert werden. Dort aber hat die Industrie andere Sorgen und ist auf solche Reparaturaktionen nicht vorbereitet. Von der sieggewohnten deutschen Luftwaffe ist oft nur die Hälfte einsatzbereit. In der Krise im Dezember 1941 sitzen Göring, Goebbels, Himmler und die Luftwaffengeneräle Jeschonnek und von Richthofen zusammen. Sie kommen zu dem Schluß, Rückschläge müßten im Kampf um höchste Ziele ›schicksalhaft‹ hingenommen werden. Das Volk müsse Opfer dafür bringen. Eine wahrlich verblüffende Art, mit Schwierigkeiten fertigzuwerden, die so wenig mit hohen Zielen und so viel mit Mangel an Weitblick und mit Menschenverachtung zu tun haben. Und es gibt keine Anzeichen für Zweifel oder gar Einsicht. Später stirbt Richthofen an einer Schädeloperation, die anderen vier enden durch Selbstmord. Es klingt kolportagehaft und ist doch Weltgeschichte. Als es um die USA geht, zeigt Hitler die gleiche Blindheit. Er sagt, die Amerikaner könnten ›nur Kühlschränke bauen‹. Eine ganze Reihe überheblicher Schranzen teilt seine Ansicht begeistert. Die Luftwaffe meldet, jenseits des Ozeans würden 1942 ›höchstens 16 000 Flugzeuge‹ gebaut. In Wirklichkeit waren es fast 48 000.

Die Infanteristen, die sich in den um- und umgewühlten Boden des Kirischi-Brückenkopf krallen, die Jäger, die in die IL 2-Pulks stoßen, um deren Angriffe auf das dahinschmelzende Häuflein Deutscher in den Löchern und Ruinen zu verhindern – sie wissen nichts von den Schreibtischtätern. Trautloft berichtet von einem Flug über die Wolchow-Front, bei dem er eine IL 2 brennend in den Sumpf schickt: »In den Kurven streift mein Blick die Erde. Unter den Tragflächen blitzt im Schnee, Morast oder Sumpf das Mündungsfeuer unserer Artillerie auf. In den Trichterfeldern liegen zerschossene Flugzeugwracks. ... Da sind Knüppeldämme, Bunker, Stützpunkte, Laufgräben, gefüllt mit Schnee, aber auch – trotz der Kälte – mit trübem Wasser ... Vom schmutzigen Grau des Bodens leuchtet ab und zu die helle Silberrinde einer astlosen Birke herauf. Die meisten Baumstämme sind jedoch hingemäht, liegen kreuz und quer auf der blutgetränkten Kampfstätte ...« Trautloft wird von Mig-Jägern in die Zange genommen, sein Rottenflieger muß mit Treffern abdrehen. Trautlofts Kompaß fällt aus, mit schweren Schäden findet er in Wolken und Schneeschauern durch Zufall zum Horst zurück und kommt nach einer Bauchlandung in einer Schneewehe zum Stehen. Seine Fw 190 ist über und über mit Öl verschmiert und weist 18 Treffer auf.

Auf engstem Raum finden im Brückenkopf um Kirischi, Nowinka, Plawnizy und Dobrowolnyj verbissene Kämpfe statt. Oft geht es um 30, 40 Meter, um Trichter, Bunker- und Grabenreste. Alles, was schon in den Erzählungen aus den Materialschlachten des Ersten Weltkrieges schier unglaubhaft schien, wiederholt sich hier: Das unablässige Feuer, der Boden, aus dem kein Gras mehr wachsen will, die sich ständig verändernde Umgebung, die Einsamkeit der Posten, die Entschlossenheit der Einzelkämpfer, die Verlorenheit der Verwundeten, die Verläßlichkeit von Meldern und Trägern, die heroische Selbstlosigkeit von Sanitätern und Ärzten. Sind schon Wälder und Sümpfe der Wolchow- und Pogostje-Stellungen eine schreckliche Welt für sich, der Brückenkopf von Kirischi ist die Steigerung. Als die 21. ID die 11. ID ablöst, stoßen die Rotarmisten in die Gruppen, die sich noch nicht haben einrichten können. Eine hochgefährliche Krise entsteht. Die Spaltung des Brückenkopfes droht. Der Kommandant der Kirischi-Truppen, Oberst Hermann, reißt seine Leute zu einem Gegenstoß vor und fällt vor ihren Augen vor der Mündung eines verdeckt eingebauten russischen MG. Der Brückenkopf, der niemandem nützt, ist gerettet. Das Sterben geht weiter.

Generaloberst Halder, der Generalstabschef des Heeres, notiert in diesen Tagen: »Übliche Kämpfe bei Kirischi«. Der Freiherr von Allmayer-Beck zitiert aus einem Bericht, wie der Führer eines Bataillons des Regiments 3 am Ufer des Wolchow auf zwei Unteroffiziere und drei Mann

8. Rätselhaft: Die Knochenmühle Kirischi-Brückenkopf 175

stößt, die erschöpft rasten. Einer der beiden Unteroffiziere macht Meldung: »Fünfte Kompanie auf dem Weg vom Brückenkopf zur Ruhestellung!« Das IR 3 hat über 1000 Offiziere, Unteroffiziere und Mannschaften verloren. Wie sehen die Männer aus, die der Hölle entronnen sind? Allein vom II. Bataillon sind 70 Prozent der Soldaten magen- und darmkrank, entkräftet und kotbesudelt.

Chronist Allmayer-Beck zitiert den Oberleutnant von Cursell: »Große Friedhöfe, von Bomben und Granaten zerwühlt. Häuserruinen, die nur noch die Umrisse der ehemaligen Gebäude anzeigen, von den Bäumen nur Stümpfe, ohne Äste und Blätter. Das Gelände mit zersplitterten Brettern und Balken, Maschinenteilen, zertrümmerten Waffen und zerrissener Ausrüstung bedeckt. Hier und da schwelt das Sägemehl einer ehemaligen Holzfabrik von der letzten Phosphorbombe. Da und dort ein toter Russe oder ein Deutscher, die man noch nicht hatte bestatten können.«

Der Oberleutnant ist ein abgebrühter Frontoffizier. Und doch vermerkt er in seinen Aufzeichnungen kopfschüttelnd Fälle unglaublichen Wagemuts auf beiden Seiten. Er hat die Sturheit der russischen Panzerfahrer erlebt, hat russische Reparaturkolonnen ins Niemandsland schleichen und liegengebliebene Panzer fahrfertig machen und abschleppen gesehen, hat russische Trägerkolonnen wie Schlangen durchs freie Trichtergelände bis in die vorderste Linie kriechen gesehen. Er erzählt von dem russischen VB, der in einen abgeschossenen Panzer 20 Meter vor den Deutschen schlüpft, von dort das Feuer lenkt, an seiner Funkantenne erkannt und abgeschossen wird, erzählt von russischen Flugzeugen, die Flammöl auf die deutschen Stellungen sprühen und erst abdrehen, als zwei von ihnen selbst in Brand geraten und in den Wolchow stürzen. Wir erfahren von dem kleinen deutschen Artilleriefunker, der zum dritten Mal mit einer Haft-Hohlladung einen KW I anspringt, nachdem die erste nicht gewirkt und die zweite versagt hat, und der nun mit offenem Mund beobachtet, wie der Koloß sich in einem schwarzroten Feuerball auflöst.

Kein Soldat der 21. ID, der von Kirischi berichtet, versäumt einen Mann zu erwähnen: Den Stabsarzt Dr. Schneider, der im vorgeschobenen Verbandplatz in sieben Wochen über 1000 Verwundete versorgt. Der Arzt ist Beobachter, Helfer, Tröster, er darf in aller Verzweiflung ringsum nicht verzweifeln. Er registriert die Läuseplage, das Zahnfleischbluten der falsch Ernährten, das Sumpffieber, die Schüttelfröste, die zehrenden Durchfälle. Er darf sich von den Elendsbildern nicht anrühren lassen, wenn ihm die Verwundeten gebracht werden, mit einem Brei von Lehm und Blut beschmiert und verkrustet, wenn sie sich trotz schwerster Verletzungen selbst heranschleppen.

»Im Bunkergang«, schreibt Schneider in sein Tagebuch, »geht ein Unteroffizier ruhelos auf und ab und winkt mir jedesmal mit stummer Gebärde zu, wenn er mich am OP-Tisch arbeiten sieht. Endlich steht er vor mir. Ich sehe, daß Kehlkopf und Speiseröhre durch einen Splitter aufgerissen sind. In der zerfetzten Wunde suche ich die Stümpfe und schiebe je einen Gummischlauch in Luft- und Speiseröhre. Die freien Schlauchenden leite ich durch einen Kragen aus Gips heraus. Durch das eine atmet der Unteroffizier, durch das andere ernähren wir ihn. In einer Hand einen Zettel, die andere schützend vor den Schlauchöffnungen, so geht er am Abend hinunter zur Fähre.« Wenn der Kampf um Leningrad bei den Überlebenden beider Seiten überhaupt positive Eindrücke hinterlassen hat, dann gehört ganz sicher das Wirken der deutschen und russischen Ärzte dazu, die, wie Schneider, ohne Rücksicht auf Dienstgrad, Nationalität und Weltanschauung selbstlos, findig und vorbildlich geholfen haben, wo es nur ging.

Es gibt in Schneiders Tagebuch ein weiteres Beispiel für die Ausnahmesituation, in der sich die Männer damals befanden. »Ich sitze in der Morgenkühle vor dem Bunkereingang«, erzählt er, »erschöpft von der nächtlichen Arbeit im Bunker, im Blutdunst. Der Sonnenaufgang bringt jetzt immer eine kurze Zeit der Ruhe ... ehe der brüllende Tag wieder beginnt. Um mich herum liegen die in der Nacht verstorbenen Kameraden, die wir aus dem Bunker herausbrachten, um sie bei erster Gelegenheit zu bestatten. Die stummen Gestalten stören mich nicht, ich empfinde sie nicht einmal als fremd. Zu lange und zu eng sind wir all die Tage mit ihnen verbunden gewesen. Die erste Sonne taucht alles in ein unwirkliches Licht: Trichter, Steintrümmer und Stahlspieße. Plötzlich läßt mich ein heißer Schreck hellwach werden. Ein Sonnenstrahl trifft das Gesicht eines Toten neben mir; aus dem blassen, ausgebluteten Gesichtchen eines jungen Menschen sehen mich zwei ... Augen an, nicken mir gütig lächelnd zu, als wollten sie sagen: ›Mach dir nichts draus‹. Was nützt es, daß ich weiß, die reine Luft hat den Ausgebluteten ins Leben zurückgerufen, der unten in dem erstickenden Dunst für tot gehalten und herausgeschafft worden war. Voller Scham und Schuld kniee ich neben ihm, bevor wir beide gemeinsam vor den ... Einschlägen hinunterflüchten müssen.«

In den Bunkern, Blockhäusern, Scheunen und Zelten, in denen unter einfachsten Verhältnissen, unter Bomben- und Artillerieeinschlägen operiert wird, fällt dem Arzt eine schicksalhafte Rolle zu. Er muß überlegen, wie seine Arbeitskraft möglichst vielen Menschen helfen kann. Er rettet mit kürzeren Eingriffen fünf bis zehn Soldaten vor dem Tod, wenn er darauf verzichtet, zwei Stunden lang kunstgerecht einen Bauchschuß zu operieren, bei dem schon eine Bauchfellentzündung droht. So stellt es der Stabsarzt Werner Forßmann dar, der am Südflügel der Heeresgruppe Nord, im Kessel von Demjansk, um Menschenleben ringt. Der Arzt darf im Frontgebiet nicht nur medizinisch, er muß auch taktisch denken und sich fragen: Wann kann oder muß der Verwundete abtransportiert werden, unter welchen Verhältnissen muß ich bei sogenannten Schußbrüchen amputieren, weil stundenlanger Transport mit Unterbrechungen durch Schlachtflieger, Artillerie, Panzer und die Rüttelei auf schwierigen Wegen bei einer weniger radikalen Operation zu tödlichen Infektionen führen? Muß der Hauptverbandplatz, HVP genannt, wegen Kampfhandlungen plötzlich verlegt werden? Um Abkühlung zu vermeiden, kommen die Verwundeten bekleidet auf den Operationstisch. Nur die Verletzung wird freigelegt. Operationswäsche wird nicht benutzt, sie kann weder gewaschen noch getrocknet werden. Gummihandschuhe werden nicht gewechselt, nur desinfiziert.

Forßmann staunt über die Robustheit der sowjetischen Verwundeten. Eines Tages tauchen in seinem HVP zwei Rotarmisten auf. Der eine ist zehn, der andere 15 Kilometer gelaufen – mit offenem Mantel, offenem Hosenbund. Beide tragen in ihren Händen, mit einem Tuch verhüllt, Darmschlingen, die nach Verletzungen aus ihrer Bauchwand herausgetreten sind. Forßmann arbeitet pausenlos am OP-Tisch, er hat jetzt keine Zeit für stundenlange Bauchoperationen. »Aber ich konnte doch die armen Kerle so nicht lassen«, erzählt er. Also macht er den kleinstmöglichen Eingriff, reinigt das Gedärm von Erde, Blättern und Gras, vernäht ein paar Löcher, packt das ganze Paket in die Bauchhöhle und macht zu. Über den nächsten Fällen, die herangebracht werden, vergißt er die Russen. Aber als er sich nach ein paar Tagen endlich eine Ruhepause nehmen kann, fallen ihm die beiden wieder ein. Nach all seinen Erfahrungen, meint er, können sie die schweren Verletzungen nicht überstanden haben. Er fragt, wie lange sie denn noch gelebt haben. Sein Feldwebel antwortet gleichmütig: »Verdauung normal. Appetit gut.« Sie sind gesund geworden.

Auf beiden Seiten der Front machen die Ärzte reichlich Erfahrungen. Sie können studieren, wie Kälte auf den Menschen wirkt, wie der Wasseranteil in der Haut gefriert. Sie wissen nun, daß Finger- und Zehenspitzen, Nasenspitze und Ohrläppchen Thermostaten sind, mit deren Hilfe die Körpertemperatur reguliert wird, warum die weiße Nase Gefahr anzeigt, warum eine Lufttemperatur von minus acht Grad wegen Verdunstung der Hautfeuchtigkeit den Soldaten wie minus 25 Grad erscheint, sobald Windstärke fünf herrscht. Die Ärzte erleben, wie Männer, die mit abgerissenem Arm in den HVP-Bunker kommen oder mit abgerissenem Bein abgestellt werden, völlig unempfindlich gegen Schmerz sind. Sie erfahren, wie Verwundete trotz umsichtiger Behandlung plötzlich an Schock sterben. In der Statistik heißt es, bei fast 70 Prozent aller im HVP Gestorbenen ist Schock und Blutverlust die Ursache, bei 15 Prozent Atemstörungen. Die Ärzte haben kein Mittel, zu verhindern, daß junge Männer sich nach verhältnismäßig leichten Verletzungen selbst aufgeben und nach ein paar Stunden sterben, während sich schrecklich Zerfetzte eisern am Leben erhalten und zu Paradebeispielen werden.

Auch der Soldat, der mit Verletzungen rechnet, weiß erst dann, wenn er sie erleidet, wie er darauf reagiert. Eben noch eingebunden in eine Gruppe von Kameraden, in höchster Anspannung, ist er plötzlich allein mit seinem Tod, verstümmelt, behindert, bewegungsunfähig, wehrlos. Hunderte hat er sterben gesehen, hat sich vorgestellt, ihm werde das nicht geschehen. Wer hilft ihm nun, wer schleppt ihn weg aus der Hölle, mit der er nichts mehr zu schaffen hat? Das ist dann die Stunde der Kameraden, die in keinem Bericht genannt, gelobt werden, die Stunde, in der Landsknechte zu Samaritern werden. Viele ergeben sich dem Tod. Manche sterben still, manche beten, manche rufen nach der Mutter, der Frau, der Geliebten. Ob je einer nach seinem Führer Hitler gerufen hat, je ein Russe nach Stalin? Wem dann trotz aller Todesnot das Leben wieder geschenkt wird, der ist in der Tiefe seines Wesens verändert.

Wer in unserem Land Kriegsversehrte nach Selbstmitleid befragt, nach Enttäuschung über fehlenden Dank des Vaterlandes über die schmale Rente hinaus, wird selten fündig. So wenig es ihnen heute noch darauf ankommt, wer wirklich ›gewonnen‹ hat, so wenig liegt ihnen an Würdigung.

Die wenigsten von den schwer Gezeichneten haben noch viele Menschen, an deren Wertschätzung ihnen liegt. Keiner glaubt, er müsse sich verständlich machen, gar verstanden werden. Es geht ja um eine Vergangenheit, die zu beschreiben ihnen selbst die Worte fehlen. Wer möchte da von ›Verdrängung‹ sprechen? Die Quintessenz aller Gespräche mit Versehrten: »Weder unsere Toten noch wir brauchen heute das Mitgefühl von Leuten, die Depressionen bekommen, weil sie Deutsche sind.«

Dr. Karlheinz Schneider-Janessen, der sich mit dem Thema ›Arzt im Krieg‹, in seinem gleichnamigen, aufschlußreichen Werk beschäftigt, hat sich auch mit einschlägigen statistischen Angaben über die Folgen des Zweiten Weltkrieges befaßt. Er notiert für 1950 in Westdeutschland etwa 820 000 Menschen, die von Verwundungsfolgen betroffen waren, 90 000 von Erfrierungsfolgen, 60 000 von Hirnverletzungen. 8400 waren blindgeschossen. Über eine Million litt unter Folgen von Krankheiten, die sie im Krieg durchmachten.

Frontärzte rechneten bei vier von fünf Hirnverletzten mit dem Tod bald nach der Verwundung. Aber wir hören auch von Fällen, in denen Hirnverletzte zwanzig bis dreißig Jahre nach Kriegsende nach quälendem Siechtum an den Folgen starben. Mancher Hirngeschädigte, der Lähmungen, Krämpfe, Ausfall geistiger Fähigkeiten nicht mehr ertrug, verübte schließlich Selbstmord.

Wenn Schneider-Janessen von etwa 1,4 Millionen Kriegsbeschädigten im Jahre 1962 in Westdeutschland berichtet, dann betrifft das nur die körperlichen Schäden. Wesentlich mehr Menschen sind seelisch traumatisiert worden, zumal ja auch Millionen von Frauen und Kindern bei Bombenkrieg, Vertreibung und sogenannter Befreiung Zeugen und Opfer schlimmster Ereignisse wurden. Bei der Bewältigung dieser Vergangenheit scheinen die Leistungen in unserem Lande allerdings eher in der Abwehr von Rentenansprüchen und nicht, wie beispielsweise in ähnlichen Fällen in den USA, in der Psychotherapie zu finden zu sein. Vielleicht spielen auch dabei pauschale Vorbehalte gegen die verleumdeten Generationen dieser Zeit eine Rolle. Was die körperlich Versehrten angeht, so lebten 1962 in den alten Bundesländern noch 135 524 einseitig Bein- und über 40 000 einseitig Armamputierte. Beidseitig Beinamputierte: 10 075. Ohnhänder: knapp 1000, von ihnen waren 125 blind. Auch lebten noch 26 Vierfach-Amputierte und 6210 Kriegsblinde.

Noch einmal zurück in den Hauptverbandplatz. Nur ein Zehntel aller Verletzungen, so ziehen die Ärzte blutige Bilanz, sind einfache Schußkanäle. Drei Viertel sind durch Splitter entstanden, gezacktes Eisen, geknülltes Blech. Kinoreife, elegante Durchschüsse sind in Wirklichkeit selten. Explosivgeschosse mit winzigen Sprengladungen, wie sie von den Russen verwendet werden, und die im Gefecht an ihrem knallerbsenähnlichen Aufschlaggeräusch zu erkennen sind, durchsetzen das Gewebe mit Bleipartikeln und wirken verheerend. Bei Bauchverletzungen, die nach maximal vier Stunden operiert werden, überleben 41 Prozent der Verwundeten, nach mehr als 12 Stunden nur noch 15 Prozent. Die Hälfte aller Bauchschußverletzten stirbt, bevor sie in ärztliche Hände kommen. Rettung von Menschenleben ist auch im Krieg nicht zuletzt eine Frage des schnellen Transports. Bei Temperaturen bis minus 50 Grad, in der Unwegsamkeit der Wälder um Leningrad besonders.

Bei der 21. ID sind die Lücken, die der Einsatz um Kirischi und die Waldkämpfe um Dubowik geschlagen haben, durch Genesene und Jungen vom Ersatz aufgefüllt. Nun, im Herbst 1942, werden die ersten brauchbaren Winterkampfanzüge zu ihr auf den Weg geschickt – mit einem Jahr Verspätung. Die Division zieht Bilanz. Sie ist ehrenvoll im Wehrmachtbericht genannt worden. Doch in ihrer Chronik heißt es über die Männer von Kirischi, mit einem Wort des Generalobersten von Seeckt: »Im Grunde war das, wofür sie ausgehalten haben, die sture Abwehr eines sturen Angriffs ... an einem Punkt von operativ eher zweifelhafter Bedeutung.« Die Landser sagen ganz einfach, sie seien ›verheizt‹ worden.

Die SS-Polizeidivision hat Angriffe der Russen am Südbogen der Stellungen um Leningrad hinter sich. Schon setzen die Russen nun über die 500 bis 1000 Meter breite Newa an der Einmündung der Tossna. Aber ihr Versuch, von hier aus in den Flaschenhals hineinzustoßen, wird schon im Ansatz vereitelt. Doch auch das wieder ein Beweis dafür, mit welch zähem, blutigen Fleiß die Verteidiger Leningrads daran arbeiten, die Umklammerung solange zu erschüttern, bis sie einmal zerbricht. Bitterer Humor hat die Polizeidivision in ›Birkenkreuzdivision‹, umbenannt, soviele Männer hat sie verloren. An ihren Stellungen am Newa-Ufer treiben in diesen Tagen etwa 40 Sturmboote mit den Leichen von Rotarmisten entlang, die bei Landungsversuchen ins Abwehrfeuer geraten waren. Die Deutschen haben es sich längst abgewöhnt, über solche tragischen Zeichen russischen Opferwillens zu triumphieren.

9. Kapitel
Wie schwer ist ein MG 42, wie schwer ein Karabiner 98 k?

Ende August 1942 ist aus Sewastopol mit der 11. Armee der Feldmarschall von Manstein vor Leningrad eingetroffen, ein drahtiger Mann mit scharfgeschnittenen Zügen. Auf ihn geht die kühne Konzeption des Frankreichfeldzuges zurück. Manstein rückt gemäß der *Weisung Nr. 45* des Führerhauptquartiers an. Sie beginnt mit dem zukunftsfrohen Satz: »Die Heeresgruppe Nord bereitet die Wegnahme von Leningrad bis Anfang September vor. Deckname ›Feuerzauber‹.«

Die Russen haben es ein halbes Jahr zuvor verstanden, den deutschen Plan für die Ausbügelung der Pogostje-Beule zu durchkreuzen. Diesmal geht es um mehr, diesmal wollen die Deutschen schneller handeln. Und es soll kein Ringen um wenige Meter werden, kein Gezerre und Geschiebe wie bei schwergewichtigen Athleten. Diesmal geht es um eine weitreichende, spektakuläre Entscheidung, mit der Hitler die Initiative im Nordabschnitt wiedergewinnen will. Lange genug haben die Deutschen immer nur abwarten müssen, wo der Gegner nun wieder angreift. Nicht einmal jetzt, da in Leningrad der Tod regiert, da in den Straßen die Menschen vor Entkräftung zusammenbrechen und immer neue Massengräber ausgehoben werden müssen, haben die Verteidiger Probleme mit dem Nachschub von Munition und mit der Instandsetzung von Panzern und Fahrzeugen. Direkt aus der Fabrik gegen die Faschisten! lautet die Parole.

Nun wird deutlich, wie überheblich und unwirksam die Einschließung der Stadt, wie folgenschwer die Standfestigkeit der Roten Armee und die Leidensfähigkeit der Leningrader für die Deutschen sind. Denn nun beginnt ein Strom von alliiertem Kriegsmaterial, genauer: beginnen fast zwei Drittel aller Lieferungen aus den Laderäumen der alliierten Konvoischiffe über die Eismeerhäfen Murmansk und Archangelsk und weiter über die sogenannte Murmanbahn ungestört ins russische Hinterland zu fließen. Russische Historiker haben die Hilfe bagatellisiert, haben auf die auch 1942 ungebrochene Kraft der sowjetischen Rüstungsindustrie verwiesen. Es gibt deutsche Wissenschaftler, die hingegen meinen, allein die alliierte

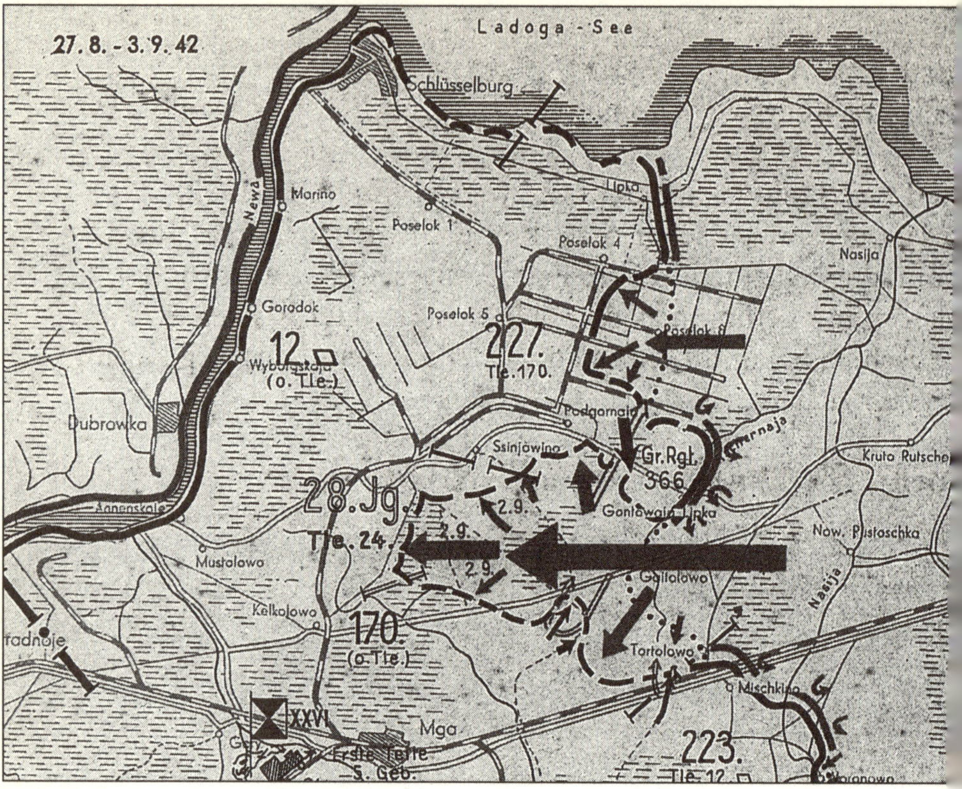
27. 8. - 3. 9. 42
Ladoga - See
Schlüsselburg
Lipka
Newa
Marino
Poselok 1
Poselok 4
Nasija
Gorodok
Poselok 5
Poselok 8
12.
227.
Tle. 170.
Wyborgskaja
(o. Tle.)
Dubrowka
Podgornaja
Tschernaja
Ssinjawino
Gr. Rgt.
366
Kruto Rutsche
Annenskoje
28. Jg.
2. 9.
Tle. 24.
Gontowaja Lipka
Now. Pustoschka
Mustolowo
Gaitolowo
Kelkolowo
170.
(o. Tle.)
Tortolowo
Otradnoje
Mischkino
XXVI
Mga
Erste Teile
5. Geb.
223.
Tle. 12.
Woronowo

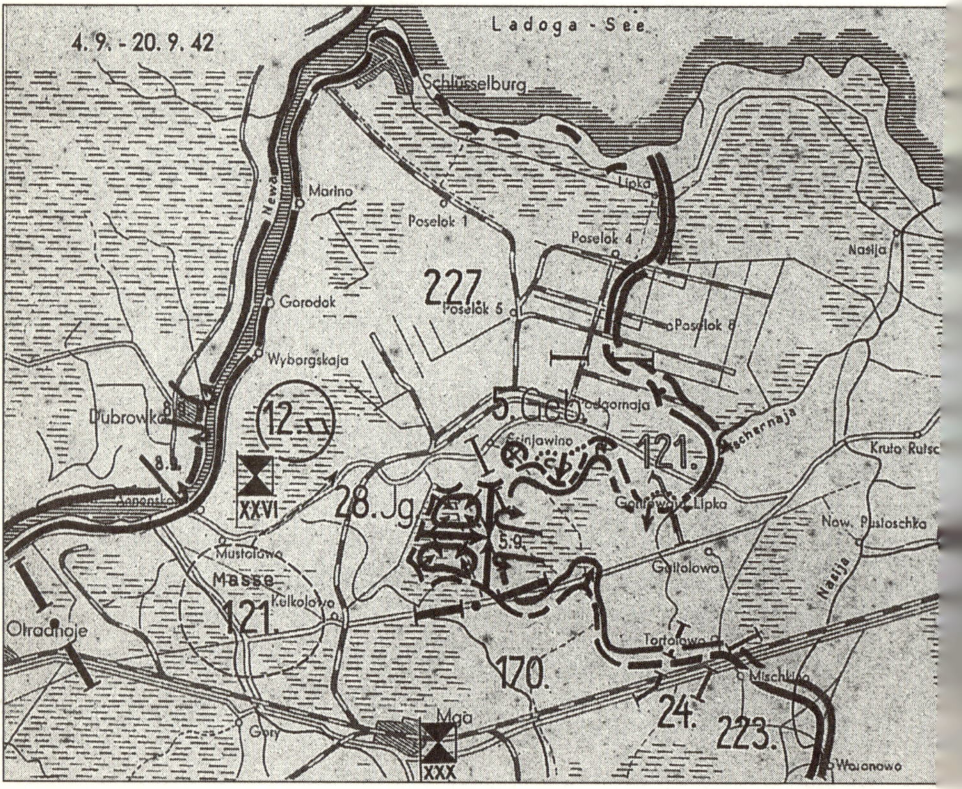
4. 9. - 20. 9. 42
Ladoga - See
Schlüsselburg
Lipka
Newa
Marino
Poselok 1
Poselok 4
Nasija
227.
Poselok 5
Gorodok
Poselok 8
Wyborgskaja
Dubrowka
12.
5. Geb.
Podgornaja
Tschernaja
Ssinjawino
121.
Kruto Rutsc
8. 9.
Annenskoje
XXVI
28. Jg.
Gontowaja Lipka
Now. Pustoschka
5. 9.
Mustolowo
Gaitolowo
Masse
121.
Kelkolowo
Otradnoje
Tortolowo
170.
Mischkino
24.
223.
Gory
Mga
XXX
Woronowo

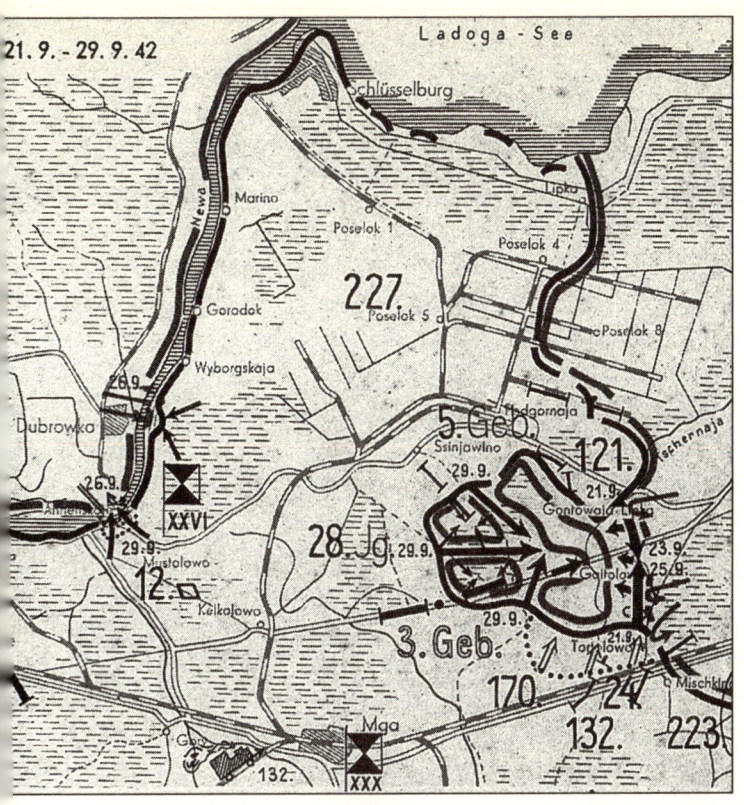

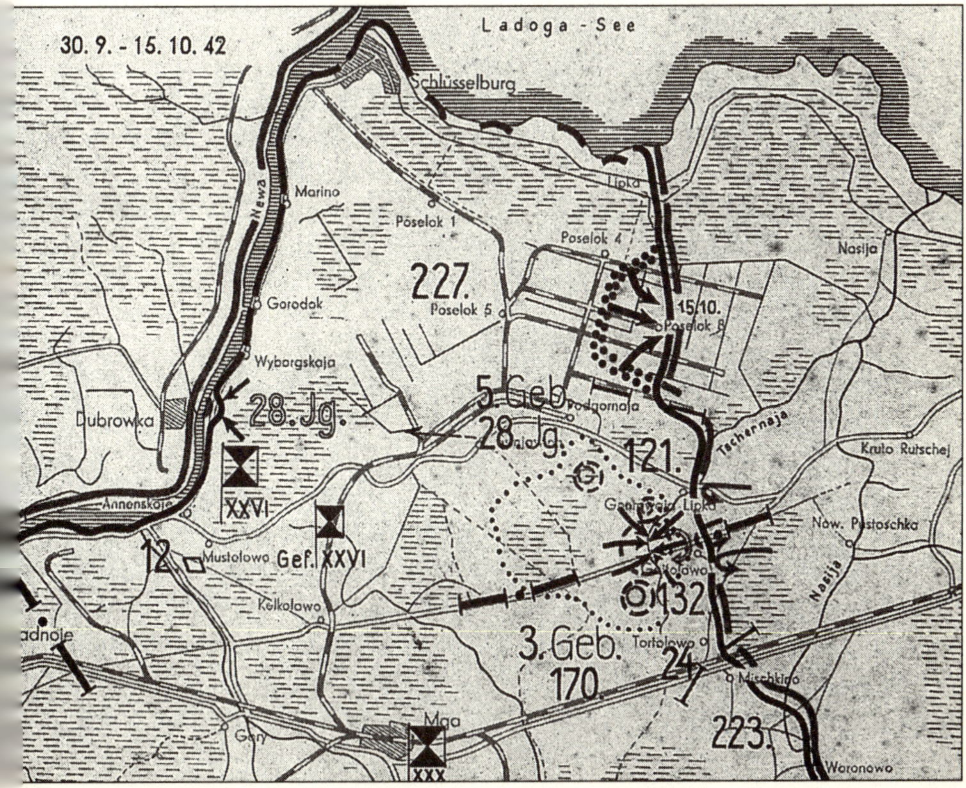

Erste Ladoga-Schlacht. Der Versuch der Russen, den »Flaschenhals« abzuschneiden, war vergeblich. (Quelle: Lageatlas der Heeresgruppe Nord)

Hilfe mit über 16 Millionen Tonnen Kriegsmaterial habe Stalin vor dem Untergang gerettet. Aber es ist müßig, darüber zu streiten. Hitler hatte sich auf einen Zweifrontenkrieg mit Gegnern eingelassen, deren gewaltige Kräfte er nicht kannte und gegen die auf die Dauer die Deutschen nicht die geringste Chance hatten. Zweifellos haben die Hilfslieferungen ganz wesentlich der Roten Armee geholfen. So hielten über 400 000 Lkw und Jeeps sie in allen Krisen beweglich, dazu 2000 Lokomotiven, 11 000 Güterwaggons, über 2 Millionen Tonnen Stahl für Eisenbahnschienen, fast 15 000 Flugzeuge und 15 Millionen Paar Armeestiefel – um nur einige Posten aus der endlosen Lieferliste zu nennen, in der sogar 50 Millionen Meter Wollstoffe und Uniformknöpfe im Wert von 1,5 Millionen Dollar nicht fehlen.

Es gehörte einmal zu den ausgreifenden deutschen Plänen, die Murmanbahn zu unterbinden. Schon Ende 1940 überflog ein deutscher Aufklärer, eine schnelle Do 17 – genannt ›Fliegender Bleistift‹ – den Schienenstrang. Einer der Insassen, der spätere Oberst Knabe, erzählt: »Ein einziges Gleis auf gelber Sandstraße. Auffällig und für uns unerklärlich waren nur die vielen Ausweichstellen, zumeist mit einer kleinen Baracke versehen, und die gleis- und brückenlosen Abzweigdämme, jeweils vor Flüssen errichtet. Das war neun Monate vor Beginn des Rußlandkriegs... Erst später, als die alliierten Geleitzüge in Murmansk entladen wurden, erkannten wir die Bedeutung der Dämme und erfuhren auch, was es mit den – in Brückennähe errichteten und von hohen Zäunen umgebenen – kleinen Lagern auf sich hatte. Wurde nämlich eine der Brücken zerstört, dann rollten die Werkstattzüge von zwei Seiten heran. Strafgefangene luden die dort lagernde fertige Brücke auf Rungenwagen, fuhren zur zerstörten Stelle, verlegten neue Gleise auf dem Abzweigdamm daneben und bauten die neue Brücke ein. Schon wenige Stunden später war die Strecke wieder befahrbar.«

Als die Finnen dann am Swir stehen, wo sich die Deutschen in Fortsetzung ihrer Tichwin-Unternehmung mit ihnen treffen wollten, als Petrosawodsk am Onegasee in finnischer Hand ist, reißt die Bahnverbindung von Murmansk in Richtung Leningrad ab. Aber die Russen bauen mit verblüffender Schnelligkeit eine längst vorbereitete Abzweigung zur Hauptbahn Archangelsk-Moskau aus, und die Transporte dröhnen weiter durch die Tundra.

Oberst Knabe erzählt, wie die deutschen Fernaufklärer schon Tage vorher erkennen, wann ein Konvoi in Murmansk erwartet wird. »Ununterbrochen«, berichtet er, »rollten Leerzüge in kurzen Abständen in Richtung Norden. Die vielen Ausweichstellen machten das möglich ... War das Geleit dann eingelaufen, rollten die Züge in gleicher Dichte wieder südwärts.« Die Zeiten, da Panzer, Geschütze und Munition aus der Leningrader Produktion über den Ladogasee nach Osten gebracht werden mußten, um die Abwehr an anderen Fronten zu stärken, sind längst vergessen. Während die Deutschen jede Patrone, jede Granate über mehr als tausend Kilometer unter ständig wachsender Bedrohung durch Bomber, Tiefflieger und Partisanen heranschaffen müssen, vergrößern sich die Materialreserven der Roten Armee unaufhörlich.

Die kriegsentscheidende strategische Bedeutung der Eismeerhäfen und der Schienenstränge, die von dort ins Landesinnere führen, wird bei den Untersuchungen über den Krieg um Leningrad heute oft übersehen. Diese Bedeutung läßt sich am Beispiel eines der Geleitzüge demonstrieren, die unter Leitung der Royal Navy von schottischen Häfen über Island nach Murmansk und Archangelsk unterwegs waren. Seite taktische Bezeichnung: ›PQ 17‹. Noch heute können alte britische Seekriegsspezialisten an dieses Unternehmen nur knurrend denken. Mißverständnisse, Irrtümer, Fehler hatten bewirkt, daß fast der gesamte waffenstarrende Geleitschutz von PQ 17 abgezogen worden war. Der Konvoi löste sich auf, und die vollgepfropften britischen, amerikanischen, holländischen, norwegischen, sowjetischen und panamaischen Frachter mußten den Weg zwischen Spitzbergen und Nordkap in die Barents-See und zur Halbinsel Kola einzeln bewältigen. Prompt trat die befürchtete Katastrophe ein: 24 der 35 Schiffe wurden von deutschen Kampfflugzeugen und U-Booten versenkt. Das bedeutete nicht nur den Verlust wertvollen Transportraumes für die Westalliierten – es bedeutete für die sowjetischen Streitkräfte den Verlust von 3350 Kraftfahrzeugen verschiedenen Typs, von 430 Panzern und 210 Bombenflugzeugen (fast soviel, wie die Deutschen von Norwegen aus einsetzen konnten). Außerdem gingen fast 100 000 Tonnen weiterer wichtiger Ladung verloren: Zerlegte Fahrzeuge, Funk- und Peilgerät, Lebensmittel, Panzerplatten, Munition und Sprengstoffe.

Angesichts solcher Fakten leuchtet ein, warum die deutschen Armeen die strategische Schlüsselposition Leningrad samt Hafen und Schwerindustrie von jeglicher Verkehrsverbindung abschneiden wollten und sich auf die Abenteuer Tichwin und Wolchowstroj eingelassen hatten. Und es ist auch klar, warum es der Roten Armee darauf ankam, endlich eine Eisenbahnstrecke in die blockierte Stadt freizukämpfen.

Die fünf Divisionen der 11. deutschen Armee, deren Männer sich auf der Krim Orangen vom Baum gepflückt und Gefechtspausen unter Palmen gemacht haben, sind auf dem Transport nach Norden, quer durch Rußland. Schwere Artillerie trifft vor Leningrad ein, sie hat vor Sewastopol vernichtend gewirkt, hier soll sie es wieder tun. Vorkommandos der 3. Gebirgsdivision, die, von Finnland kommend, auf dem Weg nach Norwegen umgeleitet worden ist, sehen sich beklommen um und hoffen, möglichst schnell wieder auf die Reise zu gehen. Schon die Jäger der 5. Gebirgsdivision, die bei Pogostje im Unterholz steckengeblieben sind, haben starre Gesichter bekommen, wenn sie Wörter wie ›Moor‹, ›Dickicht‹, ›Waldkampf‹ hörten.

Aber es ist bei den Deutschen nun allenthalben üblich geworden, Spezialtruppen als Eingreifreserven zu verbrauchen; aus Kanonieren zerstörter Batterien werden Schützenkompanien, aus Panzermännern Baubataillone, Pommern und Mecklenburger bilden belustigt Skikompanien und spielen ›Flachland-Tiroler‹. Aber es gibt keine Skilehrer. Die Bretter werden zu Feuerholz. Die Luftwaffe stellt die ersten Felddivisionen auf, anstatt die im Erdkampf Unerfahrenen auf Kader der Infanterie zu verteilen. So werden junge, gesunde Männer der Eitelkeit und Prahlsucht eines sogenannten Reichsmarschalls geopfert. Der Ausverkauf von Preußens Gloria hat begonnen.

Die 132. ID, die bei einem Landeunternehmen vor Sewastopol Lorbeeren geerntet hat, ist nun mit ersten Vortrupps an der Rollbahn zwischen Leningrad und Wolchow zu sehen. Aber erst einmal ändert das Oberkommando der Wehrmacht den Decknamen der geplanten Offensive. ›Feuerzauber‹ soll nun ›Nordlicht‹ heißen. Die Stabsoffiziere schütteln die Köpfe. Es ist zwar strengste Geheimhaltung befohlen, aber alle Landser spüren, es liegt 'was in der Luft. Neue Truppen, neue Waffen, neue Nachrichtenzentralen, endlose Munitionstransporte, dazwischen die russischen Zivilisten, in den Wäldern Agenten und Partisanen – wer da von Verrat spricht, macht sich lächerlich.

Die Soldaten zerbrechen sich darüber nicht den Kopf. »Manstein kommt!« heißt es. Das verspricht eine große Sache. Die Generalstäbler planen bereits: Der Ring um Leningrad wird im Süden mit Hilfe von Artillerie und Luftwaffe aufgebrochen. Dann mit Elan zuerst zwischen Stadtrand und Newa nach Norden hoch, in den Rücken der 67. Armee des Generalleutnants Goworow. Seine Rotarmisten werden an Newa und Ladogasee in die Zange genommen und zersprengt. Dann hinein in die Stadt. Das klingt sehr einfach. Von Hitlers Befürchtung, die Stadt könne noch immer unterminiert sein, von seinem Wahn, die Stadt bis auf die Grundmauern zu zerstören, ist zeitweise gar nicht die Rede. Die Offiziere haben ja schon im Juli 1941, allen Haßtiraden gegen das ›Symbol des Bolschewismus‹ zum Trotz, Pläne für die Besetzung Leningrads, für Überwachung, Ausbeutung, Verwaltung, Betrieb und Versorgung ausgearbeitet. Wer erfaßt wertvolle Bestände, wer besetzt Produktionsstätten, welche Truppen sind für den Wach- und Sicherungsdienst nötig, was geschieht mit Gefangenen und Geiseln, wo sollen Lager eingerichtet werden? Sollte die Kapitulation der Stadt angeboten werden, dann sei nur die bedingungslose Kapitulation anzunehmen, so will es Hitler. Und erst, wenn Hitler noch einmal befragt worden ist, seien den Russen die Bedingungen der Deutschen mitzuteilen. Will Hitler sich in letzter Minute noch besondere Härten gegen die verhaßte ›Wiege des Bolschewismus‹ ausdenken? Wie auch immer, es ist alles bis ins Detail überlegt, ob es um die Übergabe der Waffen geht und Pioniergerät, um Fahrzeuge und Pferde, um Akten, Archive, Bibliotheken und Kunstwerke, um Rohstoffe und Edelmetalle, um Krankenhäuser, E-Werke und Gaswerke – bis hin zum Futter, wenn Tiere übergeben werden und zu den gefüllten Tanks der ausgelieferten Autos. Ja, sogar bis zum Text des Ausweises, den all jene Leningrader bei sich führen müssen, die sich im Stadtgebiet frei bewegen dürfen. Die Frage des Systems, nach dem die Stadt abschnittsweise besetzt werden soll, ist behandelt, ebenso, wie die Stadtteile gegeneinander abgesperrt und die Verkehrswege überwacht werden und wer sich um die Notstromversorgung der Industrie kümmert, falls der Hauptstrom ausfällt. Es ist nachzulesen, welche Fernsprech- und Telegrafenämter weiterbetrieben werden sollen und mit welchem Personal, auch, wer sich um Schneeräumgerät, um Straßenbaumaschinen und -fahrzeuge kümmern soll und um das Aufspüren von Sprengladungen und ihre Beseitigung.

Aus Hitlers Blickwinkel völlig überflüssige Fleißarbeiten; er erklärt nun, Mitte September, dem deutschen Botschafter im besetzten Paris, Otto Abetz, bei einer Unterredung im Führerhauptquartier, das ›Giftnest‹ Petersburg, aus dem so lange das »asiatische Gift in die Ostsee hinausgequollen« sei, müsse vom Erdboden verschwinden. Es bleibe nur übrig, die Stadt mit Artillerie und aus der Luft zusammenzuschießen. Dabei würde die Wasser- und Stromversorgung und alles vernichtet, was die Bevölkerung brauche. Asiaten und Bolschewisten müßten aus Europa hinausgejagt werden. Die Episode von 250 Jahren Asiatentum sei abgeschlossen.

Es gibt in den Akten der 18. Armee zwei Untersuchungen, die eine befaßt sich mit *Möglichkeiten einer Beendigung der Kämpfe um Petersburg,* die andere mit *Möglichkeiten für die Behandlung der Zivilbevölkerung von Petersburg.* Sie basieren auf Überlegungen im Oberkommando der Wehrmacht, spielen nach bewährter Generalstabs-Methode alle denkbaren Lösungen durch, enthüllen aber auch, wie stark sich Spitzen des Militärs mit Hitlers Lebensraum- und Vernichtungs-Ideen identifizieren. Einzig kann den Planern zugestanden werden, daß Gedanken erst formuliert werden müssen, bevor sie zu widerlegen sind und daß der Truppenführer allein die Interessen seiner Soldaten und die Erhaltung ihrer Kampfkraft zu vertreten hat – wie es der sogenannte Primat der Politik von ihm verlangt.

Es führt zu weit, den Überlegungen über eine Beendigung der Kämpfe zu folgen. Sie fußen auf erdrückender deutscher Überlegenheit und sind deshalb unrealistisch. Auch bei den Alternativen zur Behandlung der Stadtbevölkerung wird vorausgesetzt, daß die Stadt zwar abgeschlossen, aber nicht mehr abwehrfähig ist. Da heißt es:

»1. Die Stadt bleibt eingeschlossen und alles verhungert.
Vorteile:
a) Ein großer Teil der kommunistischen Bevölkerung Rußlands, der gerade in Petersburg zu suchen ist, wird damit ausgerottet.
b) Wir brauchen 4 Millionen Menschen nicht zu ernähren. –
Nachteile:
a) Seuchengefahr.
b) Die seelische Einwirkung durch die vor unserer Front verhungernden Massen auf unsere Truppe ist groß.
c) Der feindlichen Presse wird ein wirksames Propagandamittel in die Hand gegeben.
d) Nachteilige Auswirkung auf die innenpolltische Entwicklung hinter der russischen Front.
e) ...
f) ...
Vorbedingung:
a) Eine starke Absperrung unserer Linie ist erforderlich.
b) Der Ladogasee muß abgesperrt werden, sonst verhungert die Bevölkerung, vor allem die Truppe, in Petersburg nicht.«

2. Als zweite Möglichkeit wird erwogen: »Die Zivilbevölkerung wird durch unsere Linien herausgelassen und in unser Hintergelände abgeschoben.
Vorteile:
a) Wir entlasten uns sowohl vor der Welt als auch vor dem eigenen Volk dadurch, daß wir für die Bevölkerung Petersburgs das einzige in unserer Macht liegende tun.
b) Der Weltpresse wird die Unterlage für die Propaganda zum großen Teil entzogen.
c) Deutsche, finnische und noch vorhandene wertvolle russische Elemente können gerettet werden.
Nachteile:
a) Die Petersburger fallen der Bevölkerung in unserem rückwärtigen Gebiet zur Last und beeinträchtigen damit auch unsere Ernährungslage.
b) Seuchen können übertragen werden.
c) Ein großer Teil der aus Petersburg Herauskommenden wird auch so verhungern, und es ergibt sich eine starke seelische Belastung für unsere Truppe.
d) Ein großer Haufen kommunistischer Elemente ergießt sich in unser Hinterland. Damit Vermehrung der Partisanen und Aufhetzung der zur Zeit gutwilligen Landbevölkerung.
e) Die wehrfähigen Männer werden wahrscheinlich auch in Kriegsgefangenschaft überführt werden müssen. Damit Vermehrung der zu Ernährenden.
Vorbedingung:
a) ...
b) Geregelter Abschub weit nach hinten.

Als dritte Möglichkeit wird die Abschiebung der Zivilbevölkerung durch einen Korridor hinter die russische Front erwogen. Als Vorteil wird auch in diesem Fall die moralische Entlastung gesehen, außerdem entfalle ein Angriffspunkt für die antideutsche Propaganda, und die seelische Belastung für die eigene Truppe sei nicht erheblich. »Wir werden die kommunistischen Elemente los«, heißt es, und »die Ernährungslage im Hinterland wird nicht berührt ... Nehmen die Russen die Bevölkerung Petersburgs nicht auf, dann haben wir ein gutes Propagandamittel gegen das Sowjetregime in der Hand.« Als nachteilig sehen die Planer an, daß »auf dem

Marsch sehr viele Leute umkommen« und daß dann »die Feindpresse den ›Hungermarsch‹ propagandistisch ausschlachten« wird. Auch könne die ›spalierbildende‹ Truppe seelisch doch stark belastet werden. Offen sei, ob die Russen überhaupt die Bevölkerung aufnähmen. Auf jeden Fall sei das ›Spalier‹ über Schlüsselburg am Ufer des Ladogasees entlang zu bilden, um möglichst wenig Truppen zu binden.

Die Mischung von wohl einleuchtenden taktischen Überlegungen, propagandistischen Erwägungen, brutalen Ausrottungsgedanken und Sensibilität gegenüber der Seelenlage der eigenen Truppe mutet seltsam an. Noch fragwürdiger erscheint die Haltung einiger höherer Offiziere, wenn wir im Kriegstagebuch der Heeresgruppe Nord lesen, was der Führer der 58. ID dem Ia der Heeresgruppe erklärt. Einerseits sagt er, die Haltung den Zivilisten gegenüber mache nicht nur ihm Angst, sondern auch seinen Leuten. Dann versichert er, natürlich würden die Soldaten auf Zivilisten schießen, falls diese aus der Stadt ausbrächen; das gebiete die Ernährungslage. Verblüffend klingt dann das Argument, die Soldaten verlören dadurch aber leicht die innere Haltung. Es bestehe die Gefahr, daß sie auch nach dem Krieg vor derartigen Gewalttätigkeiten nicht zurückschrecken. Der Ia schreibt: »Führung und Truppe bemühen sich eifrig, eine andere Lösung dieser Frage zu finden, haben aber noch keinen brauchbaren Weg gefunden.« Ersparen wir uns leichtsinnige Deutungen von Analysen und Berichten. Wer weiß schon, wieviel darin für fremde Augen geschrieben war, für die 150prozentigen Hitleranhänger, die längst auch im Offizierskorps die Atmosphäre vergifteten. Fanatiker sind immer gefährlich. Und kann es nicht sein, daß auch der Kommandeur der 58. Infanterie-Division in Wirklichkeit nichts anderes als davor warnen wollte, aus unbescholtenen Männern Verbrecher zu machen? Tatsache ist: Hitler hat seinen irrsinnigen Plan, die Millionenstadt Leningrad auszulöschen, mit deutschen Soldaten nicht diskutiert.

Nun heißt es, deutsche Offiziere und Soldaten seien, 20 Kilometer vor der Stadt, über die Absichten ihres Obersten Kriegsherrn und über die Lage in Leningrad im Bilde gewesen.

Wir wollen hier auf die Untersuchung des Phänomens verzichten, daß sogenannte Wissenschaftler und Publizisten noch immer unablässig mit dem Rufmord an der Väter- und Großvätergeneration beschäftigt sind, da doch Pauschalurteile ausdrücklich als Kennzeichen ›faschistischer‹ Denkweise gelten. Deshalb zu der Bezichtigung nur soviel: Wir wissen doch alle, daß Diktaturen – und nicht nur diese – in ihrem Machtbereich den freien

Fluß der Nachrichten und Meinungen nicht zulassen. Und wir wissen, daß der militärische Apparat den Strom der Informationen, zweckbezogen, noch mehr beschränkt, auf Meldung, Befehl, Bericht. Kampftruppen haben immer nur einen ganz eng begrenzten Überblick. Da sind dann 20 Kilometer schon zuviel, um wirklich Bescheid zu wissen. Waffenstarrende Frontlinien sind nicht durchlässig wie Tüllgardinen.

Falls die Soldaten überhaupt Muße hatten, sich Gedanken zu machen, nahmen sie an, es seien Besetzung, Verwaltung, Ausbeutung Leningrads vorgesehen, wie es mit anderen Städten schon geschah. Und Ältere, die vielleicht von Hunger in der Stadt hörten, dachten an die knurrenden Mägen der Deutschen während der ›Kohlrübenwinter‹ im ersten Weltkrieg, dachten an die 760 000 Todesopfer, die in jenen Jahren die Hungerblockade der Alliierten gegen Deutschland gefordert hatte. War Hunger nicht seit Menschengedenken als Kriegswaffe benutzt worden?

Als Beleg dafür, die Deutschen hätten die Absicht, die Leningrader verhungern zu lassen, gekannt und gebilligt, wird ein Artikel im *Völkischen Beobachter* vom 10. 11. 1941 vorgewiesen. Aber wieviel Soldaten nahmen denn für bare Münze, was die Propaganda verkündete? Schon die Schönfärberei des Wehrmachtberichtes löste müdes Grinsen aus.

Es geht nicht um Verharmlosung. Aber keiner, der eine Uniform anzieht, wird dadurch automatisch zum Verbrecher. Eine Reihe hoher deutscher Offiziere hat sich jedoch Hitlers rassenideologische Wahnvorstellungen zu eigen gemacht. Und die Zeiten eines von der Marwitz, der seinem König Friedrich nicht folgte, als der ihm Plünderung befahl, und auf dessen Grabstein heute noch zu lesen ist »Wählte Ungnade, wo Gehorsam nicht Ehre brachte«, waren lange vorbei.

Heute heißt es, gerade im Rußlandfeldzug hätten Offiziere und Soldaten widersprechen sollen, hätten sich widersetzen müssen. Wer sich die Helden ansieht, die das verlangen, kann auf Argumente leicht verzichten.

In einem Buch über die Blockade Leningrads ist tatsächlich zu lesen, der Versuch eines Dialogs mit russischen Autoren über dieses Thema sei bislang gescheitert. Das werde auch in diesem neuesten Werk belegt: Die Positionen seien zu unterschiedlich. Entweder seien die russischen Autoren Überlebende der Blockade oder durch Erinnerungen Familienangehöriger geprägt. Die Perspektive deutscher Wissenschaftler und Publizisten bleibe dagegen bei allem Engagement analytisch distanziert. Es fehle die gemeinsame Erfahrung, deshalb gebe es auch keine gemeinsame Sprache. Da bleibt nur zu fragen, wieso man zwei Parteien zu einem erhellenden

Dialog zusammenspannt, von denen nur die eine weiß, wovon sie spricht, während die andere Vorurteile vorträgt oder ihre Phantasie strapaziert. Das nährt den Verdacht, Zeitgeschichte mache engagierten Volkspädagogen erst richtig Spaß, wenn Meinungsbildung nicht mehr durch Augenzeugen behindert wird.

Wenden wir uns wieder dem Geschehen im Jahre 1942 zu. Hitler hat Leningrad jetzt neu entdeckt und nun doch die Eroberung befohlen. Aber da gibt es einige Haken. Es hatte schon damit angefangen, daß aus der 11. Armee schon drei Divisionen ausgegliedert worden waren, bevor von Verlegung an die Leningradfront überhaupt die Rede war. So kommt Manstein nur mit vier Divisionen vor Leningrad an. Vier, nicht fünf, denn eine Division war in letzter Minute zum Mittelabschnitt geschickt worden, um dort eine Krise zu beheben. Es wird also wieder einmal gestückelt. Es wird Elastizität vorgetäuscht und damit der Mangel an Reserven verschleiert.

Manstein, der zwischendurch an einer Lagebesprechung im Führerhauptquartier mit Hitler und Generalstabchef Halder teilnimmt, ist tief betroffen, als er hört, wie abfällig sich Hitler über Truppen äußert, die sich einer russischen Teiloffensive im Mittelabschnitt erwehren und nun durch die Division gestützt werden müssen, die Manstein vor Leningrad fehlt. Als Halder darauf hinweist, die Kräfte der Soldaten seien seit langem überspannt, die meisten Offiziere und Mannschaften ausgefallen, steigert sich Hitler in einen Wutausbruch. Er spricht Halder die Berechtigung ab, ein Urteil zu fällen. Er, Hitler, könne das besser beurteilen, er habe im ersten Weltkrieg als Infanterist an der Front gestanden, Halder nicht. Manstein dazu wörtlich: »Die ganze Szene war so unwürdig, daß ich ostentativ den Kartentisch verließ und erst, nachdem Hitler sich beruhigt hatte, auf seine Aufforderung wieder zurückkehrte.« Sechs Wochen später bekommt Halder seinen Abschied.

Aber zurück zur Front vor Leningrad. Dort ist Manstein nun eingetroffen, wohl kaum beflügelt durch die gespannte Stimmung im Führerhauptquartier in Winniza. Hitler hatte sich beeindruckt gezeigt, als er auf gestochen scharfen Luftbildern den gewaltigen Umfang der Stadt und ihrer Paläste, Kathedralen und Industriewerke betrachtete. Sollte dies tatsächlich das erste Mal gewesen sein, daß er von den gewaltigen Ausmaßen der Metropole, deren Zerstörung er sich ausgemalt hatte und deren Einwohner- und Arbeitermassen er ›lähmen‹ wollte, einen Begriff bekam?

Manstein verschafft sich durch die Scherenfernrohre der Gefechtsstände und Artilleriebeobachter einen Überblick über die Eigenarten des Kampfgebietes. Er beurteilt das Gelingen des befohlenen Unternehmens als ›einigermaßen problematisch‹ und macht sich über die ungebrochene Kraft der Roten Armee keine Illusionen. Er bezweifelt sogar den Sinn der Offensive und hält den richtigen Augenblick für längst verpaßt. Er räumt ein, es sei sicherlich sehr erwünscht, diese kräftezehrende Front zu beseitigen. Aber warum ausgerechnet dann, wenn gleichzeitig am Südflügel der Rußlandfront und an der Wolga die Entscheidung erzwungen werden soll? Manstein, der beileibe kein Zauderer ist, sondern ein kühl rechnender Stratege, weiß, es ist müßig, über verpaßte Gelegenheiten zu grübeln oder über den tödlichen Dilettantismus des Mannes, über den er sich vielleicht manchmal selbst hinwegtäuscht. Die Propaganda hat Hitler zum ›größten Feldherrn aller Zeiten‹ emporgejubelt. Für die Soldaten, denen solche Worte angesichts ihrer bedrängten Lage täglich hohler tönen, klingt das eher nach Spott. Der einfache Mann beweist einen feineren Instinkt als mancher der Herren mit den roten Hosenstreifen und den goldenen Kragenspiegeln. Aber das Elend hat ja schon damit angefangen, daß deutsche Offiziere im Jahre 1934 auf Hitler persönlich einen Diensteid schworen.

Wir wissen, daß es Manstein nicht um Nibelungentreue geht, als er Hitler auch in immer verzweifelter werdenden Lagen weiter dient. Vielleicht ist ihm längst hinterbracht worden, daß Hitler ihn im engsten Kreis als ›Pinkelstratege‹ verächtlich gemacht hat. Er ist ehrgeizig, doch alles andere als ein ›fanatischer Nationalsozialist‹, wie damals eine gängige Floskel lautete. Manstein befürchtet als Folge eines Staatsstreiches den Zusammenbruch der Fronten und damit das Chaos in ganz Deutschland. Er weiß, wer noch Macht hat, und sei sie noch so bröcklig, kann vielleicht etwas für sein Land herausschlagen. Wer Macht völlig aufgibt, liefert sich aus. Dieser Grundsatz ist immer wieder, auch von Hitlergegnern, diskutiert worden. Vor Leningrad, im Spätsommer 1942, ist er die entscheidende Frage allerdings nicht. Hier hat allein der Krieg das Wort.

Der Angriffstermin für ›Nordlicht‹ wird auf den 14. September festgesetzt. Alles scheint sich planmäßig zu entwickeln, Doch als Hitler plötzlich Anfang September Manstein beauftragt, den Befehl auch über alle Verbände zwischen Finnbusen und der Flanke des Flaschenhalses ostwärts von Mga zu übernehmen, bedeutet das nicht nur riskanten Führungswechsel inmitten einer Krise, sondern auch Desavouierung v. Küchlers. Preußischer Gehorsam verhindert, daß persönliche Konflikte ausbrechen.

Die Krise ist ebenso überraschend eingetreten wie Hitlers Entschluß zum Angriff auf Leningrad: Es ist den Russen gelungen, den Deutschen zuvorzukommen. Am 27. August 1942 greift das VI. sowjetische Gardekorps des Generals Gagen mit acht Divisionen und zehn Brigaden an der Ostflanke des Flaschenhalses an. An der Westflanke setzen drei Divisionen und zwei Brigaden zum Sprung über die Newa nach Osten an. Nun soll v. Manstein, der schon auf der Krim die heikelsten Situationen gemeistert hat, den Stoß durch die Abschnürungsfront der Belagerer abwenden.

Das Siechtum Leningrads nimmt keine Ende. Die Verbindung über den Ladogasee funktioniert, aber davon haben die Bürger Leningrads nicht viel. Sie hungern, sie verhungern weiter. Und unter den von aller Welt Verlassenen gibt es nun welche, die noch tiefer ins Elend sinken: die Juden. Jörg Friedrich berichtet, sie seien beargwöhnt worden, sich Vergünstigungen erschlichen zu haben, als Lebensmittel verteilt wurden. Die Verdächtigten werden von Leningradern, die stundenlang vergeblich Schlange stehen, erschlagen. Juden, bei denen man gehortete Nahrung findet, werden von Hausgenossen getötet.

Deutsche Horchtrupps entschlüsseln in diesen Tagen Funksprüche, nach denen alle Alten, Kranken und Arbeitsunfähigen aus Leningrad nach Osten abtransportiert werden sollen. Hat es für die Belagerer noch einen Sinn, die Abwehrkraft der Festung zwischen Finnbusen und Ladogasee mit Bomben und Granaten zu schwächen, so bleibt völlig unerfindlich, warum ein Schreibtischtäter bei der Luftflotte 1 beantragt, man möge diese Gebrechlichen-Konvois angreifen.

Da können deutsche Militärärzte sich noch so fürsorglich der leidenden Zivilisten in den Dörfern annehmen und mit aufsehenerregenden Operationen helfen, die von den Russen als Wunder gerühmt werden, da können die Soldaten mit Nahrung und Tabak, mit Werkzeug und Material beweisen, daß ihnen einfache Menschlichkeit mehr bedeutet als das Rassengegeifer der Propaganda – solche Pläne wie die Vernichtung wehrloser Flüchtlinge wirken schon als Gedanke verheerend und werfen lange Schatten. Es ist ja auch oft genug nicht bei der Absicht geblieben, wie die Protokolle der SD-Einsatzgruppen bestätigen. Allerdings ist später von Skrupeln der Sowjetmarine bei der Versenkung deutscher Flüchtlings- und Lazarettschiffe durch russische U-Boote auch nichts zu hören gewesen.

Es wird vermutet, die Pläne, Evakuierungs-Transporte mit Flugzeugen anzugreifen, gingen auf Hitler selbst zurück. Er will ja auch die Übergabe der Stadt mit Terrorangriffen des 8. Fliegerkorps und der Beschießung durch 800 Geschütze erzwingen. Aberwitzige, nicht realisierbare Vorstellungen, die weder v. Manstein noch der Luftwaffengeneral v. Richthofen ernst nehmen.

Die Russen haben inzwischen deutsche Kriegsgefangene, mit Damenunterwäsche behängt, durch Leningrad geführt, um zu demonstrieren, was die Deutschen alles plündern. Freilich keine Spitzenleistung sowjetischer Propaganda, wenn man das Warenangebot im Paradies der Werktätigen betrachtet und weiß, daß sich die Deutschen in Frankreich weitaus luxuriöser bedienen konnten.

Daß der amerikanische Korrespondent und spätere Pulitzer-Preisträger Harrison E. Salisbury spöttisch bemerkt, die deutschen Gefangenen trügen Uniformen aus Ersatzwolle, kann heute, im Kunststoffzeitalter, nur belustigen. Salisbury vergißt auch nicht anzumerken, die deutschen seien schmutzig, verlaust und unrasiert gewesen. Billige Häme eines Mannes, der bald wieder in eine bequem organisierte und hygienisierte Überflußwelt zurückkehren wird und der als Kriegsreporter die Verhältnisse an der Front und in den Baracken der Gefangenen genauer hätte kennen müssen. Aber es waren ja auch die wildesten und zerlumptesten Gestalten aus den Elendszügen sowjetischer Gefangener, die von deutschen Reportern immer wieder bis in jede Pore hinein gefilmt wurden – als sichtbarer, angeblicher Beweis für slawisches und asiatisches ›Untermenschentum‹. So verkrüppeln Ideologien die Chronisten zu Knechten des Zeitgeistes.

Wie sieht es denn nun am Flaschenhals aus? Genauer muß es heißen ›im‹ Flaschenhals, denn die russischen Sturmkompanien haben ihn schon teilweise abgeschnürt und stehen nun fast im Rücken der deutschen Stellungen an der Newa. Bei der 223. ID, die erst vor kurzem aus Frankreich eingetroffen ist, sind sie durch die HKL gestoßen. Hitler redet von »willenloser Führung« und befiehlt Maßnahmen, die durch v. Küchler längst eingeleitet sind. Schon sind die hamburgische 170. ID, kaum aus Sewastopol eingetroffen, und die 12. PzD im Gefecht. Als die Russen bei der westfälischen 227. ID durchbrechen, wird das Regiment 366 eingeschlossen. Es wehrt sich entschlossen und mit tödlicher Routine nach allen Seiten. Später wird auf den deutschen Stellungskarten ein Frontvorsprung, die ›Wengler-Nase‹ bei Gontowaja, nach seinem Kommandeur, Oberstleutnant Wengler, benannt sein.

Noch nach anderthalb Jahren erinnert dort die wüste Landschaft mit zerknäuelten Wracks von Panzern und Sturmgeschützen, zwischen denen der Wind hindurchwinselt, zersplitterten und hundertfach geflickten Knüppeldämmen, Trichterfeldern, deren Wasserspiegel ölig schimmern und nach Fäulnis riechen, versackten Bunkertrümmern, in Mannshöhe abgefetzten Waldstücken und einzelnen Stämmen, die als bizarre Geländemarken emporragen, an diese Kämpfe. Und nicht nur die jungen Leute vom Ersatz werden still, wenn sie über blanke Knochen und Waffentrümmer stapfen und sich durch Kisten mit rostigen Wurfgranaten und verwitterte Gestelle mit Nebelwerferraketen hindurchzwängen.

Im Führerhauptquartier bricht die Vertrauenskrise zwischen Hitler und seinen Generälen inzwischen offen aus. Schon früher hat er ihnen allen Ernstes vorgeworfen, sie dächten zuviel. Der Chef des Wehrmacht-Führungsstabes, Jodl, offenbart seinem Stellvertreter, Warlimont, wer einem Diktator Irrtümer nachweise, der beeinträchtige dessen Selbstvertrauen, und das sei die stärkste Stütze seiner Person und seines Handelns. Hitler ißt fortan nicht mehr mit seinem engsten Stab zusammen. Er kapselt sich ab, verläßt seine Baracke tagsüber nicht mehr und tritt seinen Offizieren mit eisiger Ablehnung entgegen. Er läßt ein Dutzend Reichstags-Stenographen ins Hauptquartier versetzen; je zwei von ihnen müssen von nun an jede Besprechung protokollieren. Hitler verkündet, so werde unterbunden, »ihm das Wort im Munde herumzudrehen«. Wahrlich Schlüsselszenen eines Chaplinfilms. Warlimont meint ahnungsvoll, die Wesensänderung des Obersten Kriegsherrn lasse auf dessen Zweifel am glücklichen Ausgang des Krieges schließen. Zwischen Gaitolowo und der Newa sterben in diesen Tagen junge Männer tausend Tode.

Für Manstein geht es jetzt um Stunden. Bei den angreifenden Russen handelt es sich um Teile einer neu aufgestellten Armee mit der schicksalschweren Bezeichnung ›2. Stoßarmee‹. Sie will es besser machen als ihre so elend untergegangene Vorgängerin im Wolchowkessel. Mit den herankommenden Krim-Divisionen will Manstein die Krise meistern. Aus dem Führerhauptquartier muß er, der doch Leningrad erobern sollte, nun hören, es käme darauf an, »eine Katastrophe zu vermeiden«. Die Russen sind auf acht Kilometer Breite zwölf Kilometer tief eingebrochen. Der General der Artillerie Herbert Loch hatte es vorausgesagt.

Wie sieht es bei den Divisionen aus, die seit Anfang September im Flaschenhals ankommen? Die 132. ID trifft mit täglich sieben bis zehn Zügen zwischen Leningrad und Tschudowo ein. Ihr Bericht beginnt erst, als der

9. Wie schwer ist ein MG 42, wie schwer ein Karabiner 98 k?

Kampf, der später als *Erste Schlacht am Ladogasee* in die Kriegsgeschichte eingehen wird, in seine zweite Phase tritt. Der Einbruch der Russen ist vorerst blockiert, sie holen Luft und schieben eilig Truppen nach, wie immer, wenn es gilt, einen Einbruch zu erweitern. Am Abend des 16. September sind alle Teile der bayerisch-pfälzischen Division versammelt. Die Soldaten wissen schon, daß es nicht nur im Osten des Flaschenhalses, sondern auch im Westen, an der Newa, brennt. Dort seien, heißt es, alle Übersetzversuche abgeschlagen, die Division werde im Osten eingesetzt. Zum ersten Mal sind Namen zu hören wie ›Mischkino‹, ›Tortolowo‹, ›Gaitolowo‹ und ›Tschernaja‹. Die Soldaten erfahren, die 170. ID sei liegengeblieben, die 24. ID auch, und nur mit Mühe habe die 5. Gebirgs-Division mit Hilfe der 121. ID ihre HKL wiedergewinnen können. Es scheint also wieder die gleiche Millimeterarbeit zu werden wie bei Sewastopol. Nur der nasse, dichte Wald, in dem sich jeder verirrt, wie sie von zurücktrottenden, fluchenden Verwundeten hören, läßt sie noch Schlimmeres ahnen. Immerhin ist von neuen, schweren deutschen Panzern die Rede.

Die ersten vier dieser Panzer, ›Tiger‹ genannt, hat Hitler selbst in den Flaschenhals befohlen. Sie sind fast 57 Tonnen schwer und gehören zur Schweren Panzer-Abteilung 502, die das Mammutzeichen trägt. Hitler verspricht sich von neuen Waffen immer gern schlachtentscheidende Wirkung. Einer der Tiger ist schon beim Anmarsch liegengeblieben. Die Brücken in diesem Gebiet erweisen sich fast alle als zu schwach. Nach kurzer Zeit bleibt auch der zweite Tiger liegen; die Knüppeldämme brechen unter den Kolossen wie Streichhölzer. Der ›Tiger I‹ ist mit 700 PS bis zu 45 Kilometer schnell, hat eine 8,8-cm-Kanone und zwei MG, ist fast drei Meter hoch, 3,70 Meter breit und – das überstehende Rohr eingerechnet – 8,20 Meter lang. Seine Ketten sind über 70 Zentimeter breit. Gegen den T 34 wirkt er bullig und ein bißchen altmodisch.

Die Panzerleute erzählen sich, der Tiger, der ein richtiges Lenkrad hat, sei so leicht zu fahren wie ein Auto. Aber das erfordere feines Fahrgefühl und Geländeinstinkt, damit der Panzer im Gefecht immer am günstigsten steht. Ohne einen begabten Fahrer ist der Kommandant aufgeschmissen. Da der Fahrer jederzeit mitbeobachtet, bekommt er einen sechsten Sinn für Gefechtslagen. Kein Wunder also, daß viele Tiger-Fahrer später Kommandanten werden. Die Tiger, von denen Hitler sich Unmögliches verspricht, kommen bei Gaitolowo schlecht zum Zuge. Das Gelände ist zu unübersichtlich, der Boden zu weich oder versumpft. Bald fallen einige der

Ungetüme, gesprengt oder schwer beschädigt, in Feindeshand. Und noch bevor die deutsche Ausbildungsvorschrift fertig ist, haben die Russen eine genaue Beschreibung mit Hinweis auf die verwundbarsten Stellen dieser Mammuts verfaßt und an ihre Panzerleute und Pakbedienungen verteilt. Sie wird von den Deutschen sehr genau studiert.

Die Regimenter der 132. ID marschieren nachts auf durchweichten Wegen auf den Einbruchsraum zu, den das VI. Gardeschützenkorps des Generalmajors Gagen beherrscht. Sie biwakieren in Moorwäldern, patschen durch schwammiges Erdreich, es ist kühl und naß, Winterdecken sind noch nicht ausgegeben. Nachts geht es in die Bereitstellung. Gegen Morgen werden die ersten Informationen über Gegner, Gelände, Nachschubwege und Nachbarverbände ausgegeben. Vormittags kommt der Angriffsbefehl. Die Soldaten haben dunkle, dampfende, sumpfige Wälder vor sich.

Manstein hatte beim ersten Blick auf die Karte geknurrt, im Gegensatz zu den Russen hätte ein deutscher General niemals in einem solchen Gelände einen Durchbruch befohlen. Nun ist er gezwungen, in einem solchen Gelände Angriff und Einkesselung zu befehlen und muß nicht nur in Meldungen der 28. Jägerdivision lesen, der Gegner führe seinen Angriff mit erstaunlicher Sicherheit durch Wald und Sumpf.

Da die Wege so schlecht sind, daß für zwei Kilometer Strecke zur Ausgangsstellung allein schon zwei Stunden nötig sind, verlangen die Regimenter der 132. ID ausreichend Vorbereitungszeit: Insgesamt vier Stunden. Das 30. Armeekorps lehnt ab. Die Division muß sich eine Stunde abhandeln lassen. Der Befehl zum Angriff ist endlich ausgegeben. Aber den Regimentern hat die zugestandene Zeit nicht ausgereicht, um sich planmäßig bereitzustellen. Sie treten zu spät an. Der Kompromiß hat niemandem genutzt.

Einen Tag später hat die 132. ID dreißig Prozent ihrer angreifenden Männer verloren, genau: 16 Offiziere und 494 Unteroffiziere und Mannschaften. Noch einen Tag später bleiben Panzer und Sturmgeschütze, die den Angriff unterstützen sollen, am versumpften Ufer des Tschernaja-Baches stecken. Die Gardisten des Generalmajors Gagen treten zum Gegenstoß an. Doch sie bleiben genau so in Unterholz und Sumpf stecken wie die Deutschen, die sich nun hochreißen, um den Angriff fortzuführen. Wieder geht es um Lichtungen, Baumgruppen, Pfade. Die Männer, die Ende September in die Trümmer von Gaitolowo eindringen, die Lücke zur 121. ID schließen und damit die Einkesselung des VI. sowjetischen Gardeschützenkorps vollziehen, haben keine Ähnlichkeit mehr mit denen, die vier Tage zuvor angetreten sind. Ihr General, Fritz Lindemann, der als Verschwörer des 20. Juli 1944, von Häschern der Gestapo tödlich verletzt, sterben wird, meldet am 26. September 1942 1628 Männer, davon 47 Offiziere, als Verluste.

Bei der 28. Jägerdivision, an der Nordwestfront des russischen Einbruchs, diagonal gegenüber den Hundertzweiunddreißigern an der Südostfront, hat es ähnlich ausgesehen. Als es am 30. August heißt, die Division solle sich bei Mga zum Einsatz versammeln, ist sie nicht komplett. Ein Bataillon und die Panzerjäger sind noch auf dem Weg von der Krim her. Außerdem sind 1800 Stellen nicht besetzt und 1500 Mann noch in Urlaub. Viele der Soldaten sind blutjung und unerfahren, Ersatz. Sie lauschen mit großen Augen den unglaublichen Erzählungen der alten Obergefreiten, die den *Krim-Schild* auf dem linken Oberarm tragen. Über 1200 Gefallene hat die Division um Sewastopol und auf der Halbinsel Kertsch zurückgelassen.

Die Anmarschwege zu den Sperr-Riegeln um den Einbruchsraum der 2. Stoßarmee sind zum Teil einspurig, unbefestigt und schwer zu befahren. Auf ihnen liegt unaufhörlich heftiges Störungsfeuer. Inzwischen hat der Urlauberzug der schlesischen Jäger den Odertorbahnhof in Breslau verlassen. Als er am 9. September um Mitternacht in Mga, fünf Kilometer vor den Angriffsspitzen Gagens, eintrifft, werden die Männer von Granatfeuer und Gefechtslärm empfangen.

Ringsum flackern Leuchtkugeln. Auf dem Weg zu den Trossen, wo sie Kampfausrüstung empfangen, gibt es die ersten Verwundeten. Von manchen beneidet, werden diese zum Verbandplatz geschafft. Sie haben den Einsatz hinter sich, bevor sie den Gegner gesehen haben. Um diese Zeit macht sich auch ein Andenken an die Krim bemerkbar, die Gelbsucht. Einer vom Jäger-Regiment 49, bei dem jeder dritte Mann angesteckt ist, erzählt:»Manche schauten in den Spiegel und seufzten: Immer noch nicht gelb!« Gemeint ist die Färbung der Augäpfel, das erste Anzeichen.»Aus der Knochenmühle rauszukommen, das wünschte sich wohl jeder.« Die alten Hasen wußten ja, daß sie ihrem Schicksal auf die Dauer nicht ausweichen konnten. Aber sie sahen nicht ein, warum sie ihm entgegengehen sollten.

Ehe sie sich's versehen, sind die Männer in wütende Kämpfe verwickelt. In der Chronik des JgR 83 heißt es:»Der eigenen Artillerie wird es immer schwerer, Ansammlungen wirkungsvoll zu bekämpfen, da Freund und Feind ineinander verzahnt sind.«

Der Gegner ist überall und nirgends. Als sich eines Morgens Bataillonskommandeure und Führer anderer Einheiten beim Kommandeur des JgR 83 im Wald in einem Blockhaus zum Befehlsempfang versammeln, neigen sich plötzlich hinter dem Gefechtsstand die Bäume. Ein russischer Panzer. Er dröhnt bis auf 50 Meter heran, von allen Seiten prasselt wildes Feindfeuer aus dem Unterholz. Vorgeprellte, nun abgeschnittene Feindgruppen versuchen nach Osten zu ihren Leuten durchzubrechen. Springend und laufend machen sich die Offiziere zu ihren Einheiten auf. Der Panzer kann kampfunfähig gemacht werden, die Besatzung ergibt sich.

Ein Kompaniechef kommt in diesen Tagen der dauernden Waldkämpfe auf das beste Führungsmittel, wenn die Sichtverbindung abreißt: Signale mit der Trillerpfeife. Und Oberleutnant Siegfried Weber, Bataillonsführer im JgR 49, berichtet: »Im unübersichtlichen Wald- und Buschgelände tobte der Kampf fast immer auf nahe und nächste Entfernung. Immer wieder gelang es dem Feind, mit Panzern, aufgesessener und Begleitinfanterie ... einzudringen. Im Gegenstoß mußte er dann mit MPi, Handgranaten oder Spaten im Nahkampf abgewehrt werden. Die Russen gehörten einer Eliteeinheit an, keiner ergab sich, unverwundete Gefangene konnten nicht gemacht werden.«

Das Bataillon des Oberleutnants Weber wird an der Nordostflanke des russischen Stoßkeils der 121. ID zugeteilt, die den Befehl hat, von hier aus an der ›Elektroschneise‹ die Bresche zu schließen, die von Süden her durch die 132. ID versperrt werden soll. Webers Bataillon ist dem IR 407 unterstellt. Der Oberleutnant berichtet: »Die vordersten Teile des Regiments liegen 400 bis 500 Meter vor dem Angriffsziel, einer Höhe vor Gaitolowo, fest. Die ›Elektroschneise‹ verläuft auf dem Nordhang eines unbewaldeten Höhenrückens, der mit einem tiefen Stellungssystem und schweren Waffen sehr stark befestigt ist.« Zwei Tage lang hat das Regiment 407 schon angegriffen – erfolglos, der Kessel kann nicht geschlossen werden. Die 132. ID liegt 800 Meter südlich vor der Höhe fest. Sie soll noch einmal zum Angriff ansetzen, während die Nordgruppe vorerst ihre Stellung halten soll. Das aber ist nicht so einfach, wie es klingt. Weber dazu: »Der Einsatzraum wird vom feindlichen Flach- und Steilfeuer völlig beherrscht. Es kommt sowohl aus dem Kessel als auch von der Höhe und von Osten. Die Granaten detonieren in den Bäumen. Aber die Soldaten können sich nicht eingraben, denn nach jedem Spatenstich quillt sofort das Grundwasser. Der Boden ist feucht und sumpfig, jeden Tag gibt es mehrere Male Regen. Nachts sinkt die Temperatur unter Null. Alle Männer sind völlig durchnäßt. Die Zeltbahnen sind steif und naß. Wir finden kaum Schlaf. Der Russe liegt 30 bis 50 Meter vor uns.«

Oberleutnant Weber verliert in dieser Hölle nicht die Übersicht. Später wird er erklären, er habe sich ausrechnen können, wann sein III. Bataillon unter solchen Umständen vor der Höhe verblutet sein würde. Ob er an jene Worte gedacht hat, die ihm auf der Kriegsschule eingehämmert wurden: »Entschlossenes Handeln bleibt das erste Erfordernis im Kriege. Ein jeder, der höchste Führer wie der jüngste Soldat, muß sich stets bewußt sein, daß Unterlassen und Versäumnis ihn schwerer belasten als Fehlgreifen in der Wahl der Mittel.« Ist vielleicht die Rettung seiner Leute das Motiv für den Entschluß, den er nun fassen wird? Er sagt, gewiß sei mit noch mehr Feindfeuer und der verzweifelten Dynamik der aus dem Kessel ausbrechenden, zurückflutenden Russen zu rechnen gewesen, wenn sein Bataillon die Höhe gewänne. Aber er hätte sich dann im Schutz einer voll ausgebauten, trockenen Stellung behaupten können. Der Kessel wäre geschlossen, und alle Opfer hätten dann noch einen Sinn gehabt. Also: Angriffsbefehl, Sprung auf, marsch, marsch!

Für die entscheidende Sekunde nutzt Weber die lähmende Wirkung eines Stuka-Angriffs. Der Mut der Verzweiflung, des ›Alles oder Nichts‹ treibt die Soldaten vom III. Bataillon aus ihren Deckungen, der Höhe entgegen, während noch die Erde bebt und die Schleier der letzten Bombeneinschläge in der Luft hängen. Und das Wunder geschieht: Die Deutschen sind im Handumdrehen in der umkämpften Stellung, die Russen weichen. Das III. Bataillon beklagt einen einzigen Verwundeten. Der Oberleutnant Siegfried Weber bekommt den ›Eisernen Schlips‹ – so wird das Ritterkreuz bei den Landsern genannt.

Am 22. September meldet das JgR 83 noch, die Russen hielten an ihrem Vorstoß nach Westen, zur Newa hinüber, weiter fest. Aber am 23. berichtet das JgR 49 schon bei Gaitolowo von massiven Ausbruchsversuchen nach Osten. Und tatsächlich sprengen dort Gagens Truppen den Riegel noch einmal auf. Die Bataillone der 121. und der 132. ID müssen sich einigeln. Endlich kann die 3. Gebirgs-Division den Riegel wieder schließen. Am 25. 9., so das JgR 83, »scheint die Angriffskraft der Eingeschlossenen zu erlahmen. Wochenlang sind sie mit unvorstellbarer Tapferkeit gegen die deutschen Stellungen angerannt. Vergeblich.« Am 26. 9. machen die Russen mit einem dreistündigen Trommelfeuer an der Newa und im Rücken des JgR 83 ihrem Zorn über die Sturheit der Deutschen Luft. Zwei Tage später noch einmal.

Die 28. JgD verliert in dieser ersten Ladogaschlacht 717 Gefallene, 88 Vermißte, 3276 Verwundete. Bis zum 2. Oktober 1942 sind die Überlebenden dann nicht etwa im Ruhequartier, sondern bei Schneeregen im Schutz der anbrechenden Dunkelheit in die Stellungen um den Brückenkopf Dubrowka eingerückt. Dort verliert die Division innerhalb der nächsten sechs Tage 213 Gefallene, 62 Vermißte und 747 Verwundete.

Bei der 132. ID verebbt der Kampflärm nur langsam. Teile der Artillerie Gagens haben den Kessel in letzter Minute verlassen können. Sie decken die Männer der 132. ID, die sich nun, Anfang Oktober, an der Tschernaja in den Sumpfboden wühlen und zum ersten Mal wieder eine durchgehende HKL errichten, von Osten her mit schwerem Feuer ein.

Manstein notiert: »Schwerste Verluste des Gegners, auch beim vergeblichen Versuch, von außen die eingeschlossenen Kräfte zu entsetzen. 12000 Gefangene, Lage an der Ostfront der 18. Armee wiederhergestellt. Erhebliche Verluste auch bei unseren Divisionen. Munition für ›Unternehmen Nordlicht‹ ist verbraucht.« Im Abschlußbericht zur *1. Schlacht am Ladogasee* werden als Beute gemeldet: 193 Geschütze, 244 Panzer, 101 Pak, 491 Granatwerfer, 843 MG. Bei 31 eigenen Verlusten sind 289 sowjetische Flugzeuge abgeschossen worden. Die Deutschen haben 671 Offiziere und 25265 Unteroffiziere und Mannschaften durch Tod und Verwundung verloren.

Die Russen bagatellisieren die Niederlage, berichten von 60000 deutschen Gefallenen und Gefangenen, 260 abgeschossenen deutschen Flugzeugen, 200 vernichteten Panzern, 600 Geschützen und Granatwerfern. Haben sie solche Übertreibungen nötig? Es ist ihnen gelungen, den drohenden ›Nordlicht‹-Angriff gegen Leningrad abzuwehren, bevor er überhaupt begonnen hatte. Ein Pyrrhus-Sieg für die Deutschen, für die Russen ein Sieg, ob die Zahlen stimmen oder nicht.

Aus den Tagebüchern der Bataillone der 132. ID erfahren wir von regnerischen Nächten, von kalten, nassen Schützenlöchern, von ununterbrochenem Feindfeuer. Immer wieder geht die Orientierung verloren. Die Gruppen bröckeln auseinander. Verwundete sind im Unterholz nicht wiederzufinden, viele sterben qualvoll und einsam. Die Zahl der Vermißten wächst. Die Russen lassen sich, gut getarnt, überrennen und nehmen dann den Kampf wieder auf. Sie bauen in Windeseile Feldstellungen, taktisch geschickt, schwer einnehmbar. Zeitweise herrscht dichter Nebel.

Im Tagebuch des Kommandeurs des 859. sowjetischen Schützenregiments heißt es unter dem 4. September: »Unser Nachbar-Regiment, das

861., greift den ganzen Tag an. Bis 18 Uhr hat es 65 Prozent seiner Soldaten und fast alle Offiziere verloren.« Am 27. September: »Grausam ist dieser Krieg, und seine Gesetze sind unerbittlich. Wir sprachen immer von leichten Siegen. Alle: Kino, Theater, Vorträge, Zeitungen, schrien von der Unbesiegbarkeit, von unserer Macht, alles niederzukämpfen ... Es war angenehm, bei den Paraden zuzusehen, wie über uns bis zu 1000 Jäger und Bomber dahinflogen. Wo ist das alles hin?« Das hätte ebenso im Tagebuch eines Deutschen stehen können. Wir lesen, daß sechs Divisionen eingeschlossen sind, darunter zwei Garde-Divisionen. Auch die wieder aufgestellte 191. Schützen-Division, die wir schon von Oberst Starunin her kennen, ist eingekesselt. Und sechs Brigaden, dazu Spezial-Einheiten. »Nur sieben oder acht, höchstens zehn Prozent von ihnen sind erhalten. – Der vierte Tag ohne Verpflegung. Munition am Ende. Alle erwarten wir die Vernichtung.«

Der Bericht des Generals Fritz Lindemann an das 30. Armeekorps verdeutlicht, warum die Männer der 132. ID nach fünf Tagen Einsatz »kaum mehr angriffsfähig« sind. Im unübersichtlichen, versumpften, durch Regen aufgeweichten Gelände können die fast 25 Tonnen schweren Sturmgeschütze, die eine Tonne schweren 5-cm-Pak, die 400 Kilo schweren Infanteriegeschütze, die 12-cm-Granatwerfer mit über 250 Kilo Einsatzgewicht nicht nachgezogen werden. Der Angriff zerfällt in Hunderte von Einzelkämpfen. Gewehr- und MG-Schützen duellieren sich nach allen Seiten mit Scharfschützen und mit Rotarmisten, die überrannt wurden. Die Deutschen schleppen dabei als schwerste Waffe 8-cm-Granatwerfer mit, Einsatzgewicht 62 Kilo, die aber nur an Lichtungen genug Schußfeld haben, jedes Geschoß wiegt 12 Kilo. Die Russen verteidigen sich mit einzeln eingebauten Geschützen. Sie können von der deutschen Artillerie kaum niedergekämpft werden, weil die VB, die vorgeschobenen Beobachter, im Kampfgetümmel der Infanterie einer nach dem anderen ausfallen. Ein Regiment meldet innerhalb von 48 Stunden 12 von 16 VB als Verluste.

Die vielen unzureichend ausgebildeten Jungen vom Ersatz werden in unklaren Lagen kopflos, kriechen oder rennen aus Angst zu dichten Haufen zusammen, anstatt sich zu verteilen, laufen im Schein von Leuchtkugeln in Rudeln weiter, anstatt in Deckung zu gehen und werden so zu Dutzenden Opfer des Feindfeuers. Der General schreibt: »Die 19- und 20-jährigen sind körperlich vielfach am Ende ihrer Kraft, sind auch seelisch ... nicht widerstandsfähig, da im ersten Einsatz. Mangelnder Schlaf, ständige Nässe, unregelmäßige Verpflegung, viele Verluste ... Eindrücke, gegen die der ältere Landser abgestumpft ist, wirken zusammen.«

Wir hören von Jungen, die nach eigener Artillerievorbereitung nicht aufspringen oder nur dann vorgehen, wenn sie mit der Pistole bedroht werden und die sich immer wieder verzweifelt in den Boden krallen. Es fließen Tränen. Die Offiziere, die sie durch ihr Vorbild weiterreißen könnten, fallen vor den Augen der jungen Leute. Es werden ganze Bataillonsstäbe ausgelöscht; sie neu aufzustellen, dauert lange, wegen des Scharfschützenfeuers »vor und hinter der Front«. Lindemann schreibt von »besonders hohen Offiziersverlusten, auffallend vielen Toten.«

Von den Strapazen bekommt ein Bild, wer sich vor Augen führt, welche Lasten, neben den schon erwähnten, vom einzelnen Mann während des Gefechtes geschleppt, bewegt, gehandhabt werden müssen. Einige Beispiele:

Die deutsche Standardwaffe, Karabiner 98 k, wiegt 4 Kilo, wenig mehr als die russische, Moisin Nagant 91/30. Am Koppel zerren 60 Schuß Munition, in zwei dreiteiligen Patronentaschen, auch schon 1,5 Kilo. Zwei Handgranaten im Koppel, zwei in den Stiefelschäften: je 0,5 Kilo. Dazu Seitengewehr, Brotbeutel, Kochgeschirr, Feldflasche, Spaten. Die deutschen MG 34 und 42 sind, ungeladen, je rund 12 Kilo schwer, das Dreibein für den Einsatz als schweres MG 21 Kilo, ein Kasten mit 300 Schuß gegurteter Munition über 10 Kilo. Die Schützen Zwei und Drei einer Bedienung tragen davon zwei, oft vier Kästen. Die Russen wuchten ihr schweres MG Maxim PM 1910 mit 24 Kilo, dazu die Lafette mit 45 Kilo durch Trichter und Sumpf. Ihr lMG DP 28 wiegt über 9 Kilo, ihr SG 43 fast 14 Kilo. Ihre MPi, PPSh 41, mit geladenem Trommelmagazin 6 Kilo, die deutsche MP 40 mit vollem Stangenmagazin über 4 Kilo.

Deutsche Nachrichtenleute schleppen neben Kabelrollen, Rückentragen, Drahtgabeln und Vermittlungskästen (etwa 11 Kilo) den ›Feldfernsprecher 33‹ mit 6 Kilo. Oder das klotzige Funkgerät ›Tornister Dora‹ mit je einem Gerät- und Zubehörkasten, jeder fast 20 Kilo, die vollgestopft sind mit Sammler, Batterien, Kopfhörern, Röhren, Antennenstäben, Kehlkopf- und Handmikrofon, Tasten, Ersatzteilen und Schreibmaterial. Die ›Dora‹-Kästen werden am meisten verflucht; sie haben nur kleine, fingerdicke Rückenpolster, und weil die Trageriemen primitiv sind, kracht jeder Kasten seinem Träger ins Genick, sobald er sich in Deckung wirft. Der Stahlhelm kippt nach vorn, der Funker sieht nichts. Wer aber läßt sich gern im Gefecht die Augen zuhalten? Obendrein soll die Waffe schußbereit, die Munition ebenso zur Hand wie Verbandpäckchen und Taschenlampe, die geheimen Schlüsselformulare sicher verstaut, Wachslicht und Feuerzeug dienstbar sein. In einer Tasche krümeln ein paar Zigaretten neben dem Eßbesteck, in einer anderen knittert das Soldbuch und ein Bild der Lieben darin. Die Uniform klebt am Körper. Der Atem geht schwer.

Keuchend werden auch Rohre, Bodenplatten, Richtgeräte, Munition von Granatwerfern geschleppt, jedes Wurfgeschoß für den 12-cm-Werfer wiegt 16 Kilo. Dann MP-Ersatzmagazine zu je 0,4 Kilo, MG-Wechselläufe zu je 2 Kilo. Ferngläser, Scheren- und Zielfernrohre, Leuchtpistolen, Gasmasken, Essenkanister, Sanitätsmaterial, Tragen. Schon der Stahlhelm wiegt rund ein Kilo. Zum Sturmgepäck gehört auch die Zeltbahn, die als Regencape geknöpft werden kann.

All diese Waffen, Geschosse, Geräte, Behälter werden in knietiefem Morast bewegt von Menschen, die nicht etwa als ausgeruhte Kraftsportler in den Wettkampf gehen, sondern als übermüdete, vom Anmarsch erschöpfte, durchnäßte, durchfrorene Jungen in einen Kampf auf Leben und Tod. Die wenigsten von ihnen hatten im Turnen und Laufen im Schulzeugnis eine Eins. Und nun schlägt ihnen noch die Angst peinigend auf Magen und Darm.

Soldaten unter 20 Jahren stand bei den Deutschen täglich einmal eine doppelte Essenration zu, nach dem Landsermotto:»Wie die Verpflegung, so die Bewegung«. Aber es mußte erst einmal genug nach vorn kommen. Schon bei der Ausbildung trafen Hunger, Schlafmangel und Strapazen die Jungen schwer. Viele schliefen beim Unterricht ein, manche fielen beim Exerzieren um. So erreichten die Bemühungen, sie in möglichst kurzer Zeit kampftüchtig zu machen, ihr Ziel selten. Es heißt, daß die Russen einmal im Flaschenhals 18jährige deutsche Gefangene wieder durch die HKL zurückschickten mit dem Bescheid, gegen Kinder kämpften sie nicht. Doch fanden die Deutschen unter russischen Gefallenen an der Tossna-Mündung Kinder von 13 Jahren.

10. Kapitel
Der Stoß auf Mga und der Riegel von Sinjawino

Von Scharfschützen ist in den Gefechtsberichten der Divisionen, die dem VI. Gardeschützenkorps des Generalmalors Gagen gegenüberstehen, immer wieder die Rede – in einem Krieg, der durch Material und Masse bestimmt wird, auf den ersten Blick verblüffend. Was hat es damit auf sich?

Wer im Artillerie- oder Granatwerferfeuer hockt, der meint unter einem riesigen Hammerwerk zu liegen, das wie rasend auf ihn herunterschlägt. Es ist wie eine Lotterie: Trifft ein Hammer, trifft der nächste, trifft keiner? Im Gezwitscher von MG-Garben, im Schützenfeuer ist es ähnlich: Wird dich eins der Geschosse erwischen? Immer bist du dem Zufall oder der Bestimmung ausgeliefert. Anders geht es dem, der Ziel eines Scharfschützen ist. Bist du nicht gleich das Opfer des ersten Schusses geworden, dann durchzuckt es dich – der meint dich! Gewiß, im Nahkampf meint dich dein Gegner auch ganz persönlich, aber du weißt wenigstens, wer dich bedroht, woher, womit. Als Ziel eines Scharfschützen weißt du nur: Nichts wie in Deckung, Kopf runter, flach machen. Doch wenn der Scharfschütze im Wald steckt? Wenn er überall und nirgends sein kann, wenn das Geknalle von Gewehren, MP und MG sich vervielfacht, wenn du nicht weißt, zielt die Mündung eines Zielfernrohrgewehres auf dich von oben, von unten, von links, von rechts? Wer dann in Panik aufspringt, der ist erledigt. Da mußt du ruhig bleiben, auch wenn die Nerven flattern.

Es gibt einen einzigen, fürchterlichen Trost für dich: Bevor du dich richtig ängstigen kannst, hat der Scharfschütze schon getroffen und du hast den Löffel abgegeben. Aber es gibt auch einen Schutz: Genau so phantasievoll, so gerissen, so umsichtig sein wie der Scharfschütze; immer denken: Was würdest du an seiner Stelle tun? Von wo würdest du Schußfeld suchen? Dann ist sein Lauern umsonst, dann ist er sauer und setzt sein Gewehr ab.

Das ist es, was die alten Obergefreiten der 132. ID den Jungen vom Ersatz einschärfen, als es bei der Bereitstellung heißt, die Russen setzten bei Gaitolowo Dutzende von Scharfschützen ein.

10. Der Stoß auf Mga und der Riegel von Sinjawino

Die Russen werden ihren Leuten wohl dasselbe erzählt haben. Und auf beiden Seiten gab es genug Grund für Mahnungen. Bei den Deutschen, weil sie inzwischen gemerkt hatten, welch schwerwiegender Fehler es gewesen war, Anfang der dreißiger Jahre alle einschlägigen Erfahrungen des Ersten Weltkriegs einfach abzutun und das Dutzend Scharfschützen, das jedem Reichswehrbataillon zugeteilt war, abzuschaffen. Es stand ja außer Zweifel, daß die Reichswehrsoldaten präzise schossen, wozu da noch einen Schießclub extra? So jedenfalls meinten die hohen Herren. Anders die Rote Armee. So hoch hier einerseits die Massierung von Truppen, Waffen, Panzern eingeschätzt wurde, so wichtig war den roten Generälen der Einzelkämpfer, der Scharfschütze. Das hatten sie gelernt, als sie in den zwanziger Jahren mit der Reichswehr zusammen den Krieg übten.

Die wirtschaftlich heruntergekommene deutsche optische Industrie war damals froh gewesen, als die Rote Armee ganze Jahresproduktionen von Zielfernrohren und Feldstechern bei ihr orderte. Sie durfte sogar für das Zielfernrohr ›PE‹, das sich später gegen die Deutschen verhängnisvoll bewährte, eine besondere Verstellmechanik entwickeln. So kommt es, daß zu Beginn des Rußlandfeldzuges einem einzigen deutschen Scharfschützen 20 russische gegenüberstehen, daß bei den überraschten Deutschen zu wenig eingeschossene Scharfschützengewehre vorhanden sind und die Deutschen sich mit Beutewaffen ausrüsten. Und daß die Deutschen durch Scharfschützen vom ersten Tag an unverhältnismäßig viele Führer verlieren. Die Russen schießen, im wahren Sinn des Wortes zielbewußt, auf alle Deutschen »mit dünnen Beinen«, das sind die Offiziere mit ihren Reitstiefeln, und alles, was Biesen, Litzen und Sterne an Mütze, Kragen und Schultern trägt. Den letzten Ausschlag für eine groß angelegte Spezialisten-Ausbildung haben bei den Russen Erfahrungen im finnisch-russischen Krieg gegeben. Hier hatten die Finnen jeweils mit wenigen tödlichen Treffern die Russen ihrer Führer beraubt und Chaos bewirkt. Nun sind die Russen ebenso darauf gedrillt wie auf den Kampf gegen MG- und Geschützbedienungen, Funker und Panzerkommandanten, sobald diese den Kopf aus dem Turmluk stecken. Auf deutscher Seite waren bei Feldzugsbeginn in solchen Fertigkeiten nur die Männer von ›Z.b.V. 800‹, der späteren *Division Brandenburg*, perfekt ausgebildet, die mit Spreng-, Sabotage- und Kommando-Unternehmen auch beim Vormarsch der Heeresgruppe Nord aufgetreten waren.

Nun versuchen die Deutschen gleichzuziehen. Während die Russen ihre Schützenelite größtenteils aus Sibiriern bilden, die im Westen als die ›Kanadier des Ostens‹, bezeichnet werden. Weil sie, wie diese, von Jugend auf mit Jagdwaffen umgehen können, unendliche Geduld beim Anschleichen und Ansitzen und glänzenden Instinkt für Landschaft und Klima besitzen, erinnern sich die Deutschen der Tiroler Standschützen, die auf der Jagd in den Bergen gleiche Eigenschaften entwickelt haben. Es war ein Leutnant dieser Standschützen, ein sogenannter Plänkler, von dem noch lange nach der Völkerschlacht bei Leipzig, 1813, erzählt wurde, er habe auf 950 Schritt einen französischen Offizier vom Pferd geschossen. Die Deutschen holen sich allenthalben aus ihrer Infanterie die begabtesten Schützen zur Ausbildung zusammen. Im Einsatz sind sie vom Kompaniedienst befreit und erhalten Sonderverpflegung. Niemand, so wird befohlen, darf ihnen ihre vertraute Waffe abnehmen, andere Schützen damit ausbilden oder Schießübungen damit machen.

Bester deutscher Scharfschütze ist der Tiroler Matthias Hetzenauer mit 345 bestätigten Abschüssen, der erst 1943 als 19jähriger an die Ostfront kommt. Der Salzburger Sepp Allersberger erzielt 257 Treffer. Beide gehören, wie auch Helmut Wirnsberger mit 64 Abschüssen, zur 3. Gebirgs-Division, die jetzt, im Herbst 1942, in der Nähe der 132. ID im Südriegel des Einbruchs von Gaitolowo steht.

Bei feindlichen oder eigenen Angriffen und im Nahkampf werden Scharfschützen-Treffer nicht angerechnet, sodaß die tatsächliche Trefferzahl mehr als doppelt so hoch wie die Bestätigungen liegt. Wer nicht auf mindestens 300 Meter ein Kopfziel, auf mindestens 600 Meter einen stehenden Mann trifft, gilt nicht als guter Scharfschütze. Hetzenauer hat einmal auf 1100 Meter einen Mann getroffen, 65 Prozent seiner Erfolge erzielt er bis mindestens 400 Meter Entfernung, 30 Prozent bis 600 Meter. Hetzenauer benutzt den Karabiner 98k, der auf das Gewehr 98 aus dem Jahre 1898 zurückgeht, und das Selbstladegewehr G43, Allersberger ein russisches Moisin-Nagant 91/30, eine verbesserte Konstruktion aus dem Jahr 1891, oder den 98k. Den Stahlhelm tragen sie im Einsatz nicht, er beeinträchtigt die Schießleistung und verhindert bei Wind gutes Hören. Allersberger legt sich meist unter einem tarnfarbenen Regenschirm auf die Lauer. Beide färben sorgfältig Gesicht und Hände dunkel, tarnen Körper und Waffe, arbeiten mit Puppen und Scheinstellungen zur Täuschung des Gegners.

Kein Scharfschütze schießt im Kampf gegen feindliche Scharfschützen mehr als zweimal, dann wechselt er sofort und unbemerkt seine Stellung.

19 Wo sich südlich des Ladoga-Seeufers Arbeitersiedlungen erstreckten, die Poseloks 1 bis 8, blieben nach den Kämpfen nur Kamine wie mahnende Zeigefinger übrig. Holzhäuser verbrannten, und auch von Ziegelbauten sah man nur noch Ruinen und solche Mahnmale.

20 Nach dem blutigen Rückzug der 227. ID von den Uferstellungen am Ladogasee sind die Reste des IR 328 in Mga eingetroffen, von wo sie nach Tschudowo/Grusino in Marsch gesetzt wurden. Hinten das Wahrzeichen des Eisenbahnknotenpunktes Mga, der Wasserturm.

21 Frühjahr 1943 bei der 212. ID, »Wengler-Nase«, ostwärts Sinjawino. Seit Januar hat der Russe den Landweg nach Leningrad, nun will er Mga. Wengler und sein IR 366 (227. ID) konnten 1942 und Anfang 1943 den Gegner stoppen. Jetzt krallen sich die 212er ins Chaos. Wiederum ist der Gegner abgewehrt. Wer ist gefallen, verwundet, vermißt? Alle Männer sind von Nahkämpfen und Verlust von Kameraden geschockt. Ärzte und Helfer haben blutige Schürzen.

22 Die »Elektro-Schneise« an der Nordostflanke des Flaschenhalses. Hier scheiterte der erste Versuch der Rotarmisten, mit einem Stoß zur Newa die Landverbindung nach Leningrad herzustellen.

23 Wenn die HKL durch Kämpfe in Bewegung geriet waren lebenswichtige Schneisen plötzlich gesperrt. Dann mußten Waldwege »befahren« werden wie dieser südlich von Sinjawino.

10. Der Stoß auf Mga und der Riegel von Sinjawino

Keine übertriebene Vorsicht, sondern begründeter Respekt vor der Tüchtigkeit des Gegners, der genauso gut beobachtet und schießt.

Ein deutscher Scharfschütze tötet bei einem Nachhutgefecht in kurzer Zeit 38 Rotarmisten, wie sich beim Gegenstoß herausstellt. Und der Oberjäger Friedrich Pein, Jäger-Regiment 227, erzielt 1945 allein am 18. Februar 20 Treffer, fast alle gegen Führer des Gegners. Er erhält später für insgesamt 200 Treffer das Ritterkreuz. Scharfschützen, die der Gefangennahme nicht ausweichen können, trennen ihr Ärmelabzeichen von der Feldbluse und vergraben den Köcher mit dem Zielfernrohr, denn die Russen erschießen diese Spezialisten sofort. Damit wird aus blinder Rache ein Ritual des Krieges.

Wer von den Scharfschützen der Russen spricht, muß sich mit den Frauen dieser Spezialtruppe befassen. An den Leningrad- und Wolchow-Fronten der Russen sind 32 000 Frauen als Krankenschwestern tätig. Fast die Hälfte des gesamten Sanitätspersonals der Roten Armee sind Frauen. Tausende dienen als Flakhelferinnen und Telefonistinnen. Insgesamt tun mehr als 800 000 Frauen Kriegsdienst in der Roten Armee. Der härteste Kern der Frauen in Uniform sind die Scharfschützinnen. Sie sind vom Nordmeer bis hinunter zum Kaukasus eingesetzt. Ludmilla M. Pawlitschenko verzeichnet 300 Abschüsse, Liva Rugo, 20 Jahre alt, 242 Abschüsse, Tari Vutschinik 155, Ekaterina Schdanowa 155, Lisa Mironowa 100. Die Liste ist lang. Bei den Männern sind die Erfolgszahlen gleich hoch. Zeichen für das Expertentum der Schützinnen und Schützen – aber auch für die Ahnungslosigkeit ihrer Opfer, die nicht schon während der Ausbildung, sondern oft erst dann über die Bedrohung aufgeklärt werden, wenn es zu spät ist. Die deutsche Propaganda entrüstet sich über ›feiges Heckenschützentum‹, und schürt Haß, wo lebensrettende Schulung wichtiger gewesen wäre. Es gab damals Toren, die sich und anderen einreden wollten, mit Methoden ritterlicher Kämpfe ließen sich Weltanschauungskriege führen.

Die Berichte der russischen Schießexperten klingen wie die der deutschen. Wir erfahren, wie sie aus dem Winkel von Schußkanälen in den Körpern Getroffener die Position des gegnerischen Scharfschützen ermitteln, wie sie aus den Fundorten Verwundeter und aus den Umständen der Verwundung auf das Kampfsystem schließen, wie sie stundenlang, tagelang beobachten und die Reaktionen des Gegners auf Scheinstellungen und Fehlschüsse prüfen, wie sie ihn ablenken und dadurch unvorsichtig machen, wie sie sich unendlich sorgsam tarnen und ver-

Zweite Ladoga-Schlacht vom 11.1.1943 bis 5.4.1943 (Phase I bis Mitte Februar 1943). Der zweite, diesmal gelungene Versuch der 2. Stoßarmee und der 67. Armee, den »Flaschenhals« für eine Landverbindung abzuschneiden und dem leidenden Leningrad Luft zu verschaffen. Die Überwindung der Sinjawino-Höhen scheiterte an deutscher Gegenwehr.
(Quelle: Lageatlas der Heeresgruppe Nord)

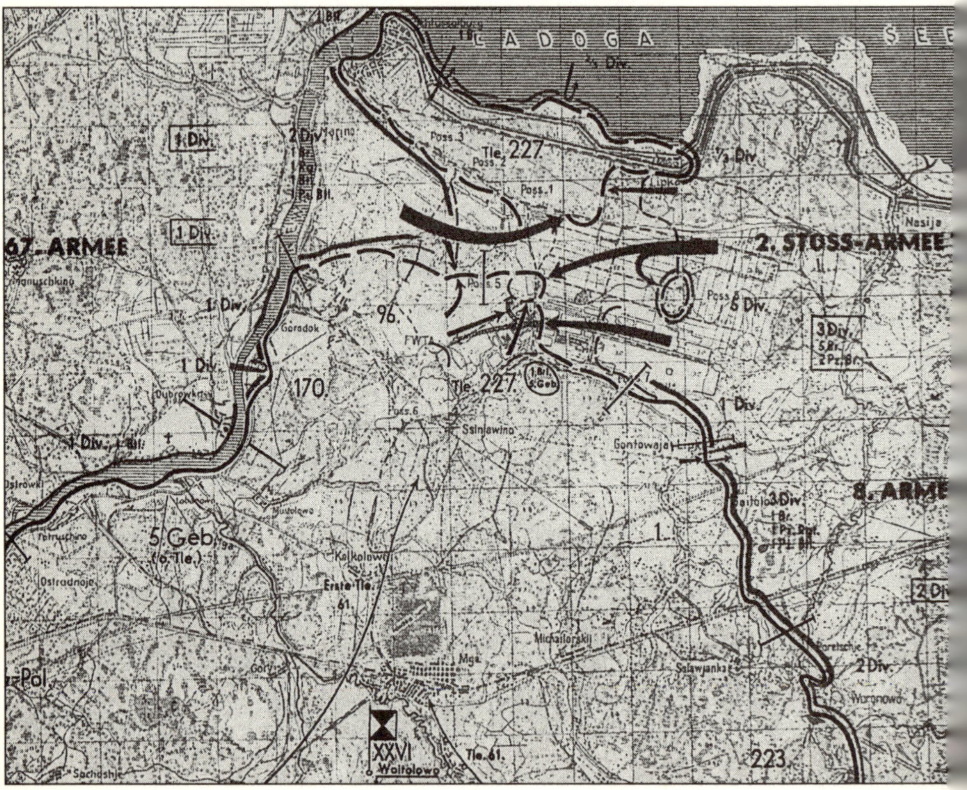

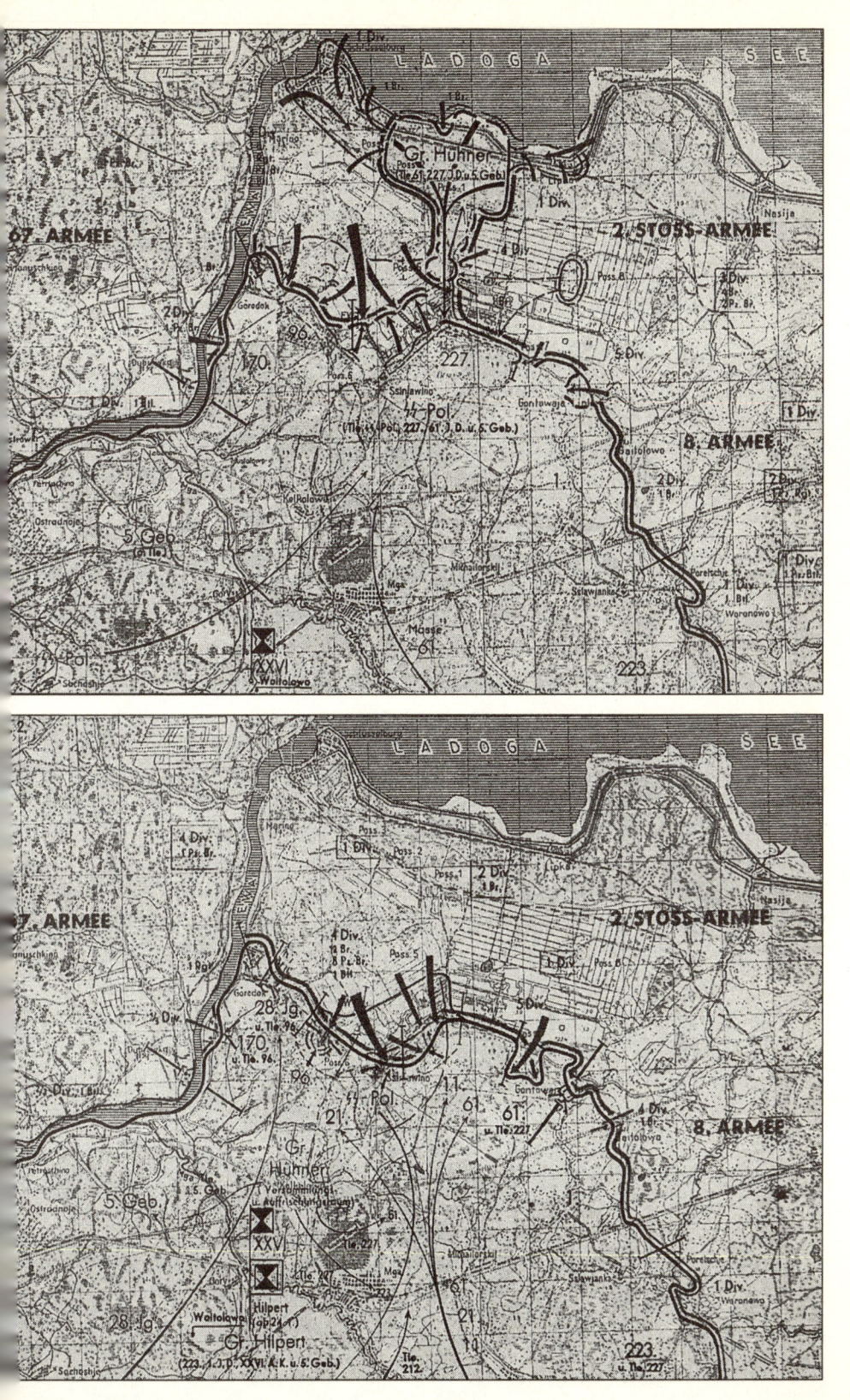

stecken und sich immer wieder ermahnen, den Gegner nicht zu unterschätzen.

Wer einmal Zielobjekt eines Scharfschützen war, erinnert sich nur ungern an das leise ›Pitsch‹, mit dem einen halben Zentimeter vor seiner Nase ein Stück Baumrinde zerstob. Und wer bei Nachhutgefechten Seite an Seite mit Scharfschützen lag, denkt ungläubig daran, wie ein einziger von ihnen das Vordringen des Gegners um Stunden verzögern konnte.

Das enge Zusammenleben und -kämpfen von Männern und Frauen in der Roten Armee führt zwangsläufig zu Verwicklungen. Die Dolmetscher der Lauschtrupps am Bahndamm von Pogostje und an den Rändern des russischen Einbruchs, die Aufklärung betreiben, indem sie die russischen Telefongespräche mithören, lachen an ihren Lauschempfängern immer wieder laut auf, wenn die Rotarmisten derbe, neidgefärbte Scherze über amouröse Beziehungen zwischen ihren Offizieren und den Frauen in Uniform austauschen. Natürlich erfahren von diesen Beziehungen die Ehefrauen im russischen Hinterland und im eingeschlossenen Leningrad, die sich durch einen schrecklichen Alltag von Sorge, Hunger und Entbehrungen quälen. Aber das Treiben in den Fronteinheiten nimmt durch die ständige Todesnähe immer entfesseltere Züge an. So kommt es anderthalb Jahre später in Sowjetrußland zum sogenannten ›Ehegesetz‹, das bis 1965 gilt. Danach haben Mütter unehelich geborener Kinder keinen Anspruch an den Kindesvater. Sein Name taucht amtlich nicht auf. Das Kind gilt als ›vaterlos‹. So liegt die Verantwortung allein bei den unverheirateten Frauen. Dem System liegt daran, die Soldaten nicht einzuengen, den dezimierten männlichen Nachwuchs, ganz gleich wie, aufzufüllen und rechtmäßige Ehefrauen nicht noch mehr durch die Konkurrenz männerjagender Frontmädchen zu entmutigen. Die Folge des ›niederträchtigen Gesetzes‹, wie Lew Kopelew schreibt, sind Millionen vaterloser Kinder. Kopelew, der im Krieg als Major der Roten Armee mit Feindaufklärung und Propaganda befaßt war, erzählt aber auch: »Übrigens gab es nicht selten auch richtige Front-Ehen. Ich sah Beispiele echter, strahlender Liebe, besonders leuchtend bei jenen, die ständig mit dem Tode lebten.«

Die Deutschen haben die Abschnürung des Flaschenhalses verhindert, dafür aber die Pläne zur Eroberung der gequälten Stadt eingepackt. So werden sie ihres Abwehrsieges nicht froh. Sie haben allein in dieser Ladoga-Schlacht über 40 000 Tonnen Munition verbraucht und 25 000

Mann verloren. Und als Ende des Jahres 1942 bei der 18. Armee Bilanz gezogen wird, ergibt sich allein dort schon ein Verlust von fast 120 000 Soldaten – Tote, Verwundete, Vermißte. Manstein ist mit sechs Divisionen nun auf dem Weg zur Heeresgruppe Süd.

Vom sowjetischen Landeunternehmen gegen das deutsche Newa-Ufer ist, wiederum vor Dubrowka, ein Brückenkopf übriggeblieben. Von ihm aus wollten die Russen Gagens Truppen entgegenkommen, als diese bei Gaitolowo die deutsche HKL durchbrochen hatten. Nun ragt der Brückenkopf in den Flaschenhals hinein wie eine drohende Faust. Fast können die Deutschen ihn zertrümmern. Aber zwischendurch werden sie von der Leningrader Seite aus derart mit dem Feuer schwerer Artillerie eingedeckt, daß sie immer wieder in ihre Ausgangsstellungen zurück müssen. Die 28. Jäger-Division erzwingt schließlich die Räumung. Aber die Bedrohung, die den General Herbert Loch nicht hat zur Ruhe kommen lassen, ist nicht beseitigt.

Die Erfolge von Gaitolowo sind bei den Deutschen schon vergessen. Der Eroberer des Ortes, der Hauptmann Fritz Schmidt, trägt nun auch den ›Eisernen Schlips‹, aber die 132. ID wird in einigen Berichten schon gar nicht mehr erwähnt. Bei den Kompanien sind nur noch wenige der alten Gesichter zu sehen. Die Division, die schon vor Sewastopol bei Kämpfen um Festungswerke wie *Batterie Schischkowa*, *Bastion* und *Maxim Gorkij* viele Männer verloren hatte, ist ausgeblutet.

Die Russen beschäftigen die Belagerer unentwegt: Bei Oranienbaum an der Kronstädter Bucht, wo sie, seitdem die Deutschen vor Leningrad aufgetaucht sind, einen ausgedehnten Brückenkopf behaupten können, der von einem Feuerschirm der schweren Marine-Artillerie von Kronstadt und Leningrad beschützt wird. Auch bei Kirischi am Wolchow werden sie in Atem gehalten, bei Kolpino und an der Tossnamündung am Newabogen. Ebenso bei Nowgorod am Ilmensee und am Südflügel der Heeresgruppe Nord, an der schmalen Landbrücke, die zu den sieben eingeschnürten deutschen Divisionen um Demjansk führt. Ein paar davon könnte Küchler vor Leningrad gut gebrauchen. Gewiß, sie fesseln russische Kräfte, aber sie sind selbst gefesselt. Es ist für die 18. Armee keine Frage mehr, ob ihr Gegner noch einmal versuchen würde, den Flaschenhals abzuschneiden und Leningrad mehr Luft zu verschaffen. Die Frage ist jetzt nur noch, wann.

Die Soldaten der 18. Armee agieren nicht mehr, sie können nur noch reagieren. Sie haben die Massentransporte amerikanischen Kriegsmaterials, das mit Geleitzügen, trotz der todesmutigen Bedrohung durch deutsche U-Boot-Rudel, angelandet und Tag und Nacht per Bahn nach Süden gefahren wird, nicht unterbunden. Sie haben die Verbindung zu den Finnen am Swir und die große Garotte für Leningrad nicht erkämpft.

Hitler hat den Nordabschnitt tatsächlich zum ›Nebenkriegsschauplatz‹, erklärt, Stalingrad und der Kaukasus sind ihm wichtiger. Die Besetzung Leningrads ist im Führerhauptquartier kein Thema mehr. Die deutschen Soldaten wissen das nicht. Und die Leningrader leben immer noch von der Hoffnung.

Der Ukrainer Andrej A. Schdanow, der berühmt-berüchtigte, fünfzigjährige, kettenrauchende, unermüdliche Parteichef von Leningrad, hat bei Stalin endlich Gehör gefunden: Anfang Dezember 1942 bekommen der Befehlshaber der Wolchow-Front, Armeegeneral Kirill A. Merezkow, und der Befehlshaber der Leningrad-Front, Generalleutnant Leonid A. Goworow, den Auftrag, den Flaschenhals zu zerschlagen und damit den Würgegriff der Deutschen ein für allemal zu lösen. Anzeichen für diese großangelegte Operation bleiben den Deutschen nicht verborgen, wenn auch die Russen sich angewöhnt hatten, Soldaten meist nachts und in geschlossenen Waggons zu transportieren und Geschütze und Panzer unter Strohballen versteckt zu verladen. Die Deutschen können nichts weiter tun als warten. Bis zum 12. Januar 1943 haben die Russen 4500 Geschütze in Stellung gebracht. Am gleichen Tag eröffnen sie das Feuer aus allen Rohren.

Am 18. Januar 1943, kurz vor Mitternacht, kann der Chefsprecher des Moskauer Rundfunks endlich die ersehnte Nachricht verlesen: »Truppen der Leningrader und der Wolchow-Front haben sich vereinigt und damit die Blockade von Leningrad aufgehoben.« Georgij K. Schukow, der an diesem Tag zum Marschall der Sowjetunion ernannt wurde, ist dabei, als sich die beiden sowjetischen Angriffskeile im Flaschenhals treffen. »Es herrschte ein unbeschreiblicher Jubel! « schreibt er, »Die Pläne Hitlers, die Leningrader auszuhungern, waren gescheitert.« Schukow hält die Sprengung der Blockade für das »größte Ereignis im Winterfeldzug 42/43«. Für ihn ist Leningrad wichtiger als Stalingrad, in dem die Reste der 6. deutschen Armee 14 Tage später kapitulieren. Die Symbolkraft, die Hitler der Stadt an der Newa zumißt, scheint auch für Schukow eine Rolle zu spielen. Drei Wochen später dampft der Zug Nr. 1108, von Wolchowstroj über Schlüsselburg kommend, in die Hallentrümmer des Finnischen Bahnhofs in Leningrad ein. Zwei Stunden später fährt der Zug Nr. 719 ab. Aber der

Kampf um Leningrad ist noch lange nicht zuende. Merezkows Stellvertreter, General Iwan I. Fedjuninskij, wird am 20. Januar im deutschen Granatwerferfeuer schwer verwundet, der Panzerführer der Leningrader Front, General N. A. Bolotnikow, fällt.

Erst Mitte 1943 erreichen die ersten amerikanischen Lebensmittel die Stadt. Jetzt hängt auch sie am Murman-Tropf. General Goworow erklärt, das Schlimmste sei getan, mahnt aber zu weiterer Pflichterfüllung. Im Leningrader Sportstadion findet zum ersten Mal wieder ein Fußballspiel statt.

Die Frage, was sich in den Tagen vom Anrollen der Feuerwalze bis zur Nachricht vom Bruch der Blockade zugetragen hat, ist schnell beantwortet. Es ist genau das eingetreten, was schon in der Denkschrift des Generals Loch zu lesen war. Die sowjetische 67. Armee hat von Westen, von Leningrad aus, die noch einmal auferstandene 2. Stoßarmee von Osten her, die 55. Schützenbrigade übers Eis des Ladogasees und die Partisanenabteilungen der ›Leningrader Front‹, zusätzlich ausgerüstet mit 2000 Gewehren und rund 700 MG, vom deutschen Hinterland her die so unglücklich erstarrte und verwundbare Flaschenhals-Position zertrümmert. Eine Formel, mit der man dem Leiden zahlloser junger Deutscher und Russen gewiß nicht gerecht wird. Jeder Fähnrich hätte das Geschehen, nach einem einzigen Blick auf Kräfteverhältnis und Lage, vorhersagen können. Ein General hatte es seinem Oberbefehlshaber schriftlich gegeben. Hitler spielte Vabanque.

Als die Russen am 12. Januar antreten, haben sie sich viel vorgenommen, weit mehr als den Gewinn von Schlüsselburg oder eines Streifens Sumpfland entlang dem Ladoga-Ufer. Der kann ja nur eine verwundbare, unter Dauerbeschuß liegende, allzu dünne Versorgungsader für Leningrad sein. Die Russen wollen den Ring um die Stadt deshalb nicht nur durchstoßen, sie wollen einen wesentlichen Teil der deutschen Umklammerung ausschalten und Leningrad ganz und gar und unbedroht ihrem Machtgebiet wieder einverleiben. Das aber will Hitler nicht zulassen. Doch mehr als Zeit kann er damit nicht gewinnen.

Wie schon 1941, als sich die Leningrader bei den Kämpfen um den Verkehrsknotenpunkt Mga von ihrem Widerstand dort die Rettung ihrer Stadt versprachen, versprechen sie sich nun, 1943, von der Eroberung dieses Ortes die Befreiung ihrer Stadt. Es fängt gut für sie an. Die Deutschen sind den massiven Angriffen an beiden Flanken des Flaschenhalses nicht gewachsen. Allein bei Goworows 2. Stoßarmee stehen auf je einem Kilometer Frontbereich 160 Geschütze. Das bedeutet, daß nach Losbrechen des Feuerorkans in kurzer Zeit die deutschen Bunker zertrümmert, die Grabenböschungen eingestürzt, MG-Nester eingeebnet, Sappen verschüttet sind. Allein die frostharte Erde verhindert, daß alle Deckungen niedergewalzt werden. Die Deutschen versuchen sich festzukrallen. Das Sperrfeuer ihrer Artillerie schlägt in die Rudel der Angreifer und steigert das Inferno. Längst sind einzelne Abschüsse und Einschläge nicht mehr zu unterscheiden. Die Trommelfelle flattern, der Luftdruck der Detonationen raubt den Atem. Erdbrocken und Schneewolken bilden einen dichten Schleier. Wege und Geländemarkierungen werden unkenntlich. Immer mehr Tote liegen herum, Verwundete können nur unter Lebensgefahr für die Helfer notdürftig erste Hilfe bekommen. Melder jagen durch das Chaos, verschwinden auf Nimmerwiedersehen, Leitungsdrähte sind zerfetzt, die Batterien der Funkgeräte, die von den Funkern aus Bunkertrümmern ins Freie gerissen werden, versagen in der eisigen Kälte. Schon sind die ersten Rotarmisten durch die zerstörten Draht- und Minensperren herangestürmt, Nahkämpfe entbrennen. Aggressionen, entstanden aus Todesangst, ohnmächtigem Zorn und Trauer um gefallene Kameraden, werden auf beiden Seiten frei, die Männer sind rasend und außer sich.

Vier Tage nach Beginn der russischen Offensive sind die deutschen Regimenter am Ladogasee dezimiert und abgeschnitten. Sie haben fast alle Materialreserven verloren. Ein ostpreußisches Bataillon mit abgesplitterten Teilen anderer Einheiten ragt bei Posselok Nr. 8, einer Arbeitersiedlung, wie eine Klippe aus der Flut der roten Angreifer. Einige Divisionskommandeure der 2. Stoßarmee haben Wochen zuvor in ihrem Hinterland nach sorgfältiger Erkundung die deutschen Stellungen, die vor ihren Angriffsstreifen liegen, nachbauen lassen und jede Phase ihrer Operationen mit ihren Soldaten immer wieder geübt. So betreten sie nach zweistündigem Trommelfeuer vertrautes Gelände. Russische Panzer fahren, nachdem das Trommelfeuer weitergesprungen ist, wenige Meter parallel zu den deutschen Stellungsresten und halten mit ihrem Feuer die Besatzungen nieder, bis die Rotarmisten heran sind und einbrechen können. Trotzdem gelingt es den Männern der 1. ID, die Sowjet-Sturmtruppen weiterhin in Deckung zu halten und die Panzer zum Abdrehen zu zwingen. Und trotzdem können Oberstleutnant Wengler mit seinem Regiment 366 und einer Pionierbrigade eine der Angriffsdivisionen einen ganzen Tag aufhalten. Schließlich brechen die Russen auf zwölf Kilometer Breite ein. Und sie brechen auch an der Naht zur 227. ID und beiderseits Gaitolowo ein.

Auch von Westen her kommen sie, über die Newa. Zehn Bataillonen gelingt es bei Marino, südlich von Schlüsselburg, und bei Gorodok vorzustoßen. Ihre Verluste sind schrecklich. Das Eis der Newa ist dicht bedeckt mit Toten, in Haufen liegen sie übereinander. An den Einbruchstellen müssen die Pioniere der 67. sowjetischen Armee die Leichen beiseitetragen, bevor sie für Panzer und schwere Waffen Brücken und Stege über den Fluß bauen können. Eine Panzerbrigade bricht von Westen, eine zweite von Osten durch. Sie treffen sich nördlich von Posselok Nr. 5. Die westfälische 227. und Teile der hannoverschen 96. ID sind abgeschnitten.

Die 11. ID wird zur Verstärkung vom Wolchow her an die bedrohte Nordfront befohlen. Sie ist nur zu 40 Prozent beweglich. Transportmittel fehlen. Im Pendelverkehr müssen die Männer nach vorn geschafft werden. Und es gelingt, womit weder die Russen noch die Deutschen selbst gerechnet haben: Die am Ladoga-Ufer eingeschlossenen Deutschen brechen aus. 6000 Männer kämpfen sich bei Posselok Nr. 5 durch den russischen Riegel. 2000 Verwundete schleppen sie mit. Und auch den Verteidigern von Posselok Nr. 8 gelingt der Ausbruch.

Viele der Jungen vom Ersatz haben den Krieg nun so erlebt, wie ihn keiner ihrer Ausbilder, keiner der Filmberichter der ›Deutschen Wochenschau‹ und kein Reporter in den Zeitungen ihn geschildert hat oder schildern durfte. Sie haben ihre Freunde sterben gesehen, haben sehen müssen, wie sie, von einer Sekunde auf die andere verstümmelt, kaum noch menschenähnlich, bedeckt von herabrieselnder Erde den Tod gestorben sind, den die Propaganda Heldentod nennt. Sie haben in die Mündungen von Maschinenpistolen gestarrt, die auf sie gerichtet waren, haben jenen Rausch erlösender Wut nicht fassen können, der sie ergriff, als vor ihren Karabinerschüssen, unter ihren Bajonettstichen, Spatenhieben und Handgranatenwürfen Rotarmisten hinstürzten – diese Gleichaltrigen, denen sie in blinder Verzweiflung die Schuld an all ihrer Pein zuwiesen. Niemand hilft ihnen den Anblick der blutigen Knäuel ertragen, niemand tröstet sie über die Rufe der Sterbenden hinweg. Und niemand hat Kraft und Zeit, darüber nachzudenken, daß die Jungen mit dem Sowjetstern, die zu ihren Gegnern erklärt wurden, genau das gleiche, auf gleiche Weise, mit gleichem Schrecken erleben.

Hatte einer auf deutscher Seite solche Begegnungen überlebt, dann wurde er nach 15 Nahkampftagen mit der Nahkampfspange in Bronze, nach 30 in Silber, nach 50 in Gold ausgezeichnet. Die Mannschaften hatten für sich an den Kampfschwerpunkten eine durchschnittliche Einsatzdauer von vier Wochen ausgerechnet. Dann, so schätzten sie, sei der Soldat entweder tot, verwundet oder vermißt. Zugführer rechneten für sich sieben Tage aus, Kompanieführer drei Wochen, Bataillonskommandeure einen Monat. Rüdiger Overmans hat in seiner Bilanz der »Deutschen militärischen Verluste im Zweiten Weltkrieg« ausgewiesen, daß an der Ostfront in jenen Jahren in jeder Woche mehr als eine Division in den Tod ging. (Während der Endkämpfe 1945 kamen täglich etwa 10 000 Mann ums Leben.) Erstaunlich, daß dennoch 538 Verleihungen der goldenen Nahkampfspange nachgewiesen werden. Von den Trägern sind 19 Prozent Mannschaften, 56 Prozent Unteroffiziere, 25 Prozent Offiziere. Die goldene Nahkampfspange gilt als die am seltensten verliehene Tapferkeitsauszeichnung der Wehrmacht im WK II. Oft wurde mit der goldenen Spange auch das Deutsche Kreuz in Gold verliehen, das von den Landsern in gutmütigem Spott als »Spiegel-Ei« oder »Parteiabzeichen für Kurzsichtige« bezeichnet wurde.

Träger einer Nahkampfspange, gleich welcher Klasse, genossen bei den Fronttruppen hohes Ansehen. Den Soldaten waren sie in gewissem Sinne unheimlich: Einerseits wurden sie wegen ihrer Kaltblütigkeit und Umsicht bewundert, andererseits galten sie als besonders vom Glück Begünstigte. Da viele Soldaten schon selbst Nahkämpfe überstanden hatten, konnten sie auch abschätzen, welch ungeheurer seelischer Last die Nahkampf-Routiniers ausgesetzt gewesen waren, während der Konfrontation von Mann zu Mann, und wie schwer sie vermutlich ihr Leben lang daran tragen würden.

Nach seinen Eindrücken befragt, knurrte einer der Spezialisten: »Hast du die Waffe in der Hand, ist es wie bei Sportwettkämpfen. Du bist wie blind wegen der irren Konzentration. Registriert da einer bewußt Eindrücke? Aber hinterher ... das kann man nicht beschreiben«.

Was er gemeint hatte: Zerstampfte Graben-Nischen, splittrige Verschalungen von MG-Stellungen, Bunker-Löchern, eingestürzte Laufgräben. Übersät mit Waffen, Handgranaten, Munitionskästen und -gurten, Ausrüstungs- und Uniformstücken, Helmen, besudeltem Verbandszeug. Und in den Verwüstungen dieser Arena die Pantomime der Gefallenen, Erstarrten. Die verschmierten Gesichter, die Münder mit den weißgrauen

10. Der Stoß auf Mga und der Riegel von Sinjawino

Lippen, die Fäuste wie durchsichtig, sie umkrampfen immer noch Gewehrkolben, Pistole, Handgranate, Messer. Dazwischen die Dahingesunkenen, wie friedlich schlafend mit halbgeöffneten, erloschenen Augen. Immer wieder die roten Spritzer und Rinnsale auf weißlicher, schmutziger Haut, die rosarot gefrorenen Lachen. Und unter den ineinander verkeilten Toten das Stöhnen Verwundeter. Plötzlich ist das Schreien und Keuchen der übereinander herfallenden Angreifer und Verteidiger der tödlichen Stille gewichen. Nur von Zeit zu Zeit ein Gewehrschuß in der Nähe, ein Feuerstoß. Ganz fern manchmal das Grollen von Artillerie. Da hocken die Überlebenden, starren sich an mit aufgerissenen Augen in versteinerten Gesichtern, keines Wortes mächtig. Und dann die Schleier aus feinem Schnee, der über der Szene sein Leichentuch ausbreitet.

Das alles hatten ja auch die nicht besonders Ausgezeichneten erlebt. Aber immer wieder durch diese Hölle gehen? Die Nahkampfspange war wirklich schwer verdient.

Die 6000 Deutschen, die nach ihrem Ausbruch aus dem Kessel vorm Ufer des Ladoga-Sees mit den 2000 Verwundeten in ihrer Mitte die eigenen Linien erreichen, bleibt keine Zeit zum Ausruhen oder zu sich selbst zu finden. Jeder, der eine Waffe halten, einen Munitionskasten tragen kann, steht wenig später wieder an der Abwehrfront vor der Kirowbahn und an der Elektroschneise. Kaum ist nun, nach einer Woche, den Russen die Öffnung des etwa zehn Kilometer breiten Streifens Sumpfland am Ladogasee gelungen, kaum haben sie den Triumph gemeldet, endlich wieder eine Landverbindung nach Leningrad zu besitzen, da konzentrieren sie ihre Angriffe, beflügelt von Erfolgen und Siegeserwartungen, auf die Sinjawino-Höhen. Diese Höhen sind ein sandiger, nicht mehr als 50 Meter hoher Hügelrücken, über den die Straße von Mga nach Norden führt und der, so flach er ist, doch das Vorfeld bis zum Ladogasee und das Hinterland bis nach Mga beherrscht. Sinjawino selbst ist ein Ort, der sich als Trümmerwüste an einer Straße entlangzieht.

Hitler hat einerseits befohlen, als Rückhalt gegen weitere russische Angriffe bei Luga eine Stellung und im Hinterland Stützpunkte anzulegen. Andererseits will er gegen Leningrad eine weitere Operation führen, »unter Einsatz modernster Angriffswaffen«, wie er großartig verkündet. Aber diese irreale Absicht kann nicht der alleinige Grund für die Deutschen sein, an den Sinjawino-Höhen die russische Offensive zu stoppen. Gewiß wäre der Höhenzug als beherrschende Barriere vor Mga bei größeren Unternehmungen eminent wichtig. Tatsächlich geht es den Generalstäblern darum, überhaupt bessere Positionen auszubauen als die bisherigen. Der Oberste Kriegsherr hat tödliche Illusionen. Alle wissen es, keiner spricht es aus. Heute ›Nebenkriegsschauplatz‹, morgen ›Einsatz modernster Angriffswaffen‹ – wer soll das ernst nehmen? Die Kluft zwischen Wollen und Können wird täglich größer. Der Untergang der Stalingrad-Armee überschattet alles. Über 200 000 Soldaten – an der Wolga verdorben, gestorben, 22 Divisionen. Allein bei den Versorgungsflügen für den Kessel hatten die Deutschen durch Schneesturm und Beschuß fast 500 Transportflugzeuge und 1000 Mann fliegendes Personal eingebüßt. Es gibt überhaupt keinen vernünftigen Grund, ohne Aussicht auf ausreichende Reserven an Menschen und Material, auf gesicherte Nachschubwege, großen Plänen nachzuhängen. Und welchen Grund gibt es, in einer solchen Lage vor Leningrad zu bleiben?

Der Name Sinjawino war den meisten Soldaten unbekannt. Er prägt sich ihnen nun unauslöschlich ein. In einem Abschnitt von zweieinhalb Kilometern Breite rennen die Männer Goworows und Merezkows innerhalb von zehn Tagen mit 35 Bataillonen, mit Panzermassen und unter Dauereinsatz von Schlachtflugzeugen gegen diesen Riegel vor Mga an. Der amerikanische Korrespondent Salisbury beschreibt Goworow als einen blassen, rundgesichtigen Mann von 46 Jahren, mit graumeliertem Haar und gepflegtem Schnurrbart. Er ist Artillerist, ist mit seiner Batterie in den Wirren des Bürgerkrieges vom weißrussischen Admiral Koltschak zur Roten Armee übergelaufen. Die Stalinschen ›Säuberungen‹ übersteht er trotz der Vorwürfe des immer giftiger werdenden NKWD, zu Koltschak gehört zu haben. 1941 will Berija ihn, wie so viele andere Offiziere vor ihm, doch noch zur Rechenschaft ziehen. Die Fürsprache des Präsidenten Kalinin und Marschall Timoschenkos bewahren ihn vor der Hinrichtung. Über Timoschenko urteilt sein Reichswehr-Begleitoffizier bei einem Besuch in Deutschland 1931: »Klare, offene Soldatenpersönlichkeit ... ausgesprochener Sinn für Ritterlichkeit und Kameradschaft.« Goworow machen allein Vaterlandsliebe, militärische Neigung und seelische Robustheit zu dem tüchtigen Soldaten, der sich schon als Befehlshaber der 5. Armee vor Moskau ausgezeichnet hat, nicht etwa der Enthusiasmus für Stalin. Und er ist nicht der einzige General der Roten Armee, der so empfindet. Als der spätere Marschall Konstantin K. Rokossowskij bei Kriegsbeginn als General eingesetzt wird, muß er aus einer Zelle der Geheimpolizei geholt werden und sich erst einmal die Zähne ersetzen lassen, die er bei ›Verhören‹ eingebüßt hat. Auch Merezkow hat nur mit Glück die Säuberungsorgien seines Obersten Kriegsherren überstanden. Er ist nun 40 Jahre alt, ein blonder, schwerer Mann mit wulstigen Lippen und kalten, grauen Augen im breiten slawischen Gesicht. Auch er ist ein Landsknecht. Er war Militärberater im spanischen Bürgerkrieg, hat die Truppen im finnisch-russischen Krieg befehligt und war zwei Jahre vor dem deutsch-russischen Krieg Befehlshaber des Leningrader Militärbezirks. Er kennt die Region im weiten Umkreis genau. Bei den Rotarmisten gilt er als der Retter Tichwins, weil er dort den Widerstand gegen die Deutschen leitete. In den Augen Wlassows ist Merezkow nichts als ein ›Analphabet‹.

Ein Reichswehr-Begleitoffizier urteilt über den späteren Marschall Anfang der dreißiger Jahre: »Bauerntype ... Macht einen verschlafenen und mißtrauischen Eindruck. Ist aber taktisch recht gut und sehr bestimmt.«

Ende Januar 1943 begegnen wir wieder der 21. ID, die bei Kirischi so schrecklich und vergeblich zur Ader gelassen worden war. Sie gehört jetzt bei Sinjawino zu den Divisionen, die den auf Mga zustoßenden Russen den Weg versperren. Erst wird eines ihrer Bataillone in die Schlacht geworfen, einen Tag später das nächste, dann das Pionierbataillon – die alten Hasen haben längst gemerkt, daß von planmäßiger Bereitstellung, von geschlossenem Einsatz ihres eingespielten Verbandes in diesem Krieg der mangelbedingten Improvisationen wieder einmal keine Rede ist. So büßen die Pioniere im überstürzten Einsatz bei minus 28 Grad mehr als die Hälfte ihrer Gefechtsstärke ein.

Von Allmayer-Beck, der kühl und engagiert zugleich den Schicksalsweg der 21. ID beschreibt, der er einst angehörte, erklärt beklemmend nüchtern, warum die 2. Stoßarmee, die mit großer Materialüberlegenheit antritt, die Situation der Deutschen für aussichtslos hält – und warum die Deutschen sich dennoch Chancen ausrechnen. Die Divisionen und Panzerbrigaden Goworows vertrauen auf die Massierung ihrer Geschütze, auf die Vertrautheit mit dem Gefechtsfeld, auf ihre schnell zunehmende Fähigkeit, immer tiefer im deutschen Hinterland Batterien und Gefechtsstände präzise zu beschießen. Auch daß die Schlachtflieger-Schwärme immer routinierter in die HKL und auf jeden Weg und Steg hinunterstoßen, steigert ihre Siegeszuversicht. Die Deutschen pochen auf ihre Kampferfahrung. Aber Allmayer-Beck weiß: »Die Materialschlacht kennt keine Gewöhnung.« Es sind die Offiziere, die quasi an der Front großgeworden sind und unter denen zum Beispiel bei den Bataillonskommandeuren kaum einer über Dreißig ist, die gemeinsam mit dem Rest der alten Obergefreiten und Unterführer den Kampfwillen aufrechterhalten. Sie wissen, jetzt sind sie nicht, wie bei Kirischi, an einem ›eingebildeten‹, sondern an einem ›tatsächlichen Angelpunkt der Front‹. Außerdem ist von Mansteins nie begonnener Offensive viel schwere Artillerie im Flaschenhals geblieben, und es ist nicht nur reichlich Munition vorhanden, auch ihr Transport ist gut organisiert. Dennoch, die Hauptlast tragen wieder einmal die Grenadiere, als nun, nach stundenlangem Trommelfeuer und unter den karussellartigen Angriffen der Schlachtflieger mit Bordwaffen und Splitterbomben, die 2. Stoßarmee zum Sprung über die Höhen von Sinjawino ansetzt.

Die Gefechtsmeldungen und Augenzeugenberichte aus den Tagen der *2. Schlacht am Ladogasee* sind karg. Was besagt denn ein Wort wie ›Einbruch‹ wirklich? Daß die frosterstarrten Sumpfwiesen, die Schneefelder, die Geflechte von Geäst und Unterholz plötzlich wimmeln von heranspringenden, heranstapfenden, heranrobbenden Gestalten, die ringsum in jede Deckung, jedes Erdloch, jeden Trichter, hinter jeden Erdwall, in jeden Bunkereingang Geschoßgarben schicken oder ihre Bajonette tauchen. Was bedeutet denn ›abgewehrt‹ und ›Gegenstoß‹? Daß die heiseren Schreie, das Keuchen und Stöhnen der Nahkämpfer sich mischen, das Peitschen der Schüsse, das Plopp der Granatwerferabschüsse und das helle Bersten ihrer Wurfgeschosse, das ›Uff‹, wenn Granaten von Schnee oder Moor aufgesogen werden, das Klatschen der Splitter in Holz und Erde, die endlose, rasende Folge verschiedener Eindrücke von Gewalt. Darüber das schrammende, gurgelnde Geräusch der Artilleriefeuerschläge, die den Gefechtsraum abriegeln und in ihn hineinstampfen, die heulenden Motoren der Schlachtflieger, die im Messerflug wie Schatten über Lichtungen hinwegjagen und auf Abwehrnester hinunterhacken. Jedem prägen sich Momentaufnahmen ein: Die Geste, mit der ein Schütze Eins sein MG tätschelt, bevor sich sein Zeigefinger um den Abzug krümmt, die müde Bewegung, mit der einer den Stahlhelm hochschiebt, um sich den Schweiß aus den Augen zu wischen, das Stampfen herbeihastender Verstärkungen über die noch warmen Leiber der Gefallenen hinweg, die Bretter der Grabenwand, die auf einmal so glänzend rot leuchtet, wie lackiert. Die wütende Miene des Gefreiten, der versucht, eine Haftladung über den Motorraum eines T 34 zu setzen, und wie er die Zunge zwischen die Zähne klemmt, während sich das Turmluk über der Hand des Panzerkommandanten öffnet und die Mündung seiner Pistole sich langsam auf den Gefreiten hinuntersenkt. Es ist nicht verwunderlich, daß Veteranen schweigen, wenn sie erzählen sollen. Es fehlen die Worte, und Superlative sind schnell erschöpft.

Es gibt eine Passage in dem Buch *Die sterbende Jagd* von Gerd Gaiser, diesem Werk, das so sensibel aus eigenem Erleben den Weg junger Jagdflieger begleitet. Zum Gegensatz zwischen den Tugenden dieser Männer und der Moral des Regimes, dessen Zeichen sie auf dem Leitwerk ihrer Maschinen führen, heißt es, gültig auch für alle, die nicht in der graublauen Fliegeruniform stecken: »Man kann eine Sache wollen und für sie kämpfen, ein herrliches Los. Man kann sie wollen und nicht für sie kämpfen: nicht der Rede wert. Man kann sie nicht wollen und sich deshalb weigern, zu kämpfen für sie, das kann schwer werden; aber du hast deinen Frieden mit dir. Aber sie nicht wollen und doch kämpfen, weil da ganz bestimmte Umstände vorliegen, dabei mußt du verlieren so oder so.« Und dann: »Wir müssen doch bei etwas bleiben. Jemand kann sich doch nicht einfach abmelden.« Die Soldaten, die sich jetzt bei Sinjawino in den Sand wühlen, können nicht darüber nachdenken, welches Los sie wählen. Sie müssen sich ihrer Haut wehren.

In diesen Tagen versucht die Rote Armee, am Südflügel der Heeresgruppe Nord, südlich des Ilmensees, den Kessel von Demjansk einzudrücken, um Kräfte für einen Stoß in den Rücken der 18. Armee vor Leningrad freizubekommen. Küchler hatte sechs Wochen vorher von Leningrad drei Divisionen in den Raum um Demjansk verlegen müssen. Er mußte die schmale Landbrücke zu den 100 000 Deutschen dort, eine Art Erika-Schneise, absichern. Die drei Divisionen fehlen nun im Flaschenhals. Doch die Gefahr, daß die Russen den Deutschen um Demjansk die einzige Lebensader abschneiden, wird jeden Tag größer, und deshalb geht es jetzt um eine kühne Operation: Hitler ist endlich mit einem Rückzug der sieben Demjansk-Divisionen einverstanden, er träumt nicht mehr von einem Marsch nach Moskau von dieser Basis aus. Der Befehl lautet, innerhalb von 70 Tagen ein Gebiet von 100 Quadratkilometern um Demjansk zu räumen. Die deutschen Stäbe, gewarnt durch die Sprunghaftigkeit ihres Obersten Kriegsherren, hatten längst vorgeplant. Dieser Vorsorge und der Beweglichkeit der Nachhuten gegenüber dem nachdrängenden Gegner, der einen leichten Sieg wittert, ist es zu verdanken, daß der Kessel von Demjansk bereits nach zehn Tagen aufgegeben ist – ohne eine einzige ernsthafte Krise. Doch weder die Hoffnung der Russen auf ein kleines Stalingrad, noch die Erwartung Küchlers, endlich über weitere Kräfte zu verfügen, erfüllt sich.

Marschall Schukow sieht das anders. Er spricht in seinen *Erinnerungen und Gedanken* von der »Vernichtung des Feindes im Raume Demjansk«. Er weiß es besser, aber parteifromm zieht er es vor, die Geschicklichkeit des Gegners zu leugnen und somit auch die Leistung der Roten Armee zu schmälern. Die Russen haben inzwischen angefangen, sich von der skrupellosen Verschwendung ihrer Kampftruppen zu lösen. Sie lernen Kräfte zu konzentrieren, anstatt sie weiter mit unaufhörlichen Angriffen kleinerer Einheiten zu verkleckern. Nicht der Teilerfolg, das Endergebnis wird ihnen wichtiger. Haben sie einen Grund, ihren Gegner mieszumachen, wie Schukow es tut? Wenn Ideologen den Historikern die Feder führen, bleibt die Wahrheit auf der Strecke. Deutsche Landser, die sich oft mit panikartigen Rückmärschen gerettet haben, können nicht einmal mehr gequält lächeln, wenn sie in den Wehrmachtberichten von ›planmäßigen Rückzügen‹ lesen.

Die Deutschen hinterlassen Friedhöfe. Doch die Gräber von etwa 10 000 Gefallenen werden von den Russen zerwalzt, Kreuze und Einfriedungen verfeuert. Um die Leichen der Russen, die unterm Schnee und in Trichtern versunken sind, um die Deutschen, die nicht mehr gefunden wurden, kümmert sich fast 50 Jahre lang kein Mensch. Das Moor saugt sie auf, Sumpfgras und Laub decken sie zu, die Wurzeln von Birken und Erlen umschlingen ihre Reste. Nur ein Waldläufer, ein Holzarbeiter, ein alter Bauer bereiten mal den einen oder anderen der 140 000 Gefallenen von Demjansk ein ordentliches Grab. Erst heute bekommen die Unschuldigen endlich ihre Würde zurück.

In Fernsehberichten erleben wir heute, nach fünfzig Jahren, die Arbeit der Bergungstrupps mit, die in den Sumpfwäldern des ehemaligen Kessels von Demjansk zwischen rostigen Minen die Knochen und Schädel, die narbigen Helme und Waffen von Russen und Deutschen bergen. Und wie sieht es heute um Sinjawino aus? Alten Veteranen sticht die Ähnlichkeit mit den Schlachtfeldern um Verdun ins Auge. Den Ort Sinjawino sucht man vergebens. Das Gelände ist überwachsen. Auch die Ruinen der Posseloks 1 bis 8 sind verschwunden. Die Überreste von etwa 80 000 Toten aus einstmals eingeebneten, teilweise geplünderten deutschen Divisionsfriedhöfen werden jetzt bei der Kirchenruine von Ssologubowka auf einem Friedhof bestattet, der dank der unermüdlichen Arbeit des »Volksbundes Deutsche Kriegsgräberfürsorge« errichtet werden konnte.

Haben wir Deutsche Grund, anderen Achtlosigkeit gegen Tote vorzuwerfen? Gewiß hat Lew Kopelew, der ehrliche und genaue Beobachter, beschrieben, wie Rotarmisten auf den vereisten Leichen deutscher Gefallener Rast machten, oder die Allee toter Deutscher die, steifgefroren, abwechselnd mit Kopf oder Beinen in Schneewehen steckend, einen russischen Vormarschweg säumten. Aber gibt es nicht auch in Carells Standardwerk das Foto eines plattgewalzten Toten auf einer Schlammstraße, auf den ein deutsches Beiwagenkrad zurollt? Und gab es nicht nach gescheiterten sowjetischen Angriffen die Leichenhaufen in Sumpftrichtern, über die hinweg deutsche Melder und Trägerkolonnen den Weg abkürzten? Und bizarre Grabensperren, Sichtblenden und Schneezäune aus gefallenen, vereisten Rotarmisten? Wer von den Newa-, Pogostje- oder Wolchowlandsern hat nicht die Geländemarken zwischen Minenfeldern und Trampelpfaden aus teilweise skelettierten Toten in Erinnerung, an denen sich Minen-Pioniere, Horchposten und Störungssucher, Stoßtrupps, Spähtrupps und Lauschtrupps orientierten? Was heute blasphemisch aussieht, war damals ebensosehr Verrohung wie überlebensnotwendige Abwehr tieferer Empfindungen – Reaktionen auf das Dauererlebnis des Schreckens. Und toben sich nicht heutzutage dumpfe Achtlosigkeit, ja sogar ordinärer Haß auf Tote an umgestürzten Grabsteinen, besudelten Gedenkstätten und in gemeiner Nachrede aus? Sind nicht durch Äußerungen wie ›Soldaten sind Mörder‹ unzählige Tote betroffen? Lautstark kam Freude auf über solche Ehrverletzung, nicht einmal ›klammheimlich‹. Unbehagen ging im Nebel von juristischen und literarischen Diskussionen unter. Scham? Fehlanzeige!

11. Kapitel
Achtstunden-Tag für Grenadiere, bombenfrei am Wochenende?

Um Sinjawino entbrennen wieder die Kämpfe um Geländestreifen, um Mulden, Trassen, Wege, Gräben. Bis an die Kirche sind die Rotarmisten durchgebrochen. Sie werden 500 Meter zurückgeworfen. Es wird wieder nach Metern gerechnet in diesem Krieg, den Hitler um Erdteile führen wollte. Die Höhe 43,4 geht verloren. Sie wird wiedererobert. Doch ehe die Handvoll Männer des Regiments 3 ihre Waffen richten können, sind die Russen wieder da, werden zweimal abgeschlagen und bringen die Höhe doch wieder in ihre Hand. Nur ganze drei deutsche Panzer können ins Gefecht eingreifen. Der Einzelkämpfer, der Panzerknacker muß wieder einmal ausbügeln, was die Verwalter des Mangels nicht schaffen. Und der Opfermut des IR 3 schafft Luft: Als nach einer Woche endlich ›Tiger‹ herandröhnen, qualmen vor den Gräben und Pak-Stellungen 81 Panzerwracks, knistern ringsum ausgeglühte, auskühlende eiserne Särge.

Das Bewährungs-Bataillon z.b.V. 540 meldet als Gefechtsstärke nicht mehr als 1 Offizier und 70 Mann. Es war schon einmal an der Erika-Schneise aufgerieben worden, als es im ›Schlauch‹ als Eckpfeiler am äußersten, vorderen Rand gedient und wochenlang von allen Seiten unter Feuer gestanden hatte. Es hatte sich so tapfer geschlagen, daß das I. Armeekorps höheren Orts ausdrücklich um Anerkennung dieses so kritisch beäugten Bataillons gebeten hatte. Bei der 18. Armee genießt es nun großes Ansehen als Elite-Einheit.

In Bewährungs-Bataillonen waren Angehörige aller drei Wehrmachtsteile vertreten. Sie büßten Strafen für kriminelle und militärische Delikte von einigen Monaten Gefängnis bis zur Todesstrafe ab, deren Vollstreckung ausgesetzt war. Bei Bewährung wurden Gnadenmaßnahmen gewährt, mochte jemand nun, wie Hans-Peter Klausch beschreibt, als Vergewaltiger, Exhibitionist oder Homosexueller, als Dieb oder Totschläger, als Wehrkraftzersetzer, Deserteur oder ein wegen Feigheit vor dem Feind Verurteilter zu einem 500er-Bataillon gekommen sein. Ob B-Soldat oder Stammpersonal – nach jeweils sechs Monaten wäre ein Bataillon ohne zugeführten Ersatz ausgelöscht gewesen. Viele B-Soldaten erlebten die Rückkehr zur regulären Truppe nicht mehr, weil die Gnadenerweis-Prozeduren bürokratisch verzögert wurden.

Theoretisch gilt der Befehl, die Bewährungs-Einheiten seien nicht als ›Todeskompanien‹ an besonders gefährdeten Punkten einzusetzen. Andererseits sollen sie »bei Kampfhandlungen unter schwierigen Bedingungen an der Front« verwendet werden. Aber wer macht in wochenlangen Dauerschlachten noch so feine Unterschiede? Wird nicht überall ›verheizt‹, »ohne Rücksicht auf Verluste«, wie es so schön heißt?

Die Grenadiere begegnen den 540ern und 561ern gleichmütig und ohne Vorbehalt. Sie empfinden sie ebenso wie sich selbst als ›Morituri‹ und eine Klasse für sich. Die Jungen sehen sich diese Männer in den verschlissenen Uniformen ohne Dienstgradabzeichen genau an. Mit neugierig aufgerissenen Augen starren sie in ihre betont regungslosen, verschlossenen Gesichter. Gewiß, es sind Füchse darunter, Verschlagene, Skrupellose. Aber die Jungen sehen auch in normalen Einheiten brutale Mienen, sehen Männer, mit denen nicht gut Kirschenessen ist, Leute in Nachschublagern, in denen die Lebenstüchtigkeit des einfachen Mannes längst umgeschlagen ist in Habgier und wilde Korruption, Leute in Stäben, kalte und nacktgesichtige Ehrgeizlinge, denen ein Menschenleben kein Fingerschnippen wert ist. Doch bei manchen der Bewährungsschützen spüren sie eine Gelassenheit, eine Autorität, die den degradierten Offizier oder Unterführer verrät. Was haben sie auf dem Kerbholz, fragen sie, diese Verfemten, die da Minen und Draht ins Vorfeld schleppen? Sie wüßten es gern, aber die andern sind dauernd beschäftigt.

Der Historiker Franz W. Seidler ist bei Untersuchungen über die Militärgerichtsbarkeit auf den Fall eines zum Schützen degradierten Oberstleutnants gestoßen, der sich als Kommandeur geweigert hatte, sein Kradschützenregiment in einer offensichtlich ausweglosen Situation in den Kampf zu schicken. Und auf eine U-Bootbesatzung, die sich geweigert hatte, pünktlich auszulaufen, weil einige Seeleute bei ihren Mädchen den Krieg vergessen hatten und die Besatzung ohne diese Männer nicht gegen England fahren wollte.

Auch Generalstabsoffiziere tauchten als Bewährungs-Soldaten auf, darunter ein Oberst und der Quartiermeister I b eines Armeekorps. Allerdings war der Anteil von Offizieren insgesamt gering. In den ersten Monaten nach Gründung dieser z.b.V.-Einheiten 1941 betrug der Anteil von Unteroffizieren hingegen etwa 50 Prozent. Jeder B-Soldat mußte mindestens sechs Monate lang in einem 500er-Bataillon gedient haben, bevor er sei-

Zweite Ladoga-Schlacht (Phase II, Mitte bis Ende Februar 1943). Starker Druck sowjetischer Kräf[te] auf den deutschen Frontbogen zwischen Newa und um Sinjawino. Heftige Angriffe im Westen d[es] »Flaschenhalses« vor Krasny Bor, im Osten zwischen Woronowo und Karbussel mit dem Ziel Mg[a]. (Quelle: Lageatlas der Heeresgruppe Nord)

...eite Ladoga-Schlacht (Phase II, bis Ende April 1943). Verstärkter Druck beiderseits Sinjawino, wei-
...zunehmender Feinddruck bei Krasny Bor mit Ziel Rollbahn, Richtung Tossno und Mga. Wiederum
...assive Angriffe aus der Frontbeule des Pogostje-Einbruchs, ebenfalls in Richtung Rollbahn und Mga.
...uelle: Lageatlas der Heeresgruppe Nord)

nen alten Dienstgrad wieder erlangen konnte, vorausgesetzt, er hatte sich bewährt. So kämpften die meisten wie die Teufel, und da keiner ein Anpasser war, herrschte ein recht herber Ton. Das Gruppenklima muß allerdings gut gewesen sein, denn nach der Rehabilitierung melden sich einige freiwillig zum Stammpersonal des Bataillons. In einem Buch, zu dessen Herausgebern der Fliegergeneral Johannes Steinhoff gehört, der nie ein sturer Eisenfresser war, berichtet ein ehemaliger Angehöriger des Bataillons z.b.V. 500: »In der neuen Kompanie wurde ich mit Hallo begrüßt, was mir als Verbanntem wohltat. Hier trafen sich Infanteristen, U-Bootmänner, Luftwaffe, Ritterkreuzträger, Deutsches Kreuz in Gold, ohne die anderen Auszeichnungen zu erwähnen ... Alle waren Frontsoldaten, wegen schwerer Verfehlungen, Befehlsverweigerungen usw. abgeschoben, um die Moral der Truppe an der Front nicht zu gefährden. Das Bataillon war das Sammelbecken für die Ungezogenen der Wehrmacht.« Insgesamt dienten, wie Seidler annimmt, in den Bewährungs-Bataillonen mehr als 80 000 Soldaten. Davon soll jeder zweite gefallen sein. Die genaue Zahl ist unbekannt.

Fast immer brachten die Soldaten der Fronttruppe für die ›Ungezogenen‹ in den Bewährungseinheiten Verständnis auf. Jeder wußte ja, wie leicht es bei zermürbenden Strapazen und seelischen Belastungen, bei Schikanen durch unfähige Vorgesetzte dazu kommen konnte, ›durchzudrehen‹. Viele hatten erlebt, wie geschickt andererseits alte Hasen unter den Offizieren und Unterführern Verstöße und Entgleisungen ohne Aufsehen und Meldungen ›nach oben‹ zu ahnden und zu regulieren verstanden. Mancher ›Bombenurlauber‹ hat vor der Ruine seines Hauses gestanden, dessen Schutt die Leichen von Frau, Kindern, Eltern zudeckte. War es da verwunderlich, daß er plötzlich keinen Sinn mehr darin sah, pünktlich zu seiner Frontkompanie zurückzukommen – nur um in der Monotonie von Rückzugskämpfen wiederum seine Ohnmacht zu spüren? Da wurde gesoffen, gegammelt, Trost auf jede Art gesucht. Und schon hieß es: ›Unerlaubte Entfernung von der Truppe‹, schon fiel gar das Wort ›Fahnenflucht‹.

Wären alle lockeren Sprüche, die Soldaten unter sich austauschten, alle Äußerungen im Zorn, in Verzweiflung, in aufschäumender Wut über Gehässigkeiten, Schikanen, erkennbar hirnrissige Befehle oder Tatsachenverdrehungen geahndet worden als Widersetzlichkeit, Ungehorsam, Zersetzung, Widerstand gegen die Obrigkeit in Partei und Wehrmacht – es hätte ganze Bewährungsdivisionen geben müssen.

So zitert Hans-Peter Klausch aus anderer Quelle: »Für eine unbedachte Äußerung über Führung und Partei, Wehrmacht und nationalsozialistischen Staat wanderten zahllose Soldaten auf Jahre ins Gefängnis. Ich habe nur ganz wenige kennengelernt, die wirklich bewußte und klare Gegner des Regimes waren ... Die meisten hatten aus Unmut über den langen Krieg, über Mißstände ... geschimpft und waren von gesinnungstüchtigen Kameraden angezeigt worden.«

Natürlich haben dann welche, die plötzlich unter dem tödlichen Verdacht der ›Wehrkraftzersetzung‹ oder der ›Fahnenflucht‹ standen, auch mit dem Gedanken gespielt, vor den Unwägbarkeiten, die eine unberechenbare Kriegsjustiz erwarten ließ, zu fliehen. Und manche haben es tatsächlich versucht.

Der Zeitgeist möchte heute jeden Deserteur zu einem denkmalswürdigen Widerstandskämpfer emporjubeln. Und ein Parteipolitiker und Diplom-Soziologe bekannte öffentlich, Desertion und Wehrkraftzersetzung seien die von ihm am meisten bewunderten ›militärischen Leistungen‹. Muß man da nicht fragen, welches Bild die Vertreter solcher Pauschalverehrung vom Wesen des Widerstandes haben? Können sie doch, nach Franz W. Seidler, überlieferten Dokumenten entnehmen, daß fast die Hälfte aller der Fahnenflucht Angeklagten schon strafrechtlich belangt worden war, bevor sie die Uniform anzog, daß über die Hälfte bei der Truppe disziplinarisch bestraft worden war, daß ein Viertel wegen Mißbrauch der Dienstgewalt, Diebstahl oder ähnlich schwerwiegender Delikte vorm Kriegsgericht gestanden hatte. Zwei Drittel der Angeklagten hatten keine abgeschlossene Schul- und Berufsausbildung. Daß die meisten vor der Einberufung Hilfsarbeiter gewesen waren, hat mit einer charakterlichen Wertung gewiß nichts zu tun. Aber läßt das tatsächlich darauf schließen, diese Deserteure, denen so großzügig Denkmäler gewidmet werden, seien sich durchweg über Tragweite, ethisches und politisches Gewicht und humane Motive des Widerstandes gegen Hitler klar gewesen – bei allem Respekt gegenüber den Beweggründen Einzelner und lodernder Empörung gegen die Unerbittlichkeit von Machtapparaten?

Und welches Bild macht sich wohl ein Zeitgenosse vom totalen Krieg, wenn er, wie kürzlich zu vernehmen, empört aufschreit, in den Sondereinheiten der Wehrmacht seien »täglich mindestens zehn Stunden Arbeitsdienst« verlangt worden? Stellt er sich den Achtstunden-Tag für Grenadiere vor? Kampfverbot nach Dienstschluß? Hitzeferien? Bombenfrei am Wochenende? Vielleicht sind manchmal Gespräche mit Zeitzeugen – und, was Knochen-Arbeit angeht, mit davongekommenen Kriegsgefangenen – aufschlußreicher als Aktenstudium und Reeducation-Legenden.

Der deutsche Riegel vor Mga hält. Es geht noch immer um ein paar Meter mehr oder weniger, obwohl die Russen doch den ganzen Flaschenhals auf einen Streich zerbrechen wollen. Also probieren sie es nun an drei Abschnitten zugleich. Wieder rennen sie gegen die Sinjawino-Höhen an. Zugleich brechen wieder die Feuerwalzen an den Flanken los: Von Westen, von Kolpino aus, und von Osten, vom Pogostje-Einbruch aus, wo die 96. ID endlich ruhigere Tage erleben wollte, nachdem sie an der Newa bei Gorodok in die Knochenmühle geraten war. Und während die Landser vor Leningrad sich die Meldungen und Gerüchte über den Untergang der 6. Armee in Stalingrad zuraunen, möchten die Russen dem Sieg an der Wolga einen Sieg an der Newa hinzufügen. Aber der große, befreiende Stoß in den Rücken der Deutschen, der nicht nur endlich eine solide Landverbindung über die Kirowbahn bei Mga gesichert und wirksame Hilfe für Leningrad gebracht hätte, der endlich die deutschen Divisionen im Flaschenhals eingekesselt und die Nachschub-Rollbahn für die Deutschen am Wolchow gesperrt hätte – dieser vernichtende Stoß will nicht gelingen.

In welchen Gefechtsberichten aus dieser Zeit wir auch blättern – die Monotonie des Grauens ist erschreckend. Eben noch hat die SS-Polizeidivision beim Ausbruch der 6000 Mann vom Ladoga-Ufer Flankenschutz gegeben, jetzt liegt sie am Newa-Ufer im Trommelfeuer. Die Einundzwanzigste liegt mit der 28. Jäger-Division, mit Thomaschkis Elfter, mit der 61. ID bei Sinjawino, die 132. ID schlägt sich am Pogostje-Einbruch mit den Divisionen der 54. Armee des Generalmajors Suchomlin herum.

Es liegt nahe, in diesen nicht enden wollenden Kämpfen mit Erschöpfung, labiler Gesundheit, Läuseplage und den Nachrichten vom Untergang der gesamten Stalingrad-Armee nach der Kampfmoral der Soldaten zu fragen. Der Freiherr von Allmayer-Beck tut das und läßt seinen Divisionskommandeur, den General Gerhard Matzky die Antwort geben: »Entschlossen und zuversichtlich«. Das klingt übertrieben schneidig. Aber wer da höhnisch lächelt, macht es sich zu leicht. Denn gerade die unvorstellbaren Umstände sind es ja, die den Männern keine Zeit lassen, über Sinn und Zweck nachzudenken oder Depressionen zu pflegen. Der Gegner und der Dienstbetrieb gönnen ihnen keine Pause, die Linien werden immer dünner, jeder ist auf den anderen angewiesen und kann sich – Geheimnis der Kameradschaft – auf den anderen verlassen. Wer will auf des Gedankens Blässe vertrauen, wenn es wichtiger ist, Munition zu gurten, ein Kochgeschirr voll Nudelgulasch herunterzuschlingen und die flachgewalzte Grabenbrüstung so zu verstärken, daß der Scharfschütze drüben keinen Fritzen ins Fadenkreuz bekommt? Freilich pflegen die Soldaten ihren Zynismus. ›Genieß den Krieg, der Frieden wird fürchterlich‹, sagen sie, oder: ›Der Dank des Vaterlandes rennt dir nach und wird dich nie erreichen!‹ Auch ›Führer befiehl, wir tragen die Folgen‹ ist zu hören, in Abwandlung des schönen Schwures ›Führer befiehl, wir folgen dir‹. Doch solange Verpflegung nach vorn kommt, solange die Vorgesetzten als zuverlässig und erfahren erkannt sind, solange die HKL keine Himmelfahrtsrampe ist und genügend Deckung bietet, ist die Stimmung kein Thema. Wenn nicht einmal Generäle Überblick über die Gesamtlage haben, soll sich da der Obergefreite hinter seinem 98k bei 26 Grad Kälte Gedanken machen? Im Schneetreiben, im Granatwerferfeuer, unter Bordwaffenbeschuß?

Die 21. ID verliert in 17 Tagen 1830 Männer. Davon die Hälfte in vier Tagen. Der Hauptmann von Cursell wird später schreiben, es sei überhaupt nicht verwunderlich gewesen, daß im Inferno des Sinjawino-Kampfes die Kompanieführer nach jeweils drei Tagen gefallen oder verwundet gemeldet wurden. Mitte März geht das Gerücht, die 21. ID werde zum ersten Mal seit Beginn des Rußlandfeldzuges aus der Front genommen und gründlich aufgefrischt. Ein paar Tage später ist das Gros der Division marschbereit. Aber es geht nicht ins warme Quartier, in die belebende Sauna ins Hinterland, es geht an die Ostflanke des Flaschenhalses. Die Russen greifen an, ein neuer Einsatz steht bevor.

In Friedrich Husemanns Chronik der SS-Polizeidivision, die, wie die 96. ID, an zwei Brennpunkten gleichzeitig auftaucht, findet sich der nüchterne Satz:»Die Pläne des Gegners werden durchkreuzt, verzögert, können aber nicht aufgehalten werden«. Die Bemerkung zielt auf die Anstrengungen der deutschen Artillerie und Nebelwerfer vor Posselok Nr. 5, der berüchtigten Arbeitersiedlung, die auf einer flachen Erhebung vor Sinjawino liegt, aber sie trifft auf fast alle deutschen Abwehrmaßnahmen zu. Wie so oft, löst sich das Geschehen bei Nebel, Dunkelheit und im Qualm brennender Panzer in ein Mosaik gespenstischer Einzelaktionen auf. Ein Unterscharführer namens Gutmann, Geschützführer einer 7,5-cm-Pak vor Posselok Nr. 6 wörtlich: »Die ganze Nacht Gefechtslärm aus Norden, der immer näher kommt. Am Morgen starker Dunst über dem Moor vor uns, aus dem teilweise fluchtartig eigene Truppen an uns vorbeiziehen. Ich beobachte die ersten Russen vor uns.« Und weiter: »Mittlerweile zwölf T 34, die auf 600 Meter heran sind. Der Richtschütze verliert die Nerven, ich muß selbst die Richtmaschine übernehmen ... Der erste Panzer steht und qualmt. Die übrigen haben mich sofort erkannt. Ich sehe nur noch Feuer um mich. Doch bald kann ich einen zweiten in Brand schießen, dann den dritten. Inzwischen hat ein Geschützführer der 5-cm-Pak einen Panzer mit Hafthohlladung erledigt, da wird er von einem Treffer aus einer Panzerkanone zerrissen ... Ein T 34 kommt zurück und überrollt eine Pak. Die abgeschossenen Panzer entwickeln starken Qualm.«

Jetzt kommt der Rückzugsbefehl. Aber Gutmann kann sich nicht entschließen, sein Geschütz zu sprengen. Er hat noch Munition, und seine Pak schießt einwandfrei, obwohl sie durch Geschosse und Splitter beschädigt ist. Rotarmisten kommen an die abgeschnittene Stellung heran. »Mit einigen Sprenggranaten verschaffe ich uns Luft«, berichtet Gutmann lapidar, »außerdem haben wir einen Granatwerfer in Stellung gebracht, der verlassen im Gelände stand. Zunächst verstand keiner was von dem Ding. Doch wir schossen uns damit ein.«

Die Pakstellung gilt bei den deutschen Stäben längst als verloren. Deutsche Artillerie feuert schon in Posselok Nr. 6 hinein. Gutmann schleicht sich an die Siedlung heran. Er sieht, daß sich eine Gruppe Rotarmisten an der Verpflegung seiner Leute gütlich tut. Als er beschossen wird, will er zum Geschütz zurück. Da entdeckt er, daß seine Bedienung niedergemacht worden ist und Rotarmisten seine Pak untersuchen. Einige Russen verfolgen ihn. Zweihundert Meter weiter stößt er auf zwei seiner Leute, einer davon ist schwer verletzt. Beim Versuch den Sterbenden mitzuschleppen gerät Gutmann in Gefangenschaft. Es paßt zu diesem Jungen, der, nach kurzem Verhör durch einen russischen Offizier, in eine Kellergrube unter dem Fußboden einer Kate gestoßen wird, daß er sich unverdrossen unter der Blockhauswand ins Freie wühlt, sich mit einem Bündel Schilf tarnt und durch die russische HKL zu seiner Kompanie zurückfindet. Und es paßt zu der Krise vor Sinjawino, daß Gutmann, noch atemlos von der Flucht durchs Niemandsland, an der Spitze eines Zuges wieder in Stellung geht.

Beim Studium solcher Schilderungen wird verständlich, was den ›furor teutonicus‹ zum Schreckens- und Leistungsbegriff gemacht hat. Die Polizeidivision war eine Eliteeinheit. Sie bestand aus Angehörigen der regulären Polizei, die »auf Kriegsdauer abkommandiert« waren und wurde ab Ende Februar 1942 in Ausrüstung, Uniformierung, Dienstgraden der Waffen-SS einverleibt. Die Division verliert am Newabogen und vor Sinjawino in acht Wochen 84 Offiziere und 3665 Mann.

Im Februar 1942 kommt der frischgebackene Leutnant G. H. Bidermann von der Kriegsschule zur 132. ID zurück. Die Pfälzer, Bayern, Schwaben liegen am Westrand des Pogostje-Einbruchs bei Smerdynja und sind mit Ersatz und Genesenen aufgefüllt. Als Bidermann in der vordersten Linie eintrifft, wird er sich an Darstellungen vom Limes der Römerzeit erinnert haben. Denn da es unmöglich ist, im Sumpf, die Sandbuckel ausgenommen, Laufgräben anzulegen, ist eine HKL aus Palisaden errichtet worden.

Diese Palisaden sind zwei übermannshohe Wände, im Abstand von etwa einem halben Meter parallel in Blockhausart geschichtet, mit Erde dazwischen. Sie sind von vorspringenden Kampfständen durchbrochen, aus denen anrennender Feind auch flankierend unter Feuer genommen werden kann. Die Palisaden sind Hunderte von Metern lang. Zwischenräume und Abschnitte, in denen Palisaden nicht errichtet werden können, werden gegen Sicht mit Blenden aus Schilf, Astwerk oder kleinen Fichten gedeckt.

Die Wohnbunker der Soldaten sind in die Erde hineingebaut, sie haben im Innern über dem Bunkerboden einen Lattenrost mit herausnehmbaren Luken. Aus ihnen wird jeweils nach ein paar Stunden, bei Tauwetter häufiger, das hochsteigende Sumpfwasser abgeschöpft und nach draußen gebracht – nur, um sich bald wieder im Innern anzusammeln. Alles ist feucht, klamm, das Lederzeug gequollen. Die Soldaten heizen mit Öfchen, die teils aus dünnem Blech, teils aus Öltonnen konstruiert sind, gegen die kalte Nässe an; es entsteht ein dicker Dunst aus Dampf, Rauch und Schweiß. Brennholz gibt es genug. Aber es muß, oft unter Beschuß, geborgen, geschnitten, gespalten werden.

Ungangbares Gelände wird mit Stegen überbrückt. Sie knarren und wippen bei jedem Schritt. Nach hinten führen Knüppelwege und -dämme, über denen sich manchmal die Sumpfbrühe so hoch sammelt, daß es scheint, Männer und Fahrzeuge schwebten übers Wasser. Der Waldboden ist klebrig, morastig. Wenn er trocknet, wird er rissig, eine elastische Haut. Sobald der Frost gewichen ist, werden Gummistiefel ausgegeben und Fußlappen. Schuhwerk und Uniformen sind bedeckt mit grauem Schlamm in kleinen Schollen.

Viele Waldstücke sind vermint, seit der Krieg über sie hinwegging. Die Lagepläne sind verlorengegangen, deutsche und russische Minen liegen durcheinander, verrostet, verrottet, unberechenbar. Stolperdrähte, Drahtsperren blockieren Lichtungen und Gassen im Unterholz. So können die Toten dazwischen nicht geborgen werden. Es riecht nach Verwesung, der Atem stockt. Mit zunehmender Wärme machen riesige Mückenschwärme den Männern das Leben schwer. Mückenschleier, über dem Stahlhelm getragen, gelten als Kostbarkeiten.

Tief wirken diese Bilder, Gerüche, Geräusche in den Überlebenden nach. Briefe und Gespräche bestätigen, wie stark und geradezu genießerisch die Erinnerung sogar das Naturerlebnis festhält, ja, daß von den geschärften Sinnen der Soldaten neben den schrecklichen Erlebnissen, neben Brutalität und Häßlichkeit auch zarteste, sanfteste Stimmungen festgehalten werden: Die brennenden Farbfächer des Morgenrots über den Schneefeldern, die blauen Schatten darin, das rosige Licht über den Nebelschleiern, die sich aus den Mooren lösen.

Die Männer haben sich immer wieder unter Geschossen und Pulverschwaden ins Erdreich gekrallt, zwischen zersplitterte, harzige Stämme und Äste geduckt. Stunde um Stunde haben sie ins Niemandsland gestarrt, auf die Kampflinie gegenüber, aus der ›der Feind‹ genau so herüberstarrte. Und hüben wie drüben gab es welche, die über Schattierungen von lichtem Grün bis zu tiefem Schwarz, über dem Kontrast von blaugrünen Waldkulissen zu leuchtendgelben Sandrücken, über bizarren Wolkenbäuschen, -federn, -flocken den Krieg vergaßen. Noch heute haben sie das Rascheln und Raunen der Schilfsäume im Ohr, spüren sie Schwaden von Holzrauch und faulendem Laub, die Verwesung im Hauch des Maiwindes in der Nase.

Allmayer-Beck erzählt, wie die Männer der 21. ID eine weite Fläche voller Erdbuckel mit hellgrünen Getreidehälmchen entdecken, als sie eine ehemalige deutsche Stellung im Wolchowgebiet vorfinden, in der im Herbst zuvor Soldaten einer Tichwin-Division ihre Schützenlöcher mit nicht ausgedroschenen Garben ausgepolstert hatten. Nun reift hier die nächste Ernte auf dem Halm, Schützenloch an Schützenloch, und zeigt an, daß die Front nach fast einem Jahr Kampf und Tod noch keinen Schritt weiter nach Osten vorangekommen ist. Naturstudien im Vernichtungskrieg? Ja, auch das gab es, atemraubende Schönheit neben atemraubender Gewalt.

Noch ist es bitterkalt. Mitte Januar. Die Rotarmisten sind aktiv, klären mit Späh- und Stoßtrupps auf, versuchen mit Angriffen in Kompaniestärke ihre Stellungen zu verbessern – Ausgangsstellungen, wie die Landser ahnen. Sie spüren die ständige Unruhe beim Gegner. Und als das Schneetreiben nachläßt und die tiefhängende Wolkendecke aufreißt, entdecken Nahaufklärer hinter den russischen Linien nicht abreißende Kolonnen von Pferdegespannen und Lastwagen. Nachts sehen sie dann kilometerweit die Lagerfeuer anrückender, im Freien biwakierender Reserven flackern. Überall werden Trupps von Russen in nagelneuen Tarnuniformen beobachtet.

Die ausgeblutete 96. ID, deren Männer davon geträumt haben, in einem ruhigeren Abschnitt von den Kämpfen bei Gorodok an der Newa ein bißchen aufatmen zu können, kann nicht mehr viel Widerstand aufbringen, als der Angriff am Westrand des Pogostje-Einbruchs losbricht. Mit 20 Panzern schlagen die sowjetischen Sturmtruppen sich eine Bresche, nach 24 Stunden stehen sie auf der Knüppeldecke des Klosterweges, einer der zwei Verbindungen zu den Ruinen von Makarjewskaja Pustyn, einem ehemaligen Kloster. Seine Trümmer liegen auf einer Sandnase im Moor und sind zu einem Stützpunkt ausgebaut. Er heißt auf deutschen Karten ›Klosterdorf‹. Es ist typisch für den Arme-Leute-Krieg, daß hier wenige Tage später nicht nur die 96. ID, sondern nicht weniger als rund vierzig verschiedene größere und kleinere Einheiten im Verband der ›Gruppe Lindemann‹ unter dem Kommando der 132. ID kämpfen werden. Zum ersten Mal müssen es nun auch die Artilleristen der alten Sewastopol-Division erleben, daß eine ihrer Batterien die Geschütze sprengen muß, während Panzer in die Stellung einbrechen. Dann gelingt es Soldaten der 96. ID den Klosterweg freizukämpfen, und die 132er können ihre Batterie zurückerobern.

Schließlich kann auch der Einbruch abgefangen werden. Es entsteht eine HKL, die allerdings nur auf den Karten als solche zu erkennen ist. Das Blickfeld der Soldaten reicht immer nur bis zum nächsten Lichtungsrand, zur nächsten Schneewehe, zum nächsten Panzerwrack. Was sich in diesem engen Umfeld abspielt, verdeutlicht die Chronik des Panzerjäger-Leutnants Bidermann, verdeutlichen die Kriegstagebücher, die in Frakturschrift so schön eingeteilt sind in ›Darstellung der Ereignisse‹, ›Wetterlage‹, ›Gesundheitszustand‹, ›Erfahrungen‹, ›Verluste an Waffen und Gerät‹, verdeutlichen die ›Feindnachrichtenblätter‹, in denen die Originaltexte aktueller Meldungen der sowjetischen 54. Armee übersetzt sind.

Bidermann berichtet von einer neuen Variante des Waldkampfes gegen die winterbeweglichen Panzer. Die Panzerjäger zerlegen ihre Waffen, verladen die einzelnen Teile auf Akjas, diese bootähnlichen Sperrholzschalen, die als Schlitten dienen, zerren sie durch hüfthohen Schnee, durch Trichter, über umgestürzte, gesplitterte Baumstämme so in Stellung, daß sie – mit klammen Fingern zusammengebaut – die Panzer ins Visier kriegen, die abseits der Schneisen in den Rücken der Deutschen walzen. Ein niederbayerischer Obergefreiter vom Regiment 436 namens Kiermeier schießt acht Panzer ab. Bevor sich das Rudel entfalten kann, hat er den letzten der Kolosse in einem Engpaß erwischt und den übrigen den Rückweg gesperrt. Der zerfetzte Wald, das Verhau aus Unterholz und durcheinanderliegenden Stämmen, das jeden Transport so quälend macht, erweist sich nun als vorzügliche Tarnung. Die anderen T 34 können die Pak nicht ausmachen, und auch rasendes Feuer aus Kanonen und MG hilft ihnen nicht. Schon stehen drei, vier von ihnen in Flammen, schon bootet die Besatzung des nächsten aus, als sein Laufwerk zerschossen ist.

Da ist auch der westpreußische Stabsfeldwebel, der hinter einem Bataillonsgefechtsstand von einer Minute auf die andere in der Stoßrichtung vorpreschender Panzer liegt. Er entdeckt neben sich ein leichtes Geschütz, eine Feldhaubitze, deren Bedienung von Splittern und Garben niedergemäht worden ist. Der Westpreuße hat zwar einmal gelernt, wie man ein Infanteriegeschütz handhabt. Aber eine leichte Feldhaubitze (lFH 18) kennt er nur vom Sehen und Hören. Doch er fackelt nicht lange, winkt zwei Grenadiere zu sich, robbt mit ihnen unter wütendem MG-Beschuß an die Haubitze, lädt, richtet, feuert – und einer der anwalzenden Panzer bleibt tatsächlich in einer Schneise liegen, der sowjetische Angriff stockt. Bidermann schreibt: »Wie zuweilen Gelingen oder Mißlingen in einer flüchtigen Minute beschlossen sind, so reichte dieses kurze Zögern des Feindes, den eigenen Gegenstoß erfolgreich vorzutragen.« Die Grenadiere der Gruppe Lindemann liegen zu zweit in Abständen von 10 bis 15 Metern in Schneelöchern hinter ihren Karabinern. Die Kampfanzüge sind bretthart gefroren, denn tagsüber herrscht Tauwetter, und die Nässe durchdringt alles, die langen Nächte aber sind frostklar. Strapazen und Gefahren summieren sich.

Die sowjetische 54. Armee meldet am 11. Februar: »... wurde die Verteidigungslinie des Gegners nördlich Smerdynja durchbrochen. Seine zerschlagenen Abteilungen begannen unter Zurücklassung von Ausrüstung, Waffen und persönlichem Eigentum unter schwacher Feuerdeckung zurückzugehen. Es ist von Interesse, daß unter den (auf dem Kampffeld erbeuteten) Papieren Soldbücher sind, welche die Zugehörigkeit der Soldaten zu Sanitäts- und Troßeinheiten belegen, die anscheinend mangels Reserven ins Gefecht geworfen wurden.« Das trifft auf Troßleute zu, Sanitätspersonal ist bei den Deutschen als Kampfreserve nicht eingesetzt worden.

Aus dem Gefechtsbericht der 132. ID vom gleichen Tag: »... rechte Schwadron Radfahrabteilung 132 aufgerieben ... Reserven zum Schließen der Lücken nicht mehr vorhanden. Tieffliegerangriffe im gesamten Abschnitt.« – »Nach Gefangenenaussagen sind die Menschenverluste des Gegners durch Artilleriefeuer sehr hoch. Einzelne Bataillone sollen schon auf dem Anmarsch 50 Prozent Ausfälle haben.« Am nächsten Tag heißt es im Tagebuch der Division: »Um 9 Uhr 50 gelang es feindlichen Panzern südwestlich Punkt 38,9 die eigene Linie zu durchstoßen. Sie fuhren im Rücken der eigenen Infanterie unbehindert auf und ab, da keine schweren Pak zur Bekämpfung vorhanden waren. Besonders die linke Kompanie des I. Bataillons vom Regiment 437 hatte dabei starke Ausfälle.« Nüchterner ist das Ende junger Männer selten beschrieben worden.

Es verwundert unter solchen Umständen nicht, daß die Kampftruppe auf rettende Einfälle von oben nicht warten will. Offiziere, die sehen müssen, wie ihre Leute überwalzt werden, mögen sich Bedenkenträgern höherer Dienststellen nicht ausliefern. Die miserable Methode des Runterhandelns um jeden Preis, auch um den von Menschenleben, gehört ja inzwischen wegen allzu knappen Nachschubs und Transportraums zur täglichen Übung. Dazu kommt Phantasie-Armut. Auch heute ist der Funktionär nicht unbekannt, der bei Anträgen, so dringend und berechtigt sie auch sein mögen, aus Prinzip nur die Hälfte des Nötigen in der doppelten Zeit zugesteht. Wie Kurzsichtigkeit und mangelndes Urteilsvermögen zu Umsicht und imponierendem Weitblick verklärt werden, läßt sich in großen Verwaltungs- und Parteiapparaten unserer Tage vielfach studieren. Auf Rückzügen sind die Landser oft an berstend vollen Nachschublagern vorbeigetrottet. Und die Nachhuten haben ihren Augen nicht getraut, wenn Munition, nagelneues Gerät, Nahrungs- und Uniformreserven und Stapel von Marketenderwaren sich in riesigen Sprengwolken auflösten.

Der Kommandeur der Panzerjäger-Abteilung der 132er weiß dank guter Beziehungen, daß an diesem Morgen etwa 15 neue 7,5-cm-Pak im nahegelegenen Bahnhof Ljuban ausgeladen werden – für andere Einheiten allerdings. Mit diesen Waffen, durchzuckt es ihn, könnte die Gruppe Lindemann verhindern, daß der sowjetischen 7. Garde-Panzerbrigade und der 124. Panzerbrigade der tödliche Stoß auf die nur wenige Kilometer entfernte Rollbahn, die große Versorgungsader der deutschen Wolchowfront, doch noch gelingt. Nur der Kommandierende General des 28. Armeekorps kann hier entscheiden. Das ist der General Herbert Loch, und der hat einen Nerv für kluge Ideen, wir wissen es. Er ist einverstanden. Als einige Bedienungen anderer Divisionen ihre Pak abholen wollen, werden sie gleich mit den neuen Waffen zusammen der 132. ID unterstellt. Der Pakriegel hält.

Die Gruppe Lindemann ist in kleine, bewegliche Kampfgruppen aufgeteilt. Ihnen gelingt es nach und nach, die Angreifer zurückzudrängen und aus den deutschen Wohnbunkern, in denen sie sich schon eingerichtet hatten, herauszuschießen. Aber die Abwehrerfolge schmecken bitter. So haben die Schwadronen der Königsberger 121. ID schwere Verluste. In einer Meldung des Hauptmanns Löffelholz vom Grenadier-Regiment 405 ist das so beschrieben: »Angriffspitze 8 Uhr 40 Bachgrund erreicht, gegen äußerst starken, zäh verteidigenden Feind ... Gegen 8 Uhr 30 Angriff von Osten gegen rechte eigene Flanke. Gegner drückt ununterbrochen nach. Die 2. Schwadron wird an zwei Stellen durchstoßen und von Angriffspitze getrennt. Durch Gegenstoß Verbindung wieder hergestellt. 8 Uhr 45: Feind greift Spitze von Jänisch (links) an, mit mehreren Wellen und drei Panzern. Schwadron hält. Oblt. Jänisch zweimal verwundet. Bleibt aber und fällt. Feind überrennt Reste der Schwadron, stößt durch. Ari-Feuer nimmt zu. Ich übernehme Führung Rest 2. Schwadron. Bringe Rückwärtsbewegung zum Stehen. Ausfälle mindestens 50 Prozent. Pionierzug sechs Überlebende von 35 Mann. Einzelheiten nicht übersehbar. Eigene Waffen bei Angriffspitze durch Ausfälle zurückgeblieben. Munitionslage sehr gespannt. Jeder Mann zu wiederholten Nahkämpfen gebraucht. Alle Verbindungen zerstört oder durch Ausfälle unbesetzt.« Im ›Wehrmachtbericht‹ heißt es dazu: »Südlich des Ladogasees lebten die Kämpfe wieder auf.« So ist alles eine Frage der Perspektive.

Der Gruppe Lindemann wird in dieser Dauerkrise, in der jetzt in der sogenannten HKL nur alle 30 bis 50 Meter ein Mann hinter seinem Karabiner liegt, das Überleben noch schwerer gemacht: Es wird befohlen, Einheiten bereitzustellen, die schnell an Brennpunkte an der Westflanke des Flaschenhalses geworfen werden sollen. In dem Getümmel überfallen versprengte Russen hinter der deutschen HKL Einzelfahrzeuge. Wieder werden in Verwundetennestern eingeschlossener, seit Tagen unversorgter

Russen Fälle von Kannibalismus bemerkt. Schließlich stabilisiert sich die Front, eingebeult allerdings. Der Einbruch, den die opfervollen Angriffe von vier sowjetischen Schützendivisionen, drei Schützen- und zwei Panzerbrigaden gegen eine ebenso opfervolle deutsche Abwehr erreicht haben, heißt auf russischen Karten nun ›Tjulen‹ (Seehund), der deutsche Frontvorsprung ›Koschkowyj Chwost‹ (Katzenschwanz). Das versumpfte, gefrorene Kampfgebiet ist nun derart vermint, daß die meisten Gefallenen nicht geborgen werden können. Andere werden in Trichtern geschichtet und, weil der Boden eishart ist, einfach mit Schnee zugedeckt. Späh- und Lauschtrupps, die durchs Niemandsland schnüren, während der Schnee schmilzt, können die Bilder, die sich vor ihnen auftun, kaum ertragen.

Der Ic, der für die Aufklärung über die Feindlage zuständige Stabsoffizier der 132. ID, sichtet erbeutete Dokumente. Er findet darunter, neben den präzisen Kampfbefehlen für die Regimenter der 198. Schützendivision und die 58. Schützenbrigade auch ein Papier mit der Überschrift »Beurteilung des Gegners vor der Front der 54. Armee«, das vom Chef der Aufklärungsabteilung der Armee, Oberstleutnant Skworzew, stammt und ein Schmuckstück an Gliederung, Faktenfülle und Genauigkeit ist. Es reicht von der allgemeinen Beurteilung der deutschen Kräfte und ihrer Bewaffnung über eine Bewertung ihrer Kampfstellungen aus pioniertechnischer Sicht, die Gruppierungen in den verschiedenen Abschnitten, die Ausstattung der deutschen Artillerie, Beschreibungen der Kampfstände, Bunker, Hindernisse und Minensperren, und Überlegungen, welche deutschen Reserven in welcher Zeit herangeführt werden können, bis zu Folgerungen wie: »Der Abschnitt ist gut zur Verteidigung ausgebaut und ein ernsthaftes Hindernis für den Angriff ... Politisch-moralischer Zustand der 132. ID, Kampfgeist und Erfahrungen der Truppe sind gut.«

Skworzew beschreibt, mit Blick auf die ausgebaute deutsche HKL und das Netz von Feuerstellungen und Hindernissen, die Fähigkeit der Deutschen, hartnäckigen Widerstand auch dann zu leisten, wenn das Haupt-Verteidigungssystem durchbrochen ist. Die Vermutung, die Deutschen könnten innerhalb von drei Tagen 50 bis 60 Panzer heranführen, zeugt von Respekt, ist aber eine recht grobe Überschätzung der deutschen Kräfte.

Das Dokument des Oberstleutnants Skworzew macht den Ic der 132. ID nicht froh. Es beweist wieder, was längst alle wissen: Es sind nicht stumpfe, vertierte Massen, die den Deutschen widerstehen und von deren Austilgung der Oberste Kriegsherr träumt, es ist ein täglich besser funktionierender, ein täglich stärker werdender Militärapparat, der da den ausblutenden deutschen Divisionen den Garaus machen will. Gewiß sind deren Leistungen, deren Abwehrerfolge so bewundernswert, wie es die Angriffe der Rotarmisten sind. Aber sie schieben das Ende des Ringens, das der Ic sich nicht vorstellen mag, doch nur hinaus.

Die Protokolle der Gefangenenvernehmungen, in denen der Ic der 96. ID blättert, geben dem Bild der sowjetischen Militärmaschine eine menschliche Note. Sie enthüllen die Strapazen und Opfer, unter denen die Rotarmisten ebenso stöhnen wie die deutschen Grenadiere. Es sind viele 18jährige dabei. Alle sind duldsam, gehorsam, zäh. Natürlich schimpfen sie auf die Truppenverpflegung, wie alle Soldaten. Alle sagen, wenn die Erfolgsmeldungen der Sowjetpropaganda stimmten, dann seien die Siege mit ungeheuren Blutopfern erkauft. Einer berichtet, von den 28 Pionieren, mit denen er vor Angriffsbeginn eine deutsche Drahtsperre habe beseitigen sollen, seien 21 gefallen oder verwundet worden. Die restlichen sieben seien unter Erschießungsdrohungen wieder nach vorn geschickt worden.

Manche berichten, die Verständigung mit Angehörigen anderer Völkerschaften sei in der Roten Armee wegen Sprachschwierigkeiten oft unmöglich. Viele unterstreichen die Sehnsucht nach nationaler Unabhängigkeit bei Ukrainern, Tataren, Usbeken, Tadschiken, Turkmenen, Kirgisen, Kasachen, Georgiern, Armeniern. Von Bolschewismus sei in der Propaganda schon lange nicht mehr die Rede, umsomehr vom gemeinsamen Vaterland. Den Kommissaren, ›Sowjetpopen‹ genannt, trauen nur wenige. Ein Gefangener ist nach der Besetzung Ostpolens durch die Russen als freier Bauer und Klassenfeind unter einem Vorwand verhaftet und zu Zwangsarbeit verurteilt, dann aber mit anderen Sträflingen entlassen worden, um als Kolchosarbeiter im Ural Wehrpflichtige zu ersetzen. Bald wird er selbst eingezogen und an die Front geschickt. Aber er hat keine Schikane, keine Willkür des Systems vergessen. Bei der ersten Gelegenheit läuft er zu den Deutschen über und bietet sich zum Dienst mit der Waffe gegen die Rote Armee an.

Ein Leutnant ist übergelaufen, nachdem er seine jungen Soldaten schon auf dem Anmarsch nach schwerem deutschen Artilleriefeuer nicht mehr hat sammeln und in die Bereitstellung führen können. Ein Gefangener gehört zur Nachhut eines Bataillons, das nach mißlungenem Angriff und hohen Verlusten zurückgeht und verpaßt den Anschluß. Ein anderer nickt nach tagelangem Anmarsch in einer Mulde erschöpft ein, als sein Bataillon beim Vorgehen in Deckung gezwungen wird, und erwacht zwischen Deutschen, die zum Gegenstoß angetreten sind. Zwei sind auf einer Lichtung zwischen Toten und Verwundeten liegengeblieben, als ein Angriff mit Panzern im deutschen Pakfeuer scheitert. Einer hat erlebt, wie seine Brigade schon in der Ausgangsstellung in vernichtendes Feuer gerät, ein anderer, wie seine Kompanie, die schon mit der ersten Welle angetreten ist, plötzlich auf einer Lichtung festgenagelt ist und zurückbefohlen wird. Aber er will nicht in die Feuerhölle, die hinter ihm tobt und versteckt sich zwischen den Kampflinien, wo er von den Deutschen aufgestöbert wird.

Wir erfahren von tagelangen Eisenbahntransporten in engen Waggons, von Nachtmärschen und eisigen Biwaks unter sternklarem Himmel, von Nachschubpannen, von zündenden, schönfärberischen Generalsbefehlen, von Heimatschüssen und Schwarzmarktpreisen. Es fehlen nur noch die Ausrottungsversuche durch Bombenteppiche, wie sie den Deutschen in ihrer Heimat beschert werden, dann kann keiner mehr unterscheiden, ob die Schilderungen deutsche oder russische Verhältnisse beschreiben. Im Osten nichts Neues.

Die sowjetischen Offensiven, die so schwungvoll geplant sind, erlahmen in Schnee und Schlamm und bleiben in den deutschen Abwehrlinien stecken: Die 55. Armee vor Kolpino und am Newabogen, die 67. Armee und die 2. Stoßarmee vor Sinjawino, die 8. Armee, die bei Karbussel noch einmal den Griff nach Mga und zur Newa hinüber versucht hat. Immer wieder wühlen, schießen, springen, schleichen, walzen sie in die deutschen Linien hinein. Immer wieder werden sie blockiert, bevor sie soviel Kräfte nachschieben können, daß jeder Widerstand wie von einer Flutwelle davongeschwemmt wird. Die Verlustlisten werden länger und länger. In den offiziellen deutschen Berichten stehen tröstliche Bemerkungen wie: »Die eigenen Verluste sind schwer, im Verhältnis zu denen des Feindes aber gering.« Den Russen hat die Dauerschlacht um die Befreiung Leningrads mit ihren wechselnden Schwerpunkten nun schon etwa 270 000 Tote und Verwundete abgefordert. Sie haben dabei bisher 675 Panzer verloren und fast 700 Flugzeuge. Riesige Verluste, gewiß. Doch sie können ausgeglichen werden. Den Deutschen, die mit schwindenden Kräften die ohnehin schon überdehnten Fronten halten sollen, gelingt der Ausgleich nicht. Und Mga ist für sie auch nicht mehr, was es seit der Eroberung am 30. August 1941 war. Am 21. Mai 1943 wird gemeldet, der Bahnhof sei wegen Dauerbeschuß durch schwere Artillerie unbenutzbar.

12. Kapitel
Was Kameradschaft für den Einzelnen bedeutete

Hat denn keiner der Soldaten gemerkt, daß die Heeresgruppe Nord mit jedem Abwehrsieg doch nur der endgültigen Niederlage näherkam, daß sie alle Opfer eines Untergangs waren, der sich Tag für Tag in kleinen Schritten vollzog? Haben denn keinen von ihnen Zweifel geplagt, der nach einem Urlaub aus einer Heimat zurückkam, deren Städte mit ihren Bewohnern unter Bomben und Phosphor vergingen? Der bei Gesprächen mit den Männern anderer Truppenteile und Frontabschnitte erfuhr, daß die blutige Misere, die er selbst erlitt, überall herrschte? Konnte denn keiner sehen, wie das Regime, dessen Zeichen sie auf der Brust trugen, und das einst zur Tilgung der Schmach von Versailles angetreten war, jene Schmach längst durch neue Ungerechtigkeit, ja, durch Unmenschlichkeit überdeckt hatte?

Versuche heute einer mal zu erklären, daß diejenigen, die tatsächlich über Willkür, Denunziantentum und Greuel im Bilde waren, darüber nicht redeten, weil das allein schon Lebensgefahr bedeuten konnte. Daß viele deshalb vieles gar nicht wissen wollten. Daß viele tatsächlich nichts wußten, weil Unmenschlichkeiten nicht öffentlich abgehandelt wurden und Eingeweihte zu Stillschweigen verpflichtet waren. Daß mit der Parole »Vorsicht, Feind hört mit!« Gespräche von vornherein auf Banalitäten reduziert wurden. Daß, wenn doch einmal etwas durchsickerte oder sichtbar wurde, keiner das System darin erkannte, sondern alle meinten, da sei ausnahmsweise eine ›Schweinerei‹ passiert – weil sich die meisten gar nicht vorstellen konnten, was selbst Hitlers Widersacher und Opfer nur schwer begreifen lernten.

Einer umerzogenen, überinformierten, zukunftsgläubigen Nachwelt werden solche Tatsachen, trotz aktueller Parallelen aus dem vergangenen roten Machtbereich, mit jedem Jahr weniger faßbar. Wenn heute ehemalige deutsche Militärs und NS-Funktionäre zu der beschämenden Behandlung der Juden im Dritten Reich meinen, »alle Deutschen haben alles gewußt«, dann mag das wohl für die Kreise gelten, in denen sie wirkten. Für die Masse des Volkes stimmt es einfach nicht.

12. Was Kameradschaft für den Einzelnen bedeutete

Gewiß gab es Gerüchte über die Zustände in den Konzentrationslagern. Aber von der Hölle, die dort herrschte, machte sich kaum einer eine Vorstellung. Es hieß, Volksfeinde, arbeitsscheues Gesindel, marxistisch Verhetzte würden dort zu regelmäßiger, harter, nützlicher Arbeit angehalten. Das klang nicht nach Zuckerlecken. Doch es klang auch nicht so, als hätten die Landser es besser. Wer fragte denn sie, die sich unter härtesten, zermürbenden Umständen behaupten sollten und viele ihrer Freunde und Kameraden sterben sahen, nach ihrem Wohlbefinden, nach ihrer Bequemlichkeit? Wer mochte da noch über die Lebensbedingungen anderer nachdenken, mochte überhaupt nachdenken? So blieb es beim Achselzucken, blieb es bei einer Ahnungslosigkeit und einer Naivität, die sich heute, da Besserwisserei und sogenannter Fortschritt Hand in Hand gehen, leicht beiseitewischen lassen.

In der Rückschau sieht es so aus, als mochten trotz der dauernden Krisen die wenigsten an ein böses Ende, an Untergang denken. Das stimmt. Die Realität war schon furchtbar genug. Wer mochte sich da noch Schlimmes vorstellen? Phantasie wird nirgends gefördert. In Diktaturen schon gar nicht. Unter den Soldaten hat das Aufgehobensein unter Kameraden, diese merkwürdige Blutsbrüderschaft, das starke Gruppengefühl, die größte Rolle gespielt. Sie hatten gemeinsam die schwersten Prüfungen durchgestanden, hatten gelernt, sich aufeinander zu verlassen. Hatte dabei einer an Hitler gedacht? An den Kampf der Weltanschauungen? An Deutschland als künftige Führungsmacht Europas? Was ging sie das an? Gerade das Fühlen und Denken in kleinen Dimensionen machte aus jeder Kompanie, jedem Bataillon eine Abwehrzelle für sich, die blind und losgelöst vom Gesamtgeschehen funktionierte.

Wer damals ins Feuer marschierte, wollte die Furie des Landkrieges so weit wie möglich von der Heimat fernhalten und dabei, wenn es denn sein mußte, sein Leben so teuer wie möglich verkaufen. Da anständige Alternativen nicht zu erkennen waren, gab es auch keine Diskussionen darüber. Was konnten denn Worte noch ändern? Daher die ruhigen, gleichmütigen Mienen, daher Lachen und Gesang in düsteren Lagen. Da sitzen Männer während einer Angriffspause in klirrender Kälte am Rand einer Schneise, halten ihre Gesichter in die Sonne, die ein paar warme Strahlen über die Reste des Waldes breitet, und einer erzählt vom azurnen Zauber der Liparischen Inseln, während Schnee- und Staubwolken von Granateinschlägen über die Stahlhelme hinwegsegeln. Da liegen zwei von der Nachhut neben einem sichernden Sturmgeschütz und tauschen Erfah-

Dritte Ladoga-Schlacht, vom 22.7.1943 bis 24.9.1943. Die 67. sowjetische Armee verstärkt zunehmend ihre Angriffe zwischen Newa und beiderseits Sinjawino. Auch die 8. Armee verstärkt den Druck Richtung Sinjawino, Mga, Sologubowka von der Ostflanke des »Flaschenhals«-Restes aus. (Quelle: Lageatlas der Heeresgruppe Nord)

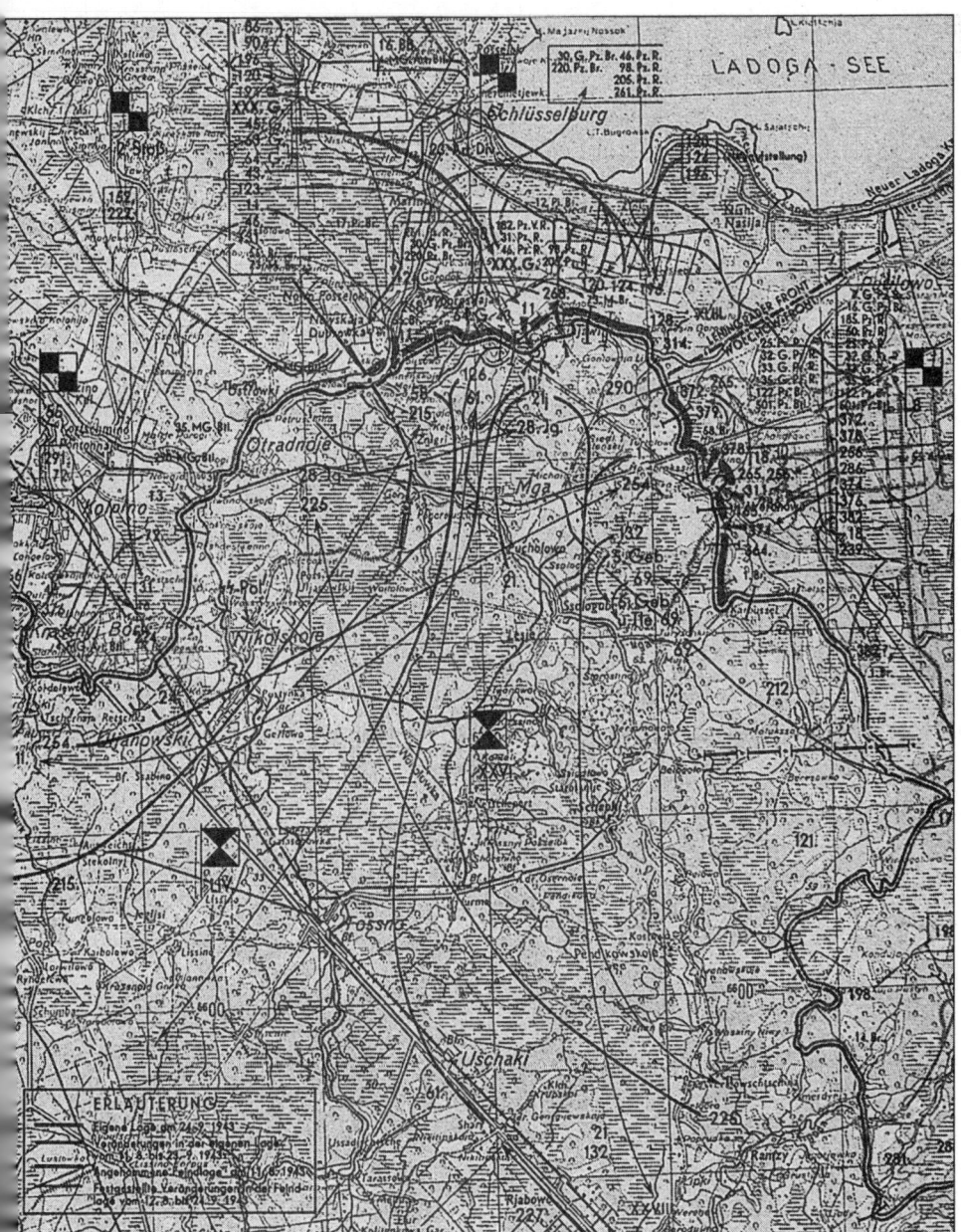

itte Ladoga-Schlacht. Vom 4.8. an berennt nun die 8. sowjetische Armee auch noch den Osten des aschenhals«-Restes bis hinunter nach Karbussel. Die Pfeil-Linien lassen erkennen, wie die Deutien ihren empfindlichen Mangel an Reserven dadurch auszugleichen versuchen, daß sie ihre Divinen immer wieder von einem Krisenpunkt zum anderen verschieben. (Quelle: Lageatlas der Heeregruppe Nord)

rungen über Gartenbau aus. Da zerrt einer während eines Vorstoßes ein Akkordeon von einem erbeuteten russischen Gepäckschlitten und spielt »Regentropfen, die an mein Fenster klopfen ...«, während Feuerstöße aus Maschinenpistolen den Takt dazu angeben. Da steht einer im Dröhnen eines Schlachtfliegerangriffs vor der Zimmerwand einer halb zerstörten Datscha und liest gebannt die aneinandergeleimten Seiten der St. Petersburger Zeitung aus dem Jahre 1876, die unter der heruntergefetzten Tapete sichtbar geworden sind. Da findet einer bei einem Stoßtruppunternehmen ein Scharfschützengewehr und probiert so lange aus, wie es in Hand und Schulter liegt, daß er mit knapper Not die Rückkehr in den eigenen Graben schafft. Und einer pflückt im russischen Drahthindernis unterhalb eines in die Nacht hackenden MGs eine winzige Wiesenblume, um sie zu pressen und seinem Mädchen zu schicken.

Auf beiden Seiten gibt es die gleichen Beispiele von Übermut, Tollkühnheit, Gelassenheit. Daniil Granin berichtet, wie sich ein russischer und ein deutscher Spähtrupp plötzlich hinter dem Knick eines Waldweges gegenüberstehen und erschrocken – der eine nach der einen, der andere nach der anderen Seite – in den Gräben Deckung suchen, die den Weg säumen. So weit, so gut. Nur: Ein junger Deutscher springt nach der falschen Seite. Unversehens findet er sich Schulter an Schulter mit Rotarmisten. Alle halten den Atem an. Da erkennt der Junge seinen Irrtum. Wie ein Frosch hüpft er über den Weg und verkriecht sich blitzschnell bei seinen Leuten. Noch starren sich Russen und Deutsche an, gespannt, lauernd, aufs Schlimmste gefaßt. Aber schon beginnt breites Grinsen die Mienen zu lösen. Dann bricht minutenlanges, dröhnendes Gelächter aus. Die Männer wischen sich die Lachtränen aus den Gesichtern, und glucksend springen sie zu ihren Linien zurück. Granin erzählt auch von einem russischen Stoßtruppmann, der in einem überstürzt verlassenen deutschen Bunker vor Leningrad einen fein gedeckten Tisch mit Leckereien entdeckt, sogar mit einem Tischtuch. Da die Deutschen schon zum Gegenstoß ansetzen, nimmt der Russe das Tuch mit Flaschen, Dosen, Bechern, Kochgeschirren, Brot und Wurst an den Ecken und springt unter wildem Feuer mit seiner Beute in die russische Stellung zurück. Angesichts erbeuteter deutscher Verpflegungsschlitten vergessen die Rotarmisten hinter dem Wolchow den Kampf ganz und gar. In Husemanns Chronik beschreibt ein Soldat, woran ein Einbruch der Russen scheitert. Es war ihnen gelungen, die Trosse eines Regiments zu zerschlagen. »Aber dann tranken sie unseren Schnaps und rauchten unsere Zigaretten.« Sie betranken sich derart, daß sie von ein paar Troßleuten »mit der Mütze erschlagen werden« konnten und als Gefangene zu sich kamen. Eine Parallele ist aus dem Frankreichfeldzug bekannt, als Deutsche das Plünderungsverbot übertraten und in einem vollgelaufenen Champagnerkeller ertranken. Der Wahnsinn des Krieges hat viele Gesichter.

Gelegentlich ist aus Chroniken zu erfahren, nach der zweiten Ladogaschlacht sei Ende 1943 im Nordabschnitt eine kampfarme Phase eingetreten. Das mag, verglichen mit dem Inferno der vergangenen Monate so scheinen. Für den südlichen Flügel der Heeresgruppe Nord, bei der 16. Armee, trifft das nicht zu. Südlich des Ilmensees bei Staraja Russa, in einem der ehemaligen Jagdreviere des Zaren, dröhnen unaufhörlich die Geschütze. Am Tage herrschen Plus-Temperaturen, und Uniformen und Stiefel saugen sich mit der Nässe des auftauenden Bodens voll. Nachts friert es, und es gibt reihenweise Erfrierungen. Die Russen erzielen einen tiefen Einbruch. Aber sie kommen ihrer Vorstellung vom Durchbruch zum Peipussee, vom tödlichen Schnitt durch die deutschen Versorgungsadern im Rücken der Nowgorod- und Wolchowfront, im Rücken des Belagerungsringes um Leningrad und Oranienbaum und damit der gesamten Heeresgruppe Nord nicht näher. Noch immer ist die endgültige Befreiung Leningrads nicht geschafft.

Zehn deutsche Divisionen sind bei Staraja Russa gefesselt. Die Deutschen verlieren 17 000 Mann. Schon ein Jahr zuvor haben sie 90 000 in elf Monaten verloren. Den Triumph des Generals von Seydlitz, der die Verbindung zu den 96 000 Eingeschlossenen im Kessel von Demjansk erzwingen konnte, haben sie mit 12 000 Verlusten bezahlen müssen. Es fließen auf beiden Seiten Ströme von Blut. Aber die Russen geben bei Staraja Russa nicht auf. Erst Mitte Mai flauen die Kämpfe dort ab. Schon im August flammen sie wieder auf.

Wie sieht die sogenannte kampfarme Phase an den übrigen Abschnitten der Heeresgruppe Nord aus? Tatsächlich sind beide Seiten unentwegt aktiv, die Initiative liegt bei den Russen. Mit massierter Artillerie, Stalinorgeln, Nebelwerfern und Panzern wird überall mit Angriffen von oft mehreren hundert Mann um Wegnahme, Begradigung, Sicherung von Teilen der HKL gerungen. Tag und Nacht sind irgendwo Stoßtrupps unterwegs, die Kampfstände und Bunkerlinien überfallen und sprengen. Immer wieder schleichen sich Spähtrupps an, die jede Veränderung melden. Jede Nacht sind Lauschtruppmänner im Niemandsland, um die Drahtschleifen ihrer Lauschempfänger zu flicken oder besser zu verlegen. Und immer wieder werden eigene Sperren aus Schützen- oder Tellerminen gelegt, werden gegnerische Minen aufgenommen, wird überprüft, ob der Gegner unbemerkt Annäherungsgassen durch Minen und Hindernisse freigeräumt hat, werden Stolperdrähte gezogen, Drahtsperren errichtet und geflickt, Sichtblenden, Palisaden, Stützwände, Bunker, Wege, Geräte und Fahrzeuge repariert, werden Munition, Treibstoff, Baumaterial, Brennholz ergänzt.

Schall- und Lichtmeßtrupps peilen Batterien auf der Gegenseite ein, die dann mit Punktfeuer bekämpft werden, neue Zielräume für die Artillerie werden eingeschossen, gegnerische Posten ausgehoben, Waffen erbeutet, Spähtrupps abgeschnitten, Bautrupps überfallen, fortwährend liefern sich MG- und Scharfschützen, Pak- und Granatwerfergruppen Duelle. Die Ärzte haben jetzt etwas mehr Zeit für den einzelnen Verwundeten, aber sie haben immer zu tun. Und neben den Gefechtsständen und Verbandplätzen sind die Toten aufgereiht. Die Gesichter der Melder, der Ablösungen, der Lastenträger, die an ihnen entlangtrotten, werden ernst, Gespräche verstummen. Täglich, stündlich gibt es Störfeuer und Feuerüberfälle, gibt es Verwundete und Tote. So sieht es in den ruhigen Stellungen aus, von denen die Landser und Rotarmisten sprechen. Sie sind in Wirklichkeit nichts anderes als Fallen, in denen nur Wachsamkeit, Umsicht, Erfahrung und Glück die Überlebenschancen verbessern.

Um Leningrad tobt unaufhörlich der Kampf zwischen der schweren Belagerungsartillerie und der schweren Festungs- und Schiffsartillerie der Verteidiger. In der Stadt herrschen noch immer Hunger, Mangel, Not. Die Fabriken arbeiten weiter, obwohl Menschen an den Maschinen unter Granateinschlägen sterben. Auf beiden Seiten werden hinter den Frontlinien Tag und Nacht Panzer, Lastwagen, Kübelwagen, Pferdewagen, Geschütze und Geräte instandgesetzt. Uniformen werden geflickt, Entlausung und Saunabäder genossen. Lehrgänge und Übungen mit neuen Waffen, Kampfmitteln, Fahrzeugen lassen die Soldaten nicht zur Ruhe kommen. Es wird exerziert, geputzt, ›hauchartig‹ eingeölt, gelobt, getadelt, schikaniert. Alle schreiben nach Hause. Aber ihre Briefe klingen banal, unbeholfen, angesichts dessen, was sie erleben. Fast alle scheitern, als sie schildern wollen, was sie selbst nicht begreifen. Viele Überlebende können es bis an ihr Lebensende nicht, es fehlen die Worte. Und viele wollen gar nichts schildern. Sie klammern sich an Gefühle, Sehnsüchte, freundliche Erinnerungen, Oberflächlichkeiten und versuchen so, die innere Erstarrung zu lösen. Mancher will den Adressaten Mut machen, will den Schein wahren, will der Ahnung vorbeugen, er sei in Wirklichkeit verzweifelt, will sich selbst so grimmig und verwegen darstellen, wie er gern wäre. Der leiht sich in seiner Wortarmut kernige Sprüche bei der NS-Propaganda, und so kommt es dann zu diesen armseligen Briefen, die sich lesen wie Schulungsmaterial für Parteiredner. Heute werden sie als ›Zeugnisse‹ für den rasenden Fanatismus ›der deutschen Soldaten‹ in entzückter Betroffenheit vorgewiesen. Zum Phänomen der ›ausgeliehenen großen Sprüche‹ berichtet der russische Autor Lasar I. Lasarew, wie schwierig Recherchen bei sowjetischen Stalingrad-Kämpfern gewesen seien. Anstelle von realen Eindrücken und Erlebnissen habe er immer nur erfahren, was in der Frontzeitung stand.

Natürlich spielt die Droge Alkohol an den langen Abenden in der Enge von Katen und Bunkerdörfern eine große Rolle. Natürlich gibt es Exzesse bis zur Besinnungslosigkeit. So fliehen viele aus der Wirklichkeit. Doch oft genug werden sie zurückgeholt von den russischen Doppeldeckern, die mit abgestelltem Motor und pfeifenden Spanndrähten über verräterischen Lichtstrahlen Splitterbomben werfen.

Die Russen wittern den Sieg, die Deutschen wollen überstehen. Daniil Granin, damals 23 Jahre alt, erzählt, wie anfangs der Zorn der Rotarmisten über den Vormarsch der Deutschen und die Überzeugung, Leningrad schützen zu müssen, immer mehr bohrendem Hungergefühl und kaltem Haß weicht. Mancher von ihnen sei allein aus Hunger zu den Deutschen übergelaufen. 1943 ist die wütende Verzweiflung verklungen. Wenn den Russen die große, spektakuläre Aktion auch bisher nicht gelungen ist, sie spüren, wie ihre Überlegenheit wächst. Sie haben ihre Truppen neu organisiert, haben ihre Panzerabwehr verstärkt, der Begriff ›Pak-Riegel‹ taucht auf mit Massierung und Staffelung der Kanonen. Die deutsche Aufklärung meldet 28 neue sowjetische Artilleriedivisionen.

Küchlers Heeresgruppe Nord hingegen hat ihre dünne Front noch einmal um 50 Kilometer strecken und obendrein 13 Divisionen abgeben müssen. 600 000 Deutsche stehen nun 960 000 Russen gegenüber, 2400 deutsche Geschütze 3700 sowjetischen, 108 deutsche Panzer 650 sowjetischen. Die Deutschen verfügen über weniger Maschinengewehre als Ende 1942. Liegt es nicht auf der Hand, was sich hier zusammenbraut? Außerdem ist die Rote Armee viel zu gut über die Lage der Deutschen im Bilde. Noch als im August die russische Lautsprecherpropaganda den Männern der 215. ID das Wort ›Ablösung‹ herüberruft und sie lautstark und mit üblen Wünschen verabschiedet, halten die Deutschen das für Desinformation. Aber die Nachricht stimmt. Die Russen waren wieder einmal eher unterrichtet. Genau so hatte es die SS-Polizeidivision 1942 vor Pulkowo erlebt. Dort schreibt der Stabsarzt Dr. Pichler die weithin dröhnenden Sprüche der Russen für sein Tagebuch mit: »... Ihr wart tapfere Soldaten! Am Wolchow, zu dem ihr nun abmarschiert, sehen wir uns wieder!« Wenige Stunden später war die Division tatsächlich dorthin unterwegs.

Die Russen sind den Deutschen in der Feindaufklärung überlegen. Im Hinterland der Heeresgruppe Nord leben in Dörfern viele Zivilisten, die, teils freiwillig, teils gepreßt, Hilfsdienste für die Truppe leisten. Küchenhilfen, Putzerinnen, Wäscherinnen gibt es überall, ebenso Baukolonnen und Holzarbeiter. Viele Soldaten geben ihrer ›Matka‹ Uniformstücke und Wäsche zum Flicken. Und da sie großzügig mit Verpflegung und Tabak sind, entsteht eine Art gegenseitiger Abhängigkeit, die für die Männer bequem, für die Zivilisten lebenswichtig ist. So werden dann von den ahnungslosen Deutschen Partisanen mitverpflegt, werden ausgeplauderte Informationen durch die Frontlinien zu sowjetischen Stäben weitergeleitet. Unter den Vermummungen der russischen Mädchen verbirgt sich manche Schönheit. Es bleibt nicht aus, daß sich trotz strikter Verbote flüchtige Liebesverhältnisse entwickeln, die wegen der ständigen Todesgefahr heftig und bedenkenlos gepflegt werden; ein weiteres Leck in der militärischen Geheimhaltung. Außerdem gibt es die sogenannten ›Hiwis‹, die Hilfswilligen. Das sind Russen, die Troßdienste leisten. Viele haben sich gemeldet, um der Not der Gefangenschaft zu entgehen, andere, um sich so für die Willkür der roten Gewaltherrschaft zu rächen.

Die Deutschen bleiben auf Aussagen von Gefangenen und Überläufern angewiesen. Horchfunkstellen durchforschen den sowjetischen Funkverkehr, die Entschlüsseler folgen den Veränderungen der russischen Codes. Ein genaues Bild entsteht so nicht.

Dann sind da noch die Lauschtrupps, die uns schon nach der Zweiten Ladogaschlacht begegnet sind. Jetzt, im Sommer 1943, können wir sie im ›Katzenschwanz‹ bei Klosterdorf und vor Pogostje am Bahndamm sehen. Russische und deutsche Telefongespräche, die ja nichts weiter sind als unterschiedlich starke Stromstöße, wenn sie durchs Kabel laufen, werden von den Drahtschleifen aufgenommen, die dort ausgelegt werden, wo wichtige Leitungen des Gegners in der Nähe entlangführen. In Lauschempfängern werden die aufgefangenen Impulse verstärkt und in Sprache umgewandelt. Dolmetscher hören mit und sortieren die Gespräche nach Tarnnamen, Dialekten, Häufigkeit und Lautstärke.

Die Drahtschleifen aus schwerem Feldkabel werden immer wieder durch Geschosse und Splitter beschädigt und immer wieder geflickt. So sind die Störungssucher oft mehrmals in einer Nacht im Niemandsland und kennen es wie ihre Hosentaschen. Die Lauschtrupps legen sich eine Feindlagekarte an und ergänzen sie nach jedem abgehörten Gespräch. Ihre Lauschprotokolle werden von Meldern und Kradmeldern zu den Ic-Offizieren gebracht, die sie zur Vervollständigung ihrer Feindlagebilder brauchen. Natürlich schützen sich die Russen dagegen, indem sie Tarnnamen und -nummern für ihre Vermittlungsstellen, ihre Artilleriebeobachter und Offiziere verwenden und die Bezeichnungen immer wieder wechseln. Auch für Waffen, Fahrzeuge und Munition haben sie Tarnnamen. Doch sie können Dialekte und Stimmen nicht verändern, und so gibt es Tag und Nacht das Spiel zwischen Verschleiern und Enttarnen. Ein spannendes Spiel, wie aus einer Meldung des Ic der 132. ID hervorgeht, in der er sich über die vorzügliche Sprechdisziplin des Gegners beklagt. Die deutschen Befehlsstellen lassen oft jede Phantasie für die Raffinessen dieses Lauschkrieges vermissen und sind nur durch blutige Erfahrungen zu belehren.

Nachdem von den Lauschtrupplern die Schießkoordinaten der gegnerischen Batterien erkannt sind, nachdem sie ermittelt haben, über welche Beobachtungs- und Horchstellen den Russen deutsche Nachschub- und Ablösungstermine, Angewohnheiten und Bewegungen bekannt geworden sind, verfehlen die russischen Granatwerfer und Geschütze ihre Wirkung. Ablösungen werden verschoben, Nachschubkolonnen fahren nach neuen, unregelmäßigen Zeitplänen, die Entladepunkte werden verlegt, Sichtlücken geschlossen, dichtere Blenden errichtet, die Opfer gezielter Feuerüberfälle vermieden.

Mitte Juli 1943 heißt es in einer Tagesmeldung der 132. ID: »Die Lauschaufklärung läßt erkennen, daß beim Gegner neue Truppen eingeschoben worden sind.« Neue Vermittlungen seien eingerichtet, es gebe zahlreiche Rückfragen über Unterbringung und Versorgung auf allen sowjetischen Leitungen. »Neue Decknamen runden dieses Bild ab.« Ein Angriff gegen den Abschnitt ›Sappenkopf‹ sei wahrscheinlich. Die Division befiehlt daraufhin starkes Störungsfeuer.

So kommt auch das russische Trommelfeuer am nächsten Vormittag nicht überraschend. Die Rotarmisten, die mit ihren Waffen und Lasten todesmutig im Geschoßhagel über die deutschen Palisaden an einem Flüßchen namens Dubok klettern und in die Bahndammstellung am Sappenkopf vor Pogostje springen, fallen reihenweise. Sie können auf 250 Metern Breite 400 Meter tief eindringen, aber dann verbluten sie im Kreuzfeuer.

Eine weniger düstere Geschichte findet sich in der Chronik der 21. ID. Dazu muß man wissen, daß im Zuge des deutsch-sowjetischen Paktes den Russen nicht nur der halbfertige schwere Kreuzer *Lützow*, der nun als *Petropawlowsk* im Leningrader Handelshafen liegt, sondern neben anderem Gerät auch Lauschempfänger geliefert wurden. Das entdecken auch die Grenadiere im Kirischi-Brückenkopf. Dort verraten die Russen ihre Lausch-Aktionen dadurch, daß sie auf leichtsinnig ausgeplapperte deutsche Fernsprechmeldungen über Trägerkolonnen und Spähtruppeinsätze so deutlich mit Artillerie und Hinterhalten reagieren, daß die Deutschen Verdacht schöpfen. Diese denken sich daraufhin etwas Besonderes aus. Sie reden in ihren Telefongesprächen fingiert über den bevorstehenden Einsatz deutscher Nachtjäger und verschaffen sich damit Ruhe vor den russischen Störflugzeugen, die sogar jeden mit Bomben belegen, der unvorsichtig genug ist, an einer Kippe zu ziehen und durch den Glutpunkt seinen Standort aufzudecken.

Von der Arbeit der Lauschtrupps wurde absichtlich wenig Aufhebens gemacht. Wo sie erkannt oder verraten waren, machte der Gegner sie durch Verschärfung der Sprechdisziplin weniger wirksam. Dann wurden ihre Stützpunkte unter Punktfeuer genommen oder sogar ausgehoben. Den Störungssuchern wurde im Niemandsland aufgelauert. Auch wurden ihre Kabel zerschnitten und an den freiliegenden Enden Minen mit Zugzündern befestigt.

Mitte Mai marschieren 150 000 Deutsche in Tunesien in Gefangenschaft. Das ruhmreiche Deutsche Afrika-Korps ist ausgelöscht. Eine Woche später müssen, nach bitteren Verlusten, von den deutschen U-Booten im Nordatlantik die Angriffe auf die riesigen Nachschubkonvois eingestellt werden. Anfang Juli scheitert das ›Unternehmen Zitadelle‹, die deutsche Großoffensive im Kursker Frontbogen. Dann landen die Alliierten auf Sizilien, die 7. US-Armee zieht in Palermo ein. Zwei Wochen später geht Hamburg in einem Höllensturm von Sprengbomben und Phosphor unter: Über 30 000 Tote. 277 000 Wohnungen sind zerstört, 24 Krankenhäuser, 277 Schulen, 54 Kirchen. 180 000 BRT Handels- und Hafenschiffe sind an den Kais gesunken. Vier Wochen später nimmt sich der Generalsstabschef der Luftwaffe, Jeschonnek, das Leben. Er hat die Überforderung nicht ertragen und nicht zuletzt die unüberbrückbaren Konflikte mit dem Prahlhans Göring (›Meier‹), der skrupellos seinem Führer verspricht, was er nicht halten kann und der so die Katastrophen von Stalingrad und Hamburg mitzuverantworten hat.

Was in diesen Tagen verschleiert, schöngeredet, wegerklärt, mit Versprechungen überspielt wurde, ist heute leicht zu sehen. Den Soldaten der Heeresgruppe Nord wäre aber selbst dann nicht die Zeit geblieben, darüber nachzudenken, wenn sie erkannt hätten, was heute auf der Hand liegt. Denn Mitte Juli 1943 beginnt der Kampf, der als *Dritte Schlacht am Ladogasee* in die Kriegsgeschichte eingehen wird.

Für die Leningrader ist es lebenswichtig, nun endlich eine solide, unbedrohte Verbindung zur Außenwelt zu bekommen. Denn im Februar 1943 sind nicht mehr als 76 Eisenbahntransporte durch den sumpfigen Schlüsselburger Korridor gependelt. Damit läßt sich die Stadt, in der jetzt, von den Truppen in den Vororten und im Oranienbaumer Kessel abgesehen, immer noch fast 650 000 Menschen vegetieren, beim besten Willen nicht versorgen. Da die deutsche Artillerie den Schienenstrang immer wieder unter Feuer nimmt, ist er tagelang unterbrochen, in elf Monaten 1200 mal. Für manchen, der endlich evakuiert wird, ist die Fahrt eine Reise in den Tod. Erst Mitte des Jahres treffen die ersten amerikanischen Lebensmittel ein. Schon im Februar konnten Schwerarbeiter wenigstens 700 Gramm Brot täglich bekommen, Angestellte 500, Familien pro Kopf 400 Gramm. Doch Fleisch und Fett gibt es selten.

So kann es nicht weitergehen, und deshalb planen die Armeen der sowjetischen Leningrad- und Wolchowfront für 1944 den entscheidenden Befreiungsschlag. Dafür müssen sie sich günstige Angriffsbasen schaffen, und sie müssen den Leningradern schon vorher Luft machen, wenn sie nicht schließlich eine Totenstadt befreien wollen. So bereiten sie das ›Unternehmen Brussilow‹ vor. Es soll, wie Gefangene aussagen und Anzeichen ergeben, zwischen dem 20. und 30. Juni 1943 beginnen.

Stalins Generäle müssen scharf rechnen. Rote Offensiven im Schwarzen Meer und Abwehrvorbereitungen gegen das deutsche ›Unternehmen Zitadelle‹, dessen Planung ihnen längst bis in Einzelheiten bekannt ist, binden Kräfte. Sie setzen zwei Schwerpunkte: Im Norden den Sinjawino-, im Osten den Gaitolowo-Abschnitt, mit Angriffsrichtung entlang der Bahn nach Mga. Wieder rückt der Verkehrsknoten ins Blickfeld. Hier sollen sich die Stoßkeile treffen und vom Rücken her den Sinjawino-Riegel sprengen.

Am 16. Juli schließlich eröffnet die 8. Armee des Generalmajors Starikow ein zweistündiges Trommelfeuer auf die deutsche HKL von Gaitolowo bis hinunter nach Pogostje. Schon klopfen Stoßtrupps die eingeebneten und eingedrückten Stellungen nach Schwachpunkten ab. Wichtige Gräben und Bunker werden am nächsten Tag unter gezieltes Zerstörungsfeuer genommen. Die Deutschen antworten mit Feuerschlägen auf Nachschub und Bereitstellungen. Mit gefurchten Stirnen beugen sich ihre Stabsoffiziere über die Lagekarten. Das kann nicht gutgehen. Wenn dies der Auftakt zu einer Zangenoperation ist, dann sind ihr die geschwächten deutschen Divisionen angesichts der Massierung von Menschen und Material nicht gewachsen. Doch dann treten die Russen erst einmal nur bei Sinjawino zum Angriff an und vertun ihre Chance. Aber noch ist die Krise nicht vorbei.

Hinter dem Sinjawino-Abschnitt ist am 22. Juli eine Kompanie der schweren Panzerabteilung 502 mit den legendären ›Tigern‹ eingetroffen. Otto Carius, einst jüngster Eichenlaubträger der Wehrmacht, berichtet: »Zur geplanten Endstation kamen wir schon nicht mehr. Wir erreichten mit Mühe und Not Snegiri, eine kleine Bahnstation vor Mga. Und mit Ach und Krach bekamen wir unsere Panzer von den Waggons. Die Russenartillerie hatte ihr Feuer bis in unsere Nähe vorverlegt, wieder mußten wir ohne Kopframpe entladen.« Das heißt, die sowjetischen Angreifer nehmen Mga und den Zweigbahnhof Gory, westlich davon, von der Newa aus unter schweres Feuer. Nun müssen die überbreiten Panzerkolosse über die Flanken der Waggons zur Erde gebracht werden und nicht über die Stirnseiten. Carius erzählt von ganzen Schwärmen russischer Schlachtflieger: »Sie mähten alles zusammen. Auf der Rollbahn blieben wüste Knäuel von zerschossenen Menschen- und Tierleibern und zerstörtem Material zurück. Wir konnten die Rollbahn fast nur bei Nacht befahren, und auch dann war es für langsame bespannte Einheiten kaum möglich, nach vorn durchzukommen.«

Die brandenburgische 23. ID an der Sinjawino-Front, die völlig neu aufgestellt werden mußte und in der nur noch ein paar überlebende ›Alte‹ zu finden sind, muß jetzt den Aufprall der angreifenden 67. Armee des Generalmajors Duchanow ertragen. Die 132. ID, die schon bei Gaitolowo und Pogostje ausgeblutet ist, stemmt sich nun an der Nasija der 8. Armee des Generalmajors Starikow entgegen. Und wie diese beiden Divisionen sind viele Verbände nur noch die Schatten ihrer selbst. Der Kommandeur der 5. Gebirgsdivision, General Ringel, muß mit ansehen, wie seine Bergspezialisten wieder einmal als ›Sumpfjäger‹, verbraucht werden, wie er bitter beklagt. Es konnte nicht mehr lange dauern, dann würde auch seine Division zu den ›Schattendivisionen‹ gehören, unter denen die Landser nun die Reste zerschlagener Regimenter und nicht, wie einst, die Kader frischer Ersatztruppen verstanden.

Duchanow und Starikow sind Erfolge dennoch bisher versagt geblieben. Aber sie sind nicht zu entmutigen. Anfang August gruppieren sie ihre Kräfte um, und schon beginnt der blutige Reigen von neuem, abwechselnd im Norden und Osten. Etwa zur gleichen Zeit, als sich die 132er vor Starikows Divisionen in zerhämmerten Stellungen einrichten, ist auch die 21. ID nach vorn gezogen, um die angeschlagene 11. ID des Generals Thomaschki abzulösen. Ein Bewährungs-Bataillon, das Btl. z.b.V. 561, ist der 21. ID als Eingreifreserve unterstellt. Kurz zuvor hat es die Höhe 43.3, von der aus das Vorfeld bis zum Ufer des Ladogasees zu beobachten ist, den Russen wieder entrissen. Das Bataillon konnte nur noch mit 110 Mann antreten. Davon haben 45 Mann das Unternehmen überstanden. Sie sind zurückgetrottet, Ersatz füllt die Lücken. Inzwischen haben die Rotarmisten die Höhe 43,3 wiederum genommen. Schon ist die Höhe 50.1, von der aus das deutsche Hinterland eingesehen werden kann, bedroht. Die 561er werden bei der Abwehr auch dieser Bedrohung eine Rolle spielen.

Die Kolonnen der 21. ID quälen sich durch schmierigen Lehmboden, der von Sumpf und Sand unterbrochen ist. Regen hat einen breiigen Morast entstehen lassen. »Dort, wo man mit dem Spaten nicht durchkam«, beschreibt die Chronik der 21er, »war früher einmal die Dorfstraße von Sinjawino gewesen. Im Luftbild war sie zur Not noch erkennbar, sonst nicht mehr. Der gesamte Kampfraum war nur noch ein einziges Trichterfeld, durch das halbverschüttete Gräben scheinbar ganz willkürlich verliefen.« Während die russischen Panzer am nördlichen Steilhang in splittersicheren Boxen einsatzbereit warten und die russischen Beobachter aus günstigen Positionen jede Bewegung auf deutscher Seite verfolgen, müssen die Batterien der 21er, teilweise mit sechzehn Pferden vor jedem Geschütz, durch den Morast in Stellung gebracht werden, bevor sie sich auf ihre Sperrfeuerabschnitte einschießen können. Auf einem Versorgungsweg liegt eine Holzschienenbahn. Hier rollen auf ausgedienten Lkw-Felgen Züge kleiner Loren, die von Pferden gezogen werden. Das System hat sich so gut bewährt, daß die Russen schon bei Klosterdorf alles daransetzten, es mit Panzern abzuschneiden und selbst zu benutzen.

Die Rotarmisten greifen an. Um 3 Uhr 30 haben die schweren Waffen Duchanows das Feuer eröffnet. Der Boden bebt, hinter den Schleiern von Staub- und Erdfontänen wird es Tag, aber das ist kaum zu merken. Bei Allmeyer-Beck heißt es: »Nun jagten sich, soweit die Verbindungen überhaupt noch funktionierten, die Meldungen, teilweise sich widersprechend, teilweise sich wiederholend: ›Feind eingebrochen‹. ›Schwächerer Angriff abgewiesen‹. ›Feind bei Micki-Micki mit Panzern eingedrungen‹. ›3. Kompanie hält Riegelstellung; Verbindung zur 2. nicht gesichert‹. ›Verluste 70 Prozent. Einbruch 250 Meter breit. Feind verstärkt laufend.‹« Dieses ›Micki-Micki‹ ist ein Stützpunkt, der schon wegen seines Namens weithin bekannt ist. Es hieß ursprünglich ›Welikije Luki‹, doch das war den Männern zu kompliziert. Der Chronist beschreibt, wie Anforderungen von allen Seiten in die Befehlsstellen prasseln: »Bitten um Verstärkungen, Sturmgeschütze und Handgranaten, um Krankenträger.« Er berichtet: »Gleichzeitig heftiges Artilleriefeuer auf den Stellungen, ununterbrochene Tieffliegerangriffe auf Gefechtsstände und Feuerstellungen. Der Gefechtsstand des Grenadier-Regiments 45 wurde allein an diesem Tag 52mal aus der Luft angegriffen«.

In knapp fünf Wochen verliert die 21. ID an Toten, Verwundeten und Vermißten 85 Offiziere, 552 Unteroffiziere und 3381 Mann – insgesamt 4018 Menschen. Die Gefechtsstärke des Bewährungsbataillons beträgt noch 3 Unteroffiziere und 20 Mann. Das ist am 19. 8. um 18 Uhr. Drei Stunden später taucht das z.b.V.-Bataillon in keiner Meldung mehr auf. Allmeyer-Beck notiert: »Die Annäherungsgräben waren teils mit dickem Lehmbrei, teils mit den aufgedunsenen Leibern unbekannter Toter gefüllt.« So wie hier bedecken die Leichen Gefallener das Kampfgebiet vom Newa-Ufer bis hinunter nach Pogostje.

Was hat sich inzwischen im Osten des Flaschenhalses, bei den 132ern ereignet? Als ihre Regimenter am Abend des 8. August 1943 vom Westrand des Pogostje-Einbruchs in das waldige Sumpfland bei Poretschje und Woronowo ziehen, wissen sie, was sie erwartet. Ihr Regiment 436 ist schon ein paar Tage bei Ringels Sumpfjägern eingesetzt, der Buschtelegraph arbeitet schnell. Kaum sind die Regimenter in der HKL, gibt es kurz nach Mitternacht schon den ersten Nahkampf mit einem allzu dreisten Spähtrupp: Die 364. Schützendivision aus der Armee Starikows ist neugierig auf ihre Gegner. Als es hell wird, beobachten die VB, die sich bei einem Bataillon des Regiments 438 eingerichtet haben, starke Feindbewegungen. Sofort brüllen die Infanteriegeschütze und Feldhaubitzen der 132er los. Zur gleichen Zeit fallen ›Schturmowiks‹, die gepanzerten Schlachtflugzeuge des Typs IL 2 beim Regiment 436 über Erdlöcher, Gräben, Gefechtsstände, Nachschubwege her. Als die IL 2 mit heulenden Motoren über den zernarbten Bäumen verschwinden, bricht ein russischer Stoßtrupp in die Gräben ein. Wieder steht im Kriegstagebuch, kurz KTB, »im Nahkampf abgewiesen.«

So beginnt für die ganze Division eine Serie von albtraumhaften Abwehrkämpfen zwischen ›Halbmondsenke‹, und ›Lattenwald‹. Tag und Nacht versuchen Starikows Soldaten hier einen Frontvorsprung abzuhobeln, dort einen Einbruch weiter aufzubohren, hier ein Stück Graben aufzurollen, dort den Keil eines deutschen Gegenangriffs zu zerschlagen. Seitenlang wechseln im Tagebuch der Division Meldungen über Angriff, Abwehr, Gegenstoß. Dreihundert Meter tief dringen die Rotarmisten in den ›Entenschnabel‹ ein. Zwei Stunden später ist die alte Lage unter Strömen von Blut wieder hergestellt. ›Schturmowiks‹ hämmern die ganze Zeit auf Infanterie, Artillerie, Nachschubkolonnen und Verwundetentransporte hinunter. Drehen sie mit fast leeren Treibstofftanks, leergeschossenen Magazinen und ohne Bombenlast endlich ab, dann schlagen Geschütze, Stalinorgeln, Granatwerfer zu, dann rasseln und quietschen Panzerketten, dann springen die erdbraunen Rudel mit Maschinenwaffen und aufgepflanzten Bajonetten heran.

In den Gefechtsmeldungen der 132er klingt das dann so: »Der Angriff führte zunächst zum Wiedergewinn eines Grabenstücks von 70 Meter Breite. Um 13 Uhr 30 meldete GR 436, daß der Graben wegen des starken Feindfeuers, der feindlichen Gegenstöße und der hohen eigenen Verluste wieder aufgegeben werden mußte.« Der Divisionskommandeur befiehlt Abriegelung. Acht Stunden später wird gemeldet, die Einbruchstelle könne wegen des starken Feindfeuers noch immer nicht abgeriegelt und nur durch stehende Spähtrupps gesichert werden. Zur gleichen Zeit wird »stärkste Schlachtflieger-Tätigkeit« ins KTB eingetragen, »mit wirksamer Bombardierung von HKL, Gefechtsständen und Versorgungswegen. Beantragter Jagdschutz konnte nicht gewährt werden.« So drückt sich die absolute Überlegenheit der sowjetischen Luftwaffe in Lageberichten aus, von denen die Deutschen in der Heimat, die selbst den amerikanischen und englischen Bomberströmen ausgeliefert sind, nichts erfahren. Am 10. August heißt es im Bericht der 18. Armee über die Kämpfe an ihrer Nordostfront: »Der stärkste feindliche Luftwaffeneinsatz an einem Tage betrug 1100 Flugzeuge. Die eigenen Kräfte überschritten die Zahl von 20 einsatzbereiten Jägern nicht.«

Unter dem 12. August lesen wir bei der 132. ID: »Ein Gegenstoß zur Wiedergewinnung der ›Sandkaule‹, blieb in schwerem Artilleriefeuer und direktem Beschuß durch zehn Feindpanzer liegen.« Und um Mitternacht wird eingetragen: »Trotz der schweren, den ganzen Tag andauernden Angriffe von zehn Bataillonen, die von Artillerie, Panzern und Schlachtfliegern unterstützt wurden, war die HKL bis auf einen 300 Meter tiefen und einen weiteren Einbruch fest in eigener Hand, 19 Panzer wurden vernichtet, davon neun im Nahkampf.« Auch ein besonders tapferer Mann wird erwähnt, der Feldwebel und Offiziersanwärter Rain, »der im Nahkampf zwei Panzer vernichtete, nach Ausfall des Kompaniechefs die Führung übernahm und mit seinen Männern mehrfache feindliche Durchbruchsversuche durch außergewöhnliche Tapferkeit zum Scheitern brachte.«

Später heißt es: »Da keine Reserven mehr zur Verfügung standen, war die Lage bedrohlich. Die Division unterstellte dem Regiment die inzwischen gesammelten Reste des Pionier-Bataillons 132 in Stärke von 1 Offizier, 2 Unteroffizieren und 50 Mann und führte sie mit Lkw beschleunigt zu.« Das erinnert an den Regimentskommandeur, der mit bösem Humor nach oben meldet, er werfe nunmehr die Masse seiner Reserven mit seinem Volkswagen an die Front.

Die 132er verlieren wieder Hunderte von Männern. Viele können sie nicht einmal mehr bergen und bestatten. Der Stab eines Bataillons ist samt Kommandeur, Adjutant, Meldern, Funkern und Gerät unter den Trümmern seines Gefechtsstandes verschüttet. Hunderte werden verletzt und verstümmelt in Zeltbahnen und auf Tragen zum nächsten Verbandplatz gezerrt. Ein junger Funker kritzelt in diesen Tagen in sein Tagebuch: »Lange Züge von Landsern lösen sich aus den Staubschwaden, die jeder Einschlag neu aufwirbelt. Abendrot breitet einen violetten Schimmer über das gequälte Land. Die Soldaten stolpern dahin, mit zerfetzten, schmutzigen Uniformen, manche mit Verbänden. Die Verwundeten auf den Tragen stöhnen. Ein Armstumpf in einer schmutzigroten Mullbinde reckt sich zum Himmel. Einer atmet stoßweise, betet dabei. Ich frage immer wieder nach meinem Freund, immer unruhiger: ›Gefreiten Hessel gesehen, Alfons? Funker bei der Zehnten?‹ Aber die Männer schütteln den Kopf oder sehen stumm vor Erschöpfung an mir vorbei.«

Unter den Toten dieser Tage ist auch der Kommandeur des GR 437, ein Oberst, der bei seinen Leuten unter dem Namen ›Papa Kindsmiller‹ verehrt wurde. Der alte Weltkrieg-I-Haudegen kannte nicht nur jeden Mann, sondern auch jedes Pferd seines Regiments beim Namen. Weil die Lage kritisch und verworren ist, entschließt er sich, selbst mit nach vorn zu gehen, um Verstärkung einzuweisen. Doch das Gelände, umgewühlt und immer wieder umgewühlt, entstellt, zerstampft, ist nicht wiederzuerkennen. Die Männer verlieren die Orientierung. Dabei kommen sie unerkannt in den Schußbereich einer Gruppe von Grenadieren des Regiments, die sich, zuvor mehrmals abgeschnitten, mühsam freigekämpft hat und sich nun wieder im Rücken bedroht sieht. Sie eröffnet das Feuer. Kindsmiller ist sofort tot. Viele weinen, als hätten sie den eigenen Vater verloren.

13. Kapitel
Kampf um Höhe 50,1 – dann dramatischer Rückzug

Das Bild von den unerschütterlichen Grenadieren, die mit eisernen Mienen einem übermächtigen Gegner trotzen, paßt zwar in die Durchhalte-Propaganda, doch von der Wirklichkeit ist es weit entfernt. Denn natürlich gibt es Weinkrämpfe, Schocks, Erstarrung, Zustände blinder Angst. General Fritz Lindemann hat schon bei Gaitolowo davon berichten müssen. Das sind Alarmzeichen für restlose Überforderung, aber noch Einzelfälle. Doch wir wissen von Panik und Flucht, von Taubheit gegen Haltebefehle und offenem Ungehorsam. Es stimmt nicht, daß solche Krisen alle höheren Offiziere kalt gelassen haben; die Denkschrift des Generals Thomaschki ist ja nur ein Beispiel dafür, wie sehr Sorge und Verantwortung viele bedrückte. Es gab aber auch den General an der Newa, der schneidig verkündete, es werde weitergemacht, »und wenn nur noch eine einzige Feldküche nötig ist, um die ganze Division zu verpflegen!«

Es gab Fälle wie den einer Kompanie des Sturmbataillons 18 vor Puschkin, in der Soldaten ohne einen Schuß Munition, nur mit aufgepflanztem Seitengewehr, zum Gegenangriff antraten, als sie sich verschossen hatten und Nachschub nicht nachkam. Doch der Anblick ganzer Bataillone, die mit demonstrativ geöffneten, leeren Patronentaschen und Munitionskästen zurückgehen, mit wild fuchtelnden und schreienden Offizieren dazwischen, die von den Soldaten nicht beachtet werden, der Anblick von Gruppen, die in schwerem Feuer aufspringen und ihr Heil in der Flucht suchen – solche Bilder geben den Erinnerungen an die schneidigen Paraden deutscher Regimenter auf der Ost-West-Achse in Berlin einen bitteren Nachgeschmack. Und wer noch die wuchtigen Auftritte der sowjetischen Militärelite auf dem Roten Platz in Moskau vor Augen hat, wird sich besinnungslos fliehende Rotarmisten auch schwer vorstellen können. Das Idol vom unbegrenzt belastbaren Helden, der unter allen Umständen steht wie ein Fels, ist eine schaurig-schöne Erfindung Hitlers und Stalins. Grenadiere und Rotarmisten wußten es besser.

Da lesen wir denn im KTB der 132. ID über eine Gruppe von Soldaten, die der Division unterstellt worden ist und sämtliche Führer verloren hat,

13. Kampf um Höhe 50,1 – dann dramatischer Rückzug

eine Meldung der benachbarten 1. ID. Dreißig Mann, heißt es darin, seien durch einen energischen Feldwebel gesammelt, geordnet und wieder nach vorn gebracht worden. Es seien »ausgesprochene Zersetzungserscheinungen« festgestellt worden. Weitere 20 Mann hätten sich dem Versuch, sie zu sammeln, widersetzt und seien geflüchtet. Alle hätten »einen verkommenen und aufgelösten Eindruck gemacht und bolschewistische Allüren gezeigt«. Was mit den Allüren gemeint ist, bleibt unklar und ist wohl nur aus dem damals geltenden Feindbild zu erklären. An anderer Stelle heißt es: »... sollen die geringen Gefechtsstärken darauf zurückzuführen sein, daß unter dem Eindruck des – den ganzen Tag andauernden – Artilleriefeuers kleine Teile nach rückwärts ausgewichen seien.« Auf deutsch: Abgekämpfte, übermüdete, ausgemergelte Männer haben nicht mehr mit ansehen können, wie einer nach dem anderen zerhackt wird und haben die Nerven verloren. Wer schweres Artilleriefeuer im Wald erlebt, mit von oben herunterfetzenden Splittern, gegen die keine Deckung hilft, wer menschliche Körper sieht, aus denen diese Splitter wie Krallen ganze Stücke herausreißen, der ist schnell an den Grenzen der Belastbarkeit.

In solchen Situationen flammen dann auch schwelende Konflikte zwischen Vorgesetzten und Soldaten auf, die entschlossen sind, offene Rechnungen im Chaos der Kämpfe mit Gewalt zu begleichen. Den Typ des Unteroffiziers Himmelstoß gab es ja zu allen Zeiten. Und übernahm ein unbekannter Offizier die Führung, dann fragten die alten Hasen: »Hat er schon das Offizierssportabzeichen?«, womit das Eiserne Kreuz I. Klasse gemeint war, oder: »Ist das einer mit Halsschmerzen?«, was auf das Streben nach dem Halsschmuck des Ritterkreuzes zielte. Ruhmsüchtige Vorgesetzte bedeuten immer ein erhöhtes Risiko, und das hieß gesteigerte Gefahr für Leib und Leben. Verständlich, daß Rache schwor, wer seinen Freund als Opfer solchen Ehrgeizes sterben sehen mußte.

Eine Witwe beschreibt, wie ihr Mann noch Jahrzehnte nach Kriegsende die Teilnahme am Veteranentreffen einer Nordfrontdivision ablehnt, weil er vermutet, seinen ehemaligen Hauptfeldwebel dort zu treffen, und fürchtet, daß er die Beherrschung verliert und doch noch wahr macht, woran er damals gehindert wurde, nämlich ihn zu erschlagen. Eine andere erinnert sich: »Mein Mann hatte seinem Hauptmann im Vollrausch die Meinung gesagt. Der hatte keinen Humor, sondern sorgte dafür, daß mein Mann in eine Strafkompanie verdammt wurde. Dort mußte er unter schlimmen Umständen Bäume fällen. Ich war verzweifelt. Aber dann bekam ich einen Brief von ihm, auf Birkenrinde geschrieben. Endlich könne er wieder frei atmen, unter lichtem Grün und Vogelgezwitscher, endlich müsse er diese verhaßten Gesichter nicht mehr sehen! Mein Mann ist mehrfach ausgezeichnet worden und später als Vorgesetzter geachtet und beliebt gewesen – vielleicht, weil er solche Fieslinge erlebt hatte?« Erscheinungen wie diese ›Fieslinge‹ sind weder kennzeichnend für die Heeresgruppe Nord noch für das Militär überhaupt. Sie kommen in jedem System von Hierarchien und Abhängigkeiten vor. In jeder Schicht finden sich welche, die Macht verantwortungslos anwenden, ob in Kaserne, Behörde, Fabrik oder Altenheim. Auf russischer Seite werden solche Spannungen dadurch verschärft, daß hier Menschen völlig unterschiedlicher Völkerschaften, Sprachen, Bildung und Kultur zusammengewürfelt sind, die sich oft nur in ihrem Stammesidiom verständigen können, teils auch Analphabeten sind. So wird Führung fast unmöglich – oder nur mit gröbsten Mitteln.

Die angeschlagene 21. ID hat sich in den letzten Sinjawino-Stellungen festgekrallt. Die Männer bauen ihre Gräben und Stützpunkte aus, so gut unaufhörliches Feindfeuer und der Morast es zulassen. Sie hoffen, daß Duchanow nach den Verlusten der letzten Wochen den Appetit auf ihren Abschnitt verloren hat. Sie wissen nicht, daß der General den Totentanz doch noch mit einem Paukenschlag beenden und die letzten deutschen Bastionen in die Hand bekommen will.

Duchanow hat das 30. Gardeschützenkorps aufgefüllt, hat es größtenteils mit automatischen Waffen ausgerüstet, ja sogar mit Brustpanzern, weil mit wütenden Handgranatenkämpfen zu rechnen ist. Allmayer-Beck berichtet, daß alle Führer der Gardeschützen bis hinunter zu den Zügen mit genauen Karten des deutschen Verteidigungssystems versehen sind. Und damit die Überraschung perfekt ist, werden die Gardeschützen erst in der Nacht vor dem Angriff in die HKL gebracht. Die Gefahr, daß die Deutschen durch vorzeitig Gefangene oder Überläufer gewarnt werden, ist dadurch gebannt.

Die Stellungen der 21er sind inzwischen immer wieder durch Artilleriefeuer verwüstet worden. Die Gräben sind hauchdünn besetzt, bei einem der Bataillone ein Abschnitt von 800 Metern mit 21 Mann. Keiner ahnt die Absichten des Gegners. Doch Beobachter und Posten schöpfen Verdacht, als sicher ist, daß sich »drüben beim Iwan« neue Batterien einschießen. Steht ein Angriff der Gardeschützen bevor? Der Divisionsstab wird verständigt. Der Ic wiegelt ab, das sei nichts als Schwarzseherei. Das deutsche

26. Armeekorps weiß es nicht besser und meldet an das Oberkommando der 18. Armee: »Bei 21. ID etwas lebhafterer Verkehr auf Sinjawino-Höhe.« Und die Artillerie wird verständigt, mit einem Feindangriff sei nicht zu rechnen. Wie hieß es doch ein Jahr zuvor, als sich am Wolchow das Verhängnis über der 126. und der 215. ID zusammenzog? »Sie sehen ja Gespenster!«

Was am nächsten Morgen geschieht, ist das, was die Landser zynisch eine »normale Katastrophe« nennen. Etwa 70 russische Batterien und 40 Stalinorgeln entfesseln ein Inferno. Die vorderen Kompanien der 21. ID sind in kurzer Zeit aufgerieben, sämtliche Verbindungen unterbrochen. Batterien und Gefechtsstände liegen im Bombenhagel und Bordwaffenbeschuß der ›Schturmowiks‹. Regimentskommandeure und ihre Stäbe greifen zu Pistole und MPi und stopfen sich Reservemagazine in die Taschen, als es heißt: »Iwan ist durch!« Funker packen Handgranaten abzugbereit neben ihre Geräte, um sie zu sprengen, falls es nicht gelingt sie wegzuschleppen. Die ›Sanis‹ stecken sich noch ein paar Verbandpäckchen zusätzlich ein. Die VB sind im Feuersturm untergegangen, sie melden sich nicht mehr. Die Artillerie will Sperrfeuer schießen, weiß aber nicht wohin. Dichte Vorhänge aus Dreckfontänen hindern die Sicht. Urlauber, Genesene, Leichtkranke, Küchen- und Troßleute werden gesammelt und mit einem Offizier, der sich Minuten vorher aus dem Urlaub zurückgemeldet hat, nach vorn geschickt. In der HKL klaffen breite Lücken. Gruppen von Verteidigern finden sich gemeinsam mit Versprengten plötzlich hinter den vorstürmenden Russen. Sie tragen ihre Verwundeten zusammen, igeln sich ein und nehmen den Kampf auf.

Am Abend dieses schwarzen Tages hat der Angriff des 30. Gardeschützenkorps endlich an Wucht verloren. Nun treffen wir wieder auf die Männer der 225. ID, die wir schon gesehen haben, als sie auf dem Weg von Frankreich nach Nordrußland in Danzig von ihren Frauen Abschied nehmen und bei Pogostje frierend Rotarmisten und Panzern gegenüberliegen. Sie waren als Reserve bereitgestellt und sind nun alarmiert worden. Nach einem 35-Kilometer-Marsch trifft die Spitze ihres GR 376 vor Sinjawino ein. Das Gros und das GR 333 sind noch unterwegs. Im Kampfgewühl können die erschöpft Eintreffenden nur oberflächlich und überstürzt eingewiesen werden. Sie kennen weder Gelände noch Verbindungswege. Schon sollen sie angreifen, schnell, schnell. Die nächste Krise ist programmiert. Die Männer sind unsicher, keiner weiß Genaues, sie meinen Feuer aus allen Richtungen zu bekommen. Da sehen sie ihre Kameraden, ihre Führer fallen. Die Verluste sind fürchterlich, der Angriff bleibt stecken. Wer will denn in dieser Hölle noch aufstehen und dem Feind entgegenrennen?

Der Kommandeur der 21. ID ist enttäuscht und zornig. Er staucht den Kommandeur des GR 376 gnadenlos zusammen. Augenzeugen gießen Öl ins Feuer und behaupten, das Regiment habe nach wirkungsvollem deutschen Artilleriefeuer »nur im richtigen Augenblick aufzustehen brauchen, um den Gegner zu werfen.« Leichtfertige Urteile, die zeigen, daß nicht nur den Grenadieren des GR 376 die Nerven durchgegangen sind. Allmayer-Beck hat die Worte seines Divisionskommandeurs als schroff empfunden. Deshalb zitiert er einen ehemaligen Kompaniechef der 21. ID, den späteren Brigadegeneral Herzberg. Der erklärt denn auch, die 376er seien der plötzlichen Belastung einfach nicht gewachsen gewesen. Sie seien aus einer vergleichsweise ›heilen Welt‹ gekommen.

Herzberg schreibt: »Der Moorgeruch, vermischt mit dem strengen und süßlichen Verwesungsgestank, war bei dem schwülen Spätsommerwetter besonders intensiv. Dazu die bizarr zerfetzten Bäume, wassergefüllte, dorfteichgroße Bombentrichter, der zerwühlte, schlammige Boden, die ununterbrochenen Detonationen schwerer Kaliber, das Infanterie-Strichfeuer und die herumliegenden Leichen – das erforderte Menschen mit Nerven, die solche schauerlichen Eindrücke auf Anhieb ertragen und dabei noch einen kühlen Kopf behalten können. Dazu war … eine abstumpfende Gewöhnung notwendig, die diese Truppe nicht – oder besser – noch nicht besaß. So zögerte sie einige Minuten und lief, als sie dann antrat, in das … einsetzende Sperrfeuer hinein.« Soviel aus dem Bericht eines alten Soldaten. Er verrät, wie stark solche Eindrücke auch nach Jahrzehnten noch haften. Allerdings ist die Meinung, Menschen könnten sich wirklich daran ›gewöhnen‹, bei allen Überlebenden mehr als umstritten. Irgendwann wird die Belastung dann doch unerträglich. Oft tritt als erstes eine Gleichgültigkeit ein, die den Soldaten stumpf macht. Er geht wie in Trance dahin und wird schließlich ein leichtes Opfer.

Noch einmal werden die Männer des GR 376 ins Feuer geschickt. Trotz des dichten Waldes schaffen sie 500 Meter. Doch bevor sie noch triumphieren können, wenn sie die Kraft dazu hätten, werden sie mit schwerem Trommelfeuer eingedeckt. Dann treten Duchanows Männer zum Gegenangriff an. Die 376er müssen wieder zurück in die Ausgangsstellung, genauer gesagt: die Reste. Inzwischen ist auch das GR 333 im Kampfgebiet angekommen. Die Männer der schwer bedrängten 21. ID können wieder etwas aufatmen. Sie sind froh über jeden Mann, der mit einer Waffe in der Hand eintrifft.

Aber beim 26. Armeekorps hat sich die ganze 225. ID inzwischen einen miserablen Ruf eingehandelt. General Carl Hilpert, der Kommandierende, ist überhaupt dagegen, die 225ste am Brennpunkt Sinjawino ins Gefecht zu schicken. Sie sei, um an so entscheidender Stelle eingesetzt zu werden, ›nicht hart genug‹. Aber zwei Tage später ist das II. Bataillon der 333er dann wieder gut – also hart genug –, um Meter für Meter die Verbindung zu abgeschnittenen Teilen der 21. ID freizukämpfen. Hart genug auch, um mit den Resten eines auf der berüchtigten Höhe 50,1 aushaltenden Bataillons der 21sten den Angriff von zwei russischen Regimentern und 15 Panzern abzuwehren und sechs der Panzer zu vernichten. Hilpert hat sich also gründlich geirrt. Drückende Verantwortung, Sorgen und Übermüdung machen auch Generäle ungerecht. Als besonders zartfühlend haben sie ja zu keiner Zeit gegolten.

Ganz zum Schluß des schrecklichen Ringens, das später zusammen mit den Kämpfen bei Poretschje und Woronowo unter dem Namen *Dritte Schlacht am Ladogasee* in die Geschichte der Kämpfe um Leningrad eingeht, gibt es einen zweiten Paukenschlag. Das 30. Gardeschützenkorps hat seine Positionen weiter nach Süden schieben können. Nun soll bei den Deutschen im Gegenzug das ›Unternehmen Sumpfbiber‹ anlaufen, bei dem es um die Höhe 50,1 geht. Sie ist für die Verteidigung wichtig, nun aber aus der neuen russischen Stellung besonders bedroht. Die Frontbeule soll ausgebügelt werden. Flankiert vom Jäger-Regiment 49, ist das Bewährungs-Bataillon z.b.V. 561 dafür ausersehen. Es ist wieder aufgefüllt worden. Neue Sünder sollen sich bewähren, die alten wollen so schnell wie möglich weg, falls sie dieses Himmelfahrtskommando überleben.

Und nun tritt ein, was niemand erwartet hatte und was den Überlebenden der 21. und der 225. ID wie ausgleichende Gerechtigkeit für den Vernichtungsschlag der Gardeschützen zehn Tage zuvor erscheint.

Duchanow hat die 43. Schützendivision in den Sinjawino-Abschnitt befohlen. Nach langem Nachtmarsch hocken die Männer dichtgedrängt in den Bereitstellungsgräben. In überraschendem Angriff sollen sie die Deutschen auf der Höhe 50,1 umgehen und die Bastion vom Rücken her stürmen. Zwei Stunden nach Mitternacht soll es losgehen. Aber es gibt immer wieder Verzögerungen. Schließlich wird der Termin endgültig auf sechs Uhr festgelegt. Ein Schicksals-Moment, denn kurz zuvor brüllen die deutschen Batterien los: Das ›Unternehmen Sumpfbiber‹ hat begonnen. Vernichtend schlägt das Feuer in die vollbesetzten Gräben der 43. SchD. In diesem Augenblick springt das Bewährungs-Bataillon aus der Deckung. Ihm kommen Schock und Verwirrung des Gegners, der in ganz kurzer Zeit schreckliche Verluste erleidet, zugute. 112 Gefangene werden eingebracht, zahlreiche schwere Waffen und allein fast 500 MPi und Gewehre erbeutet. So ernten jene verfemten Männer blutigen Lorbeer, die darum kämpfen, wenigstens als reguläre Soldaten weiterkämpfen zu können.

Es fällt schwer, sich dem Eindruck einer furchtbaren Monotonie zu entziehen, in der das Kampfgeschehen sich abspielt. Und doch bieten die Berichte der 28. Jägerdivision bei aller Ähnlichkeit noch eine andere Facette der Ereignisse rund um Sinjawino. Die Ausgangssituation ist gleich: Die Russen haben dadurch, daß sie den steilen, etwa 50 Meter aufragenden Nordhang überwunden und über den Kamm vorgedrungen sind, ihre Position gefährlich verbessert. Denn so ist den Deutschen die Sicht in das Hinterland des Gegners und die Möglichkeit genommen, dortige Bereitstellungen zu bekämpfen. Jetzt geht es tatsächlich um jeden Meter. Ginge die Höhe 50,1 verloren, dann hätte der Sinjawino-›Block‹ seine Sperrfunktion völlig eingebüßt.

Deshalb das hartnäckige Aufbäumen der Deutschen, um Gelände um Sinjawino zurückzugewinnen, deshalb der hartnäckige Widerstand der Russen, die sich schon in Mga sehen. Am 31. Juli 1943 ist für das JgR 49 der 28. Jägerdivision der Angriff unter Führung des Oberstleutnants i.G. Johannes Deegener befohlen. Westlich Sinjawino, an der Naht zwischen der 23. und der 11. ID, ist die 30. sowjetische Panzerbrigade eingebrochen. Sie bedroht die offene Flanke des Sinjawino-Blocks. Dicke Luft!

Schon beim nächtlichen Marsch in die Bereitstellung wird das Regiment mit Bombenteppichen belegt, immer wieder müssen die Männer Deckung vor den Leuchtbomben suchen, in deren Schein sie von den roten Bombenschützen anvisiert werden. Um vier Uhr morgens treten sie an. Die Russen wehren sich verbissen, können sich aber nicht halten. Abgeschnittene Gruppen nehmen hinter den vorstürmenden schlesischen Jägern den Kampf wieder auf.

Das ›Bunkerdorf‹, ein ehemaliger deutscher Stützpunkt, ist von den roten Gardisten zu einem feuerspeienden Bollwerk ausgebaut worden. Alle Versuche, in den Stützpunkt einzudringen, werden durch genau liegendes, schwerstes Feuer vereitelt. Die Russen treten sogar zum Gegenstoß an. Der Oberstleutnant, der als erster Generalstabsoffizier, Ia, der 96. ID viele

13. Kampf um Höhe 50,1 – dann dramatischer Rückzug

Unternehmen geplant und geleitet hat, will endlich wieder nicht nur veranlassen, sondern im Angriff an der Spitze eines Regiments stehen. Nun führt er in der vordersten Linie und leitet Stoß und Abwehr gegen die hervorbrechenden Rotarmisten. Schnell sind beide Parteien derart ineinander verzahnt und verkrallt, daß die Artillerie kaum eingreifen kann. Wilde Nahkämpfe entbrennen. Es ist 15 Uhr geworden, da wird Deegener, der Haudegen, durch eine Beinverletzung niedergeworfen. Er kann nicht mehr gehen. Nach hinten will er nicht gebracht werden. Er befiehlt, ihn bis zum erfolgreichen Ende des Unternehmens liegenzulassen und den Angriff zügig fortzuführen. So betten die Soldaten ihren Führer in einer Mulde und rennen weiter. Der gesamte Abschnitt liegt jetzt unter schwerem Feuer beider Seiten und aller Waffen.

Die Deutschen haben ihre Linie in besserer Lage stabilisiert. Das ›Bunkerdorf‹ haben sie nicht bezwingen können. Das Feuer, das von dort herüberfetzt, ist so stark, daß an eine Bergung des Regimentsführers vorerst gar nicht zu denken ist. Der Tag neigt sich, als die Männer endlich zu ihm vordringen können. Sie finden den Oberstleutnant tot, mit weiteren Verletzungen.

Zwei Tage später greifen ein Restbataillon des JgR 49, eine Pionierkompanie und drei ›Tiger‹ den Stützpunkt wieder an – vergeblich. Dann tritt ein Bataillon des Regiments 209 der 58. hamburgischen Division an. Es wird zerschlagen. Plötzlich wird es still um das blutige Bollwerk. Die Deutschen, die sich vortasten, finden es geräumt. In seinen Trümmern gefallene Verteidiger und die zerstampften Wracks von elf schweren Panzern, Typ KW I. Das zu einer kleinen Kampfgruppe zusammengeschmolzene JgR 49 übergibt einen Tag später seinen Abschnitt den 290ern und zieht ab.

Ein paar Wochen später hören wir noch einmal vom JgR 49. Es liegt wieder vor Sinjawino. Das ›Unternehmen Sumpfbiber‹ war aus den Gräben dieses Regiments heraus angelaufen. Einige seiner Offiziere und Unterführer sind beim Bataillon z.b.V. 561 eingesprungen. Einer der Offiziere berichtet: »Dichte Rauchschwaden auf der Höhe. Nur das Aufblitzen krepierender Granaten leuchtet rötlich durch den Rauchvorhang.« Auf seinem Weg nach vorn sieht der Beobachter in der Einsamkeit des Kampffeldes »in den Gräben erschreckend viele gefallene Kameraden. Verwundete, die sich noch selbst fortbewegen können, schleppen sich zurück. Schwerverwundete werden von Sanitätern und Leichtverwundeten zurückgebracht.« Immer wieder setzen die Träger die Verwundeten schutzlos ab, um im russischen Artilleriefeuer in Deckung zu springen. »Dort macht ein schwerer Granatwerfertrupp Stellungswechsel. Die Männer ächzen unter der Last von Bodenplatte, Rohr, Munition und stolpern durch das Trichterfeld.« Zwei Troßleute jagen mit Karren durch das Holpergelände und werfen ihre Munitionskisten so weit vorn wie möglich ab. VB, deren Funker mit ihren Geräten bepackt sind, suchen die Infanterie, der sie zugeteilt wurden. Weiter vorn entdeckt der Beobachter Berge von toten Russen. »Unheimlich groß«, schreibt er, »schien mir der Abschnitt, den unsere wenigen, übriggebliebenen Männer besetzt halten mußten: Alle 30 bis 50 Meter jeweils zwei Mann ... « So sieht die Kulisse eines deutschen Abwehrriegels aus.

Die Reste des Bewährungs-Bataillons schleppen sich todmüde zurück in die Ruhestellung. Es werden Tapferkeitsorden verteilt und Gnadenanträge eingereicht. Der Kommandeur, Major Richard Metzger, erhält das Ritterkreuz, B-Soldaten und Stammpersonal zahlreiche EK I und EK II. Am 8. Oktober 1943 tritt das Btl. z. b. V. 561 wieder aufgefrischt an. Dann wird an dem wegen »Fahnenflucht und Beschädigung von Dienstgegenständen« mit fünf Jahren Zuchthaus vorbestraften B-Soldaten Eduard R. das Todesurteil wegen ›Feigheit in Tateinheit mit Fahnenflucht‹ vor aller Augen vollstreckt.

Noch ist den Deutschen vor Leningrad eine Pause vergönnt, die Ruhe vor dem Sturm. Die Rote Armee hat den Schlagbohrer nun bei Newel angesetzt, an der Naht zur Heeresgruppe Mitte. 15 Divisionen hat von Küchler abgeben müssen, im Januar 1944 marschieren zwei weitere ab. Für die 18. Armee, deren Verbände noch immer dicht vor der Stadt und am Brückenkopf von Oranienbaum stehen, ist Leningrad schon längst nicht mehr Ziel, sondern nur noch Orientierungspunkt. Die Armee wird Ende 1943 fast 167 000 Gefallene, Verwundete und Vermißte melden, wieder 5000 mehr, als die Bilanz des Jahres 1942 ausweist.

In den höheren Stäben, denen größere Zusammenhänge nicht so verborgen bleiben wie den einfachen Landsern, herrscht dieser hoffnungslose Elan, wie er sich am Krankenlager Unheilbarer ausbreitet oder in der Ringecke des Boxers, von dem alle wissen, daß er ohne Chance ist. Und die Haltung der Frontverbände? Der ›Tiger‹-Offizier Carius erklärt sie später so: »Wir hielten die Stellung und gaben unser Bestes, weil das Gesetz es befahl. Und als wir auch daran nicht mehr denken konnten, weil wir fast verblödet waren vor Strapazen, Kälte und Hunger, da hielten wir aus Angst...« Er hebt hervor, daß die Soldaten »sich und das ganze Abendland von Osten bedroht fühlten.«

Solche Gedanken und Gefühle sind heute leicht abgetan. Damals waren sie geläufig, auch wenn sie unter Soldaten kaum ausgesprochen wurden. Hinterher waren dann alle schlauer, und manchen durchzuckte nun die Frage, ob nicht die Rotarmisten die gleiche Angst gespürt und sich gegen eine Bedrohung aus dem Westen gewehrt hatten, die genug Proben ihrer Brutalität abgelegt hatte.

Die Angst vor der roten Weltreligion war nicht »typisch deutsch«. Sie hatte auch bei den Westmächten eine Rolle gespielt, als sie Hitlers Ansprüche nicht energisch dämpften; eine robuste Barriere gegen die militante, weltrevolutionäre, kommunistische Utopie war ihnen nur allzu recht, selbst wenn ihnen die braune Farbe dieser Barriere degoutant vorkam. Auch dafür, daß die Kirchen in Deutschland Bedenken gegen Hitler hintanstellten, weil er ihnen ein wirksames Mittel gegen den roten Atheismus zu sein schien, gibt es Zeugnisse genug. Ältere Deutsche erinnerten sich auch genau der roten Fahnen über dem räterepublikanischen Chaos nach dem Ende des Kaiserreichs und hatten die Schreckensberichte über die Abermillionen Unglücklicher nicht vergessen, die Sowjetrußland dem Ideal des Bolschewismus und des sogenannten gesellschaftlichen Fortschritts geopfert hatte. Die antikommunistische Propaganda eines Joseph Goebbels konnte auf Übertreibungen verzichten, die Tatsachen waren bedrückend genug. Nicht wenige deutsche Soldaten schließlich waren noch einige Jahre zuvor als junge Kommunisten und im Rotfrontkämpferbund dem Klang der Schalmeien gefolgt. Damals hatten sie sich Sowjetrußland tatsächlich als das wahre Paradies der Werktätigen vorgestellt. Nun hatte der Augenschein sie belehrt, mochte auch der Krieg schon Land und Menschen entstellt haben.

Außerdem hatte Hitler seinen schon 1923 angestrebten Griff nach dem ›Lebensraum‹ im Osten unter der einleuchtenden Formel vom notwendigen und aufgezwungenen Präventivkrieg begonnen. Er hatte vermutet, was wir heute wissen und was trotzdem noch immer gern wegdiskutiert wird: Stalins Absicht, den Marsch zum Ärmelkanal im Namen der Weltrevolution anzutreten, während nationale Sozialisten und bourgeoise Kapitalisten aufeinander einprügelten und sich gegenseitig zermürbten. Der Beweis liegt heute als Dokument des ›Sonderarchivs der UdSSR‹ unter Nummer F. 7/op. 1/d. 1223 vor; ein Text der Rede Stalins vom 19. 8. 1939, von ihm selbst paraphiert. Historiker der Universität Nowosibirsk haben dieses Dokument 1995 in Moskau aufgefunden und noch im gleichen Jahr veröffentlicht.

Hitler hatte die Juden zu Urhebern der Misere gestempelt, in der die Deutschen vor 1933 wirtschaftlich und politisch steckten. Damals hatten die Deutschen die höchste Arbeitslosen-, die höchste Selbstmord-, die höchste Steuerquote der Welt. Etwa 25 Millionen Deutsche mußten von monatlich 100 Mark oder weniger vegetieren. Über sechs Millionen waren arbeitslos. Da war es nicht schwer, unter dem Schlagwort »Die Juden sind unser Unglück« den ohnehin antisemitisch voreingenommenen Volksgenossen ihren Sündenbock vorzuführen. Die Patentformel hieß dann »Der jüdische Bolschewismus«.

Hatte sich 1941 noch mancher nach dem Sinn eines Feldzuges gefragt, der die Deutschen nur immer mehr in die unüberschaubare Landmasse Sowjetrußlands hineinführte, ohne ein Ergebnis zu zeitigen – nun, da das Blatt sich gewendet hatte und die Rotarmisten den deutschen Grenadieren auf die Zehen traten, waren die Soldaten wieder motiviert. Und so mies ihre Lage auch war, der militärische Apparat funktionierte.

Die Unterlegenheit der 18. Armee wird nicht in bänglichen Klagen spürbar, sondern in nüchternen Meldungen der Feindaufklärung. Sie geben dem bevorstehenden Unheil immer schärfere Konturen. Alle Berichte, alle Bestandsanzeigen machen deutlich, daß Menschen und Material der Deutschen vor Leningrad auch nicht mehr annähernd ausreichen, einem entschlossenen sowjetischen Großangriff lange die Stirn zu bieten. Aber der letzte Schütze weiß, nur wenn genügend Kampfkraft erhalten bleibt, nur wenn die Befehlsstränge und Verbindungen nicht abreißen, können Reserven gebildet, kann Material abtransportiert, können Verwundete gerettet werden und viele ungeschoren davonkommen.

Am 8. Januar 1944 wird das Bataillon z.b.V. 540 aus dem winzigen, blutgetränkten Wolchow-Brückenkopf Grusino herausgezogen. Ablösung! Doch dann rollen die LKW in Richtung Sinjawino. Vom Regen in die Traufe also. Und doch gibt es eine Steigerung: Die 540er werden umdirigiert. Die sowjetische Offensive zur endgültigen Befreiung Leningrads hat begonnen, nun geht es den entfesselten roten Angriffsarmeen entgegen. Am 19. Januar sind die B-Soldaten mit den Resten anderer zerschlagener Einheiten südwestlich der Stadt eingekesselt. Am 21. Januar sind von 550 B-Soldaten noch 40 übrig. Die anderen sind gefallen oder verwundet. Keiner hat die Waffen gestreckt, keiner ist übergelaufen.

4 Laufgräben: Manchmal nur flache Mulden, durch Einschläge immer wieder eingeebnet. In Sümpfen mit wechselnder Pegelhöhe gab es Laufstege, die hoch über der Brühe schwebten.

5 Über solche hölzernen Behelfsgleise und Ausweichstellen wie hier an der Moika bei Sinjawino rollte Nachschub. Pferdebespannte primitive Loren oder Plattformen liefen auf Lkw-Felgen.

26 Vorn ein russischer T 34, hinten ein leichter Panzer, vermutlich BT 7 oder 8. Sie hatten sich festgefahren und wurden abgeschossen.

27 Solche Wracks, hier T 34 mit abgesprengten Türmen und abgerissenen Ketten, steigerten da Chaosbild der Kampfgebiete in den Sümpfen.

28 Stukas haben einen Koloß erwischt. Trümmer deutscher Panzer sah man kaum. Als »Tiger« und »Panther« 1944 endlich rollten, hatten die Russen seit 1941 schon fast 50 000 T 34er eingesetzt.

29 Die Brücke von Kirischi, wie ein Zeichner der deutschen PK sie erlebte. Deutsche Träger und Melder nutzten sie, oft unter Beschuß.

30/31 Ein paar Knochen und die Hälfte der Erkennungsmarke, deren Pendant zur Dokumentation in die Heimat geschickt wurde: Das blieb von einem der zehntausende junger Deutscher, die jetzt auf dem neuen Soldatenfriedhof Sologubowka dank des Einsatzes des Volksbundes Deutsche Kriegsgräberfürsorge eine würdige Ruhestätte finden. Die Zahl der um Leningrad gefallenen Deutschen wird auf 150 000 geschätzt. Etwa 22 000 sind bereits umgebettet, etwa 80 000 werden es einmal sein.

Über den Weg des Bataillons zu seinem letzten Kampf vor den Toren Leningrads schreibt Herbert T., ein Offizier vom Stamm der 540er: »Ich saß im Führerhaus des Lkw, konnte also sehen. Die Landser Gott sei Dank nicht soviel. Wer jemals dort die Knüppeldämme zur Front gefahren ist, wird das nicht vergessen: Auf beiden Seiten des Dammes Soldatenfriedhof hinter Soldatenfriedhof, Holzkreuz neben Holzkreuz! Seiner Phantasie durfte man nicht viel Raum lassen!« So also sah es wirklich in dem Belagerungsgürtel aus, in dem »faschistische Eroberer seelenruhig das Ende Leningrads abgewartet« haben.

Als nun die deutschen Grenadiere wieder einmal beweisen müssen, wie gut sie inzwischen, der Not gehorchend, Abwehr und Rückzug gelernt haben, hören wir auch wieder von Hitler. Er empört sich über Küchler und läßt ihm ausrichten, er habe keine Truppen für die Heeresgruppe Nord. Sie sei »keine Krisen gewohnt!« So wie der Feldmarschall, müssen auch seine Generäle immer wieder nach zwei Seiten kämpfen: Gegen die angreifenden Russen und gegen die Illusionen ihres Obersten Kriegsherren, der sich starr gegen jeden Antrag, Truppen zurückzunehmen und damit Kampfkraft zu erhalten, bis zur letzten Minute aus Prinzip sträubt. So kommt es denn, daß Generäle dem Führerhauptquartier bestätigen, sie warteten selbstverständlich weitere Befehle ab – nur um mit dem nächsten Telefongespräch in realistischer Einschätzung der Lage den Rückzug und damit die Rettung von Menschen und Material freizugeben oder den Zeitpunkt dem taktischen Ermessen ihrer Frontoffiziere zu überlassen.

Das Wort Rückzug beschwört graue Bilder herauf: verstopfte Straßen, verstopfte Unterkünfte, abgerissene Befehls- und Versorgungswege. Fahrzeugknäuel vor Brücken, Kreuzungen und Engpässen, wenn Wagen sich ineinander verkeilen oder vorrückende Sperreinheiten und Nachhutverstärkungen auf zurückflutende Troßkolonnen, Flugplatzbesatzungen, Werkstattkompanien treffen. Wenn schwere Artillerie die Stellungen wechselt, Munitionstransporte nach vorn preschen, Panzer Pferdegespanne abdrängen, Lastwagen mit Achsbruch oder Motorschaden liegenbleiben. Und immer wieder Krisen, wenn Partisanen Straßen und Brücken sprengen, wenn Tiefflieger Fahrzeuge in Brand schießen. Dazu die Panikmeldungen und Gerüchte, die sich blitzschnell ausbreiten, dazu Nervosität, Geschrei und wilde Drohungen zwischen Transportoffizieren und Kolonnenführern. Und dann die Nachhutgefechte, die Aktionen der namenlosen Einzelkämpfer, die hochkochende Wut auf beiden Seiten, die Dramen, von denen keine lebendigen Zeugen bleiben. Tote werden in ihren Schützenlöchern zugeschüttet, wenn sie nicht zurückgebracht werden können, Verwundete mitgeschleppt, Schwerverwundete, für die Träger fehlen, werden verbunden und der Gnade der Angreifer oder ihren Schüssen überantwortet. Die Fronten verzahnen sich unüberschaubar. Vor den Duderhofer Höhen, die vom Sturmbataillon der 18. Armee im Gegenstoß besetzt und dann wegen fehlgeleiteten Feuers deutscher Artillerie wieder geräumt werden müssen, spielen sich unglaubliche Nachtgefechte in mehrstöckigen Häusern ab, deren Keller und Stockwerke wechselweise von Deutschen und Russen besetzt sind.

Der bereits zitierte kriegserfahrene Psychologe A. Stöhr meint: »Wahrscheinlich sind Beispiele an wirklicher Tapferkeit bei Rückzügen häufiger als bei großen Siegen zu finden. Sie waren weniger spektakulär, weniger für die Kriegspropaganda geeignet und wurden seltener durch Orden belohnt. Mit ein paar Mann den Rückzug decken, eine wichtige Straße für die Absetzbewegung vom Feind freikämpfen, das verlangte Tapferkeit. Hier galt es, den eigenen Selbsterhaltungstrieb zu überwinden und sich für das Kollektiv einzusetzen. Die Einstellung: ›Ich muß es tun, sonst sind alle verloren‹, trägt die Merkmale des Opfermuts.« Stöhr meint, es habe zum großen Teil an dieser Haltung gelegen, daß die Soldaten auch in aussichtslosen Lagen als Kriegshandwerker weiterfunktioniert hätten. »Bei intakten Einheiten«, so Stöhr, »in denen kriegsmäßige Abläufe noch gesichert waren, gab es weniger Verluste als bei zusammengewürfelten Marschkompanien. Im gleichen Maß, wie sich der Krieg den Reichsgrenzen näherte, wurde durch die akute Bedrohung von Heim und Herd bei vielen Soldaten der Schutzinstinkt aktiviert.« Es liegt Stöhr fern, diese Leistungen abzuwerten, wenn er auch auf andere Einflüsse bei den zähen Abwehrkämpfen hinweist: Die Drohung der Standgerichte, die Abstumpfung durch Erschöpfung und das Grauen des Krieges. Die Psychologie des ›verlorenen Haufens‹ hatte viele Wurzeln.

Was ist seit dem 14. Januar 1944 geschehen? Zuerst ist die 2. Stoßarmee der ›Leningrader Front‹ gegen die Deutschen aus dem Oranienbaumer Kessel heraus angetreten, der seit dem deutschen Vormarsch 1941 stehengeblieben war und nicht eingedrückt werden konnte, weil er unter dem Feuerschutz schwerer, massierter Artillerie aus Kronstadt und Leningrad liegt. Auf die deutschen Stellungen hämmern innerhalb einer Stunde 100 000 Granaten hinunter. Am nächsten Morgen verschießt die russische Artillerie in anderthalb Stunden 220 000 Granaten auf die deutsche HKL zwischen Urizk und Puschkin. Abends stehen die Rotarmisten der 42. Ar-

13. Kampf um Höhe 50,1 – dann dramatischer Rückzug

mee vor Duderhof, vor dem Höhenzug, auf dem zweieinhalb Jahre zuvor der General Hoepner dem General Reinhardt klarmachen mußte, daß es mit einem schnellen Stoß zum Winterpalais nichts werden würde, weil Hitler Moskau und die Ukraine plötzlich wichtiger waren als Leningrad.

Die 59. Armee der sogenannten ›Wolchow-Front‹ ist nach dreistündigem Trommelfeuer bei Nowgorod angetreten. Sie wird abgewiesen. Aber nachdem eine Schützenbrigade über das Eis des Ilmensees vorgeprescht ist, dringen die Russen südlich der Stadt in die deutsche HKL ein. Die Deutschen werden eingeschlossen. Sie wehren sich bis zum 19. Januar, dann müssen sie die Stadt räumen.

Bei der 28. Jäger-Division, die einen 25 Kilometer langen, unübersichtlichen Abschnitt nördlich von Nowgorod hält, wird am 13. Januar die Rücknahme aller Trosse ›in aller Elle‹ hinter die Rollbahn Tschudowo-Nowgorod befohlen. So sind die Soldaten nicht überrascht, als dann am 14. 1. um 5 Uhr morgens das Trommelfeuer einsetzt. Am Nachmittag wird gemeldet: »Stützpunktartig, meist nur durch Funk verbunden, kämpfen Bataillone und Kompanien neben Alarmeinheiten aus Urlaubern und Troßleuten.«

Die sowjetischen Armeen wollen hier nach Westen auf Luga stoßen, von Norden, von Puschkin her, mit dem gleichen Ziel nach Süden. Bei Luga soll der Sack zugeschnürt werden. Und bei Kingisepp im Norden soll verhindert werden, daß dort Teile der Belagerungstruppen von Leningrad nach Westen abfließen. So wollen die sowjetischen Generalstäbler der 18. Armee ein zweites Stalingrad bereiten.

Die Erlebnisse der Deutschen, die sich tapfer, aber vergeblich den Angreifern entgegenstemmen, erinnern an die Schrecken, denen russische Soldaten bei ihren Rückzugschlachten zu Beginn des deutsch-russischen Krieges, zweieinhalb Jahre zuvor, ausgeliefert waren. Damals triumphierten die Deutschen, sie hätten den Feind »zum Laufen gebracht«, sie berichteten befriedigt über »Auflösungserscheinungen beim Gegner«, »wilde, panische Fluchtbewegungen« und »erschöpfte, abgerissene, abgekämpfte Gestalten«. Jetzt erleben die Deutschen ähnliches am eigenen Leibe, und wie immer bei solchen Katastrophen, sind diejenigen, die ihnen die Suppe eingebrockt haben, weit, weit vom Schuß.

Die Divisionen kämpfen sich qualvoll zurück, nachdem ihre Abwehrstellungen zerschlagen sind. Nur selten gelingt es Augenzeugen, einen Eindruck von den Belastungen zu vermitteln, denen die Männer unterworfen sind. Bei der 28. Jäger-Division heißt es: »Nach wenigen Stunden härtester

Kämpfe, die auf beiden Seiten verlustreich sind, bestimmt der Gegner mit seinen scheinbar unendlichen Reserven das Handeln.« Und: »Die Nacht zum 15. Januar wird lang, sehr lang. In allen Himmelsrichtungen schießt und kracht es. Die brennenden Strohkaten und Holzhäuser der wenigen Siedlungen werfen ein gespenstisches Licht auf das Schlachtfeld am Wolchow, über dem ein vom Pulverdampf gesättigter, beißender Qualm hängt; Schreie der Verwundeten und Sterbenden mischen sich mit dem Brüllen waidwunder Tiere. An Verpflegung ist kaum zu denken, die Trosse kämpfen ja selbst um ihr Leben.«

Die 1. Luftwaffen-Felddivision, unerfahren, aber glänzend ausgerüstet, flieht. 10 Kilometer westlich von Nowgorod versammelt sich zu gleicher Zeit eine Kampfgruppe unter Führung des Majors von Oeynhausen. Da tauchen die ersten Flüchtenden auf. Der Major verlegt ihnen mit allen Offizieren und Unteroffizieren in breiter Front den Weg und bringt sie, »manchmal nur unter Bedrohung mit der Schußwaffe« zum Halten. Dann ordnet er die Reste der Division, die zum ersten Mal der Hölle der Materialschlacht ausgesetzt war, in zwei Bataillone und reiht verschiedene Vierlings-Flak und 8,8-cm-Geschütze ein. Aus den Luftwaffensoldaten sind später noch ausgefuchste Infanteristen geworden.

Eine angeschlagene Kampfgruppe der beiden Jägerregimenter geht durch dichten Wald auf einem Bahndamm zurück. Die Russen haben sie überflügelt und sperren den Damm mit einem tiefgestaffelten Riegel. Der Schnee ist kniehoch, es ist schneidend kalt. In der Nähe brennen Häuser, es herrscht mattes Mondlicht. Auf Akjas ziehen die Männer Verwundete und Gerät mit. Plötzlich wird die Gruppe direkt mit schweren Waffen beschossen. Da läßt sie ihr Gerät zurück, dringt in die Sperre ein und nimmt im Nahkampf sechs Pak, ein paar Infanteriegeschütze und Granatwerfer. Aber nun übersteigt die Zahl der Verwundeten die der Kampffähigen. Mancher der zu Tode Erschöpften gibt auf. Ein Stabsarzt und seine Gehilfen bleiben freiwillig bei den Verletzten und gehen in Gefangenschaft. Viele von denen, die durchkommen, leiden unter Erfrierungen, einige haben sich mit Lungenschüssen weitergeschleppt, einer mit einem Kniedurchschuß. Ein Offizier und fünf Freiwillige kämpfen sich mit ein paar Schlitten durch die verfolgenden Russen und retten 20 liegengebliebene Verwundete. Die allgemeine Parole der Zurückgehenden ist: ›Raus aus der Falle, wir müssen vor den Russen in Luga sein!‹ Einem Bataillon des JgR 49 haben die Russen die Rückzugsstraße versperrt. Also ab durch dicht verschneiten Hochwald. Lautlos und unbemerkt stapfen achtzig Mann

15 Kilometer dahin. Alle zehn Minuten lösen die ›Spurer‹ ab und die Männer, die Akjas mit Verwundeten, Gerät und Munition ziehen. Voran der Kommandeur, dahinter sein Adjutant, dann eine MG-Gruppe. Seit über 48 Stunden hat keiner der Männer geschlafen. Die 80 erreichen ohne Verluste die eigenen Linien.

Die 28. JgD macht zum ersten Mal eine bittere Erfahrung: Der Zusammenhalt zwischen den Einheiten geht verloren. Weder der Divisionskommandeur noch die Regimentskommandeure können zeitweilig noch führen. Restgruppen können wegen totaler Erschöpfung nicht mehr eingesetzt werden. In den sieben Tagen Rückkampf hat es ein einziges Mal Verpflegung gegeben. Ein Oberst kann aus Versprengten noch 50 Mann seines Regiments sammeln. Er schickt sie zum Troß, damit sie versorgt und ausgerüstet werden können. Als sie von einem Verpflegungsamt hören, das schon fast in der Kampflinie liegt, ziehen die Männer dorthin und erbitten Lebensmittel und Marketenderware. Die Wehrmachtbeamten lehnen ab, ein klassischer Fall und nicht das einzige Mal, daß eine verantwortungsscheue Bürokratie lieber den Verlust wertvoller Mittel und ihre Nutzung durch den Gegner riskiert, als sinnvoll zu handeln. Die Soldaten erzwingen die Ausgabe mit Gewalt.

Die 28. Jäger-Division verliert bei den Kämpfen vom 14. bis zum 31. Januar 76 Offiziere, 417 Unteroffiziere und 2006 Mannschaften. Doch als die russischen Angriffsspitzen sich bei Luga treffen, ist der letzte Deutsche abmarschiert. Der Sack ist leer. Stalingrad 2 findet nicht statt.

Natürlich liegt die Frage nahe, welche Rolle Hitler bei diesem verlustreichen, aber doch leidlich geordneten Rückzug gespielt hat. Sie ist schnell beantwortet. Als Küchler, den Hitler einst als einen ›Haudegen mit Kopf‹ gewürdigt hatte, am 22. Januar im Hauptquartier in Ostpreußen die Freigabe des Rückzuges auf eine Riegelstellung bei Luga erwirken will, wird er abgewiesen und seines Postens enthoben.

Während der Feldmarschall von Küchler und der Generaloberst Lindemann, der Oberbefehlshaber der 18. Armee, am 19. Januar noch darüber telefonierten, daß Hitler den Antrag, Nowgorod zu räumen, »aus politischen Gründen« ablehnt, waren in der Stadt schon die letzten Munitionslager gesprengt worden. Und während sich abends der Oberstleutnant Graf Kielmansegg im Auftrag Hitlers danach erkundigte, wie stark denn die Bataillone in Nowgorod seien und den Befehl übermittelte, erst einmal Artillerie aus Nowgorod abzuziehen, schlugen sich bereits Reste der Besatzung zu den Nachhuten durch.

Bei der Besprechung am 22. Januar 1944 wischt Hitler alle Argumente Küchlers vom Tisch. Er verkündet dem Feldmarschall kategorisch, es sei kein Gelände freiwillig aufzugeben. Hitler befiehlt, den Gegner durch Gegenstöße aufzuhalten, damit er möglichst hohe Verluste erleide. Nur so bestehe die Hoffnung, ihn verbluten zu lassen. An eigene Verluste, an die Grenzen eigener Kraft verschwendet Hitler keinen Gedanken. Küchler muß sich anhören, die Heeresgruppe solle kämpfen und halten. An anderen Fronten gehe es so seit Monaten. Da es dem Feldmarschall an jeglicher Einsicht zu mangeln scheint, bricht Hitler die Unterredung ab. Küchler darf gehen.

Nachfolger Küchlers wird der Generaloberst Model. Für den ist der Rückzug gar kein Thema mehr. Aber er ist geschickt genug, einen Plan mit dem Ziel vorzulegen, die Einschließungsmaßnahmen der Russen zu kontern. Daraus wird nichts, denn die Division, die er dafür zusätzlich braucht, bekommt er nie. Außerdem will er den Rückzug verlangsamen, weil ihm die Auffangstellung noch nicht genug ausgebaut erscheint.

Während die Truppen zurückweichen, machen sich die Partisanen immer stärker bemerkbar. Der Ort Oredesch wird am 30. Januar von der 11. Partisanenbrigade mit 4000 Mann überfallen. Versorgungseinheiten geraten in Panik. Es wird eine Rückkehrerkompanie aus Urlaubern aufgestellt, das III. Bataillon des Grenadier-Regiments 24 geht zum Gegenangriff über, alle Offiziere fallen. Im Ort geht die Artillerie in Stellung. Wie Werner Haupt berichtet, sind in diesen Tagen etwa 40 000 Partisanen im deutschen Hinterland am Werk. 300 Brücken werden zerstört, 130 Züge zum Entgleisen gebracht.

Die 18. Armee meldet nach den ersten zehn Tagen der sowjetischen Offensive den Verlust von 35 000 Soldaten. Am 21. Januar triumphieren die Angreifer, Mga sei nach 880 Tagen wieder in sowjetischer Hand. Die Deutschen geben eine Bastion nach der anderen auf. Am 27. Januar feiern die Leningrader die endgültige Befreiung. Mit großen Schritten entfernt sich der Krieg von der geplagten Stadt, in der inzwischen schon die Ratten verhungert waren.

Teile der 215. württemberg-badischen ID haben während der wochenlangen Rückzugs- und Nachhutgefechte seit Beginn der sowjetischen Großoffensive Geschütze, Nachrichtengerät, Ausrüstung, Fahrzeuge eingebüßt. Sie stoßen in den Wäldern von Luga auf die »Spanische Legion«, die mit verladenem Gerät auf die Freigabe der Rückzugswege wartet. Was hat es mit dieser Legion auf sich?

13. Kampf um Höhe 50,1 – dann dramatischer Rückzug

Die ursprünglich mit allen Versorgungseinheiten über 17 000 Mann starke 250. spanische ID, genannt »Blaue Division«, war Ende 1943 nach massivem alliierten Druck auf die spanische Regierung zur Rückkehr in die Heimat gezwungen worden. Nach ebenso tapferen wie verlustreichen Kämpfen an Wolchow, Ilmensee und vor Kolpino aus der deutschen Front herausgezogen, haben sich spanische Freiwillige dieser Division zur »Spanischen Legion« formiert, einem Verband aus drei Bataillonen mit insgesamt über 2000 Offizieren und Soldaten, unter Oberst García Navarro.

Die drei Bataillone sind voll ausgerüstet und haben, der 121. ID unterstellt, heftige Gefechte mit Partisanen bei Oredesch hinter sich. Nun sind sie, wie zuvor die „Blaue Division", Gegenstand diplomatischer Demarchen der Alliierten bei der Regierung in Madrid. Stalin verlangt die sofortige Auflösung der Truppe, doch der stolze Franco läßt sich nicht drängen.

Die Spanier in den Wäldern um Luga werden einerseits nicht zu Abwehrkämpfen eingesetzt, andererseits betont langsam abtransportiert. Der 215. ID kommt diese Situation, genauer gesagt, kommen die gut bewaffneten Spanier wie gerufen. Die 215er, die kämpfen wollen und müssen, haben es auf deren Artillerie abgesehen, die sie zwar hergeben würden, aber nicht dürfen – sie sollen ihre Waffen in Berlin abliefern. Zauderer und Bedenkenträger sind wegen der bedrohlichen Lage in den Partisanenwäldern nicht in der Nähe, und so kaufen die 215er den Legionären ganz einfach alles an Waffen ab, was ihnen fehlt. Beide Seiten sind zufrieden.

Die Spanier marschieren schließlich weiter. Aber nicht alle fahren in die Heimat. Ein harter Kern will den Kampf gegen den Bolschewismus nicht aufgeben, nicht zuletzt wegen bitterer Erfahrungen im spanischen Bürgerkrieg 1936 bis 1939. Bei der Waffen-SS werden zwei spanische Freiwilligen-Kompanien aufgestellt, die 101. und die 102., die dann bei den Kämpfen um die Reichskanzlei 1945 in Berlin untergehen sollten. Erst im April 1954 kehren 21 dieser Männer, zusammen mit 219 ehemaligen Soldaten der »Blauen Division«, aus sowjetischer Gefangenschaft nach Spanien zurück.

Noch gelingt es den Russen nicht, die 18. Armee einzuschließen. Sie krallt sich zunächst in der ›Pantherstellung‹ fest. Auch die 16. Armee muß dem Druck des roten Gegners weichen. Staraja Russa, Cholm, Dno, Porchow werden aufgegeben. Nun liegt die gesamte Heeresgruppe Nord in der ›Pantherstellung‹, die Monate zuvor mehr schlecht als recht vorbereitet worden war. Das Frontgeschehen verlagert sich ins Baltikum, die Einschließung der Heeresgruppe bahnt sich an. Hitler spricht von der ›Festung Kurland‹, die Landser sagen treffend ›Kurlandkessel‹. Für sie gilt, was der Generaloberst Lindemann den Soldaten seiner 18. Armee zugerufen hat: »Kein Schritt zurück ist unsere Losung! ... Ich verlange von Euch letzte Pflichterfüllung ... Wir stehen im Vorfeld der Heimat. Jeder Schritt zurück trüge den Krieg zur Luft und zur See nach Deutschland!«

14. Kapitel
Der Wolchow-Marsch, die Ratten und der Rucksack

Nun ist es vier Uhr morgens. Ich liege in der Schiffskoje und bin noch immer hellwach. Ich ahne das leise Atmen des Schiffes. Ich denke an den Sommer 1943 und an die Landschaft, in der ich so gern zusammen mit Vladimir Nabokov Schmetterlinge gefangen hätte. Und ich sehe mich als Jungen mit Karabiner, Tarnjacke, Mückenschleier und Gummistiefeln. So unsäglich eins mit meinem Tun, so zufrieden, neugierig und aufgeregt zugleich, wie es nur Jugend möglich macht.

Da steht der junge Gefreite im Sappenkopf und starrt ins Niemandsland vor Pogostje. Der Sappenkopf ist ein zehn Meter langer Graben, der in einer Gasse zwischen verfilzten Drahthindernissen an der Böschung des legendären Bahndammes entlang getrieben ist. An der Spitze dieses Fingers, der auf die Reste der Bahnstation Pogostje weist, ein sechseckiger Kampfstand unter einem meterdicken Bohlendeckel. Dort, wo das kleine, böse Maul des Maschinengewehres hindeutet, klafft ein riesiger Trichter, dahinter die zickzackförmig verschobene Bahntrasse mit der an beiden Rändern angebissenen Böschung. Ringsum junge, verstümmelte, abgefetzte Birken, Buschwerk, Schilfgras, Kegel mit hohen Halmen, schwarzglänzende Tümpel. Dazwischen rostige Waffen und Helme, verstreute Munition, gequollenes Lederzeug, fleckige Mullbindenreste, durchlöcherte Patronenkästen. Es riecht nach Tod, aus dem Stangenwald zur Linken, aus dem Schilfoval zur Rechten, das so romantisch ›Falkenauge‹ genannt wird. Dort liegen sie. Dort liegen die verwesten Bündel. Dort leuchtet das gebeizte Weiß der Röhrenknochen, der Beckenschaufeln und Schädeldächer. Dazwischen das Rostrot der Helme, Spatenblätter, Gewehrläufe, das blasige, braunfleckige Blech der Tellerminen und der Schützenminen mit den tückisch gespannten Auslösedrähten. Nicht der winzigste Knochen, der nicht unter Lebensgefahr zu bergen wäre. Staub zu Staub.

Hier also sind die Rotarmisten des Generals Fedjuninskij eingebrochen, erinnert sich der Junge. Hier stieg die nasse Erde unter ihrem Sperrfeuer hoch, als sie ihre Flanke abriegelten, um sich nach Winjagolowo mit der Mga-Brücke hinunterzuwühlen. Und hier am Bahndamm ist 15 Monate

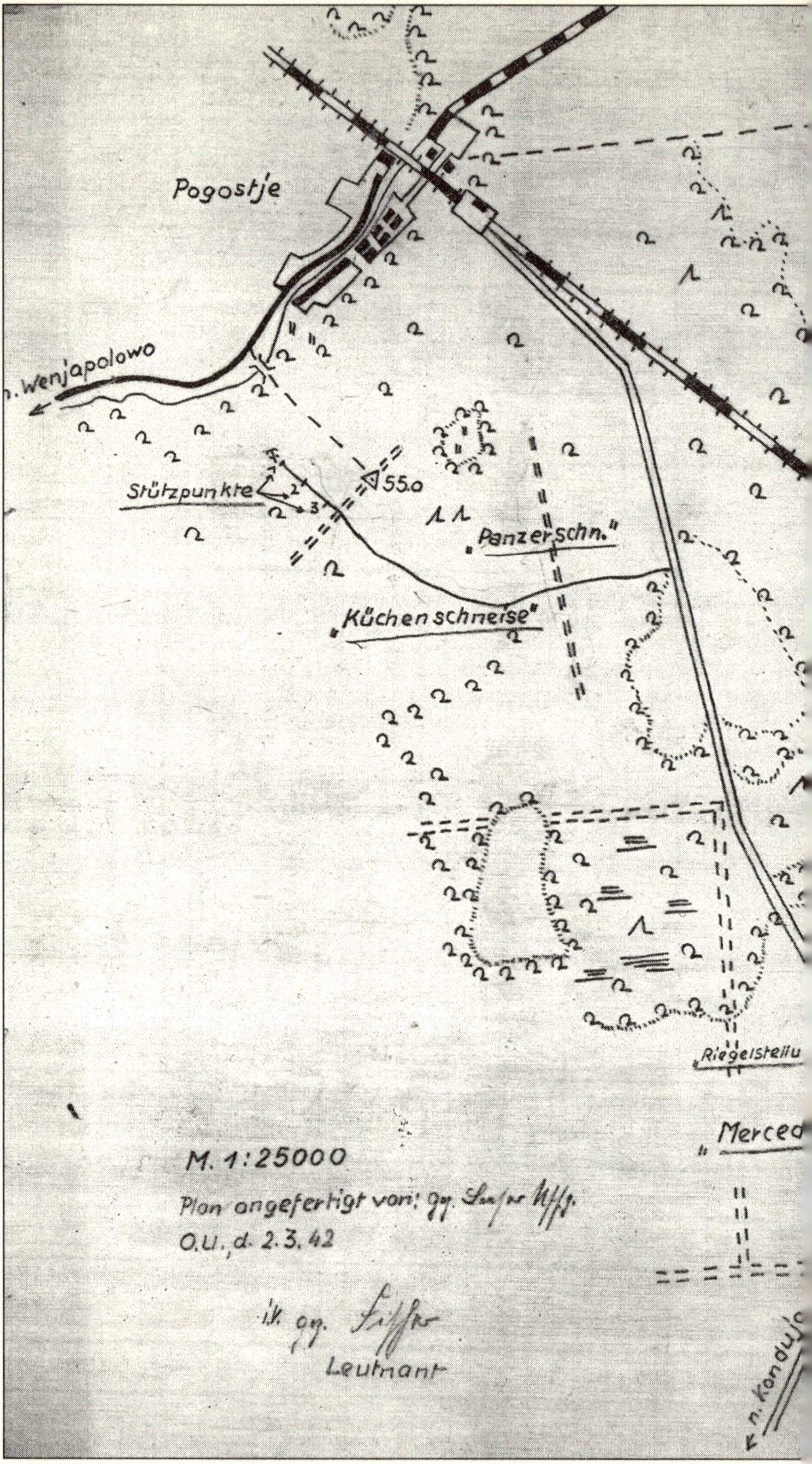

Pogostje

n. Wenjapolowo

Stützpunkte

△ 55,0

"Panzerschn."

"Küchenschneise"

Riegelstellu

"Merced

M. 1:25000
Plan angefertigt von:
O.U., d. 2.3.42

i.V. gez.
Leutnant

n. Konduja

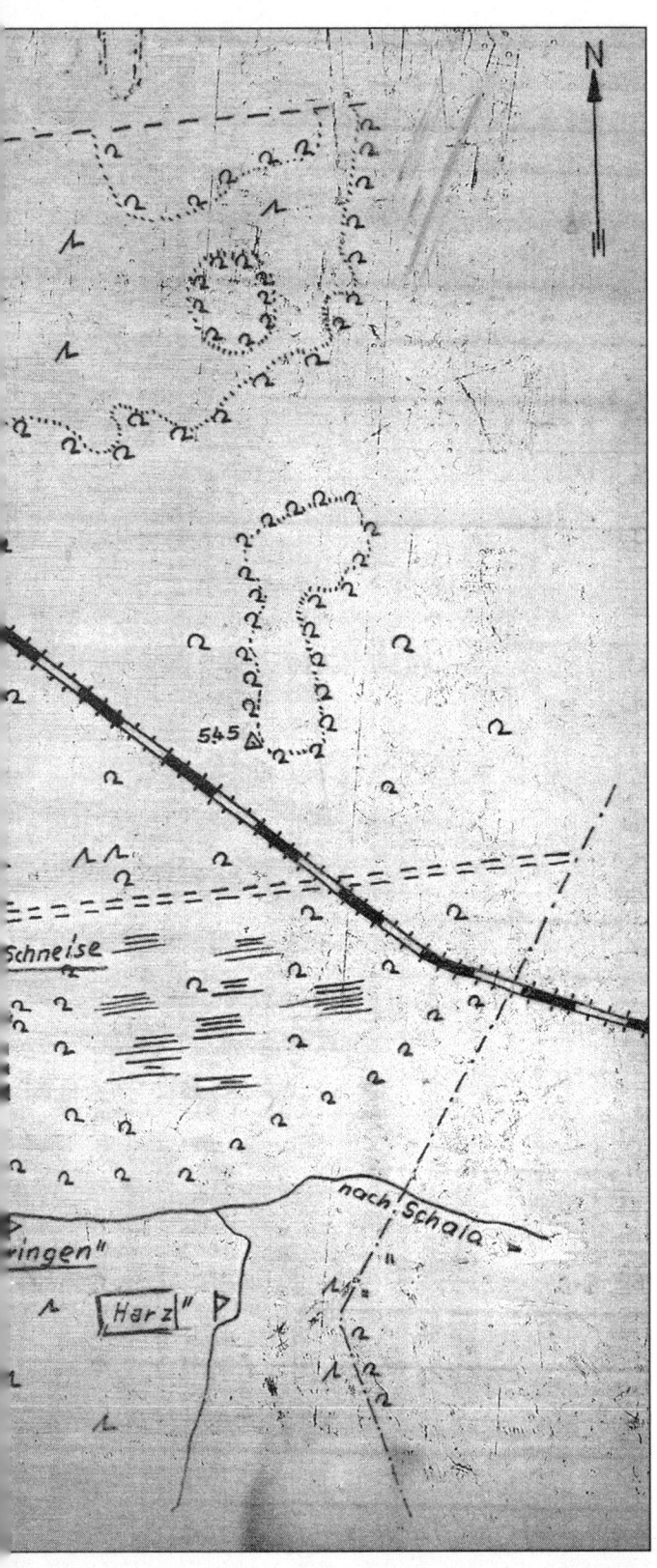

Das Wald- und Sumpfgebiet um das Dorf Pogostje an der Bahnstrecke von Mga im »Flaschenhals« nach Kirischi am Wolchow. Wenn Zeit und zeichnerische Begabung ausreichten, wurden mit solchen Kartenskizzen Gefechtsberichte ergänzt, um Wesentliches hervorzuheben und schnelle Orientierung zu sichern. Diese Zeichnung lag dem Bericht des Leutnants Fischer von der 2. Kp. des Pionier-Bataillons 223 bei.

zuvor ein Bataillon der 225sten mit 700 Mann in Stellung gegangen und nach genau fünf Tagen mit dem Rest von 150 Mann zurückgetrottet. Dort, weiter rechts im Dunst, der Ruinenstützpunkt ›Klosterdorf‹, in dem nun wieder gebetet wird – von angstzermürbten Landsern diesmal und zu den Dissonanzen der Stalinorgeln – und in dem nur noch ein paar Ziegelbrocken an den heiligen Ort erinnern. Und hier unten der Bach, der Dubok heißt. Und da, diese dicke, dunkle Linie im Grün, das sind die Palisaden unserer HKL, hinter denen du dir so gern einbildest, geborgen zu sein, wenn du aus dem Niemandsland kommst. In dieser Wüstenei, über die damals der Schnee vorsorglich sein Leichentuch gebreitet hatte, haben in den Monaten der Wolchowschlacht nur 10 000 Landser fast 90 000 Rotarmisten gegenübergelegen. Und 200 wintergängige T 34 und KWI sind dort links aus den Wäldern gescheppert und wie Riesenschildkröten über den Bahndamm und das Trichterfeld gekrochen.

Vorhin bin ich ein paar hundert Meter von hier auf der Lichtung hinter der Palisade der 10. Kompanie herumgeschlichen, da, wo der T 34 steht. Ein Kranz wassergefüllter Trichter umgibt ihn, mit winzigen, zappeligen Kaulquappen darin. Das Geschützrohr steht steil nach oben, wie der Rüssel eines trompetenden Elefanten, und eine geborstene Laufkette kriecht wie eine Raupe ins fette Gras. Sicher hat der Koloß die Paksperre 80 Meter weiter im Unterholz nicht erkannt. Und die Kanoniere durften erst in letzter Minute auf ihn schießen und haben sich vorher die Lippen blutig gebissen. Jetzt stehen wieder Pak da, Schweigegeschütze, lauernd, still, präzise auf Ziele gerichtet, die sich ahnungslos nähern. Die Bedienungen müssen verdammt gute Nerven haben. Sicherlich ist der T 34 voll reingefahren ins Feuer. Nun steht er rostig und mit Löchern und Narben da, ein Denkmal für alle, die tapfer gestorben sind, bevor sie richtig gelebt haben. Dem jungen Gefreiten ist auf einmal gar nicht mehr heiter zumute.

Es war brütend heiß wie heute, denkt er, als um zehn Uhr morgens die Hölle ausbrach und die Russen losstürmten, um den Bahndamm mit dem Sappenkopf, diesen Dorn in ihrem Fleisch, endlich abzukneifen. Mir flattern jetzt noch die Trommelfelle, wenn ich an das Feuer denke, und wie unsere Nebelwerfer dagegengehalten haben. Die Kehle hat es mir zugeschnürt, als plötzlich die jungen Russen todesmutig über die Palisade vor der zehnten Kompanie und über den Damm am Sappenkopf gesprungen sind, genau in unsere Garben hinein. Und dann lagen sie in der Stellung, dann hingen sie im Stacheldraht, dann ertranken und verbluteten sie im Dubok-Bach, der sich auf einmal so schrecklich färbte. Und du hast da gekniet, hast das Zirpen der Geschosse nicht mehr gehört, hast den Luftdruck der Detonationen und den stechenden Pulvergeruch nicht bemerkt und nicht das Beben des Moorbodens. Du hast auf die Jungen in den fremden Uniformen, mit den fremden Waffen, den fremden Handgranaten gestarrt. Und hast in jedem, der dort auf ewig schlief, dich selbst gesehen.

Hinter dem Gefreiten klappern Spaten und Hacken gegen Seitengewehre und Feldflaschen. Der Junge blickt den gebeugten Gestalten eines Pioniertrupps nach, die den Damm entlang in Richtung Mga ziehen, wo die HKL in der Böschung unter den Gleisresten der Bahn verläuft. Dann blinzelt er wieder – über die Deckung. Er kann seinen Blick nicht von diesem armseligen Stück Erde lassen, das so viele Opfer gefordert, so viele Tragödien gesehen hat. Zur Rechten ragen ein paar hohe, verstümmelte Buchen gegen die sinkende Sonne. Dahinter wie Zahnstocher die Reste des Tannengürtels, den sie wegen seiner Umrisse auf der Karte Schinkenwald nennen. Ein Sandrücken mit einem Gewirr von Hindernissen, Gräben, Postenständen senkt sich zum Bachgrund, der bis unter den Wasserspiegel mit Draht gesperrt ist. Da die Küchenschneise, der Maulwald, der Wundergarten mit den Krüppelkiefern, der Südfingerwald mit dem Daumen, der Moorbusen ... Die Blätter flirren und glitzern im flachen Licht. Weit hinten am Horizont die unversehrten Wälder, grünleuchtend oder dräuend in allen Schattierungen. Lange Gräser biegen sich unterm Wind. Es riecht nach Erde, nach Laub und Geäst, nach Holzrauch und Pulver – und immer wieder nach Verwesung in dichten Schwaden. Zigarettenrauch zieht den Graben entlang. Ein paar Männer in Tarnjacken sehen ihre Waffen durch und lutschen gedankenverloren ihre Kippen aus.

Es wird dämmerig. Eine Garbe Explosivgeschosse klackert wie Knallerbsen in die Brustwehr. Links und rechts aus den Kampfständen fallen Gewehrschüsse, auch der Iwan drüben wird laut. MG-Posten lassen ein paar Schuß Einzelfeuer los. Aha, denkt der Junge, jetzt schießen sie sich ein, solange noch gutes Büchsenlicht ist, und um sich selbst zu beruhigen. Auf beiden Seiten wird die Stimmung nervöser, wie jedesmal zur Nacht.

Neben dem Jungen ruckelt sich der MG-Schütze hinter seiner abgewetzten, blauschwarz schimmernden Waffe zurecht. Er schiebt mit dem Daumen den Sicherungsknopf auf ›F‹ und legt den nikotingelben Zeigefinger auf ›D‹, am Ende des Abzuges: Dauerfeuer. Nun zieht er durch – kurz, kurz, lang, lang, lang. Die Geschosse fetzen rüber in die Schattenlinie der russischen HKL. Rong, rong, roong, roong, roong, pam, pam, paampaampaam. Der ›Wolchow-Marsch‹, wie die Grenadiere sagen. Ob die Rotarmisten die Schußfolge auch so nennen?

Schon kommt die Antwort von drüben: Rong, rong ..., schon übernimmt das MG am Fuchsbau vorm Bahndamm den Rhythmus, jetzt das rechts vor der Quadratlichtung, nun drüben ein anderes: Rong, rong, roong, roong, roong. Wie eine Woge rollen die Trommelschläge nach beiden Seiten, hüben und drüben. Noch minutenlang ist der Takt in der Ferne zu hören, nach Lodwa hinauf und Gaitolowo, Richtung Ladogasee. Nach Smerdynja hin und bis Kirischi, über den Wolchow hinüber. Und als nach einer Viertelstunde das Stakkato hinter den Wäldern wieder aufklingt und lauter und lauter wird, sagt der Junge fiebrig: »Du, laß mich mal!« Schweigend rückt der Schütze Eins zur Seite. Nun trommelt der Junge den Marsch nach drüben. Schon antwortet das schwere Maxim drüben, schon hackt es in die Bohlendecke, als würde ein Sack Bohnen ausgeschüttet. Durch das gelbrote Flackern vor dem Mündungsfeuerdämpfer visiert der Junge dorthin, wo er das russische MG ausgemacht hat und krümmt den Zeigefinger. So spielen sie auf beiden Seiten mit dem Tod, entrückt wie noch ein paar Jahre zuvor auf Sportplatz und Turnboden, bei Komsomolzen und Hitlerjugend.

Als der Gefreite in dieser Nacht auf Posten zieht und in das leuchtende Grau einer der »weißen Leningrader Nächte« lauert, fällt ihm der General Wlassow ein. Der wirbt nun unter den Rotarmisten, die in deutscher Gefangenschaft sind, für seine Befreiungsarmee gegen diesen Stalin, der seine Soldaten im Wolchowkessel im Stich gelassen hat. Wie enttäuscht muß einer sein, überlegt der Junge, wie zornig und verzweifelt, wie mutig auch, um sich auf der Seite des Feindes gegen die Machthaber seines Landes zu stellen und das Stigma des Verräters auf sich zu nehmen. Und wie muß er seine Heimat lieben.

Ich liege in meiner Koje. Ich stelle mir vor, wie der schneeweiße Schwan sanft über die Wracks von Schiffen hinweggleitet, die mit Abertausenden von Menschen an Bord Opfer des deutsch-russischen Krieges wurden. Dies ist ja auch ein Teil der großen Arena Leningrad, den Mutter Natur gnädig zudeckt. Jetzt werden wir wohl wieder an Tallinn vorbei sein, dessen Leuchtfeuer dir bei der Hinfahrt so vielsagend zugezwinkert und dich an die warme Haut der Estinnen erinnert hat.

Tallinn, das auf unseren Karten damals nur Reval hieß, war seit 1940 Hauptquartier der sowjetischen Baltischen Flotte gewesen. Am 27. August

14. Der Wolchow-Marsch, die Ratten und der Rucksack

1941 stehen die Angriffsspitzen der deutschen 61. und 217. Infanteriedivision vor den Toren der Stadt. Drei sowjetische Schützendivisionen, dazu Marinetruppen verteidigen sie. Admiral Tribuz befiehlt schließlich die Räumung. Die Deutschen dringen einen Tag später unter dem Sperrfeuer der sowjetischen Schiffsartillerie ein. Die Russen legen dichte Rauch- und Nebelschleier. In ihrem Schutz verladen sie die Reste der 10., 16. und 22. SchD auf etwa 170 Kriegs- und Handelsschiffe. Nachmittags laufen sie aus. Der beschädigte Kreuzer *Kirow* wird von drei Zerstörern aus dem Hafen geschleppt. Weitere 15 Zerstörer, sechs Torpedo- und Geleitboote, 28 Minensucher, sechs U-Boote, ein Tanker und 25 Frachtdampfer bilden den ersten Konvoi. Zwei nachfolgende Geleitzüge werden von Minensuchern, Wachbooten und U-Jägern eskortiert. Der Stabschef der Flotte, Konteradmiral Pantelejew, führt die Nachhut von vier Zerstörern.

Vor den Schiffen liegt ein Weg von rund 300 Kilometern nach Kronstadt und Leningrad. Mit mehr als 20000 Soldaten und zwangsverschleppten Esten an Bord und 66000 Tonnen Kriegsmaterial laufen sie bei schönem Wetter nach Osten und nähern sich am 29. August ahnungslos der ›Juminda‹-Minensperre, die von den Deutschen ausgelegt und von den Russen in ihrer vollen Ausdehnung nicht erkannt worden ist, obwohl dort zuvor bereits elf Schiffe nach Minentreffern gesunken sind. Die Sicht ist durch die Rauchschwaden der brennenden Wälder im estnischen Küstenland erschwert, die Lage verworren, als deutsche Heeresbatterien plötzlich das Feuer eröffnen und dann auch noch sieben Ju 88 angreifen, die zufällig die Konvois entdeckt haben. Ein Schiff nach dem anderen gerät in Brand, kentert, sinkt. Aber die Deutschen können die grausige Gunst der Stunde nicht entscheidend nutzen. Sie sind auf den Kampf gegen eine so gewaltige Armada nicht vorbereitet. Admiral Tribuz muß 70 Schiffe als verloren melden. Die waidwunde *Kirow* kann Kronstadt erreichen.

Die Menschenverachtung Stalins ist bis in diese Geschehnisse hinein spürbar. Als der Transporter *Kasachstan* mit 3600 Soldaten an Bord von Bomben eingedeckt wird, so berichtet der Amerikaner Salisbury, trifft eine von ihnen die Brücke. Der Kommandant, Kapitän Kalitajew, wird durch die Detonation bewußtlos über Bord geschleudert. Erst im Wasser kommt er zu sich. Hätte ihn nicht eines der Begleit-U-Boote aufgefischt, wäre er ertrunken. Die *Kasachstan* läuft auf Strand, kann aber freimanövriert werden und Kronstadt erreichen. Kalitajew wird an Land getragen. Dort stehen nicht Helfer bereit, sondern Schergen. Er wird beschuldigt, sein Schiff verlassen zu haben, um sein Leben zu retten. Das Urteil des Standgerichts:

Tod durch Erschießen. Es wird sofort vollstreckt. 20 Jahre nach diesem Exempel erhält die Witwe Kalitajews die offizielle Mitteilung, die Anklage sei unbegründet gewesen.

Die Episode erinnert an eine Begebenheit kurz nach der Anlandung einer Gruppe deutscher Wehrmachthelferinnen, die im Januar 1945 in der sturmgepeitschten Ostsee den Untergang der *Wilhelm Gustloff* überlebt haben, bei dem es, wie Heinz Schön nach jahrelanger Forschung ermitteln konnte, 9343 Opfer, davon mehr als 5000 Kinder, gegeben hatte. Die jungen Frauen schlagen sich, nachdem sie versorgt sind, mit der Eisenbahn weiter nach Westen durch. Viele haben den Schock der Schiffskatastrophe noch nicht überwunden, da werden sie von Parteifunktionären unter der Beschuldigung aus dem Waggon geholt, sie seien fahnenflüchtig. Ein paar klardenkende und mitfühlende Mitmenschen konnten damals verhindern, daß es nicht zu einer Verfolgung Schiffbrüchiger durch fanatische Politgangster kam.

Die sowjetische Flotte, die in einer unglücklichen Lage in der Spitze eines Trichters steckt, aus dem ihr der Weg in die Ostsee versperrt ist, sieht sich tödlicher Kritik ausgesetzt. Die Deutschen halten den Trichter mit erbarmungsloser Gründlichkeit verschlossen. Sie verlegen 1942 acht Minengürtel mit fast 13 000 Minen und 1943 eine Netzsperre von 60 Kilometern Länge und bis zu 60 Metern tief. 25 von 49 russischen U-Booten fallen in der Ostsee Minen zum Opfer.

Gelegenheit zu spektakulären Aktionen bietet der Seekrieg in der Ostsee kaum. Die Deutschen sichern ihre Nachschubwege über See und unterstützen später die Truppen, die sich an der Küste zurückziehen, mit ihrer Schiffsartillerie. Ihre größte Leistung aber vollbringt die deutsche Kriegsmarine, als sie gegen Kriegsende zweieinhalb Millionen Menschen über See die Flucht nach Westen ermöglicht. Über tausend Schiffe sind dabei eingesetzt, keines kann geschont werden. Allein 245 Handelsschiffe gehen verloren, 33 000 Menschen finden den Tod. So liegen von der Newa bis zur Odermündung zwischen russischen Wracks auch die von deutschen Linienschiffen, Zerstörern und Torpedobooten, von Hilfskreuzern, Schnellbooten und Minenschiffen. Dabei Totenschiffe wie die *Gustloff,* die *Goya,* die *Steuben* und die vielen anderen Transporter und Fahrzeuge, die mit ihren Besatzungen, mit Frauen, Kindern, Verwundeten, Soldaten versanken. Russen und Deutsche haben sich wirklich nichts geschenkt.

Nun gleitet die schöne, weiße *Europa* elegant über die vielen rostigen, muschelbesetzten Schiffstrümmer hinweg. Tief unten die blanken Kno-

14. Der Wolchow-Marsch, die Ratten und der Rucksack

chen der Unglücklichen. Über ihnen die Schiffsbäckerei, in der soeben die ersten knusprigen Frühstücksbrötchen vom Blech geschoben werden. Die Küchenmanager rechnen die Menge Malossol-Kaviar durch, die heute abend auf Eisblöcken serviert wird. Sie überschlagen, wieviele Portionen warme türkische Feigen in Wodka, Vanille-Eis und Schlagsahne verbraucht werden. Die Speisekarte der *Europa* ist längst, dem Kurs des Schiffes entsprechend, russischen kulinarischen Traditionen angepaßt: Gefüllte Lachsrosen ›Astrachan‹ werden angeboten, Creme ›Prinz Nikolaj‹, Salat ›Bagration‹, gespickte Rehkeule ›Romanoff‹. Wahrscheinlich kontrolliert der Obersteward schon die Früchtekörbe für die Dekoration des Frühstücksbüffets.

Vor meinen Augen erscheint noch einmal der junge Gefreite aus dem Jahr 1943. Er mochte sich schon damals nicht einreden, die Verwesungsschwaden, die durch die Wälder vor Pogostje zogen, seien der Duft des Lorbeers für die Helden. Lange noch haben sie dem jungen Waldläufer den Atem geraubt, wenn er über schwankende Stege durchs Riedgras schlich. Und wenn er nachts ins Vorfeld starrte und die Moorbrühe unter seinen Stiefeln gluckerte, hörte er zwischen den Resten von Menschen, die nicht älter als er gewesen waren und die nun keiner mehr nach Sprache, Rasse, Herkunft und Idealen unterscheiden konnte, das Geraschel der Ratten. Er sah sie hin- und herhuschen und sich gütlich tun. Angewidert hat er auf die trippelnden Schatten das Magazin der MP 40 geleert. Und oft hat er mutlos und traurig die Waffe sinken lassen. Ach, Bruder Fritz, hat er gedacht, ach, Bruder Iwan, sind es denn wirklich immer nur die Ratten, die übrig bleiben?

Am nächsten Tag. Südwind, Stärke 3. Leicht bewegte See. Badewetter. Süßes Nichtstun. Tag des Vergessens. Abends Essen bei Kerzenlicht. Noch einige solcher Kreuzfahrten, und ich genieße den Kaviar so gelangweilt wie morgens das Quittengelee auf dem Brötchen. Von allen Seiten die Frage, ob man sich auf der nächsten Reise wiedersieht. Meine Nachbarin ist herb und drahtig, ihr Blick wechselnd zwischen Arroganz und Verwegenheit, jede Falte Beweis für schicksalhaft verlorene Kämpfe, für Pflicht und Verzicht. Sie sagt zu mir: »Eins ist sicher: Im Oktober immer weit weg und so exotisch wie möglich!« Behutsam frage ich mich vor. Sie erzählt betont beiläufig. Und wieder begegne ich einem tragischen Erfahrungsklischee meiner Generation: Früher Verlust letzter Illusionen als Operationsschwester im Feldlazarett. Die Familie ausgelöscht, Bombenopfer, Kampfopfer, Fluchtopfer. Der Vater Sozialdemokrat, Hitlergegner, hatte es vorausgesagt. Die Befreiung endete für ihn tödlich, im nunmehr sowjetischen Lager Buchenwald. In jedem Oktober ein Todesfall, von 1939 an.

»Immer, wenn das Laub sich färbt, kriege ich Depressionen«, sagt sie achselzuckend. Ich frage: »Und diesen Rucksack schleppen Sie bis heute 'rum?« »Ja«, lächelt sie, aber ihre Augen lächeln nicht, »ich trage ihn, doch ab und zu – drückt er. Beim Abschiednehmen zum Beispiel.« Und nach einer Pause forscht sie: »Und Sie? Was ist mit Ihnen? Ohne Gepäck?« Ich zögere, mag nicht schon wieder in der Erinnerung stochern. Eine Stimme am Nebentisch zerreißt die Schleier der Schwermut: »Das kann ich Ihnen sagen, mein Lieber – wären wir rechtzeitig nach Leningrad und Moskau reingekommen, wir hätten den Krieg mit Hurra gewonnen!« Plötzlich ist unser Lächeln erloschen. Wir heben die Gläser. Ich sage, mit Blick nach nebenan: »Auf den Sieg der Vernunft über die Selbstgerechten!« Sie antwortet leise: »Bloß die Hoffnung nicht aufgeben!«

Am nächsten Morgen Abschied. Freundliche Floskeln, Trinkgelder, Hektik, Winken. Der Taxifahrer sagt: »Der HSV hat schon wieder verloren. Das macht alles keinen Spaß mehr ...« Ich schweige.

Bezeichnungen und Abkürzungen

Ia, Ib, Ic	–	Eins A, Eins B usw.: Funktionsbezeichnung für Stabsoffiziere
Bespannte Einheiten	–	mit Zugtieren ausgestattete Truppenteile
Btl.	–	Bataillon
G 43	–	Gewehr 43 (auch als K 43 bezeichnet)
GD	–	Grenadier-Division, teilweise umbenannt aus Infanterie-Division
GR	–	Grenadier-Regiment (ab 15. 10. 1942)
HKL	–	Hauptkampflinie
HVP	–	Hauptverbandplatz
ID (mot)	–	Motorisierte Infanterie-Division
ID	–	Infanterie-Division
IR	–	Infanterie-Regiment
JgD	–	Jäger-Division
JgR	–	Jäger-Regiment
Kp.	–	Kompanie
KTB	–	Kriegstagebuch
lFH	–	leichte Feldhaubitze (Kaliber 10,5 cm)
lGrW 36	–	leichter Granatwerfer (Kaliber 5 cm)
lIG	–	leichtes Infanteriegeschütz (7,5 cm)
MG	–	Maschinengewehr
mGrW 34	–	mittlerer Granatwerfer (8,0 cm)
mot.	–	motorisiert
MP oder MPi	–	Maschinenpistole

NKWD	–	sowjetisches Volkskommissariat f. innere Angelegenheiten (pol. Überwachung; Nachrichtendienst, Strafjustiz, Straflager). Später MWD.
OKW	–	Oberkommando der Wehrmacht
OKH	–	Oberkommando des Heeres
Pak	–	Panzerabwehr-Kanone
PK	–	Propaganda-Kompanie
Politruk	–	politischer Führer einer sowjetischen Einheit (neben dem militärischen)
Protze	–	zweirädriges Fahrzeug z. Bewegen von Artilleriewaffen
PzD	–	Panzer-Division
Rollbahn	–	befestigte Verkehrs-/Nachschubachse hinter dem Frontgebiet
Sappe	–	Laufgraben in Richtung d. feindl. Stellung
Schwadron	–	Einheit der Kavallerie/Aufklärungsverbände in Kompaniestärke
SchD/SD	–	sowjetische Schützen-Division
SD-Einsatzkommandos	–	dem Heer nicht unterstellte Gruppen mit »Exekutiv-Vollmachten gegen Widerstandskämpfer und politisch und rassisch Unerwünschte«
sFH	–	schwere Feldhaubitze (15,0 cm)
sIG	–	schweres Infanteriegeschütz (15,0 cm)
S-Mine	–	Springmine (auch Schützenmine genannt), gegen Fußtruppen
T-Mine	–	Tellermine, eingesetzt gegen Fahrzeuge/Panzer
TVP	–	Truppen-Verbandplatz
VB	–	vorgeschobener Beobachter der Artillerie
z.b.V.	–	zur besonderen Verwendung
12 cm Grw 378 (r.)	–	schwerer Granatwerfer 12,0 cm. Beutewaffe russischen Ursprungs. Bezeichnung des deutschen Nachbaus: 12 cm GrW 42

Quellen

Im Text sind die deutschen Armeekorps aus Gründen der Lesbarkeit nicht, wie bei der Wehrmacht üblich, mit römischen, sondern mit arabischen Ziffern bezeichnet.

FHqu. Der Appell A. Hitlers vom 2.10.1941 an die Wehrmacht.

OKH. Genstb. d. H., OQu 4, Fremd. Heere Ost/Chef an AOK 18: Wehrwirtschftl. Lage Rußlands, 4.11.41. – Wehrwirtsch/Rüstgsamt: Vorauss. Entwicklg. d. Wehrwirtsch. Rußlands, 1.10.41. – Ch. d. Genstabes d. Heeres an Chefs d. HGruppen und Armeen, betr. »Weiteres Handeln ...«. Halder, 7.11.41. – OKH/AOK 18: »Merkpunkte aus der Chefbesprechung in Orscha am 13.11.41«, vom 18.11.41. – OKH. Anlagen 1, 2, 3 zu Protokollen der Orscha-Besprg., 18./19.11.41. – OKH, Genstb. d. H., »Wegnahme feindl. Dörfer ... im Rücken d. eig. Front«. 15.2.42. – OKH. Unterweisg. betr. Bewährungsbataillone, 15.10.41.

Marinebefhb. Ostland. Bericht »Erfahrungen im Eiskrieg«. 1.4.42

Wehrwirtsch/Rüst.Amt, Ib b von Payr, b. Gen. Thomas. Ohne Dat.

Heeresgr. Nord. An AOK 18. Fernschr., Führerbefehl: »Um jeden Fußbreit Boden ... kämpfen ... «, 30.12.41. – HGr. Nord. Zusammfassg. »Operationen um Demjansk«, Karten, 1942. – HGr. Nord. An OKH: »Erfahrgsaust. über Waldkampf«, Abschr. an AOK 18. Beob. und Erfahrg. d. nach Finnland kommandiert. Offiziere.« 25.6.42. – HGr. Nord. Notizen GF v. Küchler zum Führervortrag, handschrftl. – HGr. Nord. GFM v. Küchler, Berechng. d. Ari-Kräfte, Lage d. Heeresgr. u. beabsichtigt. Angriff auf Leningrad Sommer/Herbst 1943. 7.5.43.

AOK 18. v. Küchler an Okdo HGr. Nord: »Gedanken üb. Fortsetzg. d. Operation«. 22.10.41 – AOK 18. OQu. Versch. Anweisungen f. Fall d. Kapitulation u. Besetzung Leningrads. 23.7./8.9.41. – AOK 18, Ia. Schr. v. HGr. Nord: Falls Kapitulation Führeranweisung abwart. Weitere Maßn. n. Besetzg. 12.9.41. – AOK 18. Zusammfassg. »Kampf um Leningrad, 22.6.41 bis Frühjahr 1943, 18. Armee«. – AOK 18. Kurzbericht üb. Bespr. i. Führ. HQu.m. Keitel, Jodl, Buhle, Halder, Heusinger, Jeschonnek, Küchler (HGr. Nord), Busch, Brockdorf, Hansen, Lindemann (Gen. d. Kav., 18. Armee), Kleffel, von Chappuis, Keller (Luftfl. 1), u. a. Them. u. a. Lage 18. Armee, Wolchow-Schlacht. Protokoll Frh. v. Strachwitz, 2.3.42. – AOK 18. Aufstellg SturmBtl 18, 18.7./21.7.43. – AOK 18, Ic. Vernichtg. v. Schriftst. b. Gefangennahme. 25.6.43. – AOK 18. Analysen d. AOK z. Führerbef. Einschnürg. i. Osten

Leningrads zu planen, lt. Fernschr. v. HGr. Nord. 24.12.41. – AOK 18. v. Gen. d. Schnell. Truppen, OKH. »Merkblatt zur Bekämpfg. des T 34 durch eig. Panzer«. Vom 26.5.42. – AOK 18. Gesamm. Berichte d. Armee-Pi-Führers AOK 18 zum Thema »Erfahrungen mit russ. Panzern«. 31.5.42. V. 11. ID, 20. ID, 21. ID, 58. ID, 96. ID, 126. ID, 215. ID, 254. ID, 269. ID, 291. ID, SS-PolDiv. – AOK 18, Höh. Art. Kdr v. 28.5.42, Armee-Pi-Fhr. v. 11.6.42, Zusammfassg. über »Panzerkampf«. – AOK 18. BAMA 52 614/2, 3, 4.

AOK 19. BAMA H 12 – 19/128. Befehl Reichsf. SS betr. Scharfschützen.

I. AK. »Erfahrung beim Kampf mit russischen Panzern«. 14.5.42. – I. AK. Dgl. f. 215., 254. ID, Kampfgr. Jaschke (20. ID mot). 21.5.42. – I. AK. Bericht »Panzerbekämpfg. a. d. ›Erika-Schneise‹«. Gliederung d. Panzervern.trupps. 12.6.42. – 1. AK und XXVIII. AK. Weitergel. Bericht von Major Marx, Btl.Kdr. I./IR 425, unterst. Kampfgr. Oberstlt. Heuren, 215. ID. Einsatz und Ausfall einer ganzen Kompanie sdl. Tschudowo i. Wolchow-Schlacht. 31.1.42. – I. AK, Ic, an Div. und XXVIII. AK: »Beschaffenheit d. Moore«.

XXVIII. AK. GenLt Herbert Loch an AOK 18. Denkschrift betr.: »Lage und Entwicklung im ›Flaschenhals‹«. 28.12.41. Dazu handschriftl. Anmerkungen von v. Küchler, 18. Armee. – XXVIII. AK. Chef d. Generalstbs v. d. Chevallerie, »Erf. b. Kampf m. russ. Panzern« für die 11., 21., 96., 269. ID. 22.5.42. – XXVIII. AK, Ia, an AOK 18.8.42. »Bericht über Kämpfe b. Pogostje«. Unterschr. v. d. Chevallerie. Dazu Tel. Protokolle v. 28.3.42 über Lage. – XXVIII. AK, Ic. Vernehmung russ. Partisanen. Hinterhalte d. Partisanen. 7.7.43. – XXVIII. AK, Ia. Herauslösen GR 389 als Armeereserve n. Ljuban. Anweisung an Gruppe Lindemann, 21.2.43. –

XXXVIII. AK. Dgl. f. 58. und 126. ID. 18.5.42. –

L. AK. BAMA 47 911/5, Lage sdl. Leningrad, Kusminka-Stellung, Ende 1943.

I. Fliegerkorps. Förster, Gen. d. Flieger. Zustandsbericht an AOK 18, 1.4.42 bis 5.5.42.

1. ID. BAMA RH 26-1/52. Feindnachr.blatt betr. Auszeichng. Rote Armee und Scharfsch. Ausbildg. 22.4.43. – BAMA RH 26-1/14, 16-18, 20, Verschied. – 1. ID. »Bericht üb. Einsatz v. Sturmgeschützen«, an AOK 18, weiter an StGeschAbt. 185. 13.3.42. –

11. ID. BAMA RH26-11/30. Fernschr. an 254., 215., 61., 291., 21. ID. Da Hunger i. Leningrad, Zeitdruck b. sowj. Angriff. a. Wolchow. Rücksichtsl. Menscheneinsatz zu erwarten. 6.2.42. – 11. ID. GKdoS. Erbitterte Denkschrift Gen. Thomaschki. 1.1.42. – 11. ID. BAMA Rh26-11/25. Tagesmeldg. 14./20.1.42. Pogostje. Meldg. Kampfgr. IR 23, Nahtstelle 254./11. ID b. Ssustje Poljanka/Korowij Rutschej. Vermutl. 14./15.3.42. – 11. ID. Div. Befehl 189, Ia, Übern. e. Btls-Abschnitts 29.1.42. Thomaschki. – 11. ID. BAMA RH26-11/25. Gef. Bericht III./IR 44 üb.

Kämpfe 27./28.2.42 Krassnaja Gorka. 5.3.42. – 11. ID. BAMA RH26-11/22, 23, 33. 25.1. – 30.1.42.

93. ID. »Einsatz v. Sturmgeschtz«, Bericht an AOK 18. – 93. ID. Einsatzbericht III./IR 272, unterstellt 254. ID, 4.3.42 bis 5.4.42 Nordfr. Wolchow-Kessel. Ssustje Poljanka/Korowij Rutschej. 6.4.42.

96. ID. BAMA RH 26-96/28. Feindl. Funk- u. Fernsprüche. 23 Gefangenenvernehmungen b. Kämpfen um Klosterdorf, Protokolle. 12.2. bis 27.3.43. – 96. ID BAMA RH26-96/17. Karte Newa, beide Ufer. Newabogen 16.4.42, 28.1.42. Mit Tossna-Mündung. – 96. ID. Gef. Bericht d. II./IR 284, 1. – 20.3.42. Vom 1.4.42, Pogostje. Anlage: Kampfstärkemeldung. – 96. ID. BAMA RH26-96/18. KTB-Auszüge März 42. – 96. ID. Gef. Bericht Feldw. Friedr. Augenstein. 2./IR 283. Bahndamm b. Pogostje. – 96. ID. Gef. Bericht 3./IR 283 4.3.– 18.3.42 Pogostje. – 96. ID. BAMA RH26-96/21. Gef. Ber. 7./IR 412, Sintermann-Schneise, 28.3.–13.4.42. Sdl. Winjagolowo/Pogostje Westflanke. – 96. ID. Nachr. Aufkl. Zug 196. Abgehörter sowj. Panzer-Funkverkehr 9.3.42 bis 4.4.42. Mit Decknamen-Verzeichnis. – 96. ID BAMA RH26-96/26. KTB 10./11.2.42. BAMA RH26-96/27. Lage-Karten 96. ID in Gruppe Lindemann. Pogostje. – 96. ID BAMA RH26-96/19. Bericht »Kampferfahrungen im Osten«. 3.3.42. – 96. ID. Bericht. Uffz. Hartmann, Einsatz 4./IR 283 bei Pogostje. – 96. ID. BAMA RH26-96/15, 20, 21. Versch.

121. ID. »Einsatz v. Sturmgesch.« Bericht an AOK 18. 13.3.42. – BAMA RH26-121/16c, 17, 21, 22, 28, 29, 31, 33, 34. Versch.

132. ID. BAMA RH26-132/26. Karten/Feindlage 8.2. – 22.2.43. Westrand Pogostje-Kessel, Einbr. b. Klosterdorf. – 132. ID. Überstzg. sowj. Kampfbefehl 58. Sch.Brigade. 14.2.43., Zeitplan Schtz.Rgt 3 der 198. SD. 8.2.43., Kampfbefehl f. SchtzRgt 3. 11.2.43. – 132. ID. Übersetzg. »Beurteilung d. deutsch. Kräfte« Oberstlt. Skworzew, Chef d. Aufkl. Abt. 54. sowj. Armee. 1.3.42. – 132. ID. FeindnachrBlatt 041, Stab 54. sowj. Armee, »Lage in Tossna-Richtung«, Gen.Maj. Viktorow, Chef d. Stabes 54. Armee. FeindnachrBlatt 042, 11.2.43. 043. 12.2.43. – 132. ID. Tagesmeldg. Ia. 9.2.43. – 132. ID. BAMA RH26-132/25. Meldg. Frh. v. Löffelholz, GR 405 (unterst. 132. ID), 121. ID, üb. Angriff, Gegenangriff, Gegengegenangriff ... 22.2.43, 12.15 Uhr. – 132. ID, Tel. Tagesmeldg. Ia, Gruppe Lindemann, 12.2.43. – Dgl. 14.2. – 132. ID. Karten 11.2. – 21.2.43. – 132. ID. Ic-Bericht üb. Feindlage bei sowj. Angriff beiderseits Sappenkopf am 22.7.43. – 132. ID. Ic meldet an Ic XXVIII.AK einen Überläufer, dazu Vernehm.Protokoll. – 132. Acht Tagesmeldungen 23.7.43, dazu 3 Protokolle v. Gefang.vernehmg. – 132. ID. Ic-Bericht über »Wehrgeistige Betreuung«, 12.6.–31.7.43. V. 3.8.43. – 132. ID. Zustandsmeldg. d. Div. 1.8.43, 3. Ladogaschlacht. 15.8.43 zum Vergleich. 11.8.43 Gef. Vernehmg. 12.8. dgl. 12.8.43 Tagesmeldg. an AK. Dgl. 14. – 17.8.43. 13.8. Gef. Vernehmg. – 132. ID. Ic-Berichte 1.4. bis 7.8.43 – 132. ID. Ic. Erbeutete sowj. Signal-

tabelle für Anforderg. v. Sperrfeuer. 28.7.43. Tagesmeldg. 18.7.43. – 132. ID. Ic. Bericht über Lauschtrupp. Fernspr. Disziplin d. Rotarmisten. 19.7.43 – 132. ID. BAMA RH26-132/24. KTB-Auszüge 16.1.43, 10.2.43, 13./14.2.43 (Div. erlistet sich 10-15 neue Pak), 16.–28.2.43. – 132. ID. BAMA RH26-132/27. KTB-Auszüge März, April, Juli 1943, Pogostje. – 132. ID. Meldung d. Fhr. 1./436, Hptm. Anzer, üb. Vorfall 21.4.43 an GR 436. – 132. ID. Belehrung d. Ia, Ic XXVIII. AK u. a. an 132. ID über »Mitführen von Papieren bei eig. Späh-, Lausch- u. a. Unternehmen. Privatbriefe usw.« 9.6.43. – 132. ID. Vernehm. Protokolle 7.7./27.7.43, 12.7., 25.7.43. – 132. ID Ic-Tagesmeldung, Abschlußzustellung d. Feindverluste nach Operation »Sappenkopf«. 26.7.43. – 132. ID. BAMA RH 126-132/28. Einsatz gg. Partisanen SturmBtl 18. – 132. ID. Ic. Feindverbände/-verluste b. Einsatz d. 132. ID zwisch. Barskoje-See und Mischkino 8.–18.8.43. Gegner teilweise in dtsch. Uniformen. Von 44 angr. Panzern 22 vernichtet, 2 brennend. – 132. ID. 12.2.– 16.2.42 KTB 2. Ladogaschlacht m. Teilen 69., 96., 121., 217. ID u. a. – 132. ID. BAMA RH 26-350 63/2 Stellungskarte 20.5.43. – 350 63/1: 28.6.43–18.8.43, KTB 3. Ladogaschlacht. – 132. ID. Protokolle II./GR 436 v. 15.2.42 üb. Postenklau durch Rotarmisten. – 132. ID. Bericht GR 436 v. 18.12.42 üb. Postenklau durch eig. Stoßtrupp. – 132. ID. BAMA 132. ID, 35 063/4. Ic, 23.4.43. Abschrift: »Aufruf des russischen Komitees an die Soldaten und Offiziere der Roten Armee, an das ganze russische Volk und die anderen Völker der Sowjetunion«. (Wlassow). – 132. ID. BAMA RH26-132/22. Bericht des Gen. d. Art. Fritz Lindemann (Div. Kdr.) an Generalkdo XXX. AK. »Erfahrungen bei 5tägigem Einsatz 1. Ladogaschlacht« 27.9.42.

207. ID. Bericht üb. Stoßtrupp III./GR 322 v. Ia 217. ID. Ohne Dat. – 207. ID. Morgenmeldungen 28.1., 31.1., 1.2.42, Lage Pogostje.

212. ID. BAMA RH26-212/18-27. Karten u. Verschiedenes.

217. ID. Tagesmeldg. 9., 15., 19.3. (Raum Lipowik, Dubowik. Erwähnt: 1. AK. XXVIII. AK, IR 2, IR 45, IR 311, IR 389), 9.4.42, Pogostje.

223. ID. Geländebeschr. o. Dat., Verfasser unbekannt. – 223. ID. BAMA RH26-223/40. Ber. üb. Stoßtrupp 5./GR 425, m. Zeichnung. 19.2.43. – 223. ID. BAMA RH26-223/38. Ic. Feindnachr.Blatt 29, verschied. Vernehm.Protokolle. 26.1.43. – 223. ID.Teil eines Feindnachr.Blattes, Seiten 4, 5, 6. Über Kundschafterabteilungen der sowj. 8. Armee. Übersetzg. d. schriftl. Geständnisses der Olga Smirnowa. – 223. ID. BAMA RH 26-223/26. Div. Gef. Stand 223. ID. in Ssologubowka. Temperaturtabelle 15.11.41 bis 15.4.42. – 223. ID. BAMA RH26-223/25. Ic. Feindnachr.Blatt. Vernehmungen vom 31.1.42, 20.2., 3.3., 21.3.42. – 223. ID. BAMA RH26-2. Bericht III./IR 344 über Einsatz II./IR 344. Stoßtrupp b. Woronowo/Dolgoje-See (Ostseite Flaschenhals). – 223. ID. BAMA RH26-223/20 890/10. Eins. Bericht Lt. Fischer, 2./Pi 223, 16.–28.2.42, Pogost)e. Dgl. über Radfahrzug IR 344, 9. – 15.3.42. Auch üb. IR 43 (1. ID) und IR 333 225. ID). – 223.

Quellen

ID. Vernehm. Protokolle über vermißten Gefreiten, Stabs-Komp. IR 344. Pogostje, 19.3.42. – 223. ID. Berichte Uffz. Leonhardt, Radf. Zug IR 385 v. 20.3.42 üb Einsatz 9.3.42. u. Ber. an Ia 223. ID üb. Radfahrzug IR 385. – 223. ID. Ber. Ski-Gruppe 3./Pi 223, Uffz. Richter. Einsatz Pogostjefront 8.–16.3.42. – 223. ID. Ber. Ia III./IR 425 üb. fdl. Stoßtrupp 24.3.42, Pogostje. Zusatz 26.3.42. – 223. ID. Sonderbefehl 23: »Das 5000. Brot wurde v. Bäckerei-Kompanie 223 gebacken ...«. – 223. ID. Brief eines Lt. Seidel, I./IR 385 an Ob. Veterinär Dr. Hornickel v. 13.2.42 betr. »Kannibalismus d. Rotarmisten«. – 223. ID. Ia. Bericht des Btl.Kdrs Hauptm. Weinicke, I./IR 385, üb. Kannibalismus d. Rotarmisten. 22.2.42. – 223. ID. Ermahnung d. Div. Kdrs wg. in Gefangensch. geratenen Deutschen, die gelacht haben. – 223. ID. Ia. Anordnungen f. Schlammperiode. 29.3.42. Auch von XXVIII. AK, 27.3.42. 223. ID. Ic. Erbeutete Geheimbefehle d. »Kdr. d. Heeres d. sowj. Nordwestfront, Gen.Lt. Kurotschin an s. Truppen. – 223. ID. BAMA RH26-223/20, 22. Versch. 223. ID. Karten BAMA RH26-223/20 890/9.

225. ID. Eins. Befehl f. IR 333 v. 269. ID nordostw. Pogostje, vom 26.1.42. – 225. ID. Zeichnung v. Versorgungswegen und Konstrukt. Infanteriesteg, 2.5.42 (unter AZ. BAMA RH26-269/36). – 225. ID. BAMA RH26-225/9, 10. Versch.

227. ID. BAMA RH 26 – 227/40 428/3, 5. Nordost-HKL Flaschenhals, Ende 1943.

254. ID. Ic. 9.5.42. Übersetzg. ein. Meldung v. Stab der 191. sowj. Sch.Div. (Oberst Starunin) v. 14.2.42 über sowj. Vorstoß n. Norden (Wolchow-Einbruch) Richtung Ljuban und Befehl, mit Ari Häuser im deutschbes. Gebiet zu zerstören. – 254. ID. Ic. Übersetzg. »Befehl Nr. 5« v. Stab Kampfgr. Priwalow, 13.2.42. – 254. ID, Ic. Anordn. wg. Schlammperiode, 29.3.42. – 254. ID. Gruppe Bahn. Geländebeurteilg., 30.4.42. – 254. ID. Bericht d. Ic vom 9.3.42 und 11.5.42 über Vernehmung des gefangenen Kdr. d. 191. Sch.Div., Oberst Starunin. Unterz. Graf v. Schwerin (Kdr. IR 76, zeitw. stellv. Führer d. Division, 20.7.41 – 7/42). – 254. ID. Ic. Vernehmg. d. Ia d. 191. S.D., Major i. G. Paul Krupitschew. Etwa Anfg. Mai 42. – 254. ID. BAMA RH26-254/8-11, 16-20, 29. 19.2.-22.5.42. Versch.

269. ID. BAMA RH26-269/37. Bericht üb. Kämpfe b. Rückz. üb. Baraki, III./IR 469, 31.12.41. – 269. ID. Kdr. Gen.Maj. Ernst v. Leyser, Bef. z. Eröffng. e. Ermittlungsverfahrens wg. Feigheit, 1.2.42. – 269. ID. Feigheitsvorwürfe 31.1.42. s.o. – 269. ID. BAMA RH26-269/36. Karte d. Versorgungswege um Klosterdorf, Pi.Btl. 225. – 269. ID. BAMA RH26-35. Meldg. XXVIII. AK an AOK 18 über Beutekarte mit Gef. Taktik d. Roten Armee. – 269. ID. Ausschnitte a. Bericht über Gefechte IR 489 b. Puschetschnaja. – 269. ID. Bericht Ia d. Div. an XXVIII. AK. v. 9.4.42. Einsätze 17.12.41–5.4.42. Verluste. Dringendes Ersuchen um Ruhepause. – 269. ID. Meldung v. 12.2.42 üb. Partisanenüberfall am 8.2.42 auf Einzelfahrzeuge d. II./AR 269 u. BauBtl. 95. Abwehrerfolg. e. Stoßtrupps d. 207. Stettiner ID. – 269. ID. Erfolgsbericht 269. ID, Ic, über Einsatz b. Pogostje. 9.4.42. – 269. ID. Glückwunsch v. Gen. d. Kav. Lindemann, AOK 18, an Div. wg. Nennung im dt. Rund-

funk. – 269. ID. Morgenmeldg. 1.2.42. – 269. ID. Bericht üb. Kämpfe Januar 42, Kdr. II./IR 469 v. 13.7.42. – 269. ID. Bericht üb. Kampf 29.1.42, Kdr. II./ IR 489 v. 3.2.42. – 269. ID. BAMA RH26-269/63. Bericht über Winterkämpfe bei Pogostje 17.12.41–6.4.42. Dazu vereinf. Karten. – 269. ID. BAMA RH26-269/32. Von 21. ID aufgen. sowj. Funkspruch. 13.2.42. – 269. ID. Ic. Bericht über Kampferfahrungen im Osten. 25.1.42. – 269. ID. BAMA RH26-269/38/k. Karte Pogostje-Kämpfe März 1942. – 269. ID. RH26-269/21 867/17 versch. Lagekarten Pogostje. – 269. ID. BAMA RH26-269/13, 22, 24, 25, 27-29, 37-39. 17.9.–23.9.41, 25.1.–30.1.42, 5.4.–20.4.42. Versch.

291. ID. BAMA RH26-291/30. Aus: AOK 18, Ia, an HGr. Nord. »Erfahrungen im Winterkampf«. 7.1.42. – 291. ID. BAMA RH26-291/31. Ic. Vernehm. Protokolle 9.3., 12.3., 27./28.4., 2.5.42. – 291. ID. Kampfgruppen-Befehl v. Oberstlt. v. Frantzius, IR 504. Glubotschka, 7.3.42. – 269. ID. Aus: Besondere Anordnungen. 8.4.42. »Leichen- und Kadaverbeseitigung«. – 291. ID. Divisions-Tagesbefehl Nr. 23: »Jagdschein-Pflicht«. Mit Musterformular. 1.5.42. – 291. ID. BAMA RH26-291/32. Betr.: Anordnungen f. Schlammperiode. AOK 18, OQu., 13.3.42. – 291. ID. Ib. Anordnung f. Schlammperiode. 24.3.42. – 291. ID. Ia. Situation und Maßnahmen z. Zt. d. Schneeschmelze im Armeebereich. O. Dat. – 291. ID. BAMA RH26-291/15, 16, 29, 33, 35, 36, 42, 43. 19.2.–22.5.42. Versch.

5. Geb. Div. BAMA RH26-5/6, 8.3. – 10.3.42.

SS-Pol.Div. BAMA RS3-3/8, 9 (Teil 1), 10., 10.10.41, 10.11.41, 28.11.–8.12.41, 20.12.41. SS-Pol. Div. BAMA RS3-4/11, 13, 53. 9.3.–15.3.42. BAMA RH24-1/87.

Werner v. Blomberg, GFM, Auszug aus Tagebuch während d. Haft b. Nürnberger Militär-Tribunal. 3.9.45.

Dem Bundesarchiv-Militärarchiv Freiburg dankt der Autor für umsichtige und zuverlässige Hilfe.

Literatur (Auswahl)

ALLMAYER-BECK, CHRISTOPH FREIHERR VON, Die Geschichte der 21. (ostpr./ westpr.) Infanterie-Division, Hrsg. Traditionsverband der 21. LD., München 1990

BAMM, PETER, Die unsichtbare Flagge, Frankfurt/Main 1957
BARGER, CHARLES J., Communications Equipment of the German Army 1939–1945, Boulder, Colorado 1989
BARKER, WALTER, Die russischen Infanteriewaffen, Stuttgart 1974
BECHTLE, OTTO WOLFANG, Hrsg., Flug in die Unendlichkeit, Esslingen 1987
BECHTOLSHEIM, HUBERT VON, Leningrad, München 1980
BERESCHKOW, VALENTIN M., Ich war Stalins Dolmetscher, München 1991
BIDERMANN, GOTTLIEB HERBERT, Krim – Kurland mit der 132. Infanterie-Division, Stuttgart 1964
–, ... und litt an meiner Seite, Reutlingen 1995
BIENERT, WALTHER, Russen und Deutsche: Was für Menschen sind das? Berichte, Bilder und Folgerungen aus dem 2. Weltkrieg, Stein am Rhein 1990
BIRJUKOW, I. W., Hrsg., Die großen Eisenbahnlinien Rußlands, Disentis 1985
Blockade Leningrad 1941–1944, Dokumente und Essays von Russen und Deutschen, Reinbek 1992
BOCK, FEDOR VON, Zwischen Pflicht und Verweigerung. Das Kriegstagebuch, München, Berlin 1995
BOCK UND POLACH, BERNDT VON, Die 290. ID, Friedberg 1961
BOGER, JAN, Jäger und Gejagte, Stuttgart 1987
BRAAKE, GÜNTER, Bildchronik der rheinisch-westfälischen 126. Infanterie-Division, 1940-1945, Friedberg 1985
BREHDE, DIETRICH, Der blaue Komet. Geschichte des 4. Bataillons des Luftlande-Sturmregiments im 2. Weltkrieg, München 1988
BRINGMANN, JOHANNES, Problemkreis Schußbruch: Bei der deutschen Wehrmacht im 2. Weltkrieg, Düsseldorf 1981
BRODSKY, JOSEPH, Erinnerungen an Leningrad, München 1987
BRUSTAT-NAVAL, FRITZ, Unternehmen Rettung, Herford 1985
BRUSTAT-NAVAL, FRITZ/SUHREN, TEDDY, Nasses Eichenlaub, Herford 1985
BUBENDER, ORTWIN, Das tönende Erz, Stuttgart 1987
BÜCHELER, HEINRICH, Hoepner, Herford 1980

BÜSCHLEB, HERMANN, Die Verzögerung: das schwerste Gefecht, Osnabrück 1978
BULLOCK, ALAN, Hitler und Stalin, Berlin 1991
BUXA, WERNER, Der Kampf am Wolchow und um Leningrad, Friedberg o. J.

CARELL, PAUL, Unternehmen Barbarossa, Berlin 1963
–, Verbrannte Erde, Berlin 1966
–, Der Rußlandkrieg, Berlin 1967
CARIUS, OTTO, Tiger im Schlamm, Berg am See 1985
CAULAINCOURT, ARMAND-AUGUSTIN-LOUIS Marquis von, Mit Napoleon in Rußland, Bielefeld, Leipzig 1938
CLAUSEWITZ, CARL VON, Der russische Feldzug von 1812, Essen
CONQUEST, ROBERT, Der große Terror, München 1992

DALLIN, ALEXANDER, Deutsche Herrschaft in Rußland 1941–1945, Düsseldorf 1981
DEMENTJEW, NIKOLAI, Eingeschlossen, Reinbek 1986
DISSBERGER, KARL-HEINZ, Taschenbuch für den Winterkrieg, Düsseldorf 1986
DÖRR, MANFRED/THOMAS, FRANZ, Die Träger der goldenen Nahkampfspange in Gold, Osnabrück 1986

EITNER, HANS JÜRGEN, Hitlers Deutsche, Gernsbach 1990
ENGELMANN, JOACHIM, Die 18. Infanterie- und Panzergrenadier-Division, Friedberg 1984
ENGLE, ELOISE/PAANANEN, LAURI, The Winter War – The Sowjet Attack on Finland 1939–1940, Harrisburg, USA, 1992
ERFURTH, WALDEMAR, Der finnische Krieg, Wiesbaden 1977
ESATEBAN-INFANTES, EMILIO, Blaue Division, Leoni 1977

FABER DU FAUR, CHRISTIAN W. VON, Mit Napoleon in Rußland 1812: Blätter aus meinem Portefeuille, Stuttgart 1987
FALIN, VALENTIN, Zweite Front. Die Interessenkonflikte der Anti-Hitler-Koalition, München 1995
FEST, JOACHIM, Hitler, Berlin 1973
–, Staatsstreich, Berlin 1994
FISCHER, WOLFGANG, Ohne die Gnade der späten Geburt: Antwort an meinen Sohn, München 1990
FORSSMANN, WERNER, Selbstversuch, Düsseldorf 1972
FRIEDRICH, JÖRG, Das Gesetz des Krieges, München, Zürich 1993
FRÖHLICH, SERGEJ, General Wlassow, Köln 1987

GAISER, GERD, Die sterbende Jagd, Frankfurt/Main 1957
GARTHOFF, RAYMOND L., Die Sowjetarmee, Wesen und Lehre, Köln 1955

Literatur (Auswahl) 301

GERSDORFF, RUDOLPH-CHRISTOPH FREIHERR VON, Soldat im Untergang, Berlin 1977
GÖTZ, HANS-DIETER, Die deutschen Militärgewehre und Maschinenpistolen 1871–1945, Stuttgart 1974
GUNDLACH, GEORG, Kesselschlacht Wolchow. Dokumente des Grauens 1941–1942, Bingen/Rhein 1997
GUTH, EKKEHARDT, Sanitätswesen im 2. Weltkrieg, Herford 1992
GOLOVCHANSY, ANATOLY u. a., Hrsg., Ich will raus aus diesem Wahnsinn, Wuppertal 1991
GRENFELL, RUSSELL, Captain R. N., Bedingungsloser Haß?, Tübingen 1954
GUDERIAN, HEINZ, Erinnerungen eines Soldaten, Stuttgart 1979
GÜSTOW, DIETRICH, Tödlicher Alltag, Berlin 1981

HAAPE, HEINRICH, Endstation Moskau, Stuttgart 1980
HAHN, FRITZ, Waffen und Geheimwaffen des deutschen Heeres 1933–1945, Bde. 1–2, Koblenz 1986
HALDER, FRANZ, Hitler als Feldherr, München 1949
HAMMERSTEIN-EQUORD, FREIHERR VON, Hrsg., Truppenführung, H. Dv. 300/1, Berlin 1936
HARTMANN, CHRISTIAN, Halder – Generalstabschef Hitlers, Paderborn 1991
HAUPT, WERNER, Leningrad: Die 900-Tage-Schlacht, 1941–1945, Friedberg 1980
–, Heeresgruppe Nord 1941–1945, Bad Nauheim 1966
–, Die 8. Panzer-Division im Zweiten Weltkrieg 1941–1944 im Spiegel deutscher Kampfanweisungen, Friedberg 1987
HESSE, ERICH, Der sowjetrussische Partisanenkrieg 1941 bis 1944 im Spiegel deutscher Kampfanweisungen und Befehle, Göttingen 1969
HEYDORN, VOLKER DETLEF, Nachrichtennahaufklärung (Ost) und sowjetrussisches Heeresfunkwesen bis 1945, Freiburg 1985
HILLGRUBER, ANDREAS, Hitlers Strategie, München 1982
HINZE, ROLF, Rückkämpfer 1944 – Eine Studie/Berichte, Neustadt 1988
HOCHHUTH, ROLF, Täter und Denker, Profile und Probleme von Cäsar bis Jünger, Stuttgart 1987
HÖHNE, HEINZ D., Zeit der Illusionen, Düsseldorf 1991
–, Canaris, München 1978
HOFFMANN, JOACHIM, Die Geschichte der Wlassow-Armee, Freiburg 1986
–, Stalins Vernichtungskrieg 1941–1945, München 1995
HOFFMANN, PETER, Claus Schenk Graf von Stauffenberg und seine Brüder, Stuttgart 1992
HUBATSCH, WALTHER, Hitlers Weisungen für die Kriegführung 1939–1945, Koblenz 1983
–, Die 61. Infanterie-Division, Friedberg 1983
HÜBNER, SIEGFRIED F., Scharfschützen-Schießtechnik, Lichtenwald 1989

HUSEMANN, FRIEDRICH, Die guten Glaubens waren – Geschichte der SS-Polizei-Division, Osnabrück 1971

IRVING, DAVID, Schlacht im Eismeer, Hamburg 1982

JACOBSEN, HANS-ADOLF, Opposition gegen Hitler und der Staatsstreich vom 20. Juli 1944: Geheime Dokumente aus dem ehemaligen Reichssicherheitshauptamt, Bde. 1–2, Stuttgart 1989
JOHANSSON, GUNNAR, Wir wollten nicht sterben, Zürich 1943

KALINOW, KYRIL D., Sowjetmarschälle haben das Wort, 1950 (Übersetzung d. französ. Ausgabe: C. Oehlrich)
KARDORFF, URSULA VON, Berliner Aufzeichnungen 1942 bis 1945, München 1992
KIRCHNER, KLAUS, Alliierte Flugblattpropaganda im 2. Weltkrieg, Hrsg. Buchhändler-Vereinigung, Frankfurt 1980
KISLICYN, NIKOLAJ G., Die Stadt dem Erdboden gleichmachen: Leningrad ergibt sich nicht, Köln 1984
KLAUSCH, HANS-P., Die Bewährungstruppe 500, Bremen 1995
KLÜVER, MAX, Präventivschlag 1941, Leoni 1989
KOPELEW, LEW, Aufbewahren für alle Zeit, Hamburg 1976
KRANZ, BERNHARD, Geschichte der Hirschberger Jäger, Kameradsch. d. Hirschbg. Jg., Lemgo 1975
KRAUSNICK, HELMUT/WILHELM, HANS-HEINRICH, Die Truppe des Weltanschauungskrieges, Stuttgart 1981
KUROWSKI, FRANZ, Balkenkreuz und roter Stern, Friedberg 1984

LANG, MARTIN, Stalins Strafjustiz gegen deutsche Soldaten: Die Massenprozesse gegen deutsche Kriegsgefangene in den Jahren 1949 und 1950 in historischer Sicht, Herford 1981
LAQUEUR, WALTER, Stalin, München 1990
LEDIG, GERT, Die Stalinorgel, Hamburg 1958
LEHNDORFF, HANS GRAF VON, Ostpreußisches Tagebuch, München 1976

MANSTEIN, ERICH VON, Verlorene Siege, München 1981
MANSTEIN, RÜDIGER VON/FUCHS, THEODOR, Hrsg., Erich von Manstein, Soldat im 20. Jahrhundert, Bonn 1994
MARTINI, WINFRIED, Der Sieger schreibt die Geschichte, München 1991
MASER, WERNER, Der Wortbruch, München 1994
MEHNER, KURT, Die deutsche Wehrmacht 1939–1945, Führung und Truppe, Rinteln 1990
MEIER-WELCKER, HANS, Aufzeichnungen eines Generalstabsoffiziers 1939–1942, Freiburg 1982

MIEHLE, WALTER, Der Weg der 225. Infanterie-Division, Hrsg. Kameradenhilfswerk 225 e. V., Hamburg 1980
MIKSCHE, FERDINAND OTTO, Das Ende der Gegenwart, München 1990
MILITÄRGESCH. BEITRÄGE, Mittler & Sohn, Herford 1990
MILITÄRGESCH. FORSCHUNGSAMT, Das Deutsche Reich und der Zweite Weltkrieg, Band 1-6, Deutsche Verlags-Anstalt, Stuttgart 1979–1990
MILITÄRGESCH. FORSCHUNGSAMT, Der Zweite Weltkrieg, Hrsg. Wolfgang Michalka, München 1989
MOHLER, ARMIN, Vergangenheitsbewältigung, Krefeld 1981
–, Der Nasenring: Die Vergangenheitsbewältigung vor und nach dem Fall der Mauer, München 1991
MÜHLE, EDUARD, Die städtischen Handelszentren der nordwestlichen Rus, Stuttgart 1991
MÜLLER, NORBERT, Hrsg., Deutsche Besatzungspolitik in der UdSSR, Köln 1982

NABOKOV, VLADIMIR, Sprich, Erinnerung, sprich, Reinbek 1984
NAUMANN, BURKHARD, Getreu bis in den Tod. Die rheinisch-westfälische 227. ID. Der Ostfeldzug (Bd. II), in Vorbereitung
NAYHAUSS, MAINHARDT, GRAF VON, Zwischen Gehorsam und Gewissen, Bergisch Gladbach 1994
NEIDHARDT, HANNS, Mit Tanne und Eichenlaub – Kriegschronik der 100. Jäger-Division, Graz, Stuttgart 1981
NOLTE, ERNST, Der europäische Bürgerkrieg 1917–1945, Frankfurt/Main 1989
NOWOTNY, RUDOLF, Walter Nowotny, Leoni 1975

OTTO, HANS, Gneisenau, München 1981
OVERMANS, RÜDIGER, Deutsche militärische Verluste im Zweiten Weltkrieg, München 1999

PARTH, WOLFGANG W., Vorwärts, Kameraden, wir müssen zurück, München 1963
PAUL, WOLFGANG, Erfrorener Sieg, Esslingen 1976
PICHLER, HANS, Truppenarzt und Zeitzeuge, Villach 1988
PICKER, HENRY, Hitlers Tischgespräche, Berlin 1989
PIEKALKIEWICZ, JANUSZ, Die Schlacht um Moskau, Bergisch Gladbach 1981
POST, WALTER, Unternehmen Barbarossa, Hamburg, Berlin 1995
POTTGIESSER, HANS, Die Deutsche Reichsbahn im Ostfeldzug, Neckargemünd 1975

RAUCH, GEORG VON, Geschichte des bolschewistischen Rußland, Wiesbaden 1955
RAUH, MANFRED, Geschichte des 2. Weltkrieges, 1. Voraussetzungen, Berlin 1991

REINECKER, HERBERT, Ein Zeitbericht unter Zuhilfenahme des eigenen Lebenslaufs, Erlangen, Bonn, Wien 1990
REINICKE, ADOLF, 5. Jägerdivision, Friedberg 1968
REYNOLDS, NICHOLAS, Beck, Wiesbaden 1977
RICHTER, WERNER, Die 1. (ostpreußische) Infanteriedivision, München 1975
RICHTHOFEN, BOLKO, FREIHERR VON, Kriegsschuld 1939–1941, Vaterstetten 1975
RIMSCHA, HANS VON, Geschichte Rußlands, Wiesbaden
RINGEL, JULIUS, Hurra, die Gams!, Graz
ROHWER, JÜRGEN/JÄCKEL, EBERHARD, Kriegswende Dezember 1941, Koblenz 1984
RUEGG, BOB/HAGUE, ARNOLD, Convoys to Russia, World Ship Society, Kendal, England 1992

SAJER, GUY, Denn dieser Tage Qual war groß, München 1969
SALISBURY, HARRISON E., 900 Tage, Frankfurt/Main 1989
SCHELM WALTER/MEHRLE, HANS, Von den Kämpfen der 215. württemb.-badischen Infanterie-Division, Hrsg. Kameradenhilfswerk und Trad.verband der ehem. 215. ID. e. V.
SCHEURIG, BODO, Henning von Tresckow, Berlin 1987
SCHLAUCH, WOLFGANG, Rüstungshilfe der USA 1939–1945, Koblenz 1985
SCHMIDT-SCHEEDER, GEORG, Reporter der Hölle, Stuttgart 1990
SCHNEID, SADI, SS-Beutedeutscher, Lindhorst 1979
SCHNEIDER-JANESSEN, KARLHEINZ, Arzt im Krieg, Frankfurt/Main 1993
SCHÖN, HEINZ, Ostsee '45, Stuttgart 1985
SCHRÖDER, ERNST, Das Leben verspielt, Frankfurt/Main 1978
SCHRÖDER, JÜRGEN/SCHULZ-NAUMANN, JOACHIM, Die Geschichte der pommerschen 32. Infanterie-Division, Friedberg 1956
SCHUKOW, GEORGI K., Erinnerungen und Gedanken, Stuttgart
SCHWELING, OTTO PETER, Die deutsche Militärjustiz in der Zeit des Nationalsozialismus, Marburg 1977
SEATON, ALBERT, Der russisch-deutsche Krieg 1941–1945, Frankfurt/Main 1973
SEIDLER, FRANZ W., Die Militärgerichtsbarkeit der Deutschen Wehrmacht, München 1991
–, Fahnenflucht. Der Soldat zwischen Eid und Gewissen, München/Berlin 1993
–, (Hrsg), Kriegsgreuel der Roten Armee 1941/42, Selent 1997
–, Die Wehrmacht im Partisanenkrieg. Militärische und völkerrechtliche Darlegungen zur Kriegsführung im Osten, Selent 1999
–, Verbrechen an der Wehrmacht, Band II: 1942/43, Selent 2000
SENICH, PETER R., The German Sniper 1914–1945, Boulder, Colorado, 1982
SIEDLER, WOLF JOBST, Weder Maas noch Memel, Stuttgart 1982
SIEVERS, LEO, Deutsche und Russen, München 1983
SKRJABIN, ELENA, Leningrader Tagebuch, Wiesbaden 1985
SOLSCHENYZIN, ALEXANDER, Heldenleben, München, Zürich 1996

SOMMER, ERICH F., Botschafter Graf Schulenburg, Hrsg. Zeitgeschichtliche Forschungsstelle Ingolstadt, Asendorf 1987
SPAETER, HELMUT, z.b.V. 800, Die Brandenburger, München 1982
SPEER, ALBERT, Erinnerungen, Berlin 1969
STACHOW, HASSO G., Der kleine Quast, München 1979
STAHLBERG, ALEXANDER, Die verdammte Pflicht, Berlin 1987
STOVES, ROLF O. G., 1. Panzer-Division, Bad Nauheim 1961
–, Die gepanzerten und motorisierten deutschen Großverbände 1935–1945, Friedberg 1986
STRAUSS, WOLFGANG, Unternehmen Barbarossa und der russische Historikerstreit, München 1998
STREIM, ALFRED, Sowjetische Gefangene in Hitlers Vernichtungskrieg: Berichte und Dokumente, 1941-1945, Heidelberg 1982
STREIT, CHRISTIAN, Keine Kameraden, Hrsg. Institut für Zeitgeschichte, Stuttgart 1978
STRÖBINGER, RUDOLF, Stalin enthauptet die Rote Armee, Stuttgart 1990
SUWOROW, VIKTOR, Der Eisbrecher, Stuttgart 1988
–, Stalins verhinderter Erstschlag, Pour le Mérite, Selent 2000

TAYLOR, TELFORD, Die Nürnberger Prozesse, München 1994
THUMM, HELMUT, 5. Inf. und Jägerdivision, Friedberg 1976
THUN-HOHENSTEIN, ROMEDIO GALEAZZO GRAF VON, Der Verschwörer: General Oster und die Militäropposition, Berlin 1982
TOLMEIN, HORST G., Spähtrupp bleibt am Feind, Stuttgart 1980
TOPITSCH, ERNST, Stalins Krieg, Herford 1990

UHLE-WETTLER, FRANZ, Höhe- und Wendepunkte deutscher Militärgeschichte, Mainz 1984

VENOHR, WOLFGANG, Stauffenberg, Berlin 1986

WARLIMONT, WALTER, Im Hauptquartier der deutschen Wehrmacht, Augsburg 1990
WATERS, JOHN M., Captain, Blutiger Winter, Wels 1970
WEDEL, KARL-WILHELM, Hrsg., Verwundungen und Nierenversagen, Koblenz 1985
WEGNER, BERND, Hitlers Besuch in Finnland 1942, Geheim. Tonprotokoll, Viertelj. Hefte f. Zeitgeschichte, 1. Jahrg. 1993, München
WERTH, ALEXANDER, Rußland im Krieg, München 1965
WETTE, WOLFRAM, Hrsg., Der Krieg des kleinen Mannes, München 1992
WÜLLENWEBER, HANS, Sondergerichte im Dritten Reich, Frankfurt/Main 1990

ZEIDLER, MANFRED, Lipezk, Kasan, Schichani, Milit. Gesch. Beiträge, Herford 1994
ZELLER, K./MEHRLE, H./GLAUMER, TH., Die 215. ID, Bildchronik, Friedberg 1985

Zeitschriften

KNABE, Oberst a. D., Die strategische Bedeutung der Halbinsel Kola ..., Der Freiwillige 1/1990, Osnabrück
LANGENDORF, JEAN JAQUES, Die Mongolen ..., Criticon 104/1984, München
DEUTSCHES WAFFEN-JOURNAL 10/1984 u. a., Schwäbisch-Hall
DER II. WELTKRIEG, Spezialheft-Serie 1975 u. a., Hamburg

Dokumente

Feldpostbriefe, damals aus Kampfzonen in die Heimat geschrieben, zählen, von erschütternden oder erhellenden Ausnahmen abgesehen, zu den historisch eher unzuverlässigen Dokumenten. Sie passen, soviel sie den Angehörigen auch bedeuteten, in die Kategorien »Barmherzige Lügen«, »Stimmungsmache«, »Latrinenparolen« und »Angeberei«. Häufig klingen sie wie die Zeitungsberichte der PK, die zum Ärger der Frontreporter manchmal bis zur Unkenntlichkeit zurechtrediegiert worden waren.

Bekanntlich berichtet auch ein russischer Autor (Lasar I. Lasarev, siehe Seite 251) über die Schwierigkeiten, von sowjetischen Stalingrad-Kämpfern bei Fragen nach realen Eindrücken und Erlebnissen mehr zu erfahren als die Propagandafloskeln der roten Frontzeitungen.

Die Gründe für diese seltsame Verkniffenheit liegen nahe: Einmal die Unfähigkeit der Menschen, überhaupt Worte für das erlebte Grauen zu finden. Dann der Wunsch, die Adressaten vor der schockierenden Wahrheit zu bewahren. Oder die Neigung, die eigene Todesangst zu verheimlichen, Gelassenheit und Zuversicht auszustrahlen. Nicht zuletzt auch der Reiz, mit unglaublichen Schauergeschichten der Gattung »Hörensagen« zu beeindrucken.

Unbeholfene Elaborate wie die aus der Maulwurfperspektive des Landsers geben wohl für den eifernden Ideologen oder den ins eigene Wortgeklingel verliebten Vielschreiber etwas her. Für den der Genauigkeit verpflichteten Chronisten sind sie untauglich.

Auf solche fragwürdigen Quellen aber stützte sich vor nicht langer Zeit ein als seriös geltendes deutsches Wochenblatt. Es enthüllt »eine deutsche Armee samt ihren schmucken Offizieren« habe »ohne Zögern in Leningrad Hunderttausende verhungern und erfrieren lassen«. Und im Rausch der Empörung hebt der Schreiber so dramatisch vom Boden der Tatsachen ab, daß er geradezu bebend vor Zorn von Briefen berichtet, die Rotarmisten damals in ihre Heimat schickten; sie ermuntern den Schreiber nicht nur zu den heute üblichen verallgemeinernden Vorwürfen gegen »die Wehrmacht« (Brandstiftung, Raub, Mord), sondern bestätigen ihn auch in der Überzeugung, »wir« hätten »vergewaltigt, den ›Untermenschen‹ die Augen ausgestochen und ihren Frauen das Baby aus dem Leib geschnitten«. Wörtlich!

Kurzum: Da ist im Jahre 1999 tatsächlich einer, sowohl hinsichtlich der Pauschalverdammung einer »faschistischen« Wehrmacht als auch der Details, bei Ilja Ehrenburg und vielleicht noch bei gewissen neudeutschen Ausstellungskünstlern in die Lehre gegangen.

Der Wirklichkeit hingegen kommen die typischen Gefechtsberichte der deutschen Fronttruppen um Leningrad wesentlich näher. Sie stellen unmittelbar das Geschehen dar, waren unmittelbar überprüfbar, sind in der denkbar nüchternsten Form abgefaßt und boten, da unter schwierigsten Verhältnissen, unter Zeitdruck und tödlicher Bedrohung formuliert, kaum Gelegenheit für emotionale Ergüsse und manipulative Vermutungen.

Ausschnitte aus solchen Dokumenten sind hier zur Abrundung der in diesem Buch zusammengetragenen Fakten und Argumente zusammengestellt. Sie spiegeln Leiden und Leistungen der Hunderttausende von Männern wider, die damals beim Kampf um Leningrad Leben oder Gesundheit geopfert haben. Sie waren überzeugt, einer gerechten Sache zu dienen, dürfen heute in unserem Land in aller Öffentlichkeit undifferenziert jeglicher Verbrechen beschuldigt werden und können sich nicht dagegen verwahren, daß ihnen ein deutscher Meinungsbildner ins Grab spuckt.

Die erbeuteten Papiere der Stäbe sowjetischer Fronteinheiten und die Aussagen in den Vernehmungsprotokollen kurz zuvor in Gefangenschaft geratener Rotarmisten ähneln den deutschen Dokumenten und den Aussagen gefangener Deutscher zum Verwechseln. Anders als die Produkte sowjetischer Propagandisten und Desinformanten sind sie durchaus ernst zu nehmen.

Der Inhalt dieser sowjetischen Berichte ist in dieses Buch eingeflossen. Die Schilderungen der Lebensumstände, der Leidensfähigkeit und des Opfermutes der Rotarmisten bestätigen die Eindrücke, die auch der deutsche Gegner gewonnen hatte. Sobald allerdings von höheren Führungsebenen der Roten Armee politische und ideologische Elemente ins Licht gehoben werden, wie in Tagesbefehlen, blühen die Klischees des Parteijargons, die Sprache verliert sich in Wolken von aufreizenden Parolen und wilden Schmähungen des »faschistischen« Gegners und endet in Hymnen auf den obersten Kriegsherrn Stalin. Derartige Zeitzeugnisse sind hier nicht berücksichtigt.

Das Material, das den nachstehenden Ausschnitten zugrunde liegt, ist im Bundesarchiv/Militärarchiv geordnet und wie Wissenschaftlern auch Publizisten und Autoren zugänglich.

Wie war das mit den Belagerern, die angeblich lächelnd und überheblich triumphierten?

Wer es sich nicht in gängigen Vorurteilen bequem gemacht hat, der hat längst aus seriösen Quellen über die materielle Unterlegenheit der deutschen Wehrmacht, über die verheerende Überlegenheit der Roten Armee, über den Selbstmörder-Entschluß Hitlers, mit »Barbarossa« die Sowjetunion dennoch anzugreifen, Haarsträubendes erfahren, hat Zahlen vergleichen, hat Fakten kombinieren können.

Über diesen Kampf der beiden Diktaturen ist nun die immer wieder aufflammende Diskussion um eine neue, besonders bizarre Variante, die eines ängstlichen, um die Menschheit und Europa tief besorgten Friedensengels Stalin bereichert worden.

Vor einem derart leuchtenden Idol heben sich die Konturen der »Faschisten in Feldgrau«, die dem Leiden der Menschen in der Festung Leningrad genüßlich immer neues Leid hinzugefügt haben, besonders kraß ab.

Wie es wirklich bei den Belagerern aussah, zeigen nachstehende Ausschnitte.

Da heißt es in einem Gefechtsbericht des Hauptmanns Bake, des Führers des II./IR 284 der 96. ID über die Zeit vom 1.–20. 3. 1942 über Kämpfe bei Pogostje:

Aber selbst die härtesten Anforderungen können das Btl. nicht erschüttern, alle Angriffe werden unter blutigsten Verlusten für den Gegner abgewehrt. Das Btl. hält die befohlene Stellung und verhindert damit einen Durchbruch des Feindes von Osten zum Mercedes-Stern. Die Verluste des Gegners lassen sich zahlenmäßig nicht erfassen, zu Bergen geschichtet liegen die Gefallenen vor der Z-Schneise.

Auch die Trosse erleiden empfindliche Verluste. Mehrfach werden Nachschubfahrzeuge überfallen oder beschossen.

Die Verluste des Btl. ergeben sich aus folgender Gegenüberstellung der Grabenstärken:

1.3.42	Offz.	Uffz.	Mannsch.	20.3.42	Offz.	Uffz.	Mannsch.
5.Kp.	1	11	61		–	2	7
6.Kp.	1	11	64		1	–	7
7.Kp.	1	10	54		1	1	–
8.Kp.	1	19	69		–	9	21
Stab	4	10	25		3	8	17
	8	61	273		5	20	52

Ausfälle: 3 Offz., 41 Uffz. u. 221 Mannsch.
davon revierkrank: – Offz., 1 Uffz. u. 39 Mannsch.

Bake,
Hauptmann und Btl.-Führer.

Bericht eines Btl.-Kommandeurs der 223. ID über den Einsatz an der Nordost-Flanke des russischen Einbruchs bei der Wolchow-Schlacht. Die Zahlenfolge 2, 2, 22 bedeutet: 2 Offiziere, 2 Unteroffiziere, 22 Mann. Zugeteilte Einheiten wurden, wenn Nachschub knapp war, oft zu wenig berücksichtigt. Hier nun der Ausschnitt aus dem Bericht vom 6. 2. 1942:

schutzlos im Freien und blieben etwa 36 Stunden ohne Unterstand. Von dem Augenblick an, da die Stützpunktlinie von uns besetzt wurde, fühlte der Russe an die Stützpunkte heran, entwickelte lebhafte Spähtrupptätigkeit und begann vom 25.1.42 an bereits mit Angriffen. In der Nacht vom 25. auf 26.1.42 wurde die 3. Kp. wegen der grossen Zahl von Erfrierungen abgelöst und trat als Btl.-Reserve zu dem vom Btl.-Stab gehaltenen Stützpunkt. Sie wurde durch eine Troßkompanie ersetzt, die aus mehreren Fahrkolonnen zusammengestellt worden war. Diese Tross-Kp. verliess ihren Stützpunkt am nächsten Tage beim Anblick eines sich nähernden russ. Panzers und gab damit den Russen einen wichtigen Annäherungsweg frei, unter Zurücklassung aller Waffen. Ein sofort angesetzter Gegenstoss blieb erfolglos. Seitdem bildet der Stützpunkt des Btl.-Stabes in vorderster Linie den Schlüsselpunkt der ganzen Linie. Wir haben bis heute alle Angriffe abgewehrt, dabei aber und bei Spähtruppunternehmungen schwere blutige Opfer gebracht. Gefallen ist Lt. Schwickert, Feldw. Vinz, verwundet Feldw. Helmrich, Feldw. Heber, Feldw. Rämsch, Uffz. Schulze, Lt. Kautsch, , die Gesamtverluste des Btl. sind auf 280 gestiegen. Oblt. Zocharnack ist seit dem 24.1.42 erkrankt und liegt im Truppen-Revier. Lt. Barthel und Lt. Schneider sind mit Erfrierungen ins Lazarett eingeliefert worden. Lt. Kautsch, der zunächst bei der Truppe verblieben ist, führt die 1. und 3. Kp. Wegen Erfrierungen ist u.a. von den Zugführern auch Feldw. Boden ins Lazarett gekommen.

Gestern Abend hatte das Btl. folgende Kampfstärke:
```
Stab   2 ,   2,    22
1.Kp.  -     2,     8,  dazu der Zug Rämsch mit  1 / 9,
                        dessen Schicksal seit gestern unbe-
                        kannt ist.
2.Kp.  1,    7,    41
3.Kp.  -     -      1   und mögl.Weise noch 1 / 5 auf einem
                        Stützpunkt,der mögl.Weise von den
                        Russen genommen ist,
4.Kp.  1,    7,    32 .
```

Seit gestern sind Unternehmen mit starken Kräften im Gange, von denen wir Erleichterung erhoffen. Im Augenblick liegen wir eingeigelt mitten zwischen Russen in schweren Abwehrkampf.

Der Troß kam erst mehrere Tage nach dem Btl. an und ist jetzt noch nicht mit allen Teilen herangezogen. Dort gab es Pferdeverluste (bisher 5) und auch zahlreiche Erfrierungen. Die Zuführung der Verpflegung ist schwierig, mitunter mussten Kompanien 24 Stunden ohne Verpflegung bleiben.

Bei der Verteilung von Wintersachen ist das Btl., als nur zugeteilt nicht berücksichtigt worden.

Auch die eben gemeldete Kampfstärke gilt nur bedingt, viele Leute sind zunächst bei der Truppe noch geblieben, obwohl sie wegen ihrer erfrorenen Füsse die Stiefel nicht mehr anziehen können und die Füsse nur mit Lappen und Decken umwickelt haben. Mit ihrem endgültigen Ausfall ist in absehbarer Zeit zu rechnen.

Da die vom Btl. gehaltenen, im allgem. 2 km von einander entfernte Stützpunkte mit zu schwachen Kräften besetzt sind, fordert ihre Sicherung ungewöhnliche Leistungen im Postendienst. Durch Übermüdung, anstrengende Marschleistungen zwischen den Stützpunkten und die durch Tag und Nacht sich hinziehenden Abwehrkämpfe, sind die Mannschaften übermüdet und erschöpft. Ihr Kampfwert ist beträchtlich vermindert.

gez. M a r x
Major u. Btl. Kdr.

In einem Bericht des Leutnants Fischer, 2. Kompanie des Pionier-Bataillons der 223. ID, wird über die Wirkung eines Granatwerfer-Volltreffers bei einem Einsatz am 24. 2. 1942 südlich des Pogostje-Bahndamms gemeldet:

```
linie herausgezogen und zur Auffangstellung in Marsch ge-
setzt. 16.oo erhält die Kompanie Gegenbefehl : Wieder in-
fanteristischer Einsatz zur Sicherung der Straße. 21.oo
wird die Komp. herausgezogen und soll sich in das Lager
"Harz" zur Ruhe begeben. Während der Ablösung Granatwerfer-
volltreffer auf der Straße: Gefr. Metz, Pion. Brenner,
Pion. Ertelt, Pion. Randt gefallen, Oblt. Mühlbronner,
Uffz. Herzog, Ogfr. Grumbt, Opion. Wagner schwer verwundet,
Gefr. Blaue, Gefr. Millanowski, Pion. Schulz leicht ver-
wundet.
```

Aus einem Bericht des Leutnants Erdmann über das I./IR 366, 227. ID geht hervor, daß dieses Bataillon am 24. 3. 1942 wegen seiner hohen Verluste in das III./IR 366 eingegliedert wurde:

```
                   Die harten Abwehrkämpfe, die das I. Batl.
seit dem 14.3. zu bestehen gehabt hatte, hatten ausserordentlich
hohe Verluste gefordert. Es waren in der Zeit vom 14. bis 23.3.
gefallen: 2 Offz., 8 Uffz. und 30 Mannschaften; verwundet: 17 Uffz.
und 82 Mannschaften; vermisst: 1 Uffz. und 16 Mannschaften; krank:
2 Offz., 19 Uffz. und 71 Mannschaften. Das ist ein Gesamtausfall
von insgesamt 248 Köpfen. Die Kampfstärke am 13.3. hatte betragen
insgesamt: 302 Köpfe. Dem III. Batl. wurden am 24.3. eingegliedert:
2 Offz., 10 Uffz. und 41 Mann.
                   Die Strapazen, die das Batl. in der Zeit
vom 14. - 23.3. zu ertragen hatte, waren ausserordentlich. Durch
unablässigen Abwehrkampf gegen Panzer und zahlenmässig überlegene
Infanteriemassen körperlich und seelisch pausenlos bis zum äusser-
sten angestrengt, hatten die Männer des Batl. gleichzeitig die Un-
bilden des russ. Winters in ihrer härtsten Form zu ertragen. Das
Batl. hat diese ganze Zeit Tag und Nacht im Freien verbracht, meist
in ungebahntem Schneegelände bei einer Schneedecke von ca. 120 cm.
Die Möglichkeit, die zugeführte Verpflegung an bescheidenen Holz-
feuern aufzuwärmen, bestand in dieser ganzen Zeit nur zweimal. Brot
und Zukost wurden normalerweise in hartgefrorenem Zustande verzehrt.
Hierdurch erklären sich neben der grossen Anzahl von Erfrierungen
die zahlreichen Magenerkrankungen, unter denen die Truppe zu lei-
den hatte. Die gesamte Mannschaft des Batl. blieb während dieser
10 Tage praktisch ohne Schlaf. Dass das Batl. trotz dieser starken
körperlichen Belastung und der pausenlosen harten Abwehrkämpfe
alle ihm gestellten Aufgaben erfüllte, berechtigt es mit Stolz sei-
ner toten Kameraden und seiner eigenen letzten ehrenvollen Kämpfe
zu gedenken.
```

Am 2. 4.1942 liefert ein Melder der 3. Kompanie im Gefechtsstand des I. Bataillons des IR 283, 96. ID (Hannover) den folgenden Bericht ab:

Am 4.3.1942 bezog die 3./J.R.283 die Stellung am Bahndamm etwa 5 km. südostwärts von Pogostje. Diese Stellung wurde am 7.3.1942 von einer anderen Einheit besetzt und die 3.Kompanie kam etwa 1 1/2 km. nordwestlich in eine neue Stellung. Gefechtsstärke der Kompanie: 1 Offz.,16 Uffz. und 72 Mannschaften.
    Am 9.3.1942, 7⁰⁰ Uhr, belegte die feindliche Artillerie diese neu bezogene Stellung mit heftigem Feuer und anschließend versuchte der Feind, mit Panzern und Infanterie diese Stellung zu stürmen. Drei Wellen wurden abgewiesen, dann gelang es aber dem Feind, bei dem links angelehnten Nachbarn (Jnf.Regt.243) durchzubrechen und von dort aus begann er nun, die Stellungen am Bahndamm in südostwärtiger Richtung aufzurollen. Drei Stunden hielt die 3.Komp. dem feindl. Ansturm stand, dann zog sie sich auf Befehl des Bataillons bis zur Küchenschneise zurück und setzte sich hier nochmals fest. Da aber der Feind auch hier wiederum starke Panzerkräfte einsetzte, war auch das Halten dieser Stellung nicht möglich und gegen 19⁰⁰ Uhr zog sich die Kompanie bis in die Nähe des kl. Mercedesstern zurück.
    Nachdem die Kompanie sich am 1o.3.1942 wieder gesammelt hatte (sie zählte noch: 1 Offz.,4 Uffz. und 2o Mann) wurde gegen Abend unter Mitwirkung von Sturmgeschützen eine Waldschneise freigekämpft und die Kompanie hatte nunmehr die Aufgabe, einen Teilabschnitt dieser Schneise zu besetzen. In fortwährendem Ansturm gelang es aber dem Feind, in den folgenden Tagen uns langsam zurückzudrängen und einzukesseln, nur ein kleiner Streifen war noch feindfrei. Um der völligen Einkesselung zu entgehen, zog sich am 16.3.1942 nach Einbruch der Dunkelheit sämtliche Truppen vom kleinen Mercedesstern zurück. Die Kompanie hatte bei diesem letzten Kämpfen ausserdem Komp.Führer noch 2 Uffz. und 11 Mann verloren. Am Morgen des 17.3.1942 wurde die Komp. durch frische Truppen abgelöst.
    Gefechtsstärke der Kompanie am 18.3.1942 2 Uffz. und 8 Mannschaften.

Am 3. 3. 1942 rückt der Feldwebel Friedrich Augenstein mit der 2. Kp. IR 283, 96. ID, in die Stellung 1,5 km südostwärts des Bahnhofs Pogostje in die sogenannte Bahndammstellung ein. Sein Gefechtsbericht über die Zeit bis zum 17. 3. 1942, der knapp und trocken die Hölle von Pogostje beschreibt, endet mit folgender Zusammenfassung:

Gegen 14,oo Uhr setzte feindl. Artillerie – und Granatwerferfeuer ein, welches vermutlich durch Funk auf den in der Nähe stehenden Panzern geleitet wurde. Nach 1 1/2 stündigem Beschuß, welcher eine starke Wirkung hatte, kam der Befehl, daß die Stellung bis 19,oo Uhr gehalten werden muß. Dann erfolgte im Schutze der Dämmerung die Räumung des Sterns in Richtung Harzlager. Leider mußten sehr viele Tote und eine Unmenge an Gerät und Ausrüstung zurückgelassen werden.

Die Ausfälle der 2. Kompanie waren ungefähr:

In der Zeit des Marsches zur Stellung am 3. 3. :
2 Mann verwundet.
In der Zeit vom 4.–8. 3. am Bahndamm durch Beschuß versch. Waffen:
1 Toter und 13 Verwundete.

In der Zeit vom 9. – 12. 3.
1o Tote und Vermißte, 15 Verwundete.

Die Tage in den verschiedenen Waldstellungen am Stern 12. – 16. 3.
1 Toter und 17 Verwundete

= Insgesamt ca. 59 Ausfälle.

17.3.1942   In verschiedenen Gruppen marschierte das Btl. über Konduja zurück nach Lipky, wo wir eine kurze Zwischenunterkunft bezogen und die Nacht in russischen Häusern verbrachten. Bei namentlicher Festellung war die 2. Kompanie noch [4/13] stark.

gez. Friedrich Augenstein
Feldwebel.

Was der Krieg in Sumpf und Wald wirklich bedeutete:

In einem Gefechtsbericht eines Bataillons-Führers über die Abwehrkämpfe im Einbruchsraum von Pogostje vom 1. bis 20. 3. 1942 findet sich dieser Abschnitt, der einen Einblick in die seelischen Veränderungen und die körperlichen Belastungen vermittelt, denen die Männer auf dem »Nebenkriegsschauplatz« um Leningrad ausgesetzt waren:

> Mann zurückschicken; die Truppe bleibt ohne warme Verpflegung. Essenträger oder Wasserkanister sind nicht vorhanden. Die kalte Verpflegung kommt nur in gefrorenem Zustand zur Truppe, sie aufzutauen fehlt Zeit und Gelegenheit. Wie die Kaninchen knabbern die Männer an ihrem gefrorenem Brot, ihrer Butter oder Wurst, ein immer wieder zu beobachtendes Bild.
>
> Der Einsatz der Waffen ist äußerst beschränkt. Das Schußfeld beträgt 5 - 15 m. Leichte Granatwerfer können nicht eingesetzt werden, die Granaten zerspringen wenige Meter vor der Stellung an irgendeinem Zweig. Die sMG. müssen sich erst ein Schußfeld schießen. Die beiden letzten s.Gr.W. finden etwas abgesetzt Schußfeld und können erfolgreich vor der HKL. wirken. Das Wort hat der Gewehrschütze. Jeder Mann des Btl. ist damit ausgerüstet. Zwar ist der Gegner infolge des tiefen Schnees, in dem er sich geschickt heranarbeitet, erst auf kürzeste Entfernung zu erkennen, aber ein wahres Jagdfieber hat die Männer ergriffen; 30 einwandfreie "Abschüsse" eines einzelnen Gewehrschützen an einem Tage sind keine Seltenheit. Dauernde Aktivität des Feindes, die außerordentlich dünne Postenbesetzung, vermehrt durch ständige Ausfälle, lassen eine Ablösung der Posten nicht zu, die physische Widerstandskraft der Männer wird auf die härteste Probe gestellt. Ununterbrochen stehen sie seit Beziehen der Z-Schneise bei absinkender Temperatur im Schnee, ohne jeden Schutz, größtenteils ohne Wolldecken, die erst aus den rückwärtigen Teilen herausgezogen und zugeführt werden müssen, wodurch vorn wenigstens jeder Mann 1/Decke erhält.

Zerstören oder besetzen – was sollte aus Leningrad werden?

In den Akten aus dem Stab der 18. Armee, die Leningrad erobern sollte, findet sich dieser Entwurf für einen Ausweis. Er sollte zur Legitimation für Angehörige der Restbevölkerung der Stadt dienen. Die Offiziere scheinen Hitlers Traum von der totalen Zerstörung der »Wiege des Bolschewismus« demnach nicht ernst genommen zu haben.

```
Ausstellende Dienststelle.              Petersburg, den ..... 1941.
           A u s w e i s   Nr._____
           ---------------------------------

   fürden/die ...........................................................
              (Beruf)       (Vorname)      (Familienname)
   Staatsangehörigkeit: ...............................
   Volkszugehörigkeit : ...............................
   Wohnort:................Linie......Straße...............Wohnung....
   geb.in...................... am.......................
   Größe:................       Besondere Kennzeichen:...............
   Haare:................       ......................................
   Augen:................       ......................................
   Statur:................      ......................................
   Gesichtsform:..........      ......................................
         Inhaber dieses Ausweises ist berechtigt, sich innerhalb
         des Petersburger Stadtbezirkes frei zu bewegen.
                                 Name
                                     ...............................
         Dienststempel.          Dienstgrad
                                           .........................
```

Männer gegen Panzer: Sieg und Tod

Angesichts der zahlenmäßigen, in den ersten Kriegsjahren auch technischen Überlegenheit sowjetischer Panzer wurde der Kampf gegen sie immer verzweifelter. So heißt es in einem Bericht des Unteroffiziers Leonhardt, stellvertretender Führer des Regt. Radfahrzuges/IR 385 vom 22. 3. 1942 ganz lapidar:

```
   Bei dem Unternehmen haben sich vom Regt.Radf.Zug besonders
ausgezeichnet:
1.) der Gefr. S c h r e i b e r , der einen Granattrichter ver-
       ließ und einem überschweren Feindpanzer entgegen-
       kroch, um ihn durch Handgranaten zu sprengen.
       S c h r e i b e r ist hierbei gefallen.
2.) der Gefr. S c h n e i d e r , der die Besatzung eines bewe-
       gungsunfähigen Panzers durch Einwerfen einer Handgra-
       nate in die Turmluke vernichtet hat.
       S c h n e i d e r ist gleichfalls gefallen.
```

Mit welcher Kaltblütigkeit gut ausgebildete und ausgerüstete Panzerknacker den Kampf gegen die Schrecken verbreitenden gepanzerten Kolosse vom Typ KW 1 und T 34 aufnahmen, davon gibt ein Bericht des Oberleutnants Hurtig, Führer der 2. Kompanie im Pionierbtl. 1 der 1. ostpreußischen ID einen Begriff. Hier einige Auszüge vom 30.5.1942:

> 4 Panzerbekämpfungstrupps von je 1:6, sowie eine Stossreserve in Stärke eines Zuges hielt ich auf dem Kp.-Gef.Std. zwecks Sondereinsatzes zurück. Die Panzerbekämpfungstrupps waren von mir mit T-Minen, geballten Ladungen und Handgranaten ausgerüstet worden. Je 2 Mann und 1 Führer waren zur unmittelbaren Bekämpfung, 2 Mann als Nachschubtrupp und 2 Mann mit 1 l.M.G. als Feuerschutz eingeteilt worden.
>
> Während des Abendangriffes wurde ein Einsatz der Panzerbekämpfungstrupps nicht erforderlich, da der Angriff rasch zur Vereinigung mit der 58.J.D. führte.
>
> Als nach Erreichung des Angriffszieles die H.K.L. festgelegt wurde, setzte die 2./Pi.1 bei jeder Kp. des I./J.R.43 und bei jeder Kp. des Bewährungs-Btl.540 Panzervernichtungstrupps an den Stellen ein, an denen Durchbruchsversuche fdl.Panzer von Osten zum Kessel der Geländebeschaffenheit nach erwartet werden konnten. Am stärksten war der Einsatz der Trupps an dem zu erwartenden Schwerpunkt, der Erikaschneise(Knüppeldamm) und an der Feldbahn. Der erwartete Schwerpunkt wurde am 1.6., 4.00 Uhr früh, auch vom Gegner gewählt. Auf die ersten Panzergeräusche wurden die Panzervernichtungstrupps alarmiert und am Kp.Gef.Std. 3 weitere Panzervernichtungstrupps sowie Nachschubtrupps gebildet. Nach diesen Vorbereitungen gelang es, im Laufe von 1 3/4 Std., 6 fdl.Panzer vor und in der H.K.L. längs und neben der Erikaschneise zu vernichten. Die Trupps wandten zur Bekämpfung im wesentlichen T-Minen und einzelne geballte Ladungen an; von den am Abend des 31.5. eingetroffenen Haftladungen wurden 2 zur Anwendung gebracht. 2 Panzer wurden dadurch erledigt, dass durch Verlegung von T-Minen vor und hinter den Panzern und durch Hinauffahren der Panzer auf diese Minen bei ihrem Hin-und Herfahren, diese bewegungsunfähig geschlagen und danach durch weitere T-Minen und geb. Ladungen zum Ausbrennen gebracht wurden. Als diese beiden ersten Panzer als brennende Fackeln auf dem Knüppeldamm bezw. daneben standen, war für die Männer der übrigen Trupps kein Halten mehr. Binnen einer weiteren Stunde waren auch die restlichen 4 Panzer vernichtet. Bei 2 von diesen 4 Panzern konnten die Haftladungen erprobt werden. In einem Falle brachte eine Haftladung in Verbindung mit einer T-Mine den Panzer zum völligen Ausbrennen.
>
> In einem weiteren Falle durchschlug die Haftladung den Turm eines Panzers vom Typ 34, vernichtete die Turmbesatzung und öffnete das Turmluk, sodass es einem weiteren Pionier möglich war, eine geb.Ladung in den Panzer hineinzuwerfen und ihn dadurch zum Ausbrennen zu bringen. Auch die restlichen 2 Panzer konnten mit T-Minen(mit Brennzündern und Zeitzündschnuranzündern) sowie geb. Ladungen vernichtet werden. Fast alle Zündungen(auch T-Minen als geb.Ladungen) wurden mit Schneid und Vertrauen der Pioniere auf ihre Waffen mittels Brennzünder für Handgranaten getätigt. Verluste durch eigene Panzerbekämpfungsmittel traten dank des geschickten Verhaltens der Trupps in keinem Falle ein.

Hier die Karte des Berichts über die Panzerbekämpfungs-Trupps der 1. ID in der Erika-Schneise, Anfang Juni 1942:

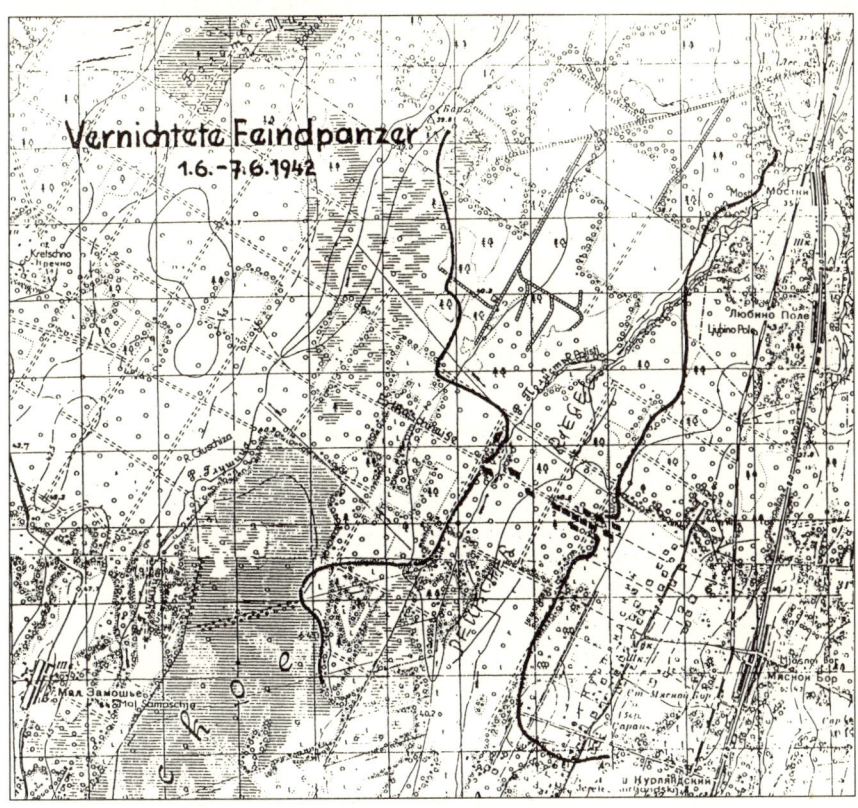

Fortsetzung Bericht Olt. Hurtig, 2. PiBtl. 1 über Einsatz vom 30. 5. 42 an:

Der erste von den einzelnen heranrollenden Panzern fuhr auf die verlegte Minensperre und blieb dadurch bewegungsunfähig liegen. 3 Panzern gelang es, durch die H.K.L. zu fahren, die übrigen 5 wurden vor und in ihr vernichtet. Von den durchgebrochenen 3 Panzern fuhr einer auf die westlich verlegte Minensperre, blieb liegen und wurde restlos vernichtet. Ein dritter, bereits von den Pionieren angeschlagener Panzer fuhr noch in die Linie des J.R.22 und wurde dort restlos vernichtet.

.Gefr. Gromeik gelang es, einen zur russischen H.K.L.flüchtenden Panzer einzuholen, während des Laufens die Haftladung an die Breitseite anzuheften, im Laufen abzuziehen und dadurch den Panzer T 34 zum Ausbrennen zu bringen. Bei dem

Fortsetzung nächste Seite

Der Bericht des Pionier-Oberleutnants Hurtig endet wie folgt:

```
        In etwa 3 Stunden war der versuchte Durchstoss von 9 fdl.Pz.
unter Vernichtung von 8 zum Scheitern gebracht. Dem 9.Panzer ge-
lang es, angeschlagen zur russ.H.K.L. zu flüchten. Die 2./Pi.1
konnte an diesem Tage wiederum 5 Panzer im Nahkampf vernichten,
während es der Pak gelang, 2 weitere Panzer durch Bekämpfung mit
Stielgranaten zu vernichten.
        Den wesentlichsten Anteil an der Vernichtung der Pz. an beide
Tagen haben die Pz.Vern.Trupps Gromeik(4) und Knie(3).Der O.Gefr.
Gromeik hat allein 3 Pz. und der O.Gefr.Knie allein 2 Pz. im Nah-
kampf vernichtet.
                                        gez. Hurtig
```

<u>Wie das mit der psychologischen Kriegführung war:</u>

Um Leningrad wurden von beiden Kriegsparteien Flugblätter zur Beeinflussung des Gegners reichlich verwendet. So warfen ab oder verschossen die Deutschen 1943 im März 4,4 Millionen, im Juni 30,2, im August 33,1 Millionen Exemplare. Welchen Einfluß die sowjetische Führung diesem Propagandamittel zubilligte, wird daraus ersichtlich, daß Rotarmisten, die im Besitz eines deutschen Flugblattes angetroffen wurden, meistens erschossen wurden. Wie stark die Mittel psychologischer Kriegführung zur Legendenbildung beitrugen, erleben wir noch heute. So wurden damals auch von sowjetischen Stellen in Leningrad während der deutschen Blockade Gerüchte ausgestreut oder nicht widerlegt, feindliche Flugzeuge würfen getarnte Sprengkörper (als Kinderspielzeuge oder Schreibstifte) ab, die schwere Verletzungen hervorriefen. Diese Behauptung, einst zur Stärkung des Abwehrwillens erdacht, wird in einem englischen Geschichtswerk noch im Jahre 2001 kolportiert. Dabei gibt es keinerlei Beweise für die Verwendung solcher Mittel, weder auf deutscher noch auf alliierter Seite.

Insgesamt verbreiteten die Russen über und hinter der deutschen Front während des II. Weltkrieges drei Milliarden Flugblätter, die Deutschen über allen gegnerischen Frontgebieten fünf Milliarden.

Dokumente 319

Hier ein Beispiel für die Art von Flugblättern, wie die Rote Armee sie über eingeschlossenen Deutschen abwarf. Es ging um das IR 366 (227. ID), das unter Führung des Oberstleutnants Maximilian Wengler dem Gegner eine Woche lang Widerstand leistete und dann den Einschließungsring sprengte. So entstand an der Ostflanke des Flaschenhalses Ende August 1942 die »Wengler-Nase«.

!ACHTUNG!

SOLDATEN, UFFZ. UND OFFIZIERE D. 227 ID. DIE IN ROSCHTSCHA KRUGLAJA" EINGESETZT SIND,

Ihr seid eingekesselt und euere Lage ist hoffnungslos.
Man gibt euch zum Nachdenken und Entschluss zu fassen genau 3 Strunden.
Falls ihr nach Ablauf dieser Frist, d. h. bis 7. Uhr d. 31. Aug. 1942. euch freiwillig nicht ergibt wird euch unsere Artillerie in Fetzen zerschmettern und die schwere Orgeln in Asche verwandeln.
Deutsche Soldaten, Uflz und Offiziere—wählt aus!
Gibt ihr euch freiwillig gefangen, so dürft ihr fest rechnen, dass in völliger Uebereinstimmung mit dem Befehl Stalins N 55 euch das Leben geschont wird. „Wenn deutsche Soldaten und Offiziere. laufet dieser Befehl, sich ergeben, nimmt sie die Rote Armee gefangen und schont ihr Leben. Die Rote Armee vernichtet deutsche Soldaten und Offiziere. wenn sie sich weigern die Waffen zu strecken, und mit der Waffe in der Hand unsere Heimat zu unterjochen suchen."
Für diejenigen die sich freiwillig nicht ergeben—wird die „Roschtscha Kruglaja" ein Massengrab werden.

           Das Kommando der Roten Armee.
31. Aug. 1942.

Wie das mit den zerstörten Dörfern war:

Die »Hannoversche Allgemeine« berichtet am 11. 9. 2000 über den neuen Friedhof, den der deutsche Volksbund für Kriegsgräberfürsorge bei Sologubowka, 70 Kilometer nordostwärts von St. Petersburg, angelegt hat. Der Reporter hebt dabei auch die Ressentiments russischer Veteranen hervor, die auf die Zerstörung von 200 Dörfern in der Umgebung durch Deutsche hingewiesen hätten. Wir Deutsche können die Trauer über Zerstörung der Heimat gut verstehen, aber bei allem Mitgefühl muß man doch etwas genauer hinsehen.

Da findet sich nämlich unter den Übersetzungen erbeuteter sowjetischer Papiere aus der Wolchow-Schlacht 1942 ein Befehl des Kommandeurs der 191. SchD vom 14. 2. 1942, 12 Uhr, aus dem Divisionsgefechtsstand im Dorf Tigoda. Der Befehl wurde am 9. 3. 1942 von einem Übersetzer des Ic (Feindaufklärung) der deutschen 254. ID zu den Akten genommen. In ihm findet sich unter Absatz 7 zum Einsatz der Artillerie folgender Hinweis:

```
7.) Artl.: Feuerstellungen in Gegend Tigoda, Tscherwino. Feuer-
    bereitschaft 2.00, 13.00.
    Aufgabe:
    a) Durch systematisches Feuer sind die Häuser in Tscherwins-
       kaja-Luka zu zerstören, Feuerstellungen und Bereitstellun-
       gen des Gegners zu zerschlagen.
    b) Einschiessen auf Mal.Brenniza und Dubowoje.
    c) Die V.B. bei den Batls.- und Komp.Führern, mit denen Ver-
       bindung aufrechterhalten ist.
```

Der Ausschnitt spricht für sich. Aber es kommt uns auf diesen speziellen Fall nicht an.

Tatsache ist: Häuser und ganze Dörfer wurden fast immer von beiden Kriegsparteien zerstört, wenn sie dem Gegner Deckung gegen Beschuß oder Schutz gegen extreme Witterung boten oder von Partisanen zu Stützpunkten ausgebaut waren. Bestand Aussicht, sie selbst zu nutzen, wurden sie verschont. Entscheidend war, ob Mittel und Zeit zur Zerstörung vorhanden waren und die taktische Bedeutung des Ortes.

Das Ritterkreuz – und warum es mehr ist als nur Schmuck zur Uniform:

Bekanntlich gab es bei der Offensive der 2. sowjetischen Stoßarmee über den Wolchow in den Rücken der deutschen Verbände eine Reihe von Krisen auf beiden Seiten. Die gefährlichste für die deutsche Seite entstand im Frühjahr, als es der 2. Stoßarmee gelang, sich bis auf 2 Kilometer an die Rollbahn von Leningrad nach

Dokumente 321

Tschudowo vorzukämpfen und sich so von Süden dem Punkt zu nähern, dem die 54. sowjetische Armee von Nordosten mit ihrer Offensive über den Bahndamm von Pogostje zustrebte. Angesichts der miserablen Infrastruktur im Hinterland der deutschen Wolchow- und Flaschenhals-Divisionen hätte die Unterbrechung der wichtigsten Verkehrsader eine Art Infarkt bedeutet.

Das Zusammentreffen der Angriffsspitzen beider sowjetischer Armeen mußte verhindert werden. Wer konnte den Schwung, mit dem sich die 2. Stoßarmee der Rollbahn näherte, noch unterbinden?

Das ist die Stunde des Kommandeurs des III./IR 44 der 11. ostpreußischen ID. Der Major Hoffmann kämpft sich mit seinem Bataillon auf die Wurzel des Pfeils vor, der, aus zwei russischen Kavalleriedivisionen und Teilen von zwei Schützendivisionen gebildet, auf die Rollbahn zustößt.

Hier ein Auszug aus seinem Gefechtsbericht über die Kämpfe am 27. und 28. 2. 1942 bei Krasnaja Gorka:

```
Gleichzeitig erfolgt ein russischer Angriff in Staerke von 2 Ski-Bataillonen in
Schneehemden, und weisse Leuchtkugeln abschiessend, auf den rechten Fluegel des
Btl., wobei die restlichen Teile der 7/JR 23 bis auf den Bach zurueckgeworfen
werden, waehrend die Masse des Btl. durch eine entlang des Bachlaufes nach Sue-
den vorstossende Feindgruppe von etwa 500 Mann, und eine entlang des Versorgungs-
weges nach Sueden gehende Feindgruppe von etwa 250 - 300 Mann eingeschlossen
wird.
Nach hartem Kampf gelingt es,den im Bachlauf sich befindenden Gegner nach Sueden
ueber die Eisenbahn abzudraengen, wobei sich die M.G.Gruppe Loewis ganz beson-
ders hervortut und dem Gegner beim Ueberschreiten des Bahndammes schwerste
Verluste beibringt.
Das im Bachgrund aufgefangene, voellig durcheinander gekommene, Btl. wird sofort
nach kurzem Ordnen der Verbaende, wobei sich herausstellt,dass die Komp.Fuehrer
5/JR 2, 7/JR 23, sowie saemtliche Zugfuehrer von diesen Kompanien, sowie ein
Zugfuehrer der 11/JR 44, durch Tod oder Verwundung ausgefallen sind; zu erneutem
Angriff eingesetzt.
Dem Btl. gelingt es wiederum, den Versorgungsweg gegen 1,00 Uhr nachts zu nehmen,
und sich erneut zur Abwehr einzurichten.
Inzwischen hat das bei Krassnaja Gorka mit Unterstuetzung von 6 Panzern angrei-
fende Btl. vom Rgt. 304 das Dorf ohne jede Verluste nehmen koennen, da das Btl.
der 11. Division den Gegner im Sueden gefesselt hatte.
Um 2,30 Uhr erfolgt ein erneuter russischer Angriff aus Sueden und Suedwesten,
der nach halbstuendigem Kampf abgewehrt werden konnte.
Zwei aus Krassnaja Gorka versprochene Panzer, die im Schnittpunkt Versorgungsweg -
Eisenbahn, mit Front nach Sueden, aufgestellt werden sollten, trafen nicht ein,
obwohl das Btl. dringend um Hilfe gebeten hatte,da es nur noch ueber etwa 12
M.G. und 80 Mann verfuegte.
Der weitere Verlauf der Nacht war ruhig bis auf einzelne von Sueden und Suedwesten
vorfuehlende russische Stosstrupps, die jedoch abgewehrt werden konnten.
Gegen 7,00 Uhr erfolgte aus dem dichten Wald westlich des Versorgungsweges und
anschliessend aus Sueden ein starker russischer Angriff, der zunaechst zum
Stehen gebracht wurde.
Infolge Munitionsmangels konnte die Artillerie nur ganz geringes Sperrfeuer
schiessen.
Um etwa 8,00 Uhr wurde zunaechst der rechte und dann auch der linke Fluegel bis
auf den Bach zurueckgeworfen.
Der fdl. Druck erhoehte sich derart,dass das Btl. mit seinen nunmehr sehr schwachen
Kraeften noch weitere 300 m zurueckgeworfen wurde, worauf der Angriff endgueltig
```

unter zu?? zusammengefassten Feuer der M.G. zusammenbrach.
Das sich in Krassnaja Gorka befindende Btl. Scheunemann konnte sich waehrend der Nacht, ohne einmal angegriffen zu werden, zur Abwehr einrichten, wodurch der eigene Durchbruch und damit die Einschliessung der

        80. russ. Kavallerie - Division
        27. russ. Kavallerie - Division
          Teile der 327. und 46. Jnfanterie - Division

zusammen schaetzungsweise 6500 Mann, gelungen war.
Das Btl. wurde nun in die alte H.K.L. zurueckgenommen, wo es nach 24-stuendigem Kampf zum ersten Mal verpflegt werden konnte.

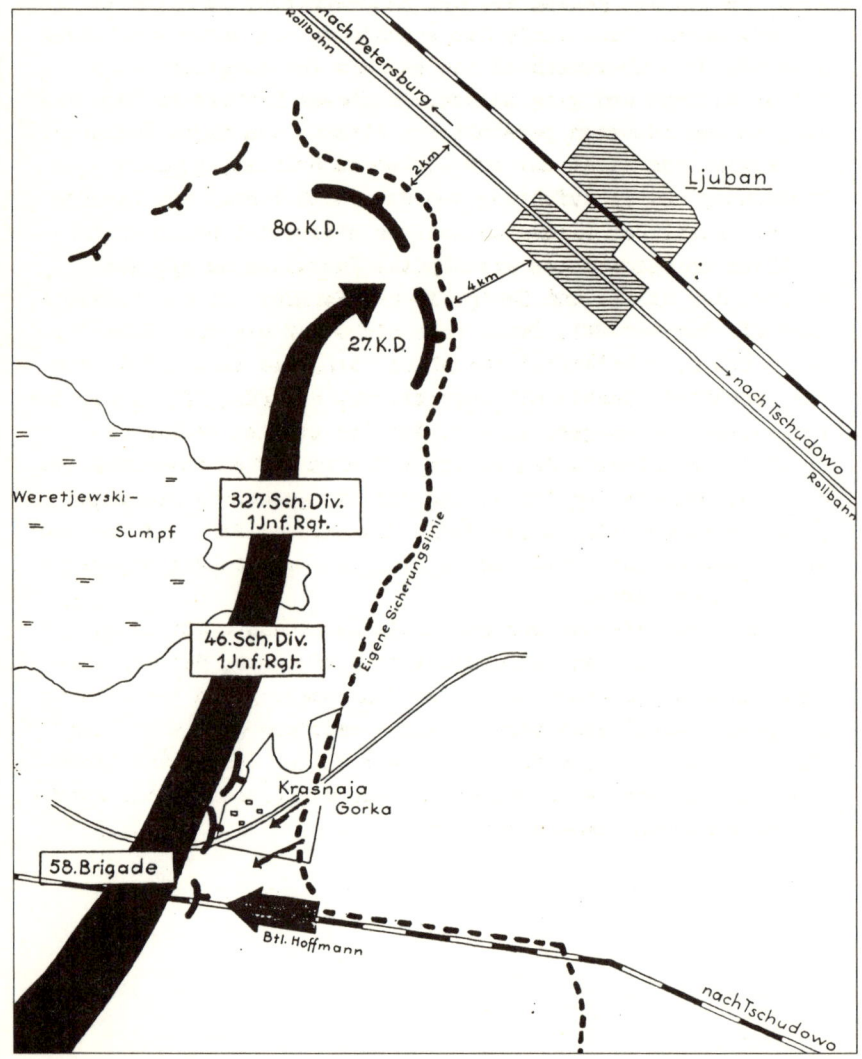

Die Karte (S. 322) verdeutlicht die Lage. Das Bataillon Hoffmann hat die Krise gemeistert. Seine Leistung und die seines Kommandeurs wird gewürdigt. In der Begründung für den Verleihungsantrag zum Ritterkreuz für den Major heißt es:

```
Während das nördliche und mittlere Btl.infolge Feindwiderstandes
und Geländeschwierigkeiten nicht recht vorwärts kamen, riss
Major Hoffmann sein Btl. in bewundernswertem Schwung beiderseits
der Bahn vorwärts. Trotz brusttiefen Schnees und erbitterter Ab-
wehr des Feindes gelang es, das Bahnwegekreuz im Sturm zu
nehmen. Gegen Abend wurde das erschöpfte und unter Mun.Mangel
leidende Btl. überraschend von starkem Feindangriff von 3
Seiten gefasst und ging zurück. In dieser kritischen Lage ge-
lang es dem höchsten persönlichen Einsatz von Major Hoffmann,
die Kompanien nicht nur zum Stehen zu bringen, sondern nach
Neuordnung und Neuzuführung von Mun. noch einmal zum Angriff
vorzureissen. Der eigene Entschluss hierzu ist besonders be-
achtlich angesichts des erschöpften Zustandes der eigenen
Truppe, der Stärke und Zähigkeit des Feindes und der Tatsache,
dass die Nachbar-Btl. immer noch nicht auf gleicher Höhe
waren und noch keinerlei Anschluss vorhanden war. Zudem brach
die Dunkelheit herein mit sternklarer, scharfer Kälte, der das
Btl. schutzlos ausgesetzt war. Nur dem starken Willen und
persönlichen Einsatz des Majors Hoffmann ist es zuzuschreiben,
dass der erneute Angriff gelang und die gewonnene Stellung
gehalten wurde, bis in der Nacht die anderen Btl. auf gleicher
Höhe gebracht und damit der feindliche Vormarschweg endgültig
unterbrochen wurde.
Der Herr Oberbefehlshaber der Armee bezeichnete diesen An-
griffserfolg als den entscheidenden Wendepunkt, der den Aus-
gang bildete zur anschliessenden Einkesselung und Vernichtung
der ganzen auf Ljuban vorstossenden Feindgruppe. Es ist das
Btl. Hoffmann und die Persönlichkeit seines überragend tapfe-
ren und tüchtigen Führers, dem allein der entscheidende Anteil
dieses schweren Sieges zufällt.
```

Welche Rolle der Einzelkämpfer spielte:

Ob kleine Gruppen oder ganze Armeen – ihre Angriffs- oder Abwehrerfolge entsprangen immer auch dem Leistungswillen und der Kampfmoral des einzelnen Soldaten. Ebenso, wie Zusammenbrüche ganzer Frontabschnitte und fluchtartige Rückzüge selbst in Materialschlachten nicht allein durch Mangel an Kampfmitteln zu erklären sind, sondern auch dadurch, daß der Einzelne Massenpsychosen erliegt. Gefechtsberichte heben das selten hervor. Aber wenn genug Zeit für ein Stück Analyse blieb, dann spiegelten sie auch charakterliche Qualitäten derer, die sich hervorgetan hatten.
Dazu hier ein Auszug aus einem Gefechtsbericht des II./IR 489 vom 29.1.1942. Die 269. ID hat sich aus den Wäldern vor der Ostflanke des Flaschenhalses verlustreich zurückgekämpft. Jetzt baut sie auf 38 km Frontbreite eine Linie von Stützpunkten aus, um daraus nach und nach eine durchgehende HKL zu machen. Die Stützpunkte bekommen Namen wie Waldi, Adele, Hannes, Fanny, Klein-Erna, Dolly, Cilly und Baby. Es herrschen über 40 Grad Kälte. Die Russen sind klimagerecht, die Deutschen unzureichend gekleidet und ausgerüstet. Der Gegner ist an Kopfzahl 8 : 1 überlegen. Es vergeht kein Tag ohne Kampf.

```
Besonders ausgezeichnet in den Kämpfen vom 29.1.42 haben sich:
1.) Leutnant Schüllermann, Führer der 6.Kp., der mit ruhiger Über-
    legung und Kaltblütigkeit die Verteidigung leitete und wie-
    derholt persönlich durch Einsatz seiner Person in die Abwehr-
    kämpfe eingriff.
2.) Der Stabsfeldwebel Blandow, 6.Kp., der während der ganzen
    Abwehr die leichten Granatwerfer bediente.
3.) Der Feldwebel Habermann, Kp.-Trupp-Führer 6.Kp., welcher mit
    der M.P. die beim 2. Angriff eingedrungenen Russen zurück-
    schlug.
4.) Oberfeldwebel Pingel, 14.Kp., der, nachdem die gesamte Bedie-
    nung seiner Pak ausgefallen war, im schweren Feuer allein
    an das Geschütz sprang und allein feuerte, bis er selbst durch
    Kopfschuss verwundet wurde.
5.,6.) Die Gefreiten Rolappe und Fritsch, 6.Kp., welche als Melder
    im stärksten Feindfeuer unermüdlich Munition zu den einzelnen
    Kampfständen trugen.
7.) Der Obergefreite Freese, 14.Kp., der trotz schwerer Verletzung
    der rechten Hand sein M.G. solange weiter bediente, bis der
    Angriff abgeschlagen war.
8.) Der Gefreite Reindel, 6.Kp., der im gezielten Feindfeuer feu-
    ernd an seinem M.G. aushielt, obwohl die Waffen rechts und
    links von ihm ausgefallen waren. Nachdem auch sein eigenes M.G.
    versagte, bekämpfte er den etwa 20 m entfernten Gegner mit et-
    wa 30 Handgranaten.
9.) Der Gefreite Dörner, 8.Kp., der als Gewehr-Führer mit dem Schützen
    1, Gefr. Weber, 8.Kp., während der gesamten Kampfhandlungen unbe-
    kümmert um wohlgezieltes Feindfeuer aus nächster Nähe am s.M.G.
    aushielt und sehr viel dazu beitrug, dass der Angriff auf der
    Nordostseite des Stützpunktes abgewiesen wurde.
```

Warum Soldaten den »Schlaf auf Raten« lernten:

Zu den schwersten Belastungen gehörte für die Soldaten neben der Todesgefahr, der lähmenden Kälte und anderen Entbehrungen der Mangel an Schlaf. Durch hohe Verluste fielen Ruhepausen aus. Es gab keine Ablösungen. So entstand Dauerstreß und tiefgreifende Erschöpfung. Mit den Kräften ließen die Wachsamkeit und normale Reaktionen nach. Vorsicht wich totaler Apathie. Der Soldat lernte den »Schlaf auf Raten«. Im folgenden Gefechtsbericht des Radfahrzuges, Stabskompanie IR 283 (96. ID), wird das deutlich.

> Geräts. Sofortiger Beginn mit bauen von Schneehütten, die gegen 4.00 Uhr fertig waren. Anschliessen d wurde versucht darin zu schlafen, den meisten gelang dies wegen der strengen Kälte nicht.
>
> 12. X Um 7.00 Uhr Kaffeeausgabe, anschliessend Bunkerbau über den ganzen Tag bis nachts 24.00 Uhr. Dann der ganze Radfahrzug in einen 12 Mann Bunker. Wenig Schlaf.
>
> 13. X Gegen Morgen Alarm. Radfahrzug sichert den Gefechtsstand nach Osten. Dabei Bau von Laufgräben und Stellungen im Schnee. Im Laufe des Vormittags Aufhebung des Alarms, Bunkerbau wird fortgesetzt. Gegen Mittag Bereitschaftsbefehl, der um 15.00 Uhr aufgehoben wurde. Weiterhin Bunkerbau. Wenig Schlaf.
>
> 14. X Bunkerbau wird fortgesetzt. 16.30 Uhr Bunker fertig. 17.00 Uhr Einsatzbefehl, 17.30 Uhr Abmarsch zum "Harz". Ankunft und Meldung bei Oberstleutnant von Müller gegen 21.00 Uhr. Notdürftige Unterkunft des ganzen Zuges in einem Sanitätsbunker. Gegen 22.00 Einsatzbefehl zur Versorgung des eingeschlossenen Btl. von Rahden mit Munition und Verpflegung. Der Stosstruppauftrag wurde trotz Feindberührung ohne Verluste befehlsgemäss durchgeführt. Rückkehr gegen 0.00 Uhr morgens. Keinen Schlaf.
>
> 15. X Nach 4 Stunden Wiederholung des nächtlichen Stosstruppunternehmens. Zusätzlich war sofort anschliessend durch ein gleiches Stosstruppunternehmen das Btl. Renoth mit Munition zu versorgen. Es wurden bei den Feindberührungen 15 Gefangene gemacht. Die Russen liessen bei der Gefangennahme ein l.M.-G. im Schnee zurück. Auf dem Rückweg wurden eine grosse Anzahl (circa 40) Leicht- und Schwerverwundete sowie annähernd 50 Gefangene zum "Harz" gebracht, wo wir gegen 22.00 Uhr eintrafen. Wir waren somit 12. Stunden pausenlos unterwegs. Unterkunft notdürftig, teils stehend in den verschiedenen Bunkern. Uffz. Lipinski stark erkältet, kann nur noch heise sprechen. Ein Teil der Leute begeben sich mit Erfrierungen an den Füssen oder bezw. an den Fingerspitzen in Behandlung und wurden innendienstkrank geschrieben. Wenig Schlaf.

rechter Flanke und Btl. Gefechtsstand. Am späten Nachmittag rollt
russischer Panzer mit starker Infanterieeinheit auf die Stellung zu.
. Das sofort von uns mit Unterstützung eines s.M.-G. einsetzende
Abwehrfeuer brachte dem Feind starke Verluste bei. Der Panzer dreht ab
und verschwindet. Mit Einbruch der Dunkelheit Bildung von zwei Gegen-
stoßgruppen. Eine Stoßgruppe bleibt mit stündlicher Ablösung durch
die zweite im Graben. Uffz. Lipinski versieht trotz Fieber seinen
Dienst. Keinen Schlaf.

Sicherung einer Teilstrecke des Rückweges. Gegen 13.00 Uhr Rückmarsch zum Harz. Dort sofort nach Ankunft auf Befehl von Oberleutnant Zawadski Einnahme einer Riegelstellung am "Harz". Gegen
2.00 Uhr Rückmarsch nach Konduja. Keinen Schlaf.

18. 3. Kurz vor Tagesanbruch Ankunft auf dem Gefechtsstand Lasch, dort
kurze Pause, dann Weitermarsch nach Konduja. Meldung bei Oberstleutnant von Müller. Entlassung zur eigenen Einheit. Weitermarsch
bis Waldlager bei Venjapolowa. Die Anstrengungen der letzten Tage
machen sich bemerkbar, der lange Fussmarsch wird zur Qual. Mit Einbruch der Dunkelheit Unterbringung im Waldlager. Endlich richtiger
Schlaf. Alle können liegen. Gefr. Hoopmann wegen erfrorener Füsse
Lazarett.

Wenn ein Bataillon ausgeliehen wird:

Typisch für den »Arme-Leute-Krieg«, der bei den Divisionen um Leningrad immer spürbarer wurde, war das Aufteilen geschlossener Einheiten, um Kräftemangel auszugleichen, Frontlücken zu schließen, Krisen zu begrenzen. Nicht nur Regimenter und Bataillone, auch Kompanien, Züge, Gruppen wurden anderen, fremden Einheiten unterstellt. Sogar einzelne Spezialisten wie Funker, Fernsprecher, Pioniere wurden ausgeliehen. Zu den Kampfbedingungen des III. Btl. im IR 412 (227 ID), das bei einer fremden Division eingesetzt wird, faßt der Berichterstatter über einen Einsatz vom 26.3.1942 bis zum 7.4.1942 im Kampfraum Konduja/Smerdynja/Klosterdorf zusammen:

```
          E r f a h r u n g e n .
          -.-.-.-.-.-.-.-.-.-.-.-.-

Die hohen Verluste des Btl. an Menschen und Material und
die Unmöglichkeit, die russ. Angriffe wirksam aufzuhalten
sind wie folgt zu erklären:
1.) durch das vollkommene Fehlen irgendwelcher ausgebauten
    Stellungen. Das Btl. war schutzlos dem schweren Panzer-
    und Granatwerferfeuer des Gegners ausgesetzt. Durch den
    hohen Schnee und die strenge Kälte traten sehr viele
    Erfrierungen und Krankenheiten auf.
2.) durch das fast vollkommene Fehlen von panzerbrechenden
    Waffen. Das Btl. war bei Angriffen der Panzer vollkommen
    machtlos. Ein Durchfahrenlassen der Panzer bewirkte
    in denmeisten Fällen, daß der Panzer im dichtem Gebüsch
    stehen blieb und die vordere Linie von vorn, hinten und
    der Flanke unter Feuer nahm. Die wenigen panzerbrechenden
    Waffen (Sturmgeschütze) fielen meistens nach kurzer Zeit
    aus. Die l.G. und 3,7-Pak konnte ihre Rot-Munition in dem
    dichten Waldgelände nicht verschießen, da die Panzer meist
    gedeckt im Gebüsche standen und ein Beschuß mit Rot-Munition
    nicht möglich war.
3.) Sehr beeinträchtigend war der Einsatz des Btl. im fremden
    Verband. Das Btl. kannte weder die Vorgesetzten nochdiese
    das Btl. Ebenso war es mit den Nachbarn, mit denen zu-
    sammen gekämpft wurde.
4.) Nachrichtenverbindungen fehlten vollkommen, da das Btl.
    beim Abrücken seine Nachrichtenmittel in der Stellung
    belassen mußte und von der 269.I.D. nicht dengeringsten
    Ersatzx bekam. Es war deshalb außerordentlich schwierig
    für die schweren Waffen, mit Beobachtung zu schießen.
    Zu den K.p. bestand vom Btl. nur Funkverbindung, die nach
    den ersten Panzerangriffen ebenfalls ausfielen.
5.) Beim Munitionsersatz wurde das Btl. durch die Kampfgruppen
    nicht im geringsten unterstützt. Es mußte in den ersten
    Tagen alles selbst beschafft, z.T.erbettelt werden.
```

»Räder müssen rollen für den Sieg« – und für die Fronturlauber:

Im »Kursbuch der Militär-Urlauberzüge. 14. Verzeichnis der SF-Züge (Sonderzüge für Fronturlauber), vom 2. November 1942« finden wir den Fahrplan bis nach Tschudowo:

1 Reval/Pleskau – Walk – **Riga** – Mitau – Wirballen/Krottingen

SF 864	SF 860	SF 1860		Zug Nr	Zug Nr		SF 1960	SF 960	SF 964	
...	19.00	21.00	...	ab Reval	an	...	3.00	...	4.00	...
...	21.18	23.18	...	an ⎱ Taps	ab	...	0.50	...	1.50	...
...	22.00	0.07	...	ab ⎰	an	...	23.20	...	0.42	...
...	1.33	3.41	...	an ⎱ Dorpat	ab	...	19.14	...	21.14	...
...	2.00	4.11	...	ab ⎰	an	...	18.32	...	20.32	...
...	4.30	6.51	...	an Walk	ab	...	15.45	...	17.45	...
...	↧	0.50	...	ab Pleskau	an	...	...	20.56	↥	...
...	↧	5.47	...	an Walk	ab	...	...	16.40	↥	...
...	5.18	8.32	...	ab Walk	an	...	...	15.03	17.11	...
...	9.55	13.14	...	an ⎱ Riga Hbf	ab	...	...	10.40	12.33	...
...	11.04	14.20	...	ab ⎰	an	...	...	9.33	11.29	...
...	12.10	15.26	...	an Mitau	ab	...	...	8.11	10.10	...
...	12.30	↧	...	ab Mitau	an	...	...	↥	9.50	...
...	14.56	↧	...	an ⎱ Schaulen	ab	...	...	↥	7.35	...
...	16.00	↧	...	ab ⎰	an	...	...	↥	6.40	...
...	20.35	↧	...	an ⎱ Kowno	ab	...	...	↥	2.25	...
...	21.02	↧	...	ab ⎰	an	...	...	↥	2.01	...
...	23.20	↧	...	an Wirballen	ab	...	...	↥	23.42	...
...	...	15.50	...	ab Mitau	an	...	...	7.55	...	...
...	...	18.44	...	ab Mazeikiai	an	...	...	5.00	...	...
...	...	20.23	...	ab Priekule	an	...	...	3.20	...	...
...	...	22.26	...	an Krottingen	ab	...	...	1.15	...	...

2 Tschudowo/Dno – Pleskau – Riga/Kreuzburg/Dünaburg – Schaulen – **Tauroggen**

SF 861	SF 862	SF 863		Zug Nr	Zug Nr		SF 962	SF 961	SF 963	
...	...	16.59	...	ab Tschudowo	an	...	8.24	...	...	...
...	...	19.12	...	ab Tosno	an	...	5.49	...	...	...
...	ab	20.55	...	an ⎱ Gattschina Balt Bf	ab	...	4.04	an	...	...
...	20.15	21.45	...	ab ⎰	an	...	3.34	5.04	...	...
...	21.07	22.37	...	ab Slwerskaja	an	...	2.38	4.08	...	...
...	21.45	23.15	...	ab Diwenskaja	an	...	2.00	3.30	...	...
...	23.19	0.49	...	an ⎱ Luga Hbl	ab	...	0.27	1.57	...	...
...	23.49	1.19	...	ab ⎰	an	...	23.57	1.27	...	...
...	3.30	5.00	...	an Pleskau	ab	...	19.50	21.20	...	...
...	↧	↧	12.31	ab Dno	an	...	↥	↥	5.29	...
...	↧	↧	13.23	ab Porchow	an	...	↥	↥	4.37	...
...	↧	↧	16.00	an Pleskau	ab	...	↥	↥	2.00	...
...	4.00	↧	↧	ab Pleskau	an	...	20.04	↥	↥	...
...	8.57	↧	↧	an ⎱ Walk	ab	...	15.48	↥	↥	...
...	10.38	↧	↧	ab ⎰	an	...	13.52	↥	↥	...
...	15.20	↧	↧	an ⎱ Riga Hbf	ab	...	9.15	↥	↥	...
...	16.35	↧	↧	ab ⎰	an	...	8.09	↥	↥	...
...	17.41	↧	↧	an Mitau	ab	...	7.02	↥	↥	...
...	↧	5.25	16.29	ab Pleskau	an	...	18.55	↥	1.35	...
...	↧	6.53	17.57	ab Ostrow	an	...	17.26	↥	0.06	...
...	↧	8.10	19.13	ab Abrene	an	...	16.10	↥	22.51	...
...	↧	10.07	21.10	an ⎱ Rositten	ab	...	14.11	↥	20.51	...
...	↧	↧	21.30	ab ⎰	an	...	↥	↥	20.31	...
...	↧	↧	23.40	an ⎱ Dünaburg	ab	...	↥	↥	18.22	...
...	↧	↧	0.10	ab ⎰	an	...	↥	↥	17.40	...
...	↧	↧	0.50	ab Griva	an	...	↥	↥	16.55	...
...	↧	↧	7.00	an Schaulen	ab	...	↥	↥	11.30	...
...	↧	10.40	↧	ab Rositten	an	...	13.30	↥	↥	...
...	↧	14.10	↧	ab Kreuzburg	an	...	9.55	↥	↥	...
...	↧	18.10	↧	an Mitau	ab	...	5.50	↥	↥	...
...	18.00	19.00	↧	ab Mitau	an	...	4.45	6.45	↥	...
...	20.40	21.26	↧	an ⎱ Schaulen	ab	...	2.30	4.30	↥	...
...	21.00	22.10	8.20	ab ⎰	an	...	1.50	4.00	9.55	...
...	23.48	1.31	11.08	an Tauroggen	ab	...	22.05	0.58	6.51	...

Dokumente

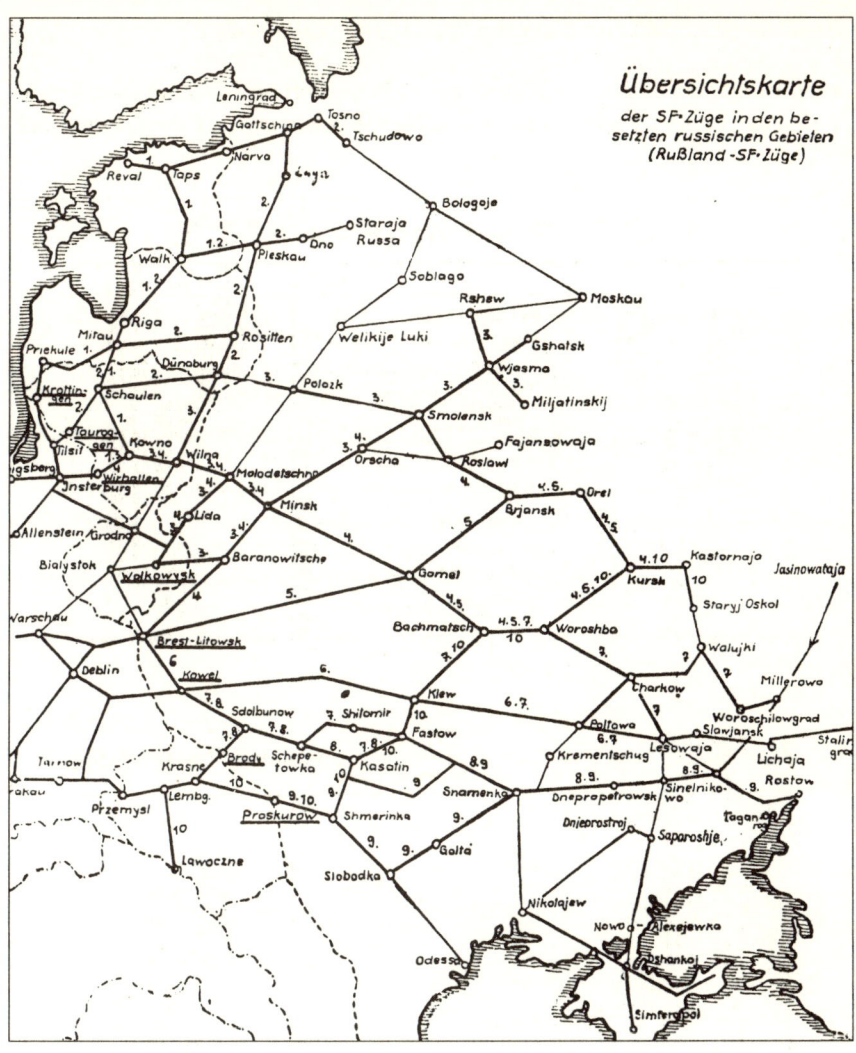

Übersichtskarte
der SF-Züge in den besetzten russischen Gebieten
(Rußland-SF-Züge)

Personenregister

Abakumow, W.A. 46
Abetz, Otto 187
Achmatowa, Anna A. 30
Adameit (Leutnant) 171
Afanasjew (General) 152f.
Alexej Petrowitsch (Zarewitsch) 31
Allersberger, Sepp 208
Allmayer-Beck, Christoph Freiherr von 46, 174f., 221, 232, 236, 258, 264, 266
Anisja (Bäuerin) 92
Augenstein, Friedrich 276

Bakunin, Michail A. 31
Batu, Chan 148
Beißwenger (Leutnant) 171
Berija, Lawrentij P. 30, 220
Bidermann, G.H. 235, 237f.
Bismarck, Otto von 40–43
Blomberg, Werner von 96
Blücher, Gebhard Leberecht Fürst B. von Wahlstatt 98
Bogart, Humphrey 25
Bogatkina, Olga 133–138
Bolotnikow, N.A. 215
Brauchitsch, Walther von 62, 112
Brodsky, Joseph 31
Burckhardt, Jacob 15

Carell, Paul 225
Carius, Otto 256, 270

Chargaff, Erwin 16
Chatschaturjan, Aram I. 30
Chosin, Michail S. 152f.
Cursell, von (Hauptmann) 175, 233

Deegener, Johannes 268f.
Denikin, Anton I. 94
Dostojewskij, Fjodor M. 31
Duchanow, Michail P. 256–258, 264, 266f.

Ehrenburg, Ilja 11, 70, 84, 92
Eisenhower, Dwight D. 69

Fedjuninskij, Iwan I. 70, 113, 153, 165–167, 169, 215, 281
Flex, Walter 22
Fontane, Theodor 99
Forßmann, Werner 159, 177
Franco, Francisco 279
Freud, Siegmund 21
Friedrich II. 191
Friedrich Wilhelm III. 98–101
Friedrich, Jörg 194

Gagen, Nikolaj A. 194, 198f., 201f., 206, 213
Gaiser, Gerd 203
García Navarro (Oberst) 279
Glinka, Michail I. 31
Gneisenau, August Graf Neidhart von 65, 98–101
Goebbels, Joseph 173, 271
Golikow, Filipp I. 159
Golowatschew, Jefim 164f.
Gontscharow, Iwan A. 132
Göring, Hermann 102, 157, 172f., 255
Gornow (Major) 133
Goworow, Leonid A. 186, 214–216, 220f.
Granin, Daniil A. 13, 34, 248, 251
Grigorij (Melder) 165
Guderian, Heinz 65, 109
Gumiljow, Lew N. 30
Gumiljow, Nikolaj S. 30
Gutmann (Unterscharführer) 233f.

Haenicke (Generalleutnant) 52
Halder, Franz 39, 62, 109, 112, 173, 192
Hartmann, Otto 89
Haupt, Werner 49, 51, 53, 278
Hermann (Oberst) 174
Herzberg (Brigadegeneral) 266
Hesse, Erich 92, 95f.
Hessel (Gefreiter) 260
Hetzenauer, Matthias 208
Heusinger, Adolf 274
Hilpert, Carl 267
Himmler, Heinrich 22, 98, 157, 173
Hindenburg, Paul von 168
Hinze, Rolf 97

Personenregister

Hitler, Adolf 7f., 10–12, 14, 17, 32, 36f., 40, 44, 50, 62, 64–66, 69, 84f., 87, 90, 96, 102, 106f., 109–113, 129, 149, 153, 156–158, 162, 168, 172f., 178, 181, 184, 187f., 190–197, 214f., 223, 226, 231, 255, 262, 271–273, 275, 277f., 280
Hockenjos (Leutnant) 57
Hoepner, Erich 36f., 64, 113, 275
Hoffmann, Joachim 14, 53, 93
Holmann, Gertrud 63
Holmann, Gustav 70
Husemann, Friedrich 77, 233, 248

Issijew, Wassilij 119
Iwanow (Komsomolsekretär) 153

Jänisch (Oberstleutnant) 240
Jakowlew, Alexander 86
Jegorow, Alexander 88
Jeschonnek, Hans 173, 255
Jochen (Soldat) 22
Jodl, Alfred 196
Jussupow, Fürst Felix 31

Kahlmann, Klaus 63
Kalinin, Michail I. 220
Kalinow, Kirill D. 65
Kalitajew (Kapitän) 287f.
Katajew, Walentin P. 30
Katharina II. 28
Katlinkaja, Vera 134
Keller, Alfred 274
Kempner, Robert M.W. 91
Kielmansegg, Johann Adolf Graf von 277
Kiermeier (Obergefreiter) 238
Kindsmiller (Oberst) 261

Kirow, Sergej M. 29
Kittel, Otto 170
Klatt, Paul 154
Klausch, Hans-Peter 226, 231
Kleffel, Paul-Georg 274
Klenze, Leo von 36
Kluge, Hans Günther von 64, 158
Klykow, Nikolaj K. 113
Knabe (Oberst) 184
Koltschak, Alexander W. 94, 220
Kopelew, Lew 13, 212, 225
Krüger, Walter 36
Krupitschew, Paul 151,
Küchler, Georg von 38, 107, 168f., 193, 195, 213, 223f., 251, 270, 273, 277f.
Kugler, Franz 69

L., Markus (Schütze) 106, 118
Larissa (Fremdenführerin) 32
Lasarew, Lasar I. 251
Leeb, Wilhelm Ritter von 40, 42, 50, 52
Lenin, Wladimir I. 35, 94
Leyser, Ernst von 278
Lindemann, Fritz 87, 156, 158, 203, 237–240, 262, 277, 280
Lindemann, Georg 141, 143
Loch, Herbert 106f., 113, 163, 213, 215, 240
Löffelholz, Freiherr von 240
Luise, Königin von Preußen 101
Lukin, Michail F. 63,
Lwow, Ignatjew 40f.

Malenkow, Georgij M. 30
Malinin, M. S. 150

Manstein, Erich von 111, 181, 186, 192–195, 198, 202, 222
Marwitz, Johann Friedrich von der 191
Marx (Major) 275
Matzky, Gerhard 232
Merezkow, Kirill A. 49, 140, 152, 154, 168, 214f., 220f.
Metzger, Richard, 270
Mironowa, Lisa 209
Mischa (Partisan) 125–137
Model, Walter 278
Molotow, Wjatscheslaw M. 39
Montferrand, Auguste Ricard de 36
Mussorgskij, Modest P. 31

Nabokov, Vladimir 34, 114, 281
Nadja (Wlassows Sekretärin) 155
Naegele, Bert 37
Nannen, Henri 134
Napoleon I. 90, 101
Natalja (Fremdenführerin) 25, 28, 33
Nettelbeck, Joachim 98
Nikitina, Lenina 134
Nikolajew, Leonid 29
Nikolaus II. 27, 31
Nikulin, Nikolaj N. 139, 142
Nowotny, Walter 170

Oeynhausen, von (Major) 276
Otto, Hans 143
Overmans, Rüdiger 218

Pantelejew, Jurij A. 287
Pasternak, Boris L. 30
Pauls (Oberleutnant) 47
Paulus, Friedrich 89

Pawlitschenko, Ludmilla M. 209
Pein, Friedrich 209
Peter der Große 20, 22, 28, 30f., 33, 35f., 160
Petrischenko, Sergej 33
Philipp, Hans 170
Pichler (Stabsarzt) 252
Prokofjew, Sergej S. 30
Punin, Nikolaj N. 30
Puschkin, Alexander S. 34
Pyrrhus 202

Rain (Feldwebel) 260
Rakowskij siehe Schdanow, A.A.
Ranke, Leopold von 53, 56
Rasputin, Grigorij 31
Rastrelli, Bartolomeo Carlo Graf 36
Reichenau, Walther von 169
Reinhardt, Georg-Hans 36, 89, 109, 275
Richter, Werner 41
Richthofen, Wolfram Freiherr von 195
Rimskij-Korsakow, Nikolaj A. 31
Ringel, Julius 257f.
Rjurik 35
Rogow (Wlassows Nachrichtenchef) 153
Rokossowskij, Konstantin K. 150, 220
Rosenberg, Alfred 109f.
Rudorfer (Hauptmann) 170
Rugo, Liva 209

Sabutai 148
Sachar (Nabokovs Kutscher) 102
Salisbury, Harrison E. 195, 220
Scavenius, Erik 109

Scharnhorst, Gerhard von 98
Schdanow (Rakowskij), Andrej A. 14, 29f., 138, 194, 214
Schdanowa, Ekaterina 209
Schetschikow (Generalmajor) 94
Schlüter, Andreas 30
Schmidt, Fritz 213
Schmidt-Scheeder, Georg 154, 169f.
Schneider, Philipp 175f.
Schneider, Boris A. 170
Schneider-Janessen, Karlheinz 85, 179
Schön, Heinz 288
Schostakowitsch, Dmitrij D. 30
Schröder, Ernst 59, 62
Schukow, Georgij K. 14, 37f., 65, 69f., 90, 158, 214, 224
Scotti, von (Oberstleutnant) 51
Seeckt, Hans von 180
Seidel (Leutnant) 278
Seidler, Franz W. 227, 231
Seydlitz, Walther von 249
Skrjabin, Elena 45
Skworzew (Oberstleutnant) 241
Stalin, Josif W. 9–12, 14, 29–33, 37, 81, 84, 86, 91, 93, 96, 111, 113, 134, 145, 148f., 152, 156–158, 168, 172, 178, 184, 220, 255, 262, 271, 279, 286f.
Starikow, Filipp N. 256–259
Starunin (Oberst) 150f., 203
Stassow, Wassilij P. 36
Stauffenberg, Claus Graf Schenk von 16, 109f.
Steinhoff, Johannes 230

Stieff, Helmuth 111
Stöhr, A. 77f., 274
Stotz (Hauptmann) 171
Suchomlin, Alexander W. 232
Sujew, Iwan 152f.

T., Herbert (Offizier) 273
Tepljakow, Jurij 86
Thomas, Georg 274
Thomaschki, Siegfried 112, 169f., 232, 257, 262
Thyben (Oberleutnant) 171
Tima (Partisan) 122–124
Timofejew (Offizier) 133, 135–137
Timoschenko, Semjon K. 220
Trautloft (Oberst) 170, 174
Tribuz, Wladimir F. 37, 287
Trotzkij, Lew D. 32
Tschajkowskij, Pjotr I. 31
Tschiang Kai-schek 145
Tuchatschewskij, Michail N. 33, 88
Tüffers, Heinz 116
Turgenjew, Iwan S. 31

Udet, Ernt 172

Venohr, Wolfgang 110
Vutschinik, Tari 191

Waldheim, Kurt 90
Warlimont, Walter 196
Wassiliewskij, Alexander M. 158
Wassiljew (Brigadekommissar) 81
Weber, Siegfried 200f.
Weidner (Feldwebel) 145

Weinicke (Hauptmann) 278
Weizsäcker, Richard von 119f.
Wengler (Oberstleutnant) 195, 216
Werth, Alexander 9
Wiers, Hendrik 142
Wilhelm II. 23
Wilson, Woodrow 30
Winogradow (Wlassows Stabschef) 156
Wirnsberger, Helmut 208
Wlassow, Andrej A. 145, 148f., 152–156, 158f., 221, 286
Woronowa, Maria 155f.
Woroschilow, Klementij J. 9

Zeidler, Manfred 88

Ortsregister

Ahlbeck 20
Alexandrowka 27
Amiens 73
Archangelsk 40, 108, 167, 181, 184f.
Astrachan 40, 167
Auschwitz 17

Bad Doberan 20
Bansin 20
Baraki-West 121
Bassino 142
Berlin 16, 26, 30, 39, 262, 279
Berngardowka 133
Bornholm 19f.
Bremerhaven 19
Breslau 99
Buchenwald 290
Budogoschtsch 53

Casablanca 25
Charkow 88
Cholm 279

Dachau 159
Dagö 23
Danzig 20–22, 73, 265
Demjansk 64, 102, 177, 213, 223f., 249
Dno 279
Dobrowolny 174
Dresden 17
Dubok 254, 284
Dubowik 166f., 180
Dubrowka 40, 44f., 113, 122, 202, 213
Dymno 67, 113, 160

El-Alamein 111
Elbing 49
Emden 134, 142

Finew Lug 145
Freiburg 119
Friedrichsruh 40f.

Gaitolowo 113, 141, 197f., 200f., 206, 208, 217, 255f., 262, 286
Gatschina 27, 34, 79, 108, 120
Gdingen 20
Glubotschka 279
Gontowaja 195
Gorodok 113, 217, 232, 237
Gory 256
Grjady 51
Grusino 47, 57, 272

Hamburg 66, 120, 254f.
Hela 21
Helsinki 20
Heringsdorf 20
Hiroshima 17
Holstein 22

Isborsk 36

Jaroslawl 108
Jekaterinburg siehe
 Swerdlowsk

Karbussel 141, 243
Kasan 29, 88f.
Kertsch 181
Kiew 145

Kingisepp 275
Kirischi 50, 113, 143f., 164–180, 213, 221f., 286
Klosterdorf (Makarjewskaja Pustyn) 237, 252, 284
Königsberg 21, 52, 108, 159, 240
Kolberg 98
Kolpino 40, 113, 131, 213, 232, 243, 279
Konduja 148
Kopenhagen 20
Korowij Rutschej siehe
 Ssustje Poljankaj
Kotlin 40
Krassnaja Gorka 138, 149
Kronstadt 33, 40, 172, 213, 274, 287
Kruglaja Roschtscha 141
Kursk 254
Kusino 50, 74
Kusminka 28, 275

Leipzig 98, 208
Leningrad 7f., 10–14, 16, 20, 25f., 28f., 31, 33–35, 40f., 42–46, 49f., 52, 59, 63f., 66, 70f., 89, 91, 93f., 102, 106–109, 113f., 116f., 120–122, 129, 131–134, 138, 140–142, 152, 158–160, 162f., 167–173, 176, 180f., 184–194, 202, 209, 213–215, 219–223, 232, 243, 248–251,

254f., 267, 270, 272–275, 278, 286f., 290
Libau 23
Lipezk 88f., 172
Lipka 40
Lipowik 277
Ljuban 138, 145, 148, 150, 153f., 166, 239
Ljubino Pole 74, 76
Lodwa 122, 131, 286
Lomakino 145
Lowat 117
Luga 36, 39, 79, 93, 120, 170, 219, 275–279

Madrid 279
Männiku 23
Makarjewskaja Pustyn siehe Klosterdorf
Mal-Manuschkino 135
Maluksa 121
Marienburg 21
Marino 217
Mga 106–108, 113, 120, 122, 135, 142, 153, 199, 206–225, 232, 243, 255f., 268, 278, 281
Micki-Micki siehe Welikije Luki
Mischkino 197
Misdroy 20
Mjasnoj Bor 141
Moskau 12, 37, 39, 62f., 86, 88, 102, 107, 109f., 145, 149, 158, 184, 220, 223, 262, 272, 275, 290
Mostki 74, 77
Muja 137
Murmansk 49, 108, 167, 181, 184f.

Narvik 111
Narwa 89
Nasija 122
New York 31
Newel 270
Nikolskoje 133
Nishnij Nowgorod 145
Nowgorod 35, 148, 153, 213, 249, 275–277
Nowgorod-Sewerskij 86
Nowinka 174
Nowosibirsk 271
Nürnberg 91

Ösel 23
Oliva 22
Olomna 144
Oranienbaum 93, 213, 249, 270, 274
Oredesch 131, 278f.
Orel 86
Orenburg 29
Orscha 109
Oskuja 51

Palermo 254
Paris 30, 32
Peterhof 40
Petersburg siehe Leningrad
Petrograd siehe Leningrad
Petrosawodsk 184
Petrowo 137
Pillau 22-23
Plawnitzy 174
Pleskau 36, 89, 120
Podolsk 12
Pogostje 93, 113, 115f., 120–145, 148, 153, 163–166, 168f., 174, 181, 186, 212, 225, 232, 235, 237, 252, 254, 256f., 265, 281, 289
Poljanka siehe Ssustje Poljanka/Korowij Rutschej
Polozk 36
Pomeranje 150f.
Porchow 279
Poretschje 258, 267

Posselok Nr. 1–8 224
Posselok Nr. 5 217
Posselok Nr. 6 234
Posselok Nr. 8 216
Ptschewa 48
Pulkowo 27, 133, 252
Puschetschnaja 278
Puschkin (Zarskoje Selo) 27, 274f.

Ramzy 142
Reval (Tallinn) 24, 172, 286
Riga 23, 73
Rostock 20
Rschew 140

Salzburg 208
Schala 131, 143
Schlüsselburg 40, 214f.
Sewastopol 181, 186, 199, 213, 237
Sinjawino 113, 142, 167, 206–226, 232–235, 243, 255f., 264f., 267–269, 272
Siwerskaja 114, 131, 257
Smerdynja 142, 235, 238, 286
Snegiri 256
Spasskaja Polist 74, 79, 141
Spitzbergen 185
Ssologubowka 142, 224
Ssustje Poljanka/Korowij Rutschej 275f.
Stalingrad 85, 89, 214, 220, 223, 232, 251, 255, 275
Staraja Russa 93, 140, 249, 279
Stettin 19–21, 39, 51
Stockholm 20
Storosto 137
St. Petersburg siehe Leningrad
Swanka 60, 113

Swerdlowsk (Jekaterinburg) 108
Swinemünde 23

Tallinn siehe Reval
Tannenberg 22
Tichwin 40, 47, 49f., 52f., 56, 62, 150, 153, 184f., 221, 236
Tilsit 73, 101
Tortolowo 141, 197
Tossno 80, 120, 142f.
Tregubowo 74

Tschernaja 197, 198, 202
Tschudowo 48, 113, 120, 138, 148, 150, 153, 275

Ufa 29
Urizk 32, 274

Venedig 31
Verdun 224
Visby 20

Warnemünde 20f.
Waterloo 98

Welikije Luki 258
Wien 46
Winjagolowo 281
Winniza 192
Wolchowstroj 38, 45–47, 49f., 62, 120f., 150, 185, 214
Woltolowka 135
Woronowo 135, 258, 267

Zarskoje Selo siehe Puschkin
Zoppot 20f.

Bildnachweis

Georg Gundlach (Vorsatz), siehe auch »Literatur«; Alfons Hessel (Nr. 11); Dr. Richard May (2, 3, 4, 5, 10, 13, 21, 24); Willi Mohr (6); Burkhard Naumann, Archiv 227. ID (1, 7, 9, 12, 18, 19, 20, 25, 26, Nachsatz), siehe auch »Literatur«; Otto Navara (30, 31, Schutzumschlag Rückseite); Prof. Dr. N. Nikulin (14, 15); Heinz Raebiger (29); Prof. Dr. Stelzenberger (22, 23, 27, 28); C. Weber (Schutzumschlag, 8); Hendrik Wiers (16, 17)